中国国情调研丛书·企业卷
China's national conditions survey Series · Vol enterprises
主 编 陈佳贵
副主编 黄群慧

U0681268

思嘉集团考察

Survey on SIJIA Group

罗仲伟　林生雄/著

经济管理出版社
ECONOMY & MANAGEMENT PUBLISHING HOUSE

图书在版编目（CIP）数据

思嘉集团考察/罗仲伟，林生雄著. —北京：经济管理出版社，2015.12
ISBN 978-7-5096-4014-2

Ⅰ.①思⋯　Ⅱ.①罗⋯　②林⋯　Ⅲ.①高分子材料—材料工业—工业企业管理—福建省
Ⅳ.①F426.7

中国版本图书馆 CIP 数据核字（2015）第 244904 号

组稿编辑：陈　力
责任编辑：杨国强　张瑞军
责任印制：黄章平
责任校对：王　淼

出版发行：经济管理出版社
　　　　　（北京市海淀区北蜂窝 8 号中雅大厦 A 座 11 层　　100038）
网　　址：www. E-mp. com. cn
电　　话：（010）51915602
印　　刷：三河市延风印装有限公司
经　　销：新华书店
开　　本：720mm×1000mm/16
印　　张：30.25
字　　数：504 千字
版　　次：2015 年 12 月第 1 版　　　2015 年 12 月第 1 次印刷
书　　号：ISBN 978-7-5096-4014-2
定　　价：98.00 元

《中国国情调研丛书·企业卷·乡镇卷·村庄卷》

序　言

　　为了贯彻党中央的指示，充分发挥中国社会科学院思想库和智囊团的作用，进一步推进理论创新，提高哲学社会科学研究水平，2006年中国社会科学院开始实施"国情调研"项目。

　　改革开放以来，尤其是经历了近30年的改革开放进程，我国已经进入了一个新的历史时期，我国的国情发生了很大变化。从经济国情角度看，伴随着市场化改革的深入和工业化进程的推进，我国经济实现了连续近30年的高速增长。我国已经具有庞大的经济总量，整体经济实力显著增强，到2006年，我国国内生产总值达到了209407亿元，约合2.67万亿美元，列世界第四位；我国的经济结构也得到了优化，产业结构不断升级，第一产业产值的比重从1978年的27.9%下降到2006年的11.8%，第三产业产值的比重从1978年的24.2%上升到39.5%；2006年，我国实际利用外资为630.21亿美元，列世界第四位，进出口总额达1.76万亿美元，列世界第三位；我国人民生活水平不断改善，城市化水平不断提升。2006年，我国城镇居民家庭人均可支配收入从1978年的343.4元上升到11759元，恩格尔系数从57.5%下降到35.8%，农村居民家庭人均纯收入从133.6元上升到3587元，恩格尔系数从67.7%下降到43%，人口城市化率从1978年的17.92%上升到2006年的43.9%以上。经济的高速发展，必然引起国情的变化。我们的研究表明，我国的经济国情已经逐渐从一个农业经济大国转变为一个工业经济大国。但是，这只是从总体上对我国经济国情的分析判断，还缺少对我国经济国情变化分析的微观基础。这需要对我国基层单位进行详细的分析研究。实际上，深入基层进行调查研究，坚持理论与实际相结合，由此制定和执行正确的路线方针政策，是我们党领导革命、建设和改革的基本经验和基本工作方法。进行国情调研，也必须深入基层，只有深入基层，才能真正了解我国国情。

为此，中国社会科学院经济学部组织了针对我国企业、乡镇和村庄三类基层单位的国情调研活动。据国家统计局的最近一次普查，到 2005 年底，我国有国营农场 0.19 万家，国有以及规模以上非国有工业企业 27.18 万家，建筑业企业 5.88 万家；乡政府 1.66 万个，镇政府 1.89 万个，村民委员会 64.01 万个。这些基层单位是我国社会经济的细胞，是我国经济运行和社会进步的基础。要真正了解我国国情，必须对这些基层单位的构成要素、体制结构、运行机制以及生存发展状况进行深入的调查研究。

在国情调研的具体组织方面，中国社会科学院经济学部组织的调研由我牵头，第一期安排了三个大的长期的调研项目，分别是"中国企业调研"、"中国乡镇调研"和"中国村庄调研"。"中国乡镇调研"由刘树成同志和吴太昌同志具体负责，"中国村庄调研"由张晓山同志和蔡昉同志具体负责，"中国企业调研"由我和黄群慧同志具体负责。第一期项目时间为三年（2006~2009 年），每个项目至少选择 30 个调研对象。经过一年多的调查研究，这些调研活动已经取得了初步成果，分别形成了《中国国情调研丛书·企业卷》、《中国国情调研丛书·乡镇卷》和《中国国情调研丛书·村庄卷》。今后，这三个国情调研项目的调研成果还会陆续收录到这三卷书中。我们期望，通过《中国国情调研丛书·企业卷》、《中国国情调研丛书·乡镇卷》和《中国国情调研丛书·村庄卷》这三卷书，能够在一定程度上反映和描述在 21 世纪初期工业化、市场化、国际化和信息化的背景下，我国企业、乡镇和村庄的发展变化。

国情调研是一个需要不断进行的过程，以后我们还会在第一期国情调研项目基础上将这三个国情调研项目滚动开展下去，全面持续地反映我国基层单位的发展变化，为国家的科学决策服务，为提高科研水平服务，为社会科学理论创新服务。《中国国情调研丛书·企业卷》、《中国国情调研丛书·乡镇卷》和《中国国情调研丛书·村庄卷》这三卷书也会在此基础上不断丰富和完善。

中国社会科学院副院长、经济学部主任

陈佳贵

2007 年 9 月

《中国国情调研丛书·企业卷》

序　言

　　企业是我国社会主义市场经济的主体，是最为广泛的经济组织。要对我国经济国情进行全面深刻的了解和把握，必须对企业的情况和问题进行科学的调查和分析。深入了解我国企业生存发展的根本状况，全面把握我国企业生产经营的基本情况，仔细观察我国企业的各种行为，分析研究我国企业面临的问题，对于科学制定国家经济发展战略和宏观调控经济政策，提高宏观调控经济政策的科学性、针对性和可操作性，具有重要的意义。另外，通过"解剖麻雀"的典型调查，长期跟踪调查企业的发展，详尽反映企业的生产经营状况、改革与发展情况、各类行为和问题等，也可以为学术研究积累很好的案例研究资料。

　　基于上述两方面的认识，中国社会科学院国情调查选择的企业调研对象，是以中国企业及在中国境内的企业为基本调查对象，具体包括各种类型的企业，既包括不同所有制企业，也包括各个行业的企业，还包括位于不同区域、具有不同规模的各种企业。所选择的企业具有一定的代表性，或者是在这类所有制企业中具有代表性，或者是在这类行业中具有代表性，或者是在这个区域中具有代表性，或者是在这类规模的企业中具有代表性。我们期望，通过长期的调查和积累，中国社会科学院国情调查之企业调查对象，逐步覆盖各类所有制、各类行业、不同区域和规模的代表性企业。

　　中国社会科学院国情调查之企业调查的基本形式是典型调查，针对某个代表性的典型企业长期跟踪调查。具体调查方法除了收集查阅各类报表、管理制度、文件、分析报告、经验总结、宣传介绍等文字资料外，主要是实地调查，实地调查主要包括进行问卷调查、会议座谈或者单独访谈、现场观察写实等方式。调查过程不干扰企业的正常生产经营秩序，调查报告不能对企业正常的生产经营活动产生不良影响，不能泄露企业的商业秘密，"研究无禁区，宣传有纪律"，这是我们进行企业调研活动遵循的基本原则。

中国社会科学院国情调查之企业调查的研究成果主要包括两种形式：一是内部调研报告，主要是针对在调查企业过程中发现的某些具体但具有普遍意义的问题进行分析的报告；二是全面反映调研企业整体情况、生存发展状况的长篇调研报告。这构成了《中国国情调研丛书·企业卷》的核心内容。《中国国情调研丛书·企业卷》的基本设计是，大体上每一家被调研企业的长篇调研报告独立成为《中国国情调研丛书·企业卷》中的一册。每家企业长篇调研报告的内容，或者说《中国国情调研丛书·企业卷》每册书的内容，大致包括以下相互关联的几个方面：一是关于企业的发展历程和总体现状的调查，这是对一个企业基本情况的大体描述，使人们对企业有一个大致的了解，包括名称、历史沿革、所有者、行业或主营业务、领导体制、组织结构、资产、销售收入、效益、产品、人员等；二是有关企业生产经营的各个领域、各项活动的深入调查，包括购销、生产（或服务）、技术、财务与会计、管理等专项领域和企业活动；三是关于企业某个专门问题的调查，例如企业改革问题、安全生产问题、信息化建设问题、企业社会责任问题、技术创新问题、品牌建设问题，等等；四是通过对这些个案企业的调查分析，引申出这类企业生存发展中所反映出的一般性的问题、理论含义或者其他代表性意义。

中国正处于经济高速增长的工业化中期阶段，同时中国的经济发展又是以市场化、全球化和信息化为大背景的，我们期望通过《中国国情调研丛书·企业卷》，对中国若干具有代表性的企业进行一个全景式的描述，给处于市场化、工业化、信息化和全球化背景中的中国企业留下一幅幅具体、生动的"文字照片"。一方面，我们努力提高《中国国情调研丛书·企业卷》的写作质量，使这些"文字照片"清晰准确；另一方面，我们试图选择尽量多的企业进行调查研究，将始于 2006 年的中国社会科学院国情调研之企业调研活动持续下去，不断增加《中国国情调研丛书·企业卷》的数量，通过更多的"文字照片"来全面展示处于 21 世纪初期的中国企业的发展状况。

中国社会科学院经济学部工作室主任

黄群慧

2007 年 9 月

目　录

绪　言

作为高新技术的基础和先导，新材料应用范围极其广泛，它同信息技术、生物技术一起成为 21 世纪最重要和最具发展潜力的领域，成为支撑全球经济迅猛增长的关键因素。新材料产业包括新材料及其相关产品和技术装备，在产业体系中占有重要地位，是第三次工业革命的主要内容之一。新材料产业从一个侧面体现了一个国家的经济实力、产业能力和科技水平。中国在推动新型工业化过程中，新材料产业的发展历程表明，新材料是发展高新技术和提升传统技术的基础，是增强国家和企业竞争力的重要力量。

实行改革开放以来，随着中国逐步发展成全球制造基地，新材料越来越显示出巨大潜力，新材料产业从无到有、从小到大，成为支撑"中国制造"转变为"中国创造"的基础产业。中国政府十分重视新材料技术及产业化的发展，近年来，国家五年计划或规划、自然科学基金、国家高新技术研究发展计划（"863"计划）、重大基础研究计划（"973"计划）、国家科技攻关计划、"火炬计划"等重大国家规划、科技政策和产业政策，都将新材料产业作为重点发展领域和支持对象。在市场引导和政策支持下，中国新材料产业得以快速成长壮大，产业体系不断完善，产业水平不断提高，产品系列不断丰富，竞争力持续增强，为国家乃至全球高新技术产业的发展和社会消费需求的满足，发挥了重要的促进和支撑作用。随着中国资本市场的日益成熟，金融资源和社会资本开始向新材料产业聚集，新材料企业也越来越多地通过资本市场进行产业整合，实现规模的扩张和效益的增长。

高分子软体材料是新材料中一个快速发展的重要领域，包括软体强化材料和软体常规材料两大部分。无论是软体强化材料还是软体常规材料，都是基于高强聚酯纤维高分子合成的柔性复合材料。由于采用高强纤维基布为增强骨架，经过涂层、贴合或压延等工艺生产制造，新型柔性复合材料在强度、弹性、均匀性、耐化学性、耐候性、阻燃性、耐磨性、防霉性等性能方面都优于天然纤维。由于综合性能优越，随着技术进步、工艺改进、产品丰富、质量提高和成本下降，新型柔性复合材料的使用范围日益广泛，市场潜力巨大。

高分子软体新材料种类丰富，终端产品多如繁星，技术进步前提下的应用领域可以说具有无限想象力空间。目前主要产品种类和重点应用领域至少有以下几个方面。一是气密、气模材料。该类材料主要用于水上娱乐器材、漂流艇、汽艇等产品，要求具有环保、气密性高、强度高、耐候性好等特性。二是广告喷绘材料。由于柔性复合材料具有良好的透光性及着色性，打破了硬质材料的局限，比传统广告材料具有更好的效果，20 世纪 80 年代以来在国外得到迅速发展，也是我国目前用量最大的柔性复合材料。三是运输用柔性复合材料。这些材料广泛用于制作帐篷、汽车篷盖、遮阳篷、建筑顶篷等，必须具有低伸长、高强度、良好的耐磨性、抗老化性和耐化学性等以满足相应场合使用要求。四是建筑膜结构材料。该材料是 20 世纪 50 年代开始出现的继水泥、钢铁、玻璃和木材之后的又一种新型建筑材料。建筑膜材具有质量轻、强度高、柔韧性好、透光性好、耐候性优异等特性，在建筑设计上具有造型丰富、与环境融合性好等优点，还具有施工周期短、无遮挡大跨度的可视空间、经济性好等特点。北京"水立方"就是一个典型应用案例。五是空间布材料。该材料凭借其卓越的高张力、高拉力、强韧、耐老化、防霉抗菌、耐磨抗腐、耐曲折撕裂、平整性、安全性等，近两年已快速成为各行业生产终端产品的"宠物"，特别是在运动器材中的使用具有极大的发展空间。六是 TPU 环保新材料。该材料是近年来国外发展极为迅速的新型材料，随着新的设计理念的发展，在军事、抢险救灾、工农业生产等领域得到越来越广泛的应用，全球的使用量每年以 30%的速度增长，具有强大的市场生命力。七是 PVC 地板卷材。该材料以聚氯乙烯为主要原料，经涂刮工艺或经压延、挤压工艺生产而成的地材产品。由于聚氯乙烯是一种无毒的、可循环使用的绿色环保材料，且具有阻燃性能，因此目前在很多领域中得到普及性应用。八是新型防水卷材。近年来，建筑防水领域向房屋建筑防水和工程建设防水并存方向发展，新型防水卷材在高速铁路、高速公路、城市地铁、轨道交通、地下空间、环保设施、水利设施和机场码头等工程中具有巨大市场。九是软体沼气池材料。该材料具有耐光热、耐老化、耐候、耐腐蚀以及抗拉伸、抗渗透、抗穿刺等性能，可广泛应用于沼气池工程、户用沼气池、储气袋等。十是涉水防护服材料。该材料具有手感舒适、防寒保暖、透湿透气等特点，还具有防水防油、耐酸碱、耐老化、高强度等性能，被广泛应用于渔业、矿业、建筑业等劳动防护行业，以及户外休闲娱乐行业。十一是高性能帐篷篷房材料。该材料主要用于制作帐篷、遮阳篷、建筑顶篷等，具有防火阻燃、抗紫外线、抗菌防霉、防油抗污、耐酸碱、保温保冷、防尘隔音、防异味和采光等多项性能，耐高温及抗寒、抗氧化耐候、持久耐用，有"流动式房产"的美称。十二是快速卷帘门材料。该材料具有保温、保冷、防虫、防尘、隔音、防火、防异味和采光等多项功能的同时，其高速、高步的开关，又能保证运转畅通，广泛用于食品、化学、纺织、电子、超市、冷冻、物流、仓储等多种场所，可极大地满足高性能物流及洁净场所，创造更佳的作业环境。

思嘉集团有限公司（以下简称思嘉集团或思嘉）是一家在上述产业背景下成长起来的软体强化新材料生产制造企业，是中国软体新材料企业群体中的一个突出代表，是"中国制造"乃至"中国创造"在新材料领域的一个缩影。作为集研发、制造、销售为一体的高新技术企业，思嘉集团为现代交通运输、建筑、再生能源、农业、医疗、环保、运动、旅游、休闲娱乐、日用品等 15 个领域提供专业新材料、新能源产品。思嘉创办于2002 年 9 月，并于 2010 年 4 月 29 日在香港联交所主板挂牌上市。历经13 年并不算长的奋斗与发展，思嘉集团已经快速成长为一家在中国处于行业领先地位、在世界市场上开始崭露头角的软体强化新材料企业。目前，思嘉集团拥有福建福州、福建厦门、上海金山、湖北汉川四大生产基地，同时在广州、深圳、南昌、武汉、威海等城市设立了十几个办事处。集团旗下软体强化材料业务包括建筑膜结构材料、防水卷材、TPU 热塑性弹性体材料、气模材料、气密材料、空间布材料、沼气池材料、篷盖材料、医疗材料、涉水防护服材料、TPU 材料 11 大类。

思嘉旗下材料生产基地拥有全球最先进的生产线、经验丰富的专业技术团队，产品采用优质原料，原料检验流程严格，工艺技术行业领先；提供全球产销量第一的气模材料、纬斜控制最好的汽艇材料、防霉抗菌最好的篷房材料、抗拉力优异的膜材；产品裱处效果好，厚薄度控制偏差 ±0.005mm，650gsm 涂层产品剥离达 120N/5CM 以上，产品通过欧美 REACH&.ROHS&.ISO、B1&.CA117&.NFPA 701 阻燃、ASTM 防霉和耐老化、BS EN 低温耐曲牢等测试及认证，其中 ISO 抗 UV 检测达到 4~5 级，品质广受全球客户认可。

思嘉旗下公司先后被评为"国家火炬计划重点高新技术企业"、"中国改性行业十佳企业"、"福建省高新技术企业"、"福建省知识产权优势企业"、"福建省创新型试点企业"，两次入选"国家火炬计划"项目名单，多项产品获得"福建省名牌产品"、"福建省自主创新产品"、"福建省优秀新产品奖二等奖"、"福建省专利奖一等奖"等奖项，拥有"中国驰名商标"称号。

思嘉集团专注于产品、技术及工艺的持续创新，凭借强大的研发能力及先进的技术工艺，为客户及市场提供独有的"9A强化质量"思嘉新材系列产品，以"软材料、硬质量"的品牌概念，不断实践"思嘉新材，创新生活"的品牌要求，竭诚为广大使用者提供一流产品与满意服务。集团规模日益扩大，建立起完善的销售网络及服务体系，相关产品和服务除在国内市场占据重要地位外，还进入欧美、东南亚、东亚、中东市场，与世界20多个国家和地区有贸易往来。思嘉集团以产品创新、功能广泛、优质服务引领行业发展，以专业的服务态度与良好的社会信誉赢得国内外客户的信赖。

《思嘉集团考察》希望从产业的视角，以"白描"的方式，用记录的笔触，全面、客观地反映思嘉人艰苦创业的奋斗历程和质朴执着的产业精神，展示思嘉由国内新材料行业一名新人快速成长为领先者的具体实践，从一个微观侧面彰显"中国制造"乃至"中国创造"强大的企业基础。

第一章　历史沿革与概况

经过短短 13 年的艰苦奋斗和快速成长，目前思嘉集团已经成为中国知名的软体材料行业领导者，是中国最具领导地位的优质强化材料综合制造商，也是生物质及污水相关工程的强化材料及沼气池终端产品的唯一国内制造商，是中国市场占有率最大的涉水防护服材料、充气艇材料及气密材料制造商，是国内领先的 TPU、膜结构以及防水卷材生产商之一。

第一节　抓住机遇，快速起步

正如绪言中所述的新材料产业发展的大背景、大环境下，思嘉于 21 世纪初适时地进入新材料领域开始创业，并抓住各种发展机遇使之得以快速成长，在一个不太长的时期内逐步跻身于国内行业的前列。

一、创建福州工业园（生产基地）

福建思嘉环保材料科技有限公司是思嘉集团创业起步的高新技术企业，目前集研发、生产、销售于一体，为农业、制造业、建筑业、服务业、环保、运动、娱乐等众多领域提供新型柔性新材料。公司专业生产气密材料、充气材料、沼气池材料、运动地板材料、窗帘材料、雪鞋材料、篷盖材料、特种箱包材料、涉水防护服材料、劳保工业防护服装材料、医疗材料、TPU 材料、膜结构材料、PTFE 透湿透气材料等高科技新材料及其终端产品。公司凭借其强大的研发实力和先进的技术工艺在同行中脱颖而出，公司荣获"福建省高新技术企业"、"福建省著名商标"、"福建名牌产品"、"福建省自主创新产品"、"福建工业主要行业前十强企业"等多项荣誉；建立了完善的销售网络及服务体系，产销国内外，以产品创新、功能广泛、优质服务引领行业发展，是国内最大的新型材料制造商之一。公司秉承"厚德兴业、诚信经营、追求卓越、携手共赢"的经营理念，专注于高端新型材料的研发与制造，始终不渝地坚持平等互利、友好合作的原则，诚挚期待与供应商及客户的合作。

(一) 创业起缘

思嘉的创始人林生雄 1985 年就投身于中国聚合物料及塑料相关产品制造业，曾经在业内多家企业服务。敏锐的观察力和多年累积的业内经营经验，让林生雄充分地了解和认识高分子材料行业的发展状况和市场潜力。根据 2000 年前后材料行业发展的情况，他认为防水及透气材料在中国及海外市场蕴藏着庞大的商机。于是在 2002 年，富于开拓精神的林生雄果断创业，成立了香港思嘉及"思嘉塑料"。2002~2003 年，他把自己原有的雨衣制造业务与"思嘉塑料"合并，正式针对中国市场，开始经营软体强化新材料制造事业。

2002 年 9 月 25 日，一家外商投资企业在福建省福州市诞生，这就是福建思嘉塑料有限公司（即福建思嘉环保材料科技有限公司的前身，以下简称思嘉塑料）。思嘉塑料的主营业务为常规材料产品制造，注册资本为 1000 万港元，由香港思嘉全资拥有。此后，思嘉塑料在福州市晋安区宦溪镇选址建厂，第一代思嘉人有坚定的信念与美好的梦想，开山辟石，筚路蓝缕，以启山林，思嘉福州工业园（生产基地）在一片崎岖陡峭的山坡上拔地而起。

思嘉塑料选址晋安区宦溪镇时，恰好赶上宦溪镇大力推进省级工业园区——宦溪工业集中区的建设。经过 2002~2003 年的规划与建设，2004 年，晋安区宦溪镇工业集中区总体规划和环境评估通过了市级论证，规划建设总面积为 115.67 公顷，至 2004 年底落户规模企业 10 家，开发土地面积 30.27 公顷，总投资 2.51 亿元，建成厂房 3.2 万平方米，当年新增产值 6.39 亿元。思嘉塑料及附近的福州远嘉矿业有限公司被确定为区龙头企业，进入市级供电重点保护企业行列，得到晋安区政府的重点扶持（参见专栏 1-1）。

专栏1-1 恩嘉塑料选择在晋安区宦溪镇创业的背景

1.晋安区工业发展快速

2000年前后，晋安区外向型经济发展迅速，时有各类工业小区22个，三资企业550家，总投资7.16亿美元，吸引外资6.51亿美元，初步形成了以机械、制鞋、电子、服装、塑料、纺织、化工、矿产、食品、皮革、工艺品等为主体的工业体系，涌现出科腾光电、扬帆空调、钜全活塞、大同纺织等一批高科技企业和规模以上工业企业。1998年实现三资企业总产值77.90亿元，出口交货总值62.31亿元，外向型经济已占全区经济总量的60%。

晋安区的产业发展环境较为完善，招商服务及配套及时到位，企业发展所需的外部条件较好。一是建立五套班子领导招商责任制，政府招商部门强化责任，狠抓落实。区委、区政府主要领导负总责，区五套班子领导分片包街镇捆绑招商，全区的四个专题招商组也由五套班子有关领导负责，对于重点招商项目，五套班子领导做到从项目的洽谈签约到动工投产进行全程跟踪、协调、服务，一竿子插到底。二是晋安区强化服务，优化投资环境，打造"服务型政府"。全区不断强化"服务意识"，真正把"亲商、安商、富商"的理念渗透到每一项工作中。

（1）理顺了企业事务代办中心的关系，建立和完善社会投资项目审批一条龙服务体系、项目建设全方位服务体系和企业投产后经常性的服务体系，为投资者提供从项目审批到动工投产、生产经营直至后勤保障的全程服务。

（2）构建政企交流平台，区委区政府召开"求贤问计话发展座谈会"，邀请辖区百家重点企业参加，增进感情，密切与企业联系，坚定企业在晋安发展的信心。同时由五套班子领导带队走访辖区企业"老总"、规模以上重点企业、成长型企业，征询意见，帮助解决实际问题。

（3）强化效能监察，坚决治理"三乱"。本着对企业多支持、少干预，多服务、少限制的原则，组织开展了对区直部门减轻企业负担专项检查工作，严格规范对企业的检查、处罚、收费行为，严禁借各种名义向企业乱收费、乱罚款、乱摊派以及以权谋私、吃拿卡要等行为。

2. 地理因素

晋安区土地面积比较广，是福建省会福州市面积最大的城区，全区总面积552平方公里，其中宦溪镇所在的北峰山区占429平方公里。从地理位置来看，晋安区扼守福州市东、北两大门，东邻连江县，西以晋安河与鼓楼区为界，西北与闽侯县接壤，北与罗源县毗连，东南与马尾区相邻，南隔光明港与台江区相望，区位优势比较明显，交通比较便捷。福州铁路客货两站和汽车北站坐落其间，正在建设中的温福铁路、向莆铁路、京福铁路、机场高速公路、绕城高速公路以及正在筹建的城市轨道线贯穿境内。

"思嘉塑料"建厂选址晋安区宦溪镇工业园区内。宦溪镇地理位置优越，工业园离市中心仅13公里，新东线横穿腹部11公里，是离市区最近、交通最便捷的一个山区镇。属南亚热带季风性湿润气候，阳光充足，雨水充沛，气候宜人，树木长青，平均海拔500米。夏季平均气温比福州市区低3~5℃，是避暑、休闲、旅游的胜地，有"榕城后花园"之誉。便捷的交通和适宜的环境，符合厂址的选择和员工生活环境的要求。同时，也因为地处山区位置，征地预算比市区减少许多，缓解了不少建厂初期的资金压力。

资料来源：思嘉集团历史档案资料。

（二）福州思嘉工业园发展历程

截至2014年，福建思嘉共征地325亩（216666平方米），一期建筑面积7万多平方米，二期建筑面积16万多平方米。其中，二期扩征地用于福州生产基地扩建4.3万平方米，引进压延机、贴合机、涂层机、印刷机、裱处机、TPU流延机等十几台套；另外扩征生产基地14.8万平方米，计划新建工业厂房20万平方米，用于继续扩大新材料生产基地。

思嘉塑料2002年9月成立后，经短暂而快速的基本建设，2003年建成现代化工业厂房，购进的两条国际先进压延生产线顺利安装并投产。创业之初，公司立足高起点，始终坚持"质量第一、客户至上"的经营理念，严格按照ISO9001质量管理体系进行生产管理，建立了从原辅材料进厂、工艺配方、在线品质监控到成品出厂全过程的质量保证体系，并注重依靠数据进行科学管理。

此后，思嘉塑料于 2004 年 8 月 26 日更名为福建思嘉环保材料科技有限公司（以下简称福建思嘉）。同年，福建思嘉引进两条国际先进涂层设备生产线，组建技术研发中心，成功开发出防水透湿透气材料，并通过了欧洲 EN-471 国际标准认证，得到业界和市场的广泛认可。2005 年，福建思嘉成功开发出军用迷彩防水材料，并荣获国家技术专利，专业技术得到政府支持。

创业初期，思嘉塑料集研发、生产、销售为一体，生产户外用品、劳保服装、雨衣面料制品，陆续引进德国、中国台湾、日本等国家或地区的压延、涂层、贴合、流延等先进技术设备。截至 2005 年底，思嘉塑料及福建思嘉共生产服装、雨衣面料 9000 万米，加工成品出口 1500 个集装箱货柜；生产高强工业聚酯贴布革 2500 万米，产品 100% 出口至世界各地，是当时中国出口劳保工业雨衣、服装面料及制品的主要企业之一。

自 2002 年成立以来，思嘉塑料及福建思嘉专注开发新产品科技及应用先进生产技术，以领先其他大众市场常规材料供应商。公司聘请高分子材料专业的高级工程师、获政府津贴的专家为技术主导，逐步培养出一支高素质、重实干的专职技术开发团队，设立思嘉科技环保新型材料研发实验室，拥有配套的技术装备和良好的实验仪器，通过与世界发达国家的高分子塑料领域先进机构合作，开发压延、挤出、流延、涂层、贴合、发泡等工艺相结合的新技术产品。产品通过"ISO 9001 质量管理体系认证"及"ISO 14001 环境管理体系认证"。

2006 年，福建思嘉成功开发出充气艇、充气玩具、涉水防护服材料，同时建立起一整套科学完善的销售网络体系，并积极开拓国外市场；依托高校科研机构，立足科技创新，加强产学研合作与交流，利用高校丰富的人才资源，以市场为发展契机，以科技发展为动力，致力于高新科技产品的研究和开发。2007 年，福建思嘉成功研发出红泥沼气、运动地板、运动雪靴材料。2008 年，福建思嘉研制生产的软体强化材料通过福建经济贸易委员会新产品新技术鉴定，确定为国内领先水平，并设立广州、郑州、威海等办事处，逐步迈进行业前列。

2009 年，福建思嘉进入上市准备阶段。2010 年 4 月 29 日，思嘉以集团整体形式在香港主板成功上市，福建思嘉被改造为以福州思嘉工业园为生产基地的思嘉集团下属子公司。此后，依据招股说明书的投资指向，思嘉集团开始分阶段建设、改造五大生产基地，巩固并扩大集团营运与生产。"防菌抗菌高强聚酯纤维复合材料产业化"项目在这一时期入选国家火炬计划项目。

2011年，思嘉集团成立湖北思嘉户外用品有限公司，生产、销售纺织户外用品、运动旅游用品及服饰、鞋帽等相关产品。2011年3月与福州大学签署捐建孵化器大楼和开展科技合作的协议，投资建设思嘉新材料研发大楼。湖北汉川生产基地、上海金山生产基地也分别于2011年的6月、7月举办奠基仪式，正式投入工业园的基建工作。2011年思嘉集团还承办了中国游艺机游乐园协会气模专业委员会成立大会，并被大会选举为气模专业委员会主任单位；承办了充气式游乐设施安全国际标准暨气模行业标准研讨会，牵头起草气模材料标准；承办了中国软体沼气池专业组成立大会；承担福建省经贸委企业技术创新专项项目——"高韧性多功能膜结构材料"的研发，福州市区域重大专项项目——"红囊沼气软体材料及其制品产业化"的工作；建成4万多平方米的工业厂房及仓库，引进十余条生产线，于11月21日举办投产庆典。

2012年，上海思嘉引进国际先进的意大利宽幅涂层生产线，11月5日正式投产。福建思嘉于10月被国家科技部"火炬中心"认定为"国家火炬计划重点高新技术企业"；11月11日投产国际先进的压延及贴合生产线；于11月承担福州市经委工业技改项目——"高韧性多功能膜结构材料"的研发。福建思嘉获福州市委、市人民政府授牌的"福州市专家工作站"，公司企业技术中心于12月被福建省经贸委等四部门联合认定为"福建省省级企业技术中心"；"高韧性多功能膜结构材料"项目于9月被国家科技部纳入"国家火炬计划项目"。

2013年1月，福建思嘉承担国家工信部中小企业专项项目——"企业应用提升素质之知识产权项目"。

2014年是思嘉自主创新工作的丰收年，商标被评为"中国驰名商标"，入选2014~2016年"福建省重点培育和发展的国际知名品牌"名单；公司承担的福建省技术创新6.18对接专项"高韧性多功能膜结构材料"（闽经贸计财〔2011〕703号）项目顺利通过验收，"高韧性多功能聚酯纤维/PVC复合膜结构材料"被认定达到国际先进水平，并且荣获2014年福州市科学技术奖一等奖；新获两项国家发明专利；福建思嘉通过福建省高新技术企业认定。

2015 年上半年，"高韧性多功能聚酯纤维/PVC 复合膜结构材料"项目获得福建省科技奖三等奖，"思嘉+sijia+图形高强工业聚酯夹网布"产品被评为 2014 年福建名牌产品；集团再添一项发明专利。

二、创建厦门生产基地

随着人民生活水平的提高，休闲娱乐运动产品的市场潜力巨大，近年来的增长率不断增大，带动软体强化材料的下游终端产品市场不断增长。针对市场情况，把握休闲娱乐运动产品市场潜力巨大、国内需求不断增长的机遇，思嘉投资者和经营者调整发展战略，从 2006 年起将产品从单一的材料生产延伸到下游终端充气及防水产品的生产与销售。2007 年开始涉足生产充气玩具，并于 2009 年开始大规模生产终端产品，包括涉水防护服、充气艇、水上娱乐运动产品、充气产品及沼气池等。

为了做好做强终端市场，2006 年，思嘉投资者和经营者规划筹建厦门生产基地，注册成立厦门浩源工贸有限公司（以下简称厦门浩源），由此初步形成由福建思嘉和厦门浩源组成的思嘉集团组织架构。厦门发展环境优越、人文社会底蕴深厚，实体性总部企业聚集、氛围良好，商业联系广泛、商机无限，可提供集团发展所需的政策支持、服务等公共服务项目，有利于推广终端产品。因此，"厦门浩源"生产的终端产品针对高端市场，凭借先进的生产工艺、材料和销售网络，协助客户产品有更好的发展。思嘉集团所有终端产品均以自有品牌（龙仕腾、浩源及乐乐泉）生产及销售。2009 年开始有少量产品向某国际品牌出售以扩大经营规模，并通过与该品牌的合作增强集团实力。

如今，"厦门浩源"已经发展成集品牌、研发、设计、生产、经销为一体的综合性户外休闲娱乐运动用品公司。公司自主品牌有龙仕腾玩具、LONGST 充气艇、姜太公雨衣、姜太公下水裤等，产品包括充气艇、大型充气玩具、水上娱乐用品、涉水防护服、水池、空气床、帐篷、防水包等户外休闲娱乐运动用品。

浩源的 Logo 图形整体外观近似球形，象征发展全球性、国际性业务，致力于打造全球一流的户外休闲娱乐运动品牌。整体造型追求简单、易懂、易记、易识别。"GRAND"译为全部的、完善的。"SOO"是"SO"的变形，象征着浩源人积极向上、追求完美的精神。蓝色与绿色造型如同两臂紧紧环绕在一起，象征着浩源人亲如一家、团结协作的精神，充满着激情与力量，体现了公司携手共赢的经营理念。绿色块造型象征着大自然，蓝色块造型象征着浩瀚的大海，白色块造型犹如在大海中冲浪的巨轮，在大自然与大海的怀抱中奋勇向前，成为引领新生活方式的倡导者与传播者。

自成立以来，厦门浩源始终坚持"厚德兴业、诚信经营、追求卓越、携手共赢"的经营理念，致力打造全球一流的户外休闲娱乐运动品牌，成为引领新生活方式的倡导者与传播者。

思嘉厦门生产基地自 2006 年 4 月开始组建公司、安装设备，7 月开始试生产皮筏艇，8 月组建团队，9 月正式投产，2006 年底建成的建筑面积 8000 多平方米。2010 年春节前后设立高频针车车间。2013 年在厦门湖里区万达广场西座购置一层办公楼，建筑面积 1236 平方米。至今，厦门浩源凭借全球性视野与前瞻性思维，不断驱动企业走向国际。

为了扩大企业品牌影响力，加强终端产品的推广力度，厦门浩源于 2010 年 4 月筹备成立了户外俱乐部，力图以一种全新的营销模式引领时尚的脚步。俱乐部命名为：LGO 户外娱乐运动俱乐部。LGO 取自 "Let's go outing" 的首字母，意在倡导大家一起出去拥抱大自然。目前这家户外俱乐部已获得相关资质，并开始运营。该俱乐部的宗旨是休闲、时尚、超越；使命是销售公司的户外运动产品，代理国外的品牌，倡导一种和谐轻松的新生活，使平凡的生活得以升华。当前，户外俱乐部经营的项目有野营、远足、水上娱乐等，力图通过组织策划和开展一系列异彩纷呈的户外活动，为会员们搭建一个加强沟通、增进了解、联络感情的平台。同时通过举办活动，邀请媒体和客户参与，从中建立良好的关系，扩大思嘉产品的社会影响和市场影响。LGO 户外娱乐运动俱乐部的初步运营实践表明，在平时注意经常性的联系和交流，能够不断提高公司和产品的知名度及美誉度，可以对其他的业务谈判和合作起到很好的推动作用。

第二节 上市融资，规范治理

产品成功进入国内市场并走向国际后，为了缩小新材料产业与国际先进水平的差距，增强企业发展实力，能以更好的姿态参与到国际竞争中，林生雄及其团队不断进行探索与总结，下定决心加强创新能力，做到核心技术不受制于人；加快并加大科技成果产业化步伐，使思嘉产品的研发应用始终领先于国内同行，并以优异的成绩参与到国际行业标准的制定中；通过大刀阔斧的专项改善行动与大型新设备的引进，提升软体材料行业的生产技术集成能力，提高技术及装备制造水平；带动员工主动学习、参与培训，提高集团现有人员素质。与此同时，思嘉集团在探索利用资本市场规范治理和运营、增强资本实力、扩大社会影响力、加快发展速度方面也迈出了坚实的步伐。

一、上市决策

思嘉是伴随着中国经济不断发展、人民生活水平逐步提高的大环境而发展的。2006年后，通过市场分析，思嘉肯定了国内市场对户外相关终端产品的消费需求越来越大。在同一阶段，集团旗下产品TPU新材料、膜结构新材料、空气床新材料性能优良，用途广泛，该类产品市场发展空间巨大；清洁能源产品迎合了全球低碳经济发展的大趋势，政府鼓励大力发展沼气池清洁能源工程，为思嘉的进一步发展提供了大好时机；思嘉引入了国际先进的运营理念和管理机制，希望能进一步提升集团的治理水平，提高集团在海外市场的知名度，使集团未来成为国际化公司。因此，即便是在现金流很充裕的情况下，思嘉集团还是认为已经到了合适的时机，通过上市集资，为未来的生产和市场规划提早做好准备，同时推动公司规范治理，促进管理水平的提高。

2009年第一季度，正值国际金融危机肆虐全球之时，思嘉集团召开董事会，系统、全面、冷静地分析了当前思嘉发展面临的挑战与机遇、优势与劣势。思嘉高层决策者们认为，国际金融危机造成资本市场不稳定，上市资源也因此相对匮乏，这反而为思嘉以良好的业务基础和发展前景争取上市创造了不可多得的机遇。董事会当机立断、因地制宜，决定调整集团战略、整合相关资源、挖掘企业潜力、规范运营机制，全面启动到香港上市的程序（参见专栏1-2）。

专栏1-2 关于思嘉上市的问答

（1）2009~2010年，正处于国际金融危机时期，资本市场仍然波动，

部分新股延迟或搁置上市计划。为何集团仍选择现在上市？如上市计划有变，公司是否有足够资金应付未来发展所需？

1) 在香港上市集资是集团发展的重要一步，加快了思嘉的发展步伐；

2) 上市有助于集团进一步提高知名度；

3) 思嘉拥有充足的现金流量及盈利能力，足以应付企业的发展；

4) 凭着集团良好的业务基础，可向银行贷款以支持未来的发展。

（2）公司曾是否考虑发行 A 股？为什么选择到香港上市？

1) 香港作为国际金融中心，在香港上市有助于集团提高海外市场知名度，有助于切于入国际资本市场平台；

2) 香港资本市场比较规范，有助于提升企业管治水平；

3) 暂未有再发行 A 股计划。

（3）公司的总体增长战略是什么？未来数年的增长驱动力是什么？扩张领域有哪些？

1) 本集团计划巩固在中国强化材料市场的领先地位，提高在中国强化材料及终端产品市场的市场占有率；

2) 本集团将实行以下战略：

A. 积极开发新产品；B 扩充产能；C. 扩大销售网络及分销渠道；D. 建立品牌及推广产品；

3) 未来数年，集团的增长驱动力在于本身的竞争优势，包括：

A. 领先的市场地位；B. 广泛的产品应用领域及综合业务；C. 高品牌知名度；D. 强大的研发实力及致力产品创新；E. 强大的生产能力；F. 产品优良，质量监控严谨；G. 精干、稳定且经验丰富的管理团队；

4) 集团的竞争优势将使其更有效地配合中国强化材料市场增长的动力，包括：

A. 下游终端产品市场的迅速增长，带动强化材料市场增长；B. 新兴强化材料的应用涌现，其中包括沼气池和用于建筑的膜结构；C. 产品种类不断增加，强化材料不断调整配方和改进生产工艺，预期可迎合更多客户的需要；D. 高端产品市场的潜力庞大，有助提高强化材料的销售收入。

资料来源：思嘉集团历史档案资料。

二、上市历程

上市决策做出后，思嘉集团一方面马上联系中国香港方面的专业上市中介机构，安排进场辅导和前期尽职调查工作，另一方面立刻动员每一位员工进入上市工作状态，要求各个职能部门和生产基地将配合上市作为第一位的工作任务。2009 年 8~12 月是上市工作紧张的筹备期，在董事会主席林生雄的领导下，成立上市工作小组，全面协调集团与各级政府各有关部门、行业主管部门以及各中介机构的关系，全力配合会计师及评估师进行会计报表审计、盈利预测编制及资产评估工作等。思嘉全体员工都经历了递交上市前的准备阶段，虽然承受着巨大的工作压力，但是他们心中都有一个共同的信念，全力做好上市工作，认真准备每一项资料，没有一刻的松懈。为了集团能够顺利上市，每一个思嘉人都在默默奉献着自己的心血与汗水。

2009 年 12 月 23~25 日，思嘉集团进入上市至关重要的阶段——聆讯，即上市前有关专家当面对即将上市的公司进行全面评估，以确定其是否能通过上市。这是思嘉自成立以来最紧张、最重要的时刻，因为如果一切顺利，思嘉集团将于 2010 年 2 月在香港联交所挂牌。当林生雄主席宣布集团顺利通过香港联交所 IPO 聆讯的那一刻，集团员工们欢呼雀跃，互相拥抱，纷纷落下激动的泪水，几个月的辛苦准备终于得到了回报，这是大家期待已久的结果。

为了在上市前争取更多的投资者，2010 年 1 月 19 日，思嘉集团举办了投资者推介会。会上林生雄等高层管理人员向投资者、投资公司、律师事务所及顾问公司介绍了集团的概况、股份发售详情、投资亮点等信息。1 月 25 日，集团在香港港丽酒店隆重召开上市招股记者招待会。董事会主席林生雄、总经理张宏旺、财务总监伍永贵，通过视频和答疑的方式，向香港媒体介绍了思嘉股票发行的基本情况和发行优势。

2010 年 1 月 20~28 日，思嘉集团首次公开在中国香港地区、深圳、上海及新加坡、伦敦等地举办上市路演。林生雄、张宏旺等公司高管人员出席路演，就思嘉股票发行的基本情况、投资优势、公司的发展前景以及有关安排等向投资者作介绍，并进行互动交流。

2010 年 4 月 29 日，蓄势八年，一朝勃发，思嘉集团（01863.HK）终于成功在香港联合交易所主板挂牌上市，从资本市场募集资金 6 亿多港元，为思嘉的壮大与前行注入全新的生命力与强劲的支撑力量。集团主席林生雄豪迈地表示："思嘉的成功上市使企业获得了长期的融资渠道，并引入了国内外战略合作伙伴，打通了国际渠道，实现了企业的超速发展，我们有信心成为在国内外具有一定竞争力和影响力的强化材料综合制造商。"成功上市这一步，预示着思嘉集团已经迈上一个全新的发展高度，为未来的征程吹响扬帆的号角。

第三节　规划布局，扩大规模

2001~2010 年，国内成长起来的一批新材料上市公司已开始运用资本杠杆，实现扩大自身经营规模、巩固产品市场份额的目标。这一阶段，扩大生产基地厂房面积，升级生产设备性能，改进生产技术工艺，迎战公司在国内市场迅速扩张的战略，也是思嘉集团对总体发展战略布局、发展方向调整的具体措施与表现。

上市成功后至 2015 年这五年多时间里，思嘉集团贯彻落实在招股说明书中对股东做出的承诺，实施以技术带动生产，依托技术研发团队及丰富的科研专家资源优势，以新材料为载体，重点推进设备及工艺的改进，确保企业稳步发展，做大做强。

一、创建上海生产基地

按照招股说明书的募资投向承诺，经过细致的考察和论证，思嘉集团决定在上海市金山区创建上海生产基地（参见专栏 1-3）。为此注册成立了上海思嘉工业园建成思嘉环保材料科技（上海）有限公司（以下简称上海思嘉）。

专栏 1-3　选择在上海金山区创建上海基地的背景

（1）上海市金山区委、区政府正按照《金山区区域规划发展纲要》的要求，完成《金山区城镇体系结构和产业布局规划》，并认真部署和实施。根据"三个集中"的原则，按照"1+2+3"工业区布局，整合资源，将 103 平方公里的工业区打造成高水平工业区，做到第二、三、一产业协调发展，经济与环境协调发展。其中："1"指的是金山工业区，"2"指的是金山第二工业区和上海化学工业区金山分区，"3"指的是金山西部工业区、北部工业区、中部工业区。同时，金山现代农业园区、上海纺织工业区、上海国际服装机械城、上海有色高科技园区、金山高科技园区等正进一步加大基础设施建设力度，明确产业定位，加快产业集聚。大环境有利于思嘉享受并合理利用园区政策资源。

（2）上海工业发达，产业体系完整、配套齐全，工业总产值占全国的 1/10，主要以轻纺、重化工业为主，其他还有汽车、航空、航天等工业。张江高科技园区汇集了大量的高端制造业。尤其是随着上海石化的进一步发展，随着巴斯夫、拜耳、BP 等世界级化工巨头落户上海化工区，一批以乙烯和炼油为代表的新石化源头项目将屹立于杭州湾这片黄金海岸，金山正在成为亚洲第一、举世瞩目的一流化工基地。

（3）金山工业区位于上海市西南、杭州湾北岸、金山区东部，北至亭枫高速公路、东至嘉金高速公路、南至漕廊公路、西至松卫南路，是由原金山嘴工业区变更而来。工业园区附近集聚地方与上海物流园区路途短，公司在上海化学工业园区金山分区内，可以充分利用上海工业区及附近园区在国内外享有很高知名度和品牌优势的特点，资源共享，优势互补，使思嘉上海生产基地的建设与后期项目推动能有效利用物流资源的运作水平和质量。

这些条件都使得园区有着良好的自身优势，不仅整个园区利用水系、道路和绿地实现地块的有机组合、形态和谐，工业区充分体现生态化、人性化、现代化和国际化，而且公司可以充分享受市政配套设施齐全，交通运输条件便利，同时拥有丰富的原材料供应的巨大资源。

资料来源：思嘉集团历史档案资料。

2010 年 9 月 28 日，集团总裁张宏旺飞赴上海，与上海化学工业区金山分区发展有限公司签订土地批租协约。根据协约，思嘉集团合理规划并启动相应的项目建设计划，以扩大 TPU、膜结构等新型环保材料及其制品的生产，促进新能源、新材料环保产品的研发与销售。作为双方合作的开始，上海化学工业区金山分区发展有限公司帮助思嘉办理相关的土地事宜。

2011 年 7 月 6 日，思嘉集团上海生产基地思嘉环保材料科技（上海）有限公司启动奠基仪式，正式落户上海金山区漕泾镇东部工业区。集团全员都期待在上海思嘉顺利投产后，思嘉能建设成为世界管理水平最先进、自动化程度最高的工厂，生产出国际领先技术水平的产品投放市场，为客户提供高质量的产品和更高水平的售后服务。

作为集团旗下最年轻的生产基地，经过设备供应商技术代表意大利高级工程师马力诺（Marino）、马特奥（Matteo）及思嘉集团总工程师黄万能为代表的技术团队的共同努力，以及上海金山区和金山开发区漕泾镇的各级领导给予大力支持与帮助下，上海思嘉工业园的厂房、办公楼基建于2012 年 1 月完工，进口设备也在当月进行试机安装。这一条生产线是目前国际上技术、工艺最先进，自动化程度最高，产能、产速最快的生产线，它能使思嘉的产值、效益有新的突破和飞跃，能使更多的供应商、客户享受到这条生产线运作给我们带来的新的机遇。同时，这也是思嘉进军高端新材料市场、清洁能源市场的又一大步，将为集团跨越式发展注入新的动力。

2012 年 11 月 5 日，思嘉集团上海工业园举行隆重的投产仪式。时任福建省人民政府驻沪办陈木金处长、上海市金山区漕泾镇朱筷顺镇长及相关政府领导、中国钢结构协会空间结构分会张毅刚理事长、浙江大学褚良才教授以及清华大学战略总裁班成员等贵宾，还有应邀参加庆典、来自全国各地的近百名思嘉公司客商朋友，以及长期以来关心和支持思嘉集团的各界朋友，参加了上海思嘉工业园的投产典礼。

2013 年 4 月 30 日，上海思嘉工业园高精度生产线项目迎来了期盼已久的正式投产，这标志着新高精度生产线项目工程正式交付验收。当机台平稳、高效地开机运行后，现场一片欢腾，验收小组对项目给予了高度评价和肯定，一致同意该项目通过最终验收。项目顺利通关验收并交付使用，让国外机械工程师、电气工程师、机械代表与集团主席林生雄、副总裁兼总工程师黄万能等领导都露出灿烂笑容，参与该项目的思嘉同仁们更是开怀叫好。的确如此，上海思嘉工业园新生产线项目经过短短几个月的建设与试生产，到现在的顺利投产，标志着思嘉集团迈进了一个新的里程，同时预示着思嘉跨越式的发展即将到来。

这条高精度生产线项目是思嘉集团推行技术改革提升的又一保证。自项目启动以来，公司本着"思嘉新材，创新生活"的理念，不断与客户加强沟通，深入研究市场趋势与形式，同时立足于行业实用、适用的出发点，对机台设备与工艺体系将进一步开发，力求精益求精。机台试转方案严密，计划合理，各方配合密切，经过一段时间的开发与试运行，各项参数显示该高精度生产线设备项目达到了预期目标。高精度生产线的成功验收，为思嘉集团更深入地全面推广新技术设备及工艺体系打下坚实基础，这份成就不仅是项目组所有工作人员的荣耀，更标志着公司在新技术设备及工艺体系领域迈出重要的一步。

专栏1-4　上海金山第二工业区成立　思嘉迎来
全新发展好局面

2014年3月26日，上海市金山区区经委副主任叶浩军携经委各部门科长及金山区第二工业区副总经理等来访上海思嘉工业园，咨询公司在金山第二工业区平台上的发展规划，并查看思嘉2014年各项工作开展情况，同时带来诚挚的慰问。思嘉集团副总裁黄万能总工程师接待一行领导，作公司及项目运营汇报。

2013年底，上海市金山区委、区政府撤销原金山卫镇和漕泾镇两个镇级化工园区管委会，组建全新区级金山第二工业区管理委员会，并成立上海金山第二工业区发展公司，负责对上海精细化工产业园区、上海金山化工物流产业园区、上海精细化工火炬创新创业园等园区进行统一管理与营运。2014年2月，金山区撤销上述"三园"，整合后成立"金山第二工业区"。这一管理体制的变革拉开了金山区新型工业化改革的序幕，在全区范围内的化工产业开始重组。

成立"金山第二工业区"是对接上海市发展战略的需要，是推动金山区经济转型升级的需要，也是加大联合发展的力度、拓宽联合发展平台的需要。在这样的发展大背景下，园区内的高新技术企业获益无穷。对于身处金山区的思嘉工业园而言，"撤三建一"后金山区的化工产业平台将提升到"区一级层面"，使思嘉的发展前景与发展环境得到飞跃般提升，资源获取平台被极大地拓宽，享受的政府支持力度加大。

金山第二工业区在管理体制、资源信息、产业链等方面进行了创新和整合，调整化工产业结构和产业布局。在产业转型上，重点做好品牌联动园区、大集团共建园区和特色产业园区三类园区建设，加快推进战略性新兴产业发展，明确了"两业并举"，以新材料、新能源、绿色创意印刷等8个产业为发展重点。第二工业区围绕新的产业导向和落户门槛，对思嘉工业园这种致力于打造高新技术环保新材料的企业给予更大的支持，并加强打造化工服务业集聚区，以进一步统筹区域内产业布局，推进产城融合，提升金山区的环境和安全水平，促进园区内企业的稳定、快速发展。

资料来源：摘编自第69期《思嘉慧报》第一版同名文章。

目前，上海思嘉厂房建筑面积为5.7万平方米，是集研发、生产、销售为一体，为现代工业、农业、科技、交通、通信、建筑、环保等领域提供新型材料的高新技术企业。上海思嘉拥有一套精湛的自主生产工艺，技术成熟，拥有中国最先进的强化材料及终端产品自动化生产设施，主要生产膜结构材料、防水卷材、沼气池材料、篷盖材料和自动卷帘门材料等，产品可通过 SGS、TUV 及 Intertek 等独立测试及检验机构的测试。

上海思嘉的组织机构设置遵循独立、合作的原则。部门控制是公司的一大特色。企业内各组织机构的设置考虑了多方面的因素，依据统一领导、分级管理、提高工作效率、服从生产需要的原则。各个部门按照自己部门的原则和计划，独立自主地开展自己的工作，不受其他部门的约束，但是在工作流程上，各个部门紧密衔接，形成一个完整的系统。由于各个部门的划分全面到位，既分清责任，又相互合作，因而每一个部门的职能都得到充分发挥，既使每个人的特点与长处都能得到有效调动，又有利于发扬团队精神。

二、创建湖北生产基地

随着西南办事处、武汉办事处业务的不断增长，以华中地区为代表的中国中部地区市场已经十分成熟，结合公司上市后扩大生产规模的战略布局，集团决定在湖北设置新的分公司，新设一个终端产品加工厂，以扩大终端产品产能，建立起材料及户外用品这两大产品的生产基地。两个新公司中，户外用品的公司先行运营，集研发、设计、生产、销售为一体，专业生产下水裤、雨衣、劳保服装等防水产品。经过一年多的发展，旗下"姜太公"、"致富郎"、"水传说"、"牧渔人"、"金汇渔庭"等知名品牌在业内家喻户晓，系列产品采用"9A"强化材料制作而成，拒绝回收料加工，产品经久耐用，品质过硬；人性化的裁剪设计，保证穿着舒适，深受广大用户好评。

随着材料生产基地的一期工厂建成，湖北的两个公司作为思嘉集团的大后方，产能得到大规模提高，供给线大大缩短，思嘉产品供货速度加快，这有利于争取当地各种资源，最大限度地提高思嘉产品的竞争力。而湖北生产基地选择落户于湖北省孝感高新技术产业开发区则有着很多的优势因素考虑（参见专栏1-5）。

专栏1-5　选择入驻孝感市的背景

（1）产业圈成熟，配套完善。孝感高新技术产业开发区创立于1989年，2012年成功晋升为国家级开发区。经过二十几年的发展，孝感开发区形成了电力能源、食品加工、纺织服装、印刷包装、金属制品五大主导产业，开发区产业布局稳定，配套产业链发达。

（2）区位优势显著。根据公司项目前期分析显示，孝感区位优越、交通便捷，是离武汉最近的中等城市，与武汉同城化趋势日益明显，正式获批国家级高新区，社会经济发展态势良好。汉川是江汉平原腹地，紧邻武汉，是孝感市县域经济的龙头，正处在多重机遇叠加的黄金发展期。同时，汉川市经济技术开发区面积138.5平方公里，开发区行政管辖面积750公顷，批准征地面积710公顷，实际用地面积710公顷，其中工业项目用地面积650公顷，可供企业征地面积空间大，便于企业最大化的合理布局。也因此，湖北的两个生产基地征地380亩（25万多平方米），建筑面积达8万多平方米。并且，开发区位于江汉平原东部，紧邻武汉市，距武汉中心城区约40公里。

从交通条件看，也具备较好的区位优势。航空距40公里；铁路距40公里，园区有火车货运站，武汉至宜昌高铁；水运距汉川港约7公里；公路往北7公里是武荆高速（兰杭高速），往东13公里是京珠高速，往南10公里是汉宜高速（汉渝高速）。

（3）最突出的，还是开发区的优惠政策，让包括思嘉在内的投资者瞩目。

1）纳税奖励。落户企业投资强度（每亩地固定资产投资额度）在100万元/亩以上，年税收总额实缴100万元以上的生产性企业和50万元

以上的非生产性企业（其他乡镇投资强度50万元/亩以上，年税收总额实缴50万元以上），由市、乡（镇）政府按税种奖励，年度结算，奖励期自竣工投产之日起，一定5年，其中：企业所得税依率计征后，地方留成部分前两年全额奖励，后三年奖励减半；增值税依率计征后的地方留成部分50%奖励给企业；

2）收费优惠。客商兴办企业，在办理项目审批、发证手续时，市级权限内属行政事业性收费的，实行集中包干收取；服务性收费按最低标准的20%收取，也可由企业自主选择服务对象；社会团体、中介组织和协会等由企业自愿加入，其费用由企业自主缴纳，不得强行搭车收费；

3）道路优先开通。企业厂区及专用道路以外的公用道路由市内有关部门负责建设，不收取企业建设费用；

4）供水优惠。工业生产和生活用水主管道优先铺通至项目红线外；

5）供电优惠。电费依据国家电价政策收取。架设输电专线，电力部门只收取成本费；

6）供气供热优先。工业用气用热优先铺设管道至项目红线外；

7）通信优惠。通信能力优先覆盖，并提供优质服务；

8）融资优先。客商凭信誉程度和有效资产抵押，可优先享受资金贷款。企业抵押权益登记期满，继续利用同一抵押物申请抵押贷款续期的，不再收取抵押物登记费；委托前次评估机构再次进行评估和公证，其收费标准应在不超过规定收费标准20%的幅度内计收；

9）用地优惠：

A. 凡在汉川市投资工业企业，工业用地价格原则上按6万~8万元/亩收取；

B. 客商在汉川市城区投资星级酒店需经市政府同意，用地价格12万元/亩以上，用地价格一事一议；

C. 客商兴办企业取得土地使用权后，如在经营期间转让土地，政府实行"回购"；

D. 对在汉川市固定资产投资5000万元以上高科技企业、固定资产投资在1亿元以上企业、投资周期完成后当年税收过1000万元以上企业、世界500强、国内500强以及国内民营500强大企业、大集团，采取"一事一议，一企一策"，在生产用地等方面享受更加优惠、灵活的政策。

10) 设立企业发展特别奖:

A. 贡献奖。汉川市对实缴税收贡献大、增长速度快的企业授予贡献奖,当年实缴税收超过 1000 万元,且增幅超过 20% 的奖 10 万元,当年实缴税收超过 500 万元,且增幅超过 20% 的奖 5 万元;

B. 品牌奖。汉川市对当年获中国驰名商标或中国名牌产品的奖 20 万元;获省级著名商标、名牌产品奖 5 万元;

C. 科技进步奖。汉川市对当年被认定为国家级或省级高新技术企业的,分别奖 10 万元、5 万元;

D. 技改投入奖。汉川市对当年完成技改投资额 2000 万元以上且位于全市第一、第二、第三位的企业,分别奖 5 万元、3 万元、2 万元。

汉川市开发区在提高服务质量和效率上不断加大力度。在对落户企业实行"保姆式服务、秘书式参谋、警卫式保护、兄弟式关爱"的同时,实行一个项目,一名领导包保,一个专班服务的办法,严格按照"一条服务热线"、"两条隔离带"、"三大服务体系"和"六制配套"落实各项服务措施,做到到位而不错位、不越位,形成客商"引得来、留得下、效益好、再投资"的良好局面。同时,进一步营造良好的政策环境和法制环境。通过修订完善招商引资优惠政策,降低行政成本,增强投资商的信心。坚持依法行政,加大综合治理力度,真正做到以科学发展的理念、合法有序的程序、灵活有效的办法处理好招商引资工作中的新情况、新问题。

资料来源:思嘉集团历史档案资料。

2011 年 6 月 17 日,思嘉集团湖北工业园奠基仪式隆重举行,奠基仪式由时任汉川市委常委、组织部长李先乔主持。孝感市委常委、汉川市委书记叶贤林,汉川市人民政府市长刘有年等市直有关单位、开发区的各位领导参加奠基仪式。汉川市委办、市政府办、汉川经济开发区管委会、市建设局、市规划局、市发展改革局、市国土资源局等 39 个单位领导及代表前来祝贺。

2011 年 11 月 24 日,由湖北省政府主办的湖北—广东(珠三角地区)投资项目推介会在广州东方宾馆隆重举行,思嘉集团主席林生雄受邀参加此次推介会。24 日上午,时任湖北省副省长的田承忠会见了林生雄及其他多位企业家，就进一步深化合作进行会谈。① 会谈期间，田副省长对思嘉集团新技术、新材料的清洁环保项目给予了高度评价，当场请湖北省孝感市拟定汇报材料，给予思嘉集团湖北工业园清洁能源项目特批政策与支持。会后，孝感市和汉川市有关领导亲切地与林生雄进行洽谈，详细了解思嘉湖北工业园项目建设过程中的情况。

2012年11月15日，时任汉川市市委书记刘有年、汉川市经济开发区书记罗国彪和主任李泓才等一行到汉川思嘉工业园现场指导工作，实地了解公司湖北项目的实施进度，并详细询问公司在汉川市的生产与发展情况。汉川市领导表示，思嘉集团有良好的发展基础，具备非常大的发展优势和潜力，市里非常重视思嘉湖北项目在汉川的发展，希望思嘉加快工程建设速度，相关部门将进一步加强扶持集团在湖北的项目建设，进一步强化交流与沟通，在项目基础设施建设和企业发展等方面给予大力支持和帮助，以助推思嘉带动本地区经济发展。

2013年4月，湖北生产基地项目在完成新厂房乔迁之后，立即投入了紧张的机台与生产设备调试。2013年上半年，湖北生产基地项目顺利通过试投产阶段，全面进入正式生产。随着新厂房的落成与成功试投产，湖北思嘉工业园生产能力的提升得到了实际验证，能更好地满足客户与市场的供货及订单需求，新厂房的试投产开启了思嘉集团新一轮发展的良好局面。

国际金融危机之后，发达国家的经济增长率下降，贸易保护主义抬头，中国软体强化材料产业在发达国家市场上的竞争力走弱。受欧债危机的影响，对欧盟的产业竞争力下降最为明显。为了应对严峻的国际市场局势，2014年下半年，思嘉集团调整发展战略，优化产品产能布局，通过收缩劳动密集型产能，加大发展技术密集型产能的力度，打造核心技术产品。据此，结束湖北户外用品公司的运营，将更多的资源投入湖北思嘉新材公司，推动产业及产品的升级换代。

经过战略调整，目前稳步运营的湖北思嘉工业园已经成为汉川市经济

---

① 林生雄主席向田副省长汇报了湖北思嘉工业园正在建设的清洁能源沼气池项目进度，并就湖北政府相关部门在项目施工过程中给予的支持与关心表示了衷心的感谢；同时，田副省长饶有兴致地听取并询问林董事长关于思嘉集团项目入选"国家火炬计划项目"的汇报，对集团获取的14项国家发明专利及多项省级荣誉表示赞赏。

技术开发区的重要组成部分，实现了思嘉集团在中国中部地区的战略布局。值得强调的是，湖北思嘉工业园的新厂房建设和新生产线形成，并不是对思嘉集团旗下成功生产基地和生产线简单的异地复制，而是根据集团实际业务发展规划与市场需求，依据集团战略规划部署、生产布局、流程改造、生产工艺及技术改进要求进行的全面提升，符合思嘉集团新十年的总体规划与布局。

在新厂房生产设备试投产过程中，湖北思嘉工业园员工有条不紊地按照工作流程与设备规范进行操作与检讨，以稳定的品质回报市场对思嘉品牌的期待。新厂房投入使用后，产能显著提升、生产效率显著提高，进一步巩固了思嘉在新材料领域的行业领先地位；湖北生产基地的生产流程效率得到很大程度的提高，为抢占市场先机赢得宝贵时间。随着湖北基地的运营和新生产线的投产，思嘉系列产品迎来明显的快速增长期。

三、与大学和科研机构联合共建实验室，建立思嘉新材料研发中心

自创业始，思嘉就依托高校科研机构，加强与院校间进行产学研合作，先后与福州大学共同建立"高强工业聚酯纤维复合材料研发中心"，与天津工业大学、四川大学共建"产学研教学科研基地"，与福州大学共建研究生实践基地等，并积极与这些大学开展技术交流合作。产学研联合开发项目中有 4 项取得较大的社会经济效益，经鉴定后，为国内甚至国际领先水平，尤其是替代进口的产品具有极大的市场发展前景。部分通过引进国外先进技术消化吸收的方式进行研发和推广的产品，在产品筛选、立项和制定质量标准化过程中同时结合产学研合作，提升了项目产业化水平。

随后，思嘉成立了新材料研发中心，并配置先进的研发设备及检验仪器，由资深工程技术人员构成的研发队伍，旨在打造具有国内领先水平的国际级企业技术中心。研发中心主要从事新材料行业的前沿研究，以及针对较为复杂的新材料技术进行长期开发工作，在技术上保证企业在同行业中的竞争优势，并源源不断地为企业研发出换代产品。福州大学也参与到新材料研发中心的工作，提供最新的技术支援。由此，思嘉得以根据技术前沿的变化和市场的需求，确定生产项目，进而配套先进的生产设备和充分的市场营销手段。

这种产学研合作模式让企业对院校专业领域的技术创新进行投入，也使科研更贴近市场需求，缩短了产业化周期，同时还能够为企业储备技术和人才。一方面充分发挥福州大学的科研力量，另一方面提升思嘉技术团队的专业能力与技术，让企业和科研机构各自的优势得以互补。

思嘉作为闽台科技合作交流平台的积极参与者与推动者，为了不断增强企业自身的科技研发实力，进一步促进福州地区大学城高校科技成果转化，促进大学生创新创业实践基地和服务平台的发展，由集团规划设计、思嘉环保材料有限公司投资，在福州大学国家大学科技园内建设思嘉新材料研发大楼。该项目于 2014 年 7 月 8 日动工，建筑面积为 4980 平方米。

专栏 1-6 福州大学国家大学科技园

（1）科技园的定位。科技园整体定位为数字化绿色科技园，建设成以福州大学国家级、省部级科研机构为依托，以企业为主体的创新研发平台、大学科技成果转移和科技企业孵化平台、面向科研机构和企业研发中心的公共服务平台（包括福建省高校测试中心、技术转移中心、中介机构等）、大学生创新创业实践基地与服务平台、闽台科技合作交流平台。

（2）科技园的地理位置和总体平面规划。

1）科技园位于福州大学旗山校区东南角，总面积 320 亩，其中包括山体 82 亩、池塘水面约 80 亩，实际可供建设用地约 158 亩；

2）园区内规划建设 1 幢主体科技大楼（约 5 万平方米）、1 幢大学生创业大楼、10 幢专业孵化器大楼。

科技部、教育部发出通知，认定福州大学科技园为国家大学科技园，填补了福州作为省会城市没有国家大学科技园的空白。

（3）福州大学科技园升格为国家级，"一园三区"初步形成。

福州大学大学科技园已初步形成"一园三区"的战略格局。国家级大学科技园区（Ⅰ区）位于福州大学怡山校区，内设一个大学生创业孵化基地，并陆续注册成立了 54 家学科性公司。校企联合研发、创新转化集中区（Ⅱ区）位于福州大学旗山校区，是福州大学科技园发展的重点规划区。园区建设用地面积 293 亩，规划总建筑面积 17.4 万平方米，主要开展与高校相关联的科技研发、科研平台建设、企业孵化以及科技成果转

化工作。信息产业专业孵化区与产业化加速器（规划中的Ⅲ区）位于国家软件产业基地福州软件园内，占地400多亩，主要开展信息产业相关企业孵化工作，致力于打造电子信息产业高新技术企业与上市企业。

　　资料来源：2010年9月9日，福州大学化学学院《转发关于福州大学国家大学科技园建设工作的通知》；2014年9月3日，科技部、教育部联合下发"关于认定北京林业大学科技园等21家大学科技园为第十批国家大学科技园的通知"（国科发高〔2014〕248号）。

第四节　打造平台，完善体系

　　为了及时把握有利时机、规避风险，提高整个集团的快速应变能力和创新变革、可持续发展能力，思嘉集团加强对外部风险及不可控因素的对比分析，以便达到扬长避短的目的，并充分发挥自身优势，让现有的、能使用的资源与发展目标、集团战略相结合。

　　在香港成功上市后，思嘉集团实施了新一轮发展战略，即以技术带动生产，依托技术研发团队及丰富的科研专家资源优势，以新材料为载体，重点推进设备及工艺的改进，确保企业稳步发展，做大、做强、做优。福州、上海、湖北、厦门四大生产基地各投资项目有计划、按要求持续进行。其中，福州工业园生产中心新生产项目的设备从境外先进机械设备厂商处引进，新生产项目在2012年全部正式投产；上海工业园于2012年11月圆满开工，生产车间呈现一片繁忙、有条不紊的喜人景象；厦门万达办公楼思嘉办公室建设完成，2013年进一步扩大了电子商务、贸易等新领域的业务；湖北工业园项目按工程进度进行厂房建设，于2013年4月完成新旧工厂的搬迁工作，并迅速投入生产，进一步扩大规模，适应订单及生产任务需求；2014年10月31日，福州大学国家大学科技园3号楼思嘉新材料研发中心大楼顺利封顶。

　　新机台所产环保型软体强化材料产品均属于"国家火炬计划项目"以及"十二五"国家规划的新材料、新能源项目，生产基地的项目进展与落成、先进生产设备的成功运行，使思嘉的产值、效益有新的突破和飞跃，能使更多的供应商、客户享受到这些生产线运作所带来的新产品和新体验。同时，各生产基地生产设备项目的建设和完善所取得的重大阶段性成果，加之新材料研发大楼的投入使用，都无不标志着思嘉集团迈进了一个新的里程，同时预示着思嘉跨越式发展的到来。思嘉进军高端新材料市场、清洁能源市场，将为集团跨越式发展注入新的动力。

作为具有良好发展前景的一家香港上市的新材料企业，思嘉得到了各级政府的帮助与支持，更受益于各级政府的扶持政策。各个生产基地的项目建设及设备投产，均得到各地政府的关心与引导。各级政府领导多次到上海、福州、湖北思嘉工业园现场考察、调研或参观，询问生产线安装进展、项目推进工作及工程建设目前的整体情况，帮助协调解决项目建设和生产过程中遇到的各类困难和问题，共同推进项目建设，保障项目进度，推动项目建设提速增效，并对当前的生产经营情况以及公司未来的发展规划进行指导。人们对于思嘉设备领先、技术先进、士气高涨表示欣慰与赞赏。

随着时间的推移，思嘉集团在各个生产基地的各项建设项目完成之后，逐步将工作重点移至投产后的项目投放进度、产品组合战略和市场拓展规划上，着手生产制造过程的自动化、数字化、智能化改造，注重打造一体化的发展平台，借助信息化手段在设备建设、产品规划等方面推进专业化管理，强化安全生产管理，进一步改善管理、开发新产品、开拓国内外新市场，并着力打造完善的服务体系，不断借力各地良好发展环境与区域经济趋势促进集团的壮大，为当地社会及经济发展增光添彩。

第二章 公司治理架构与组织结构

当今企业的战略规划、运营任务和经营目标是机构设置的出发点和归宿点，也是衡量架构各个部分设置是否合理的参考因素。组织架构是否精简、合理，体现在其能否正确、高效地完成企业战略任务和经营目标。思嘉集团目前是一家研发制造立足于国内本土，经营销售放眼于全球市场的香港民营上市公司。本章较为详细地展示了思嘉集团的领导体制与组织结构。

第一节 公司治理架构

以集团发展战略为指导，思嘉充分考虑到民营上市公司的治理特点，在进行组织架构设计和设置时，坚持有效管理幅度及责、权、利相结合的原则，由一名上级领导者直接负责下一级人员的编制与人数，并且建立岗位责任制，防止出现责任与权力的偏差。同时，作为生产制造企业，思嘉根据不同时期的发展特征，按照集权与分权相结合的原则，加强统一指挥、统一意志、统一行动，有助于中下层统一管理；加强内部横向沟通协调，使得方案执行时更加统一、方便根据市场进行灵活处理。思嘉集团2010年上市时的组织构架如图2-1所示。

集团公司的企业结构由股东会、董事会、以经理为首的执行机构和监事会四个部分组成，它们各自独立、责权分明、相互制约，适应了企业所有权与经营权相分离的历史必然趋势，是现代企业制度的重要内容之一。

（1）股东代表大会，是公司的最高权力机构，职权包括①重要人事的决定权；②重大事项的决策权；③利润分配权；④公司资本重大变动的处置权。

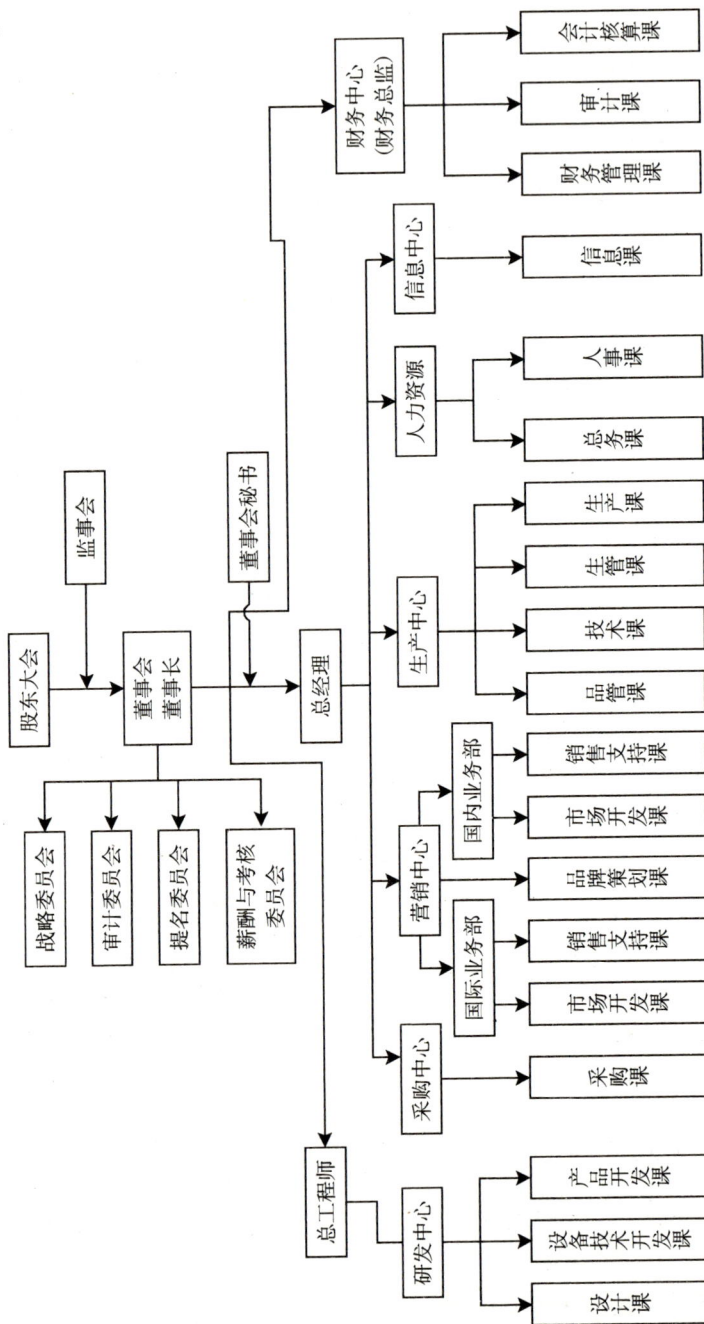

图 2-1　2010 年思嘉集团有限公司组织架构

（2）董事会，是公司的经营决策机构。①由股东会挑选能够代表自己利益又有能力的少数人，组成一个小型机构负责经营管理公司，即董事会，其中的职工代表由公司职工民主选举产生。②董事会是公司的经营决策机构，对外代表公司，董事长是公司的法定代表人，人数为1人。③董事会的职权：负责公司经营决策及监督检查其执行情况；提出有关股东财产重大变动和受益的方案；掌握重要的人事权。

（3）以总经理为首的执行机构。①组成人员包括总经理、副经理、总会计师、总工程师等高层经理人员组成，经理由董事会聘任或解聘，对董事会负责，因此经理既是公司日常经营管理的最高负责人，也是董事会决议的执行人，在董事会授权范围内拥有对公司事务的管理权。②总经理的职权：组织实施董事会决议；组织实施公司年度经营计划和投资方案，处理日常经营管理工作；负责公司的组织设计，包括拟定公司管理机构设置方案和基本管理制度，制定公司的具体规章；在人事权方面，提请董事会聘任或解聘公司副经理、财务负责人，直接聘任或解聘其他负责人管理人员。

（4）监事会，公司的监督机构。①负责监督董事会和以经理为首的执行机构，直接向股东会报告，对股东负责，成员不得少于3人，由股东代表大会和一定比例的职工代表组成，代表由公司职工民主选举产生，公司的董事会、经理和财务负责人均不得兼任监事。②监事可列席董事会议。思嘉集团的公司法人治理结构在基本方面都是规范化的。为了形成相对稳定的、科学的管理体系，思嘉根据集团战略、总目标与规划，将管理要素分别配置在相应的方位上，按照确认的职责和职能，构建以直线—职能制为主的组织架构模式，确定了决策权的划分体系及各职能部门的分工协作体系，如图2-2所示。

思嘉集团在组织架构确认的基础上，把管理部门和人员分为两类，一类是直线领导部门和人员，按公司规划统一原则对各自分管部门行使指挥权；另一类是职能机构和人员，按专业化原则，从事组织的各项职能管理工作。直线领导部门和人员在自己的职责范围内有一定的决定权和对所属下级的指挥权，并对自己部门的工作负全部责任。职能机构和人员，则是直线指挥人员的参谋，不能对直接部门发号施令，只能进行业务指导。这种模式保证了集团管理体系的集中统一，又可以在各级分管负责人的带领下，充分发挥各专业管理机构的作用。

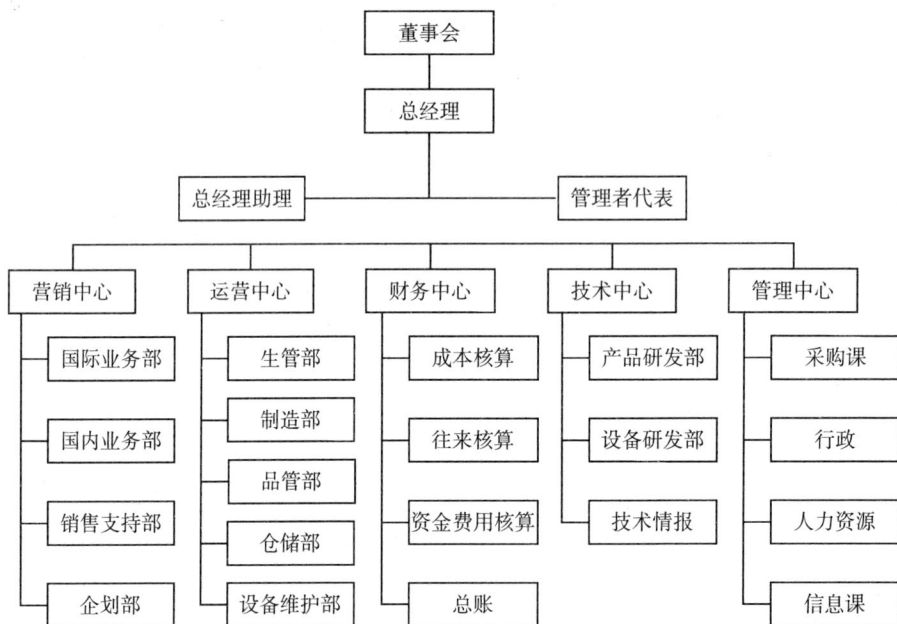

图 2-2　集团职能部门组织架构

　　为了进一步督促集团流程优化，提高部门间的办事效率，集团于 2011
年 6 月新增设监察中心，辅以监察制度，起到监督和沟通的作用。在一定
程度上减轻了由于直线—职能制架构模式给上层领导的巨大工作负担和部
分办事效率低的局面。同时，通过 2010 年上市后的新布局和规模扩张，
集团旗下新增湖北思嘉环保材料科技有限公司、湖北思嘉新材户外用品有
限公司、思嘉环保材料科技（上海）有限公司、福建浩思进出口有限公
司。同时，根据市场和行业竞争需求，于 2014 年对湖北布局进行战略调
整，移除集团旗下低端产品生产，注销湖北思嘉新材户外用品有限公司。
2015 年上半年的集团公司组织构架如图 2-3 所示。

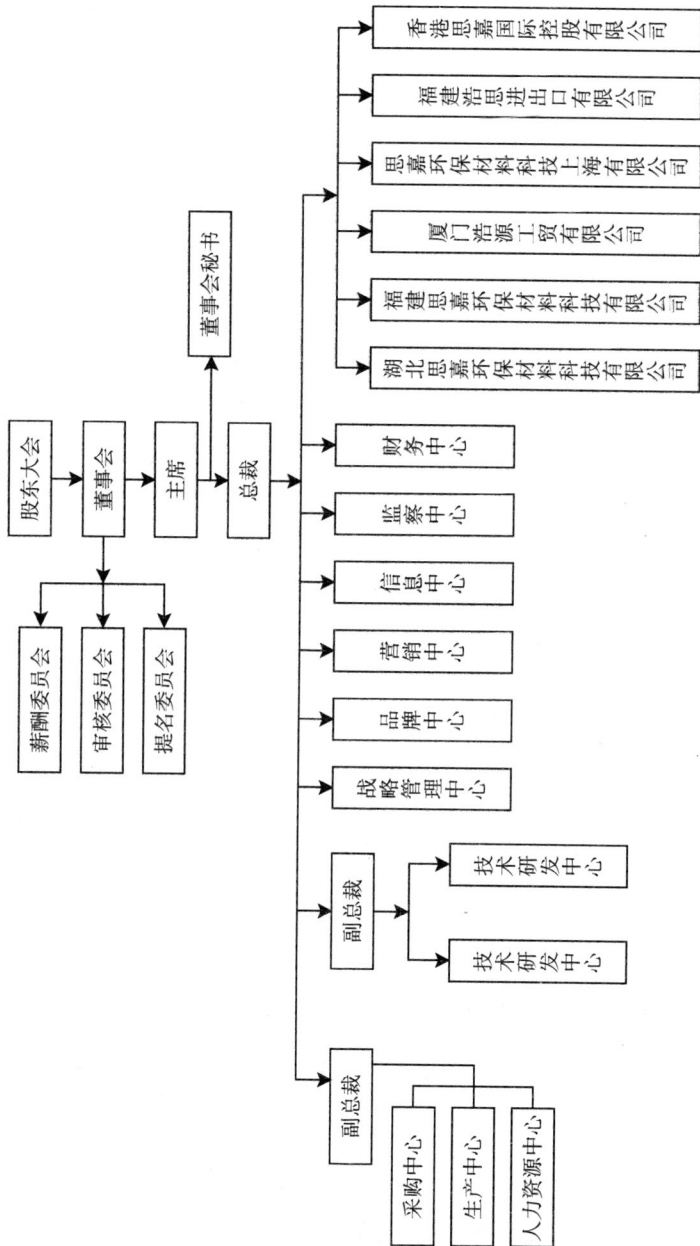

图 2-3 2015 年思嘉集团有限公司组织架构

第二节　职能部门

在企业管理方面，福建省的生产制造型企业受中国台湾企业的影响很深。许多企业学习中国台湾企业的管理模式，在管理的各个方面注重细节、精益求精；公司文化的建设上注重态度决定一切；注重打造一种亲情文化，着手愿景与文化塑造；重视企业培训，推广并希望员工善于学习。思嘉集团也学习并采用了中国台湾企业的管理模式，在职能部门设置上以"课"为基本单位标识。"课"是指具有一个独立行使特定管理权限的科室或部门，与科室不一样的地方在于，"课"指一个独立却又关联的部门，在职能行使和业务执行方面是单独的、不受干涉的一个部门。例如，福建思嘉环保材料科技有限公司职能部门组织架构如图 2-4 所示。

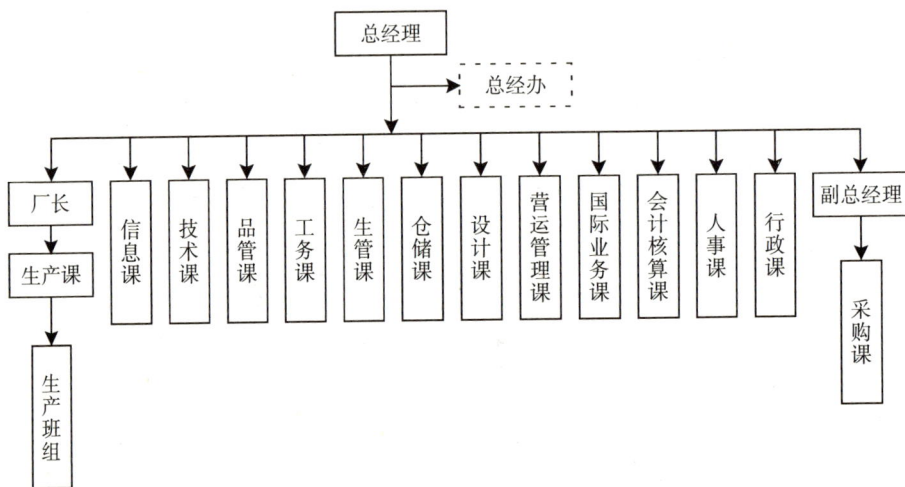

图 2-4　福建思嘉环保材料科技有限公司职能部门组织架构

一、技术中心

2006 年，思嘉公司设立了由董事长直接领导的企业技术中心。技术中心集中了思嘉的技术带头人和技术骨干，他们拥有较高的技术水平、丰富的实践经验和敬业的职业精神。技术中心由董事会专家委员会予以业务指导，实行总工程师负责制，下设产品开发课、技术课、生管课、品管课、工务课及中试车间，如图 2-5 所示。

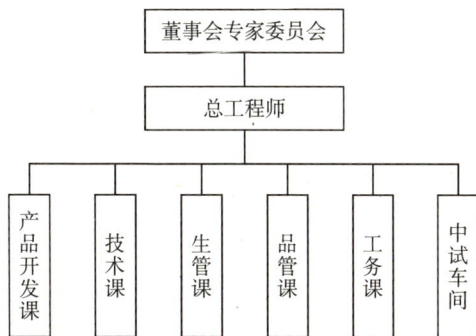

图 2-5 技术中心组织架构

（一）专家委员会

专家委员会由董事会聘请公司外部专家和内部专家组成，外部专家为高等院校和科研机构中业内成绩斐然的知名教授和研究员，内部专家由公司拥有高级职称以上的人员和技术总工程师组成，对重大技术攻关、新技术的引进和应用进行指导并提供咨询，对技术中心的重大发展战略、重大决策、技术中心的研究方向进行表决和指导。

（二）总工程师

总工程师负责企业技术的工作规划以及中心的日常事务管理；建立及健全技术中心的组织架构及规章制度；对技术中心各部门之间的工作进行协调和指导；与政府主管部门、行业组织进行工作协调和联系，与高等院校、科研机构之间建立战略合作关系。

（三）产品开发课

产品开发课指根据公司发展规划或市场需求，收集相关技术信息资料，通过可行性分析评审会议，对新产品研发项目进行立项。并跟踪产品试验、试制全过程。负责对公司专利、技术创新、科技立项等各类技术档案资料的收集和整理，利用现代档案管理软件，为档案资料的检索提供方便，包括外部技术资料和内部技术资料，形成公司的技术知识库。

（四）技术课

技术课负责制定产品研发项目的设计实施方案，负责开展产品研发项目的设计、试验、试制，对项目承担人员的任务分工，并参与项目的评审。研发过程中，以专家工作站为平台，加强与高校专家的合作，积极交流沟通，获取项目开发的相关经验指导。对于重大项目，要以产学研合作的模式进行开展，借助专家团队的人才与资源优势，加快项目的研发速度。

技术课主要负责公司产品的配方设计、产品开发，为生产和销售提供强有力的支持。团队曾遇到过很多问题，比如工作中碰到一些难题一直没办法解决，公司会请一些教授或有丰富经验的人员给他们进行分析、讲解。这支务实、拼搏、协作的团队里，成员们都很勤奋、能吃苦，工作中碰到困难大家互相帮助解决。

公司的快速发展，需要一个更加强大的技术团队支持，他们既要分工明确，又要加强团队合作。技术课的每一个人都在努力学习更多的知识、掌握更多的技能、开发出更多的新产品，以便提高整个团队综合素质，尽全力将自己的聪明才智和高超技能投入到技术研究与新产品开发中。团结的技术队伍，带领公司走向新的技术高度与更广阔的产品市场，以开拓性的工作为思嘉不断开创一个又一个全新的局面。

1. 技术岗位架构

技术课岗位架构及配置如图 2-6 所示。

2. 技术课的职责

（1）负责产品的配方设计、试制打样和调整，及时下达生产配方，保证生产的顺利进行。

（2）负责原材料的试验、追踪，参与对供应商的评审工作。

（3）负责制定各种产品的工艺操作规程、技术标准，并在生产过程中对各机台工艺操作人员进行技术培训、技术指导、检查及监督。

（4）协同相关部门处理生产过程中出现的各种技术问题，保障生产的正常进行。

（5）设计好各类产品的配方，优化生产工艺，进行成本管控。

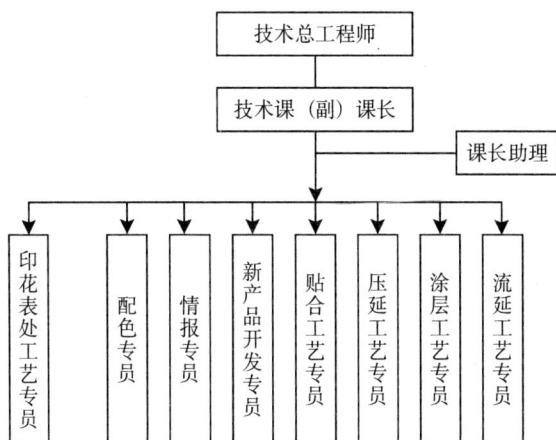

图 2-6　技术课岗位配置

（6）做好技术服务和技术支持工作，参加各种技术交流活动。

（7）负责公司的产品技术开发、设备技术工艺改造、技术引进方面的工作。

（8）负责技术文件的整理、分类、归档与保存工作，确保技术文件的完整与规范。

（9）负责编制各类产品技术文件。

（10）制定各类产品的质量标准，为生产提供技术依据。

（11）负责部门员工的培训、考核工作，培养技术人才，管理技术队伍。

（12）负责技术文件的保密工作，维护公司的利益。

（13）负责对外技术项目申报、实施、验收等工作。

（14）负责 ERP 系统基础模块中原物料、半成品、产成品等代码资料编制及维护。

（15）负责各种原材料检验标准的制定。

（16）负责公司与技术相关的其他工作。

（五）品管课

品管课承担公司范围内和外部的各类试验检测，对公司的技术开发和科研立项提供有力支持，是公司技术创新的支撑平台。负责对研发产品试制过程的质量检测和跟踪记录，并反馈质量信息。

品管课主要参与维护、监督质量体系的运行，组织和管理内部质量审核工作，控制产品品质。这是支团结、认真、服从的队伍，人员稳定，部门内部人员和谐。公司的快速发展使得团队里每个人都有更多的发展机会，大家对工作更有热情。公司新产品研发的深入，也对他们提出了更高的要求，在忙碌的工作之余，他们坚持学习、讨论，以便能更好地实现品管工作的效能。

1. 品管课岗位架构

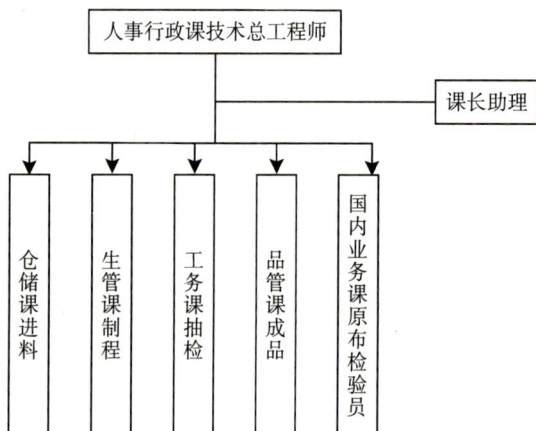

图2-7　品管课岗位配置

2. 品管课的职责

（1）制定并完善品管课管理制度、考核、工作流程、作业指导书、岗位说明书等文件。

（2）负责品管课部门工作规划及部门人员工作指导。

（3）负责对各种进厂原材料质量的监督检查及做出判断。

（4）负责对所有产品出厂质量的监督检查及做出判断。

（5）负责对生产过程产品物性的检测及做出判断。

（6）对所有产品质量管理体系和系统可靠性的设计和控制。

（7）对品管课培训体系的规划和实施。

（8）每周组织品质异常分析会，协助生产中心、营销中心、采购中心工作的推动。

（9）生产现场产品品质、物性异常的判断和追踪产品改善工作。

（10）品管课各类检测仪器、实验仪器的校正及生产线测量仪器定期校正。

（11）各类产品新的检测方法的研究和开发，及新的检测仪器/设备的研究与引进。

（12）各类原材料、产品第三方检测的送检和《检测报告》的存档保管工作。

（13）负责 ISO 9000 质量管理体系的认证工作。

（14）负责各类产品出厂合格证的认证工作。

（15）负责收集各类产品国内外环保法规、指令等技术资料并对本部门人员进行及时培训，及提供各部门决策之用。

（16）负责提供准确无误的原材料、产品《物性检测报告》。

（17）每月分析总结原辅材料、产品重大品质异常、客诉及退货，并召集采购、各生产班组检讨分析。

（18）绘制各机台 QC 工程图。

（19）工厂各类产品质量手册的编制及完善。

（20）外包产品的质量跟踪及管控。

（21）各类原材料、产品客诉处理。

（六）生管课

生管课是对新产品研发过程进度安排、追踪及管控，主要职责是确保订单交期，合理安排生产，做好物料管控，确保生产不断料并管控好物料库存，是业务、采购、生产、仓储等部门的信息枢纽。每个岗位人员的日常工作如果没做到位，都会给其他部门造成困扰，使整个供应链的流程不顺畅，甚至给公司造成巨大损失。现在公司正处于跳跃式的飞快发展中，很多新的机台正在投产，新的生产工艺、新的产品即将问世，年产值将会以数倍的速度在增长，每位同仁肩负的责任也更大。

1. 生管课岗位架构

2. 生管课职责

（1）制订和实施公司生产计划，确保各订单交期满足客户合理的要求。

（2）负责含压延、贴合、流延、涂层、印刷裱糊、配糊色饼、原检、成检及雨鞋车间的生产排程，确保生产最优化，减少清车、换辊、待料等非时，使生产有序进行。

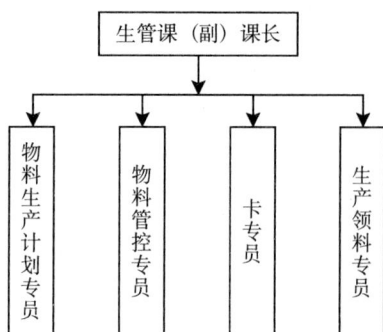

图 2-8　生管课岗位配置

（3）负责填写各生产车间生产制造指示卡，确保制造指示卡上生产产品的规格、品质等要求、附样准确无误，为生产提供依据。

（4）负责管控各生产车间需要的所有物料，及时下达《请购单》给采购部门，备好各订单所需要的各种物料，确保不停工待料，并严格监督物料安全库存。

（5）负责领取各生产车间当天生产所需的物料，及时开单给仓储课，并跟踪物料到位情况，确保生产不停工待料，现场剩余物料，及时办理退仓。

（6）负责跟踪各生产线生产进度，遇到突发事件，及时调整生产排程，确保订单交期和提高生产效率。

（7）负责盘点现场余膜情况，做好记录，充分利用余膜，减少余料库存。

（8）每日负责组织产前会，负责讲解排程安排及注意事项。

（9）负责同各部门的沟通协调工作。

（10）负责本部门的制度、流程、培训教材等文件资料编制、完善及归档。

（11）负责生管人才的培养、考核、晋升。

（12）进行订单交期、生产效率和安全合理库存的数据分析。

（13）ERP系统中生产任务单的维护。

（14）超制、短制订单生产情况分析。

（15）协同业务部门进行未制订单分析。

（16）根据成本核算提供数据，进行产量、非时、机台动用率分析。

（七）工务课

工务课负责产品试制所涉及的工艺装备和设备的调试以及新增设备的采购工作。这支团队专职从事设备维护保养工作，为设备稳定运行提供保障服务。长期以来，工务课注重宣传成员履责、学技术、提技能意识，以设备保养内容的延伸为契机，大力推进设备维护型保养，通过强化员工团队意识，加强纪律性提升班组员工的战斗力，通过努力工作促进设备保养质量的持续提升，有效地保证了设备的正常生产，设备有效作业率稳步提高。

1. 工务课岗位配置

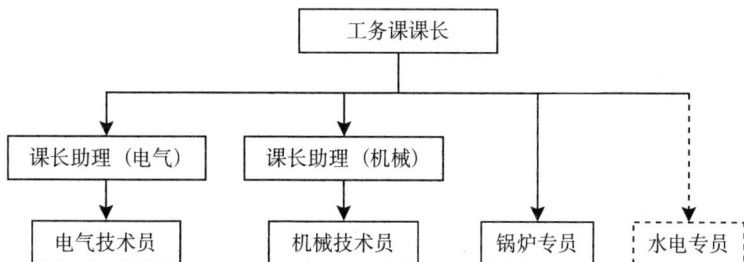

图 2-9 工务课岗位配置架构

2. 工务课职责

（1）全面负责公司的所有生产设备、检查仪器等的安装、管理、维护、保养、修理、改进工作，以确保其正常运行。

（2）全面负责厂区的水、电、生活设施等日常安装、维护、保养、修理工作。

（3）配合 ISO 14000、OHSAS 18000 体系认证、运行及验收工作。

（4）负责公司各类环保设施的选型、安装调试、维修保养。

（5）各类生产设备、环保设施维修保养台账保管。

（6）配合公司在建工程的水电、消防、生活设施安装等工作。

（7）配合车间节能减排工作的实施。

（8）工务团队的组建与培养。

（9）"7S"工作开展与落实。

（10）配合公司组织的各项专案改善及相关部门要求协助事项。

（八）生产课

生产课负责对研发产品的试制提供协助。生产课对生产系统的设置和运行的各项工作进行管控。部门组织生产工作，组织生产线，实行劳动定额和劳动组织，设置生产管理系统等，按照生产计划进行工作；进行生产控制工作，如控制生产进度、生产库存、生产质量、设备管理、安全生产和生产成本等。

1. 生产课岗位配置

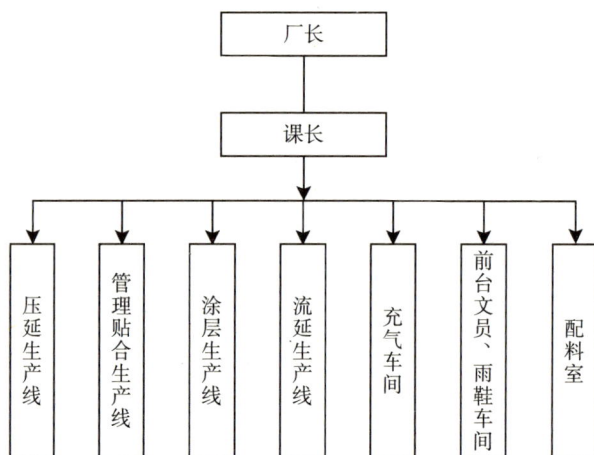

图 2-10　生产课岗位配置架构

2. 生产课的职责

（1）按照公司生产计划，组织实施、追踪，确保实现生产目标。

（2）生产中心的日常运营管理及工作辅导、协调。

（3）生产中心费用预算及成本管控。

（4）生产中心制度、流程、作业指导等管理文件的编制、完善并落实监督执行。

（5）生产中心培训规划、组织及考核。

（6）产前会、专项改善会议组织执行。

（7）进行检查监督，确保生产中心安全生产、设备安全运行、人员安全操作的监督检查工作，杜绝工伤事故、设备事故的发生。

（8）对生产进度的安排和生产过程的监控，对生产中出现的问题及时采取措施予以解决，对问题隐患及时采取预防措施。

（9）设备保养计划及实施的执行情况监督。

（10）参与公司生产、经营、技改等重大经济活动的讨论。

（11）负责生产与销售、采购、技术、品管等各部门的沟通，及时调整生产方案。

（12）参与各机台生产工艺改善方案讨论。

（13）生产中心"7S"工作推动及落实。

（14）审核客诉单及分析与改善措施监督落实。

二、营销中心

随着国内外经济的高速发展，市场已经转向买方市场，买方成员多渠道化使卖方市场竞争更加激烈。为了避免交易成本的增加，集团营销模式逐渐向纵向一体化发展，最终形成扁平化管理网络，以办事处形式运行销售业务。

营销中心包括国内市场开发课（包含各个区域性办事处）、国际业务课及营运管理课。

（一）营销中心国内部门岗位设置架构

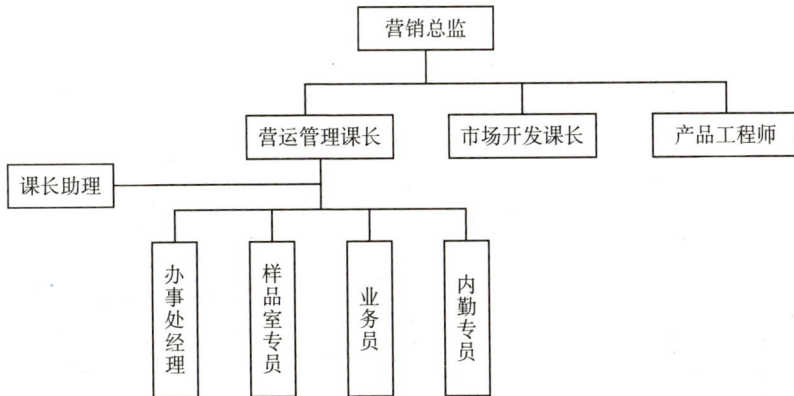

图2-11　营销中心岗位配置架构

（二）营销中心的职责

（1）执行公司的总体战略，针对性地制定营销中心的战略并规划实施。

（2）组织制定、完善、营销中心规章制度、流程及操作规范等管理体系文件。

（3）开发新客户，大客户管理，维护客户关系包括客户授信等。

（4）订单的管理，包括交付订单等，并对订单进行分析。

（5）应收账款的控制与跟催。

（6）客诉处理。

（7）市场分析，制定产品的价格并做出市场定位。

（8）编制营销中心培训教材，对营销中心所有人员进行培训。

（9）编制各类产品的销售手册。

（10）营销中心以及各办事处的费用管理。

（11）新产品（膜结构材料、防水卷材、TPU）等品牌规划与推广。

（12）营销绩效考核方案的制定与实施。

（13）各类产品专业展会的规划、设计、布置及展后的总结及追踪工作。

（14）负责公司物流供应商的选定、运价的谈判与确定、日常出货车辆的调度，以及公司物流成本的控制、物流费用的核实与结算。

（15）各材料电子商务网站、短信平台，"400"电话等维护。

（16）各类产品样品册/宣传册的制作。

（17）办事处各类事务的管理与协调。

（18）完成上级领导交办事项。

（三）部门职能

1. 市场开发课

市场开发课由销售人员及销售服务人员组成，面对的是客户群体，因此只有这支队伍的业绩突出，才能更上一层楼。现在公司快速发展，需要团队明确销售目标、进一步合理安排销售计划，适时做出总结，并坚决进行制度、方案的执行，定期检查、总结，以便提高效率，提高公司知名度，完善品牌宣传与建设。高效、自信、充满活力的营运团队，相信所有人员都很年轻、很有活力，对工作充满信心，每天都能很快地进入工作状态，销售人员接单以及市场开发的成绩会越来越显著。

2. 营运管理课

营运管理课负责收集和提供市场需求产品的信息，并提出产品研发项目建议，与客户建立便捷的沟通渠道，及时获取客户的产品使用反馈信息，对项目的推进起着一定的指导作用。

3. 国际业务课

国际业务课担任国外市场及客户分析、分享的角色，团队和谐、互助、高效、做事积极主动、目标一致、资源共享，成员们责任感、计划性强，每一个人都能积极主动地完成各自的工作任务，都能做到主动与部门其他成员分享市场、客户及产品等信息及自身的见解。团队中任何人存在疑难，或者需要其他人协助时，其他人都非常愿意伸出援助之手，并当成自己的事情认真对待。

（1）国际业务课岗位配置，如图 2-12 所示。

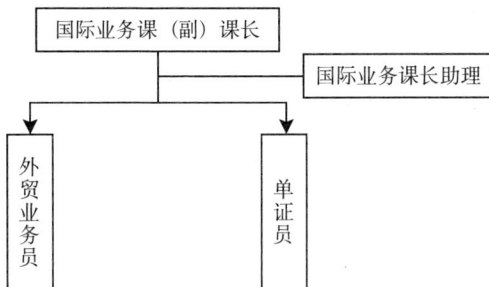

图 2-12　国际业务课岗位配置架构

（2）国际业务课的职责：执行营销中心的销售策略，制订国际市场开发计划并实施；组织制定、完善国际业务课规章制度、流程及操作规范等管理体系文件；开发海外新客户，进行客户关系维护及管理；订单的管理，包括交付订单、追踪订单生产等，并对订单进行分析；应收账款的控制与跟催；客诉处理；市场调研与分析，参与产品的价格制定并做出市场定位；编制海外市场开发培训教材，对本部门人员进行培训；负责公司所需文件资料的英文翻译；进行本部门费用预算与管控；参加各类海内外专业展会、市场考察、拜访客户等，进行各类产品的海外品牌规划与推广；国际业务课绩效考核方案的制定与实施；负责公司出口货代的选定、运价的谈判与确定，并进行物流成本的控制；各材料针对海外宣传的电子商务网站维护；客户货款结算方式的确认；进行客户管理，建立并完善客户档案，记录客户跟踪情况，对客户进行分类评级等；出口信用保险工作的执行；负责产品出口的报关工作及追踪；上级领导交办及相关部门协同事项的落实。

三、采购部门及仓储部门

思嘉供应链是通过对信息流、物流、资金流的控制，从采购原材料开始，制成新材料及材料成品，最后由销售网络把产品送到消费者手中的将供应商、制造商、分销商、零售商连成一个整体的功能网链结构。供应链是连接供应商到用户的一条增值链，物料在供应链上因加工、包装、运输等过程而增加其价值，给企业带来收益。思嘉供应链主要由采购课、营销中心及仓储课组成，其中，采购课和仓储课是关系最为紧密的两个部门。

（一）采购课

采购课负责对研发产品试制所涉及的原辅材料进行采购、供应商的更换和培养。采购课团队人员精干，在工作中具有成本控制的作用，所有成本中采购成本占80%以上，单价优惠一分钱就等于公司直接盈利一分钱的利润；他们注重公司与供应商之间良好的口碑宣传，因为采购员的语言沟通代表着公司的形象沟通；他们秉承良好的职业道德，按流程制度要求，不断与供应商进行宣传与交流，让供应商为公司提供最优的原料资源，同时进行长远的合作并提供相应的技术支持。

这支团队严守廉洁、高效、节俭的团队理念，工作按物料进行分工，各司其职，按流程完善各制度，不断根据业务调整而完善业务内容。部门有人出差的时候，其他人员充分发挥团队的合作精神，手上的工作大家都可以相互配合完成，出差人员不管身在何处都能处理好公司内部、供应商之间的沟通工作。

1. 采购课岗位配置

2. 采购课的职责

（1）根据公司的采购需求，制订采购计划并实施、追踪。

（2）掌握公司采购物料的市场行情及其价格涨跌波动状况，加以分析，并为战略性采购提供信息支撑。

（3）进行市场调研，拓宽供应渠道，积极开发新供应商及可替代物料

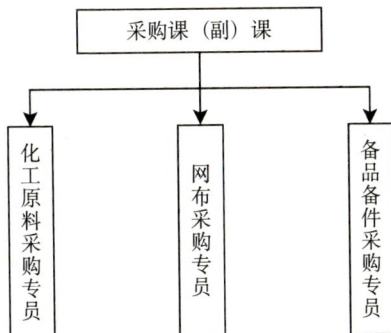

图 2-13 采购课岗位配置架构

的供应商，做好供应商关系维护及管理。

（4）购销合同、供应商资质等资料保管及完善。

（5）采购团队组建及培养，做好廉洁建设与监督工作。

（6）做好年度、季度、月度采购计划，并做预算分析。

（7）开发试样的物料，追踪品管部门反馈试样情况，及时反馈至供应商并沟通获取技术支持或提出改善意见。

（8）根据品管反馈的物料进厂检验、生产中发生原料品质异常，同供应商反馈并进行处理。

（9）参与原物料的库存超龄分析，并根据公司讨论结果进行超龄原物料/呆料跟踪处理。

（10）根据生管部门制定安全库存量，保障各种原物料的安全库存。

（11）定期编制采购报表，并对采购内外环境/采购情况等进行分析，及时反馈给上级领导。

（12）密切与业务、生产、品管、财务等部门的工作联系，加强与有关部门的协作配合。

（二）仓储课

仓储课主要是利用仓储管理系统，通过入库业务、出库业务、仓库调拨、库存调拨和虚仓管理等功能，综合批次管理、物料对应、库存盘点、质检管理、虚仓管理和即时库存管理等功能综合运用的管理系统，有效控制并跟踪仓库业务的物流和成本管理全过程，实现完善的企业仓储信息管理。

1. 仓储课岗位配置

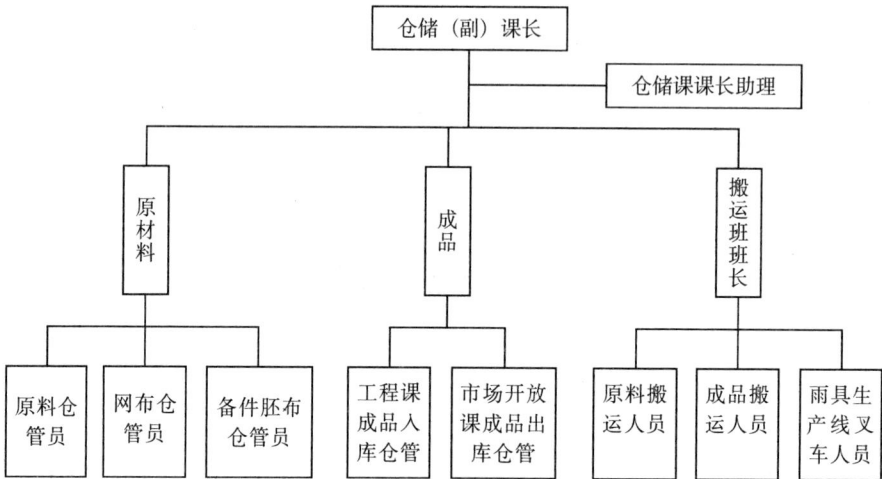

图 2-14　仓储课岗位配置架构

2. 仓储课职责

（1）负责制定和完善仓储管理制度，并指导、监督实施。

（2）负责制定和完善仓储相关操作流程，并检查督促实施。

（3）负责公司所有物资的进出库核实与相应的账务处理，确保账实相符。

（4）负责公司物资的安全保管。

（5）负责公司物资库存数据的跟踪，及时反馈短缺料和超期库存材料。

（6）负责公司库存物资的盘点。

（7）负责公司物资的搬运与装卸。

（8）负责公司物流供应商的选定、运价的谈判与确定、日常出货车辆的调度，以及公司物流成本的控制、物流费用的核实与结算。

（9）负责仓储部门人员培训，辅助规划员工职业发展。

（10）负责公司库位的合理规划，物品的分类存放。

（11）负责仓储区域卫生的清扫。

（12）负责公司叉车的日常维护与保养。

四、财务管理

思嘉的财务部中心分为会计核算与财务管理两大部分。会计核算主要是记录、核算、反映和分析资金在企业经济活动中的变动过程及其结果。它由总账、应收账、应付账、现金、固定资产、多币制等部分构成。财务管理的功能主要是基于会计核算的数据，再加以分析，从而进行相应的预测、管理和控制活动。它侧重于财务计划、控制、分析和预测。

（一）会计核算课

会计核算课主要负责做好财务核算、工厂成本核算等工作，并加强财务管理，尽每个成员之力，为公司的经营活动确立好财务各项指标，并提供财务报告供领导决策。他们制定严格的制度和相对完善的流程，结合老员工的实际操作讲解，使得每位新进员工都能比较快地融入工作中，完成各岗位的工作。

1. 会计核算课岗位配置

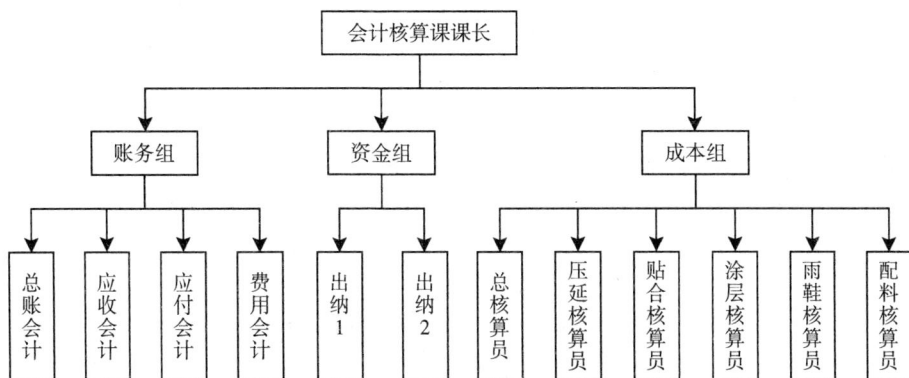

图2-15 会计核算课岗位配置架构

2. 会计核算课的职责

（1）资金管理，规范现金、银行存款收支流程和印鉴、票据管理流程，并制定相关制度。

（2）存货管理，规范采购外购入库、生产领料、产成品出入库和存货盘点流程。

（3）应收账款管理，规范各类产成品销售出库和货款回笼流程，并制定相关制度。

（4）应付账款管理，规范付款审批流程，并制定相关制度。

（5）税费管理，整体筹划公司各项税费，并按时完成纳税申报和缴费。

（6）成本、费用管理，规范成本、费用报销和核算流程，并制定相关制度。

（7）账务管理，规范会计凭证账务处理流程，并制定相关制度。

（8）报表管理，规范财务各类报表的内容和财务报告的编制，并组织与各部门检讨存在的问题。

（9）预算管理，结合实际编制公司各项财务指标的预算方案。

（10）审计管理，组织公司各项审计工作和证照年检工作。

（11）档案管理，规范财务各项档案管理流程，并制定相关制度。

（12）培训管理，有计划组织部门各岗位流程和财经法规的培训，并进行考试。

3. 会计核算课资金组

（1）会计核算课资金组岗位配置。

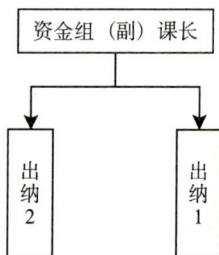

图2-16　会计核算课资金组岗位配置架构

（2）会计核算课资金组的职责。专职分管集团各公司资金调度，每周关注各公司资金进出，进行总调度；审核各分公司每周资金明细账，总分配使用集团资金；审核各公司之间的借款；公司闲置资金的临时投资；香港上市公司每个账户的资金收支明细审核支出、调度；负责集团各分公司授信审批，授信报表编制；集团银行账户管理：开户、销户及变更根据各部门的付款申请经审核中心及董事长批核之后，安排资金，由出纳付款；负责与银行沟通协调日常工作中遇到的各种难题；负责银行融资攻关工作，与各家合作银行确定合作方案，并负责提供相关资料；负责银行转账、现金货款收取，并登银行、现金日记账及跟银行对账单和库存现金进行核对；办理银行转账业务及支付报销费、个人因公借款；办理银行承兑汇票；办理涉外收入申报、结汇并进行外汇收汇管理；领用核销单，外汇预收及货款的收入登记及核销，核销档案的管理；进口付汇申请、付款；银行、现金票据的保管和使用；银行印鉴章（财务专用章）的保管和使用每日盘点现金并编制现金、银行存款月报表；编写资金各岗位 ERP 流程及培训课件，并进行实操培训；整理各岗位档案和完成领导交办的其他事项。

4. 成本核算组

（1）成本核算组岗位配置。

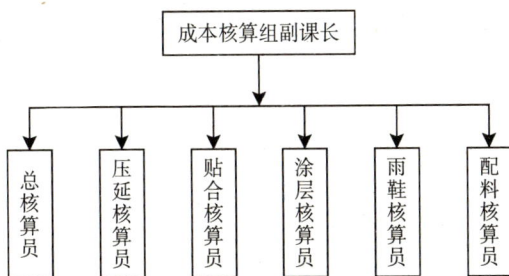

图 2-17 成本核算组岗位配置架构

（2）成本核算组的职责。严格遵守国家和公司的成本开支范围和费用开支标准，结合公司生产经营特点和管理要求，制定成本核算制度；严格按照成本核算制度规定，确定成本核算对象，正确归集、分配生产费用；负责核算工厂内成本核算工作，按时编制产品工厂成本、费用报表。对照成本计划找出成本升降原因，提出降低成本、费用的途径，加强成本管理；负责盘点工厂内存货，核对存货是否账物相符，并报交盘点报告和改善方案；负责工厂固定资产、在建工程核算管理，组织固定资产盘点，参与设备验收、处置负责核算工厂班组绩效考核奖金，并报厂长审核，然后交人事核算工资；负责督促、检查公司固定资产、低耗品、存货等财产、物资的使用、保管情况，存在的问题向上提报并追踪改善落实；审核货物进出厂过磅和车辆放行；审核产品入库单与码单、生产日报表数量是否相符；审核生产调拨单实际调拨数与系统调拨数是否相符；核算工厂内材料损耗情况，并报送相关人员，并组织人员进行检讨；负责统计工厂内各机台各班组的产量、产品合格率、收率，并每天报送相关厂长、课长；每月编制经营分析表并组织相关人员检讨，提出改善方案；提供库存数据并追踪业务库存处理方案落实；参与 ERP 基础资料维护、数据审核，组织各部门建立新账套及程序操作异常处理；参与 ERP 流程修订、系统二次开发及 ERP 培训；提供并及时更新各类产品的标准成本数据给营销主管；审核核算员的所有管控表单，并对报表进行管理分析；核算员复试、配置、培训、考评及每周成本核算工作会议组织；组织工厂各部门主管进行部门费用预算。

（二）财务管理课

财务管理课在公司的财务运营中主要具有培训、指导、规划的作用。公司的快速发展给团队带来了很多实战的机会与挑战，也让他们接触到更多的业务，例如 IPO 的整个过程，所有人都记忆深刻。为了提高部门效率，他们通过轮岗、培训来强化各自的岗位知识、提升业务水平，优化本部门工作的同时配合整个公司进行流程优化检讨，与上下游相关部门共同解决工作中遇到的问题。

1. 账务组岗位配置

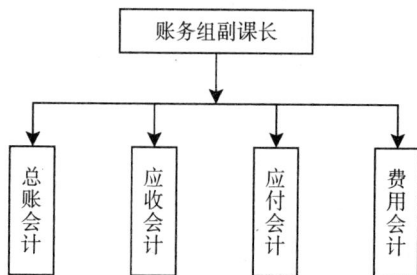

图 2-18 账务组岗位配置架构

2. 账务组的职责

（1）负责公司总账核算，审核各会计科目的规范使用。

（2）编制及完善账务组制度、流程等管理体系文件。

（3）审核各岗位的凭证，并对审核过程中的异常事项进行沟通、处理。

（4）组织进行税收整体筹划与管理，进行月份、季度、年度国税、地税的申报。

（5）安排好各项审计工作及证照年检工作。

（6）统计局、财政局等相关政府部门数据申报工作。

（7）编制应收、应付账款账龄分析表（周报表及月报表），并组织业务、采购部门每周应收应付检讨及追踪。

（8）编制分析公司财务盈亏报表。

（9）原材料采购付款审核。

（10）银行印鉴章（法人章）的保管和使用。

（11）组织各岗位人员整理编写培训课件（PPT）、培训并考试。

（12）账务组会计专员复试、配置、培训、考评。

（13）负责浩思进出口公司的账务处理及出口退税事项。

（14）K3 账务及仓存单据处理。

（15）应收、应付模块和费用模块的账务处理。

（16）审核销售发货单、采购付款审批单及与客户、供应商、集团内部子公司和浩思内部产家进行账目核对。

（17）核对各办事处应收账款、库存和各业务员每月的销售回款指标。

（18）开具销售发票、催收采购发票、销售发票签收单、承兑汇票签收单整理并归档以及进项发票认证。

（19）审核各客户、供应的证件资料及销售合同、采购合同并整理归档。

（20）核对销售出库单、出门放行条。

（21）审核费用报销、付款审批单、编制费用周报表、月报表及其他应付款的票款及个人借款跟踪。

（22）财务档案的管理。

（23）完成领导交办的其他事项。

五、人力资源中心

思嘉人力资源中心包括人事课与行政课。

人事课的工作主要是通过招聘、甄选、培训、报酬等管理形式对组织内外相关人力资源进行有效运用，满足组织当前及未来发展的需要，保证组织目标实现与成员发展的最大化，及时预测组织人力资源需求并做出人力需求计划，招聘选择人员并进行有效组织，考核绩效支付报酬并进行有效激励，结合组织与个人需要进行有效开发以便实现最优组织绩效。

行政课工作较为繁杂、琐碎，其主要职能涵盖"管理"、"协调"和"服务"三个方面，但定位重点应放在服务方面。行政课不仅要满足于做好日常事务，还必须在公司的经营理念、管理策略、企业精神、企业文化、用人政策等重大问题上有自己的思考，成为领导不可缺少的"高参"

和"臂膀"，在充分沟通的基础上做好与其他部门和单位的协调与合作，成为企业沟通上下、联系内外的桥梁。

（一）人事课

人事课作为公司规范化的组织者，为其他部门提供人力支持，参与公司发展战略及各项政策制定，通过对人员的管理为公司创造效益；同时，为公司以及各类活动提供支持和服务。人事课的成员兢兢业业，团结且能够较好分工协作，工作认真负责，能够站在公司的立场考虑及处理事情；能够为公司规范化及部门运作提供较大的支持；个人的专业技能及综合素质好、学习能力较好，能够虚心接受大家提出的意见及建议并及时改善。

这是一支潜力无限、团结奋进、积极向上的队伍，公司的快速发展为团队提供了更大的平台跟机会。大家相信，不凡的经历是每个人人生中最珍贵的财富，因此不断提高个人专业水平，促进工作经验的积累；进一步确认制度、流程、规范，完善各岗位作业指导；利用每个人的历练机会，加强岗位间的协作与配合，完成岗位工作。

1. 人事课岗位配置

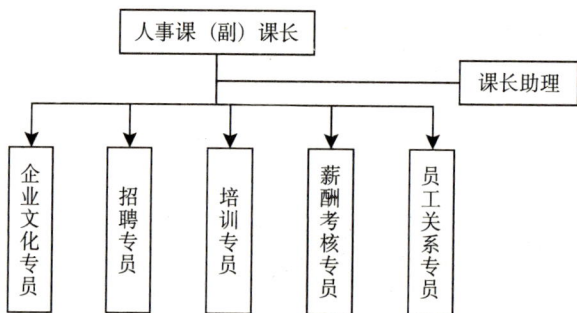

图 2-19　人事课岗位配置构架

2. 人事课的职责

（1）根据公司发展战略，制定公司人力资源规划，为高层提供有价值的决策信息。

（2）建立及完善公司人力资源体系，实现人力资源最优化。

（3）组织制定、完善、执行及监督公司人力资源管理政策、规章制度、流程及操作规范等管理体系文件。

（4）组织进行工作分析、评估，促进人员的优化配置，控制人力成本。

（5）根据公司架构调整，组织修订岗位说明书及作业指导书。

（6）根据公司人力需求，制订招聘计划并实施。

（7）制定培训规划，负责员工入职、在职、晋职等培训工作组织实施及监督考核。

（8）根据公司对绩效管理的要求，制定评价政策，组织实施绩效管理，并对各部门绩效评价过程进行监督控制，及时解决其中出现的问题，并不断完善绩效管理体系。

（9）制定及完善公司岗位薪酬体系及福利政策，负责员工定薪、加薪等审核，及公司员工工薪资、福利的发放管理。

（10）负责完善及拓宽员工沟通渠道，加强员工沟通，使公司的理念得以灌输，员工的意见得以反馈并解决，提高员工的满意度。

（11）负责制定、完善员工晋升与管理干部内部选拔管理制度，并指导、监督实施。

（12）负责人员的招聘、配置、培训、考核、奖惩、晋升、调动、福利、离职等事项的审核与办理。

（13）负责公司员工人事档案管理和职称申报。

（14）做好劳资合同管理及劳动保险关系的基本保障工作，促进劳资和谐。

（15）塑造、维护、发展和传播企业文化。

（16）及时处理公司管理过程中出现的重大人力资源问题。

（17）协助做好有关人事方面的管理工作。

专栏 2-1 欢迎思嘉新同仁

赖德荣/思嘉集团副总裁兼生产总监

今天，在思嘉集团发展壮大的进程中又迎来了新的伙伴，我由衷地为新成员的加入感到高兴，各位的到来为公司注入了新的血液，增添了新希望。在此，我谨代表思嘉集团全体员工对大家的到来，表示热烈的欢迎。

在座的各位，都是经过选拔进入我们团队的优秀人员，但是，当我们第一次相聚在这里，无论各位来自何方，无论各位的过往有着多么优异、辉煌的经历，从现在开始，大家都站在同一起跑线上，都要从零开始。

每个人的一生都只有三天：昨天、今天、明天。昨天已经过去，除了经验没有太多值得我们顾恋；选好起点在今天，只有找对了方向，才能比别人更早到达明天。

大家在起跑线等候发令时，我想与大家分享我们的一个心得：人不能爱哪行才干哪行，应该是干哪行爱哪行。

首先，所有人需要进行职业定位的思考：第一，我能做什么？即特长，这是别人给你标价的最重要参考标准，也是个人赖以生存的筹码。第二，我正在做什么？做人理当专心致志，就像挖井，永远都不要奢望自己能同时挖两口井。第三，我应该做什么？先强迫自己做应该做的事，才有机会做自己喜欢做的事。第四，我还在等什么？永远不要等待，等待只会给自己的失败找无尽的借口。

其次，了解人生职业走向设计。职业定位就是认准了这个地方，认为底下有水，坚持挖下去。现在有许多人总是在职业介绍所进行一次又一次的选择；还有许多人一次又一次地频繁跳槽。人生是单程票的航船，我们可以后悔，但青春不会回来。如果觉得选择对了，那就坚持一步一步走下去，去证明这口井是有水喝的。

在座的也许有人会问，要做好职业走向设计，前提是什么？我们的建议是：要找个点，并努力为这个点做些准备。

（1）年龄。你不能在十七岁、十八岁时跑到人才市场说："你们能否请我当总经理、董事长？"实践的第一步，考虑你的年龄适合做些什么。

（2）学识。仔细分析所学的哪些知识对目前的工作是有用的。空虚无谓的遐想，只会一手造成生活没有着落；专业知识的积累，才能铸就你的事业。

（3）形象。一个人是摆水果摊的还是公司高级管理人员，众人一看就知道。我们的面貌是否精神抖擞、是否给人积极向上的感染力，是很重要的。整洁、大方的形象，使你终身受益。

（4）胆识。敢不敢选择一个行业，敢不敢坚持在这一行做下去，敢不敢学以致用。不敢去做，你永远只是个会移动的书柜。

在企业里，竞争不仅体现为企业负责，还表现为对工作的精益求精，对优秀和卓越的不断追求，而这种精神足以让我们变被动为主动，变平凡为卓越，变腐朽为神奇。只要这种精神常在，就能成为优秀的员工，并最终实现个人的成功。美好的劳动成果总是给那些有激情，并且不断奋斗的人来品尝的，选择了自己的工作，就要努力、热情、勤奋地去打拼。

同事们，每一份工作都蕴藏着巨大的机会，这意味着只要我们脚踏实地地努力工作，都有成长的收获。努力工作，回报我们的是不断增长的薪水；良好的表现是我们价值的体现，这比薪水的回报要高千百倍。

那么，在座的思嘉人，大家都准备好了吗？准备好了，就让我们冲出起跑线吧！

资料来源：编选自人事课"新员工入职培训欢迎辞"。

（二）行政课

行政课包括工业园厂区行政组及办公区行政组，承担着企业的全部管理（行政）工作，推动和保证着企业的技术（设计）、生产（施工）、资金（财务）、经营（销售）、发展（开发）等几大块业务相互之间的协调，推动和保证企业上述几大块工作顺利、有效地进行，为做好各大块工作之间的协调、使之产生有利于企业发展的最大合力而提出的一系列目标、计划、要求、规范、制度、程序、做法，以及所提供的一系列资源、条件服务，在公司内部主要起着沟通与协调的作用。

2011年中旬，福州思嘉工业园办公楼装修，全体人员齐心协力、加班加点忙装修工作，毫无怨言。这支踏实、稳健、健康的团队，执行力强，接受工作时从不找理由推脱。公司快速发展让大家更深刻地意识到，行政是公司的门面、是公司的窗口，团队对外、对内都起着"桥梁"的作用。因此他们要在公司的领导下认准部门的发展目标，明确工作的标准，让每个人都做得更好。

1. 办公区行政组

（1）办公区行政组岗位配置。

（2）办公区行政组职责。制定公司各项行政规章制度，保证各项工作规范化进行；负责公司行政工作计划、工作总结及行政公文等文件的起草工作；负责接待来访人员及对外联系工作；负责管理公司办公设施，做好办公物资的采购、发放、使用登记、保管和维护管理工作；负责公司会议组织、记录及归档工作；负责公司日常安全保卫及消防管理工作；负责公

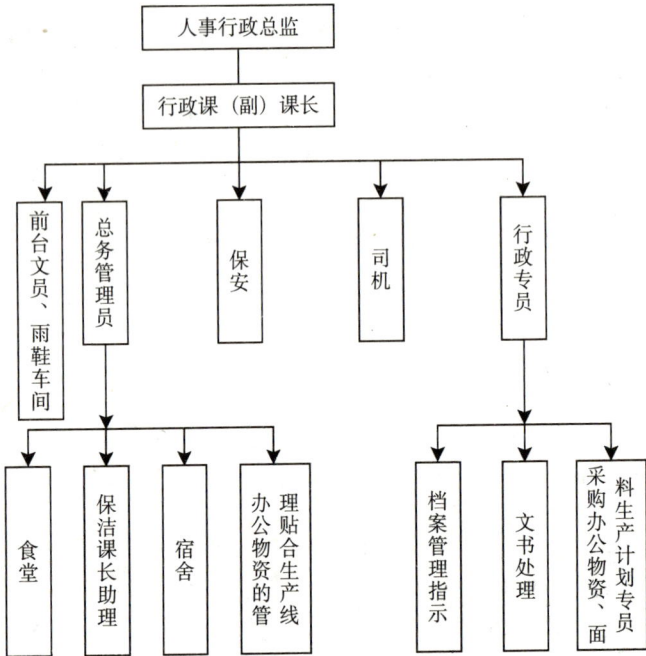

图 2-20 办公区行政组岗位配置架构

司公务车辆的管理调度工作；负责公司总务后勤管理工作；做好公司内部的联络沟通工作，及时向上反映情况，向下反馈信息；安排各种文体活动。

2. 厂区行政组岗位配置

（1）厂区行政组岗位设置。

（2）厂区行政组职责。制定公司各项行政规章制度，保证各项工作规范化进行；负责行政工作计划、工作总结及行政公文等文件的起草工作；负责接待来访人员及对外联系工作；负责管理公司的办公设施，做好办公物资的采购、发放、使用登记、保管和维护管理工作；负责会议组织、记录及归档工作；负责日常安全保卫及消防管理工作；负责公务车辆的管理调度工作；负责总务后勤管理工作；做好内部的联络沟通工作，及时向上反映情况，向下反馈信息；安排各种文体活动。

六、监察中心

监察中心是 2011 年 6 月新成立的部门，秉承"制度高于一切"的原则，监察集团资金、财产物资安全和流程制度的完善、执行。根据上市

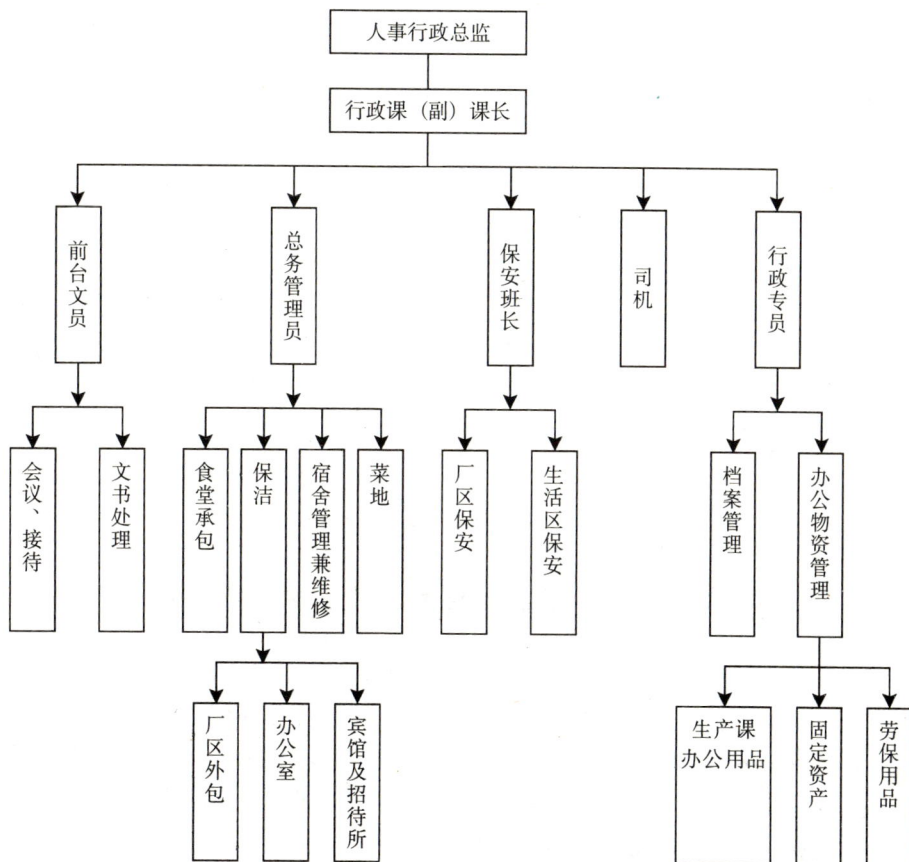

图2-21　厂区行政组岗位设置架构

规则，公司董事每年检讨一次内部控制系统是否有效，并向股东汇报已完成有关检讨。因此，集团成立监察中心，旨在完善公司各部门的流程、制度，保证公司经营管理合法合规、资产安全、财务报告及相关信息真实完整，推动公司发展战略的实施，它隶属于董事会，直接对董事长负责。

　　监察中心成员根据各岗位职责和岗位说明书，制定好目标及相应的考核方法；时刻保持积极负责任的态度，并不断学习，持续改进工作存在的问题，使团队紧跟公司的发展步伐前行。监察中心将坚持公开、公平、公正的原则，在稽查过程中，借助C6协作平台审核各项资金支出的合理性，结合拍照形式对生产"7S"工作进行检查以及抽调各部门主管、成员，结合实际稽查现有的流程、制度，并实行奖罚，结果公布在 C6 协作平台、LED 屏幕和张贴在公告栏，以达到人人争先进、工作按流程、管人按制度的目标。

1. 监察中心岗位设置

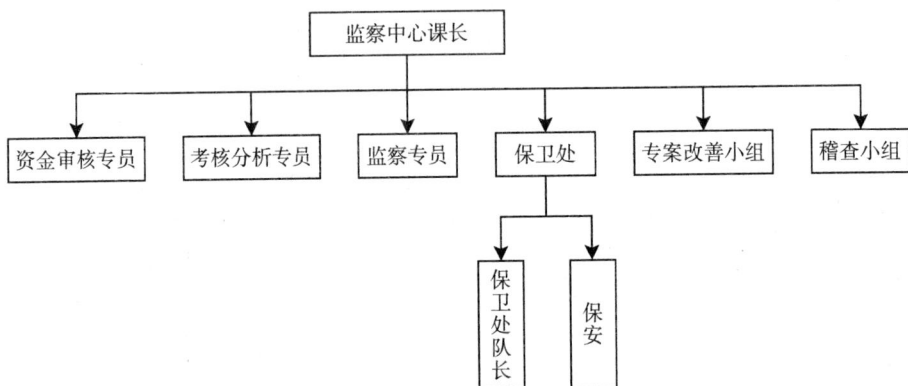

图 2-22　监察中心岗位设置架构

2. 监察中心发展

（1）第一阶段：主要负责集团各分公司财务报表审核，以及通过 OAC6 系统审核各项资金支出。各分公司财务报表审核，及时了解各分公司的盈利情况、应收账款和存货情况，为公司高层的决策提供财务数据分析。讨论制定相应的各分公司月财务报表的报送流程以及相应的奖惩制度。各分公司费用、资本性开支等资金支出审核，同财务中心讨论制定了《备品备件采购审批流程》、《行政后勤用品采购流程》、《原辅料采购付款流程》、《借款、费用报销审批流程》等各项资金支出的 OAC6 系统审批流程。明确资金审批 C6 系统和纸质审批需要同步完成财务才给予支付，确保了各项开支合理性和安全性，以及通过审核各分公司相同原材料采购，对采购价格差异进行分析和管控；

（2）第二阶段：通过组建、完善团队结构，工作逐步转向重点监控公司的流程、制度执行情况。每个季度专项稽查各部门的流程、制度，重点对跨部门的流程进行稽查，并对稽查出来的问题，组织开会、评估分析检讨和整改。重点对控制点执行情况的测评。每个月稽查集团的销售流程、超期应收账款以及超期库存，组织开会、检讨，并按制度进行绩效考核。组建好保安队伍，出台《保安管理制度》建好保卫处硬件监控网络设施以及完善保卫处流程、制度。重点监控好公司财物以及人员安全。不定期到各办事处稽查销售、应收账款和存货存在的问题，会同营销中心、财务中心讨论、制定了《应收账款管理制度》。每个星期组织部门主管周例会检讨流程、制度存在的问题以及改进措施。每个月汇总出生产各项浪费损失的数据，组织部门主管以及班组检讨改善方案，并追踪执行情况。讨论K3系统客诉、退货单据审批流程存在的时效问题。制定了《关于客诉、退货流程的相关规定》和《关于客诉负奖励的管理规定》，每周进行检查、每月落实负奖励情况。会同营销中心、财务中心讨论、拟定了《业务员超期库存考考核办法》和《产品经理考核办法》，每个月由考核专员按规定进行考核，保证存货的合理性。会同生产、工务、采购、财务中心讨论、制定《备品备件的管理制度》，规范请购、出入库以及付款流程，并在C6系统完善设置。会同行政、财务中心讨论、制定了《办公用品管理制度》，办公用品严格按批准的预算执行，超预算的必须走审批流程。设立"7S"稽查专员，通过拍照对"7S"工作执行情况进行跟踪，并按规定负奖励，在车间的LED播放。通过跟常年法律顾问沟通，协调处理涉及法务的事项，完善公司的流程、制度。

（3）第三阶段：加强全面预算，监督预算执行情况，以及加强绩效考核的落实执行。每个季度汇总预算执行数据，组织检讨预算存在问题和修订措施，讨论、提交管控方案，并追踪执行情况。每个月汇总绩效考核的数据，根据绩效考核办法核算绩效奖金，提交考核委员会审核。

3. 监察中心建立当年所取得的成绩

（1）协助公司流程变革，使纸质审批变C6系统审批，特别是资金支付走C6系统审批流程。刚开始，由于有时一个步骤的审批人出差或没空上C6系统，会延误审批时间，现在一个步骤审批好还要等下一步骤的流程，费时多且效率低。为此，经过沟通讨论规定，申请人需提前一日走流程，步骤审批人需在接到流程后的单日审批进入下一步骤，出纳接到流程后才能付款。审批流程运行以来通过不断完善，并固化流程，既实现了资金的合理支出管控，又为企业添加了一笔审批文化，大家都养成了流程办事的习惯。其他流程，比如资本性开支、备品备件请购、行政后勤用品请购等流程均按规定走C6审批。

（2）通过加强对业务员订单库存的考核，避免了客户库存订单占用资金，全厂"7S"检查，让大家都养成了东西归位摆放等习惯，车间生产有序、卫生、环境均得到改善。当天或当月的奖惩情况均会在内部系统和车间的 LED 播放,鼓励先进,鞭策落后。

(3)制定严格的保安管理制度,配备齐全的监控设施,加强进出厂财物的检查,所有出厂财物均需在系统开具"出门条"转保安放行,原来纸质的出门条取消,客人来访要在系统填写来访客人登记表并验身份证进出,通过一系列的配套措施,确保财物和人的安全。

(4)预算、绩效考核的执行监督,通过数据表格化,每个季度检讨执行情况,绩效考核则是在预算目标的基础上,加上 KPI 指标分部门考核,避免"吃大锅饭"。

(5)《监察中心工作手册》、《监察中心作业流程》、《监察中心岗位职责说明书》、《监察中心考核细则》等本部门制度流程要加以完善,组织好跨部门流程、制度稽查和监督检讨各项预算的执行。

七、信息中心

信息管理是一项服务工作,更是一项技术工作,信息课成员保持着强烈的敬业精神,发挥好个人专长,努力营造一支既有分工又有协作的工作团队。在实际工作中老老实实地学习,不懂就问、不会就学,从软件、硬件、人员到规程都一一准备到位。按公司规章制度统一要求,一方面对公司的电脑软硬件的应用、操作规程进行建设,另一方面进行设备优化、网络改造的步伐,实现了软件、硬件建设的相互推进,努力使工作能够程序自然、循环有序地开展起来。

在新的工作中,信息课将不断加强信息技术方面业务知识的学习,改进工作方法,提高工作能力,提高服务意识;提高工作水平,切实以过硬的本领完成好领导交办的各项工作;干一行,专一行,工作要有创造性,并且要做实、做细,不断提高自身综合素质,为网络信息化建设努力工作;加强与其他同事的学习与沟通,使各类问题能得到良好、及时的解决。

1. 信息中心岗位配置

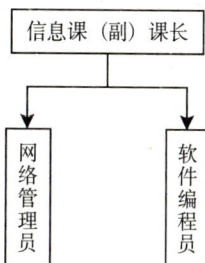

图 2-23　信息中心岗位配置架构

2. 信息课的职责

（1）负责集团及各分公司、办事处局域网综合部署。

（2）负责公司微机网络系统的维护、管理、数据信息处理，管理系统保密口令，保证网络系统的正常运行，参与新程序、新系统的设计开发，制定计算机管理的各种规章制度及必要的操作规程。

（3）负责 IT 设备（电脑、打印机、复印机、传真机）的采购、登记和管理工作。

（4）加强公司统计管理工作。负责公司专、兼职统计员、车间核算员的业务指导和岗位培训。

（5）负责及时解决服务器系统中出现的故障和问题。

（6）负责 ERP 系统、C6 系统权限分配及日常管理、维护（解答用户提交的技术性问题）。

（7）配合各部门主管推进 ERP 系统、C6 系统改善推动。

（8）编制及完善部门管理体系文件。

（9）进行 ERP 系统、C6 系统及硬件维护等操作培训。

八、品牌策划中心

思嘉品牌策划中心主要以思嘉的品牌、促销、广告为部门工作，负责公司品牌推广、企划，建立和发展公司的企业文化、产品文化、市场文化和管理文化；负责公司项目企划工作的掌控，包括市场调研、信息收集、组织、参与、指导企划及活动方案的制定，完成公司营销推广项目的整体策划创意、设计与提报，指导专案策划与设计；负责公司对外形象的建立与宣传，建立公司与上级部门的交流，建立公司与行业媒体的交流，建立公司与相关协会的交流，配合完成日常推广宣传工作。

1. 品牌策划中心岗位配置

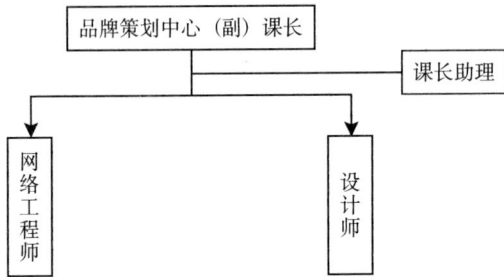

图 2-24　品牌策划中心岗位配置架构

2. 品牌策划中心的职责

（1）制定集团及产品品牌发展规划，为重大营销决策提供建议和信息支持。

（2）负责集团及各分公司 VI 系统形象设计与传播。

（3）负责公司展览会、研讨会等会议、活动布置和设计。

（4）负责公司日常宣传、策划设计制作。

（5）负责公司网站的信息编辑、更新、优化及维护。

（6）负责通过网络销售平台进行产品销售及品牌、企业形象推广。

（7）对公司重要活动进行专题的网络规划及宣传。

（8）通过各种渠道（商业广告、SEO、微博、博客、论坛、微信）提高公司网络平台的点击率，提高公司及产品的知名度。

（9）协助营销中心，通过网络平台收集市场及产品信息。

九、集团旗下其余分公司组织架构

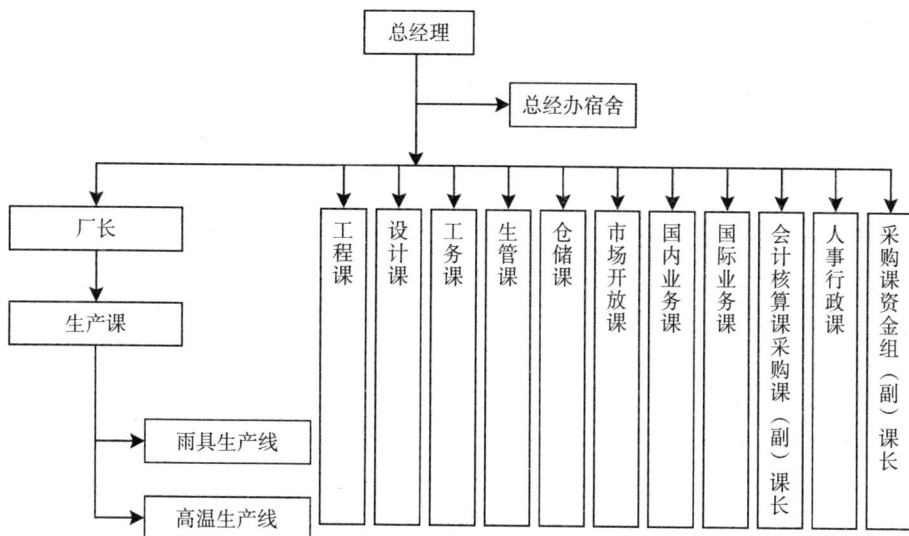

图 2-25　厦门浩源工贸有限公司组织架构

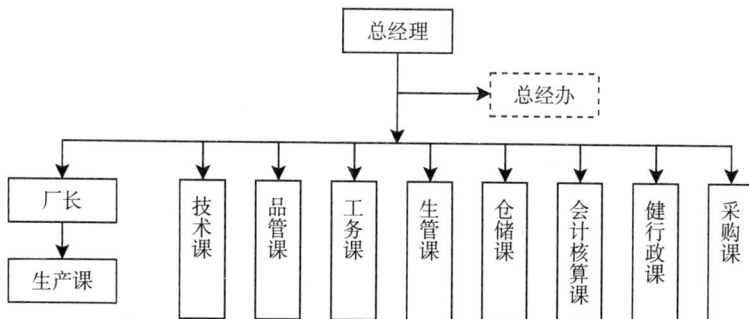

图 2-26　湖北思嘉环保材料科技有限公司组织架构

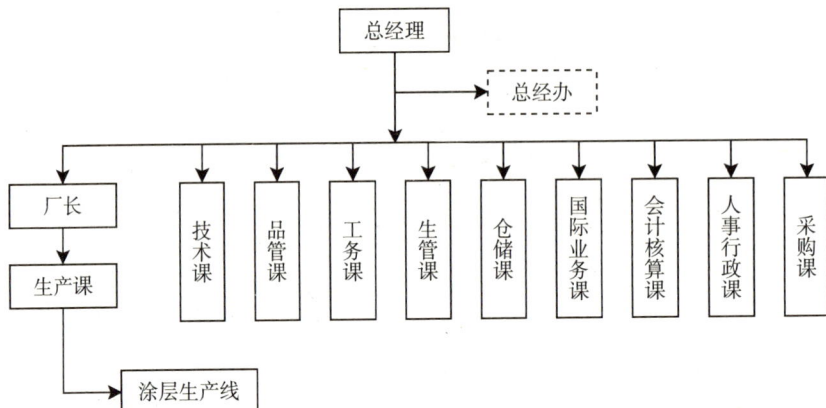

图 2-27 思嘉环保材料科技（上海）有限公司组织架构

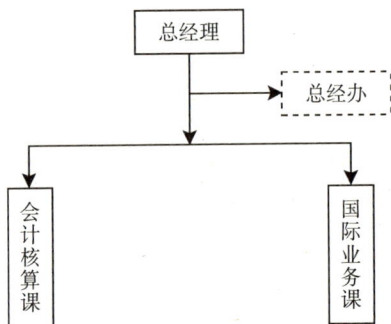

图 2-28 福建浩思进出口有限公司组织架构

第三节 领导力与执行力

随着思嘉集团的发展，"走出去"的步伐越来越快，与全球同行领先者的距离也在慢慢拉近。在对欧洲市场的考察及高端技术人才引进过程中，高管团队意识到集团内部还存在一些突出问题需要处理和解决。比如目前一些管理人员视野较为局限、工作观念和思维模式落后；一些传统的工艺流程无法与所配套的高端设备相匹配；行业的技术更替既快又难。思嘉需要全面调整战略布局，制定新的开拓国际市场规划。

解决上述问题，执行并落实计划的核心是领导和管理团队。企业走得好不好、走得远不远，关键在领导团队。有没有一个好的领导班子，对企业发展具有决定性的意义。

2014年，思嘉集团的经营理念由原先的"厚德兴业、诚信经营、追求卓越、携手共赢"升级到八个概念，具体细化理解如下：

指导思想：从"事后指导"转变为"事前指导"；

经营理念：持续创新，让员工过上体面的生活；

经营模式：专业化、规模化、品牌化发展；

经营策略：淘汰微利产品，向高附加值产品转化；

公司追求：创国际一流新材料品牌；

领导风格：规范制度、流化管理与人性管理相结合；

决策机制：从主观决策向系统化、科学化决策；

管理模式：从表皮式管理进入精细化管理。

围绕经营理念，集团通过三方面努力提高领导力与执行力，即强化全员学习意识，提高管理层的战略思维能力；重视廉洁自律管理，提高管理团队从业精神和职业品质；建立及时有效的沟通渠道，保障团队高效执行力。

一、强化全员学习意识，提高管理层的战略思维能力

团队的有效运作需要全体成员具备配套的专业知识、技能和能力。但是随着社会的不断发展，科技的日益更新，知识变化更是迅速。因此，思嘉要求管理团队起到带头作用，加强业务和理论学习；为员工创造良好的学习环境和条件，积极调动员工学习的积极性和主动性；分期、分批组织参加各种业务与技能培训、职称申报认定等活动，通过提高个人技能实现团队整体素质的提高；制定团队成员学习的目标，除了自己的业务范围，还应该了解甚至掌握其他相关业务的知识内容；提倡知识管理和知识共享，通过内部员工培训，由参加展会、外出会议、拜访大客户、获得荣誉、取得突破的成员向身边的同事分享他们的经验和学习过程，使大家共享知识。此外，思嘉在对外访问、沟通交流的过程中，学习同行及其他行业的先进管理经验。

集团各分公司创建员工阅览室，采购各类书籍、期刊，甚至要求阅读分发的指定书籍，倡导所有员工无论在什么时候，不论是为了兴趣爱好，

还是为了工作去考试而突击读书；不论是选择阅读纸质书本还是电子书的形式，要培养起阅读的习惯。公司还响应中华全国总工会推动"创建学习型组织、争做知识型职工"的号召，积极建设和完善"职工书屋"。按照建筑、艺术、地理、历史、健康、经管、文学等多个类别，不断丰富"职工书屋"的书籍种类。丰富员工文化生活，有利于职工养成"爱读书、读好书"的良好习惯，对提高职工素质、开启职工智慧，激发创造活力，促进企业发展具有重要而现实的意义。

号召全员学习的同时，更是要求管理团队要勤于学习、善于学习。不学习、不读书就不容易有新思想、新理念，无法为工作提供新的策略和更精准的决策。特别是当前集团处于快速发展阶段，繁忙的日常事务容易使思维固化，挤出时间主动学习，养成勤奋学习和深入思考问题的良好习惯，能够及时带动整个团队的气氛和工作气势。同时注重学以致用，以解决快速发展与变革过程中存在着的许多意想不到的难点、重点问题。面对激烈的市场竞争和全球金融环境的变化，管理层必须清醒地发现薄弱环节，尤其是那些与企业快速发展不相适应的问题；思嘉要求管理团队成员在工作思路上更加注重创新和发展，将成本、核心技术、环保与工作问题的解决、任务的完成紧紧相连。

经过学习环境的改造与全员学习计划的落实，集团将专业强、业务精、能力强、作风优、有强烈事业心和开拓进取精神的优秀中层干部推荐到集团公司领导岗位上，使得管理团队整体的年龄结构、知识结构、专业结构得到进一步优化。

专栏 2-2　思嘉倡导员工读书　让读书成为习惯调查问卷

在网络传媒日益发展的今天，大家还读书吗？一般读什么样的书呢？

思嘉集团在上海、福州、厦门及湖北的分公司进行了关于读书的问卷调查。从回收的问卷可看出，大部分人一直保持着阅读的习惯。

1. 平时有经常读书的习惯吗？

A. 有，41.67%

B. 较少，33.33%

C. 偶尔，16.67%

D. 没有，8.33%

2. 比较喜欢读什么方面的书呢？（填空题，非选择项）

A. 工具书/专业类书籍（管理/财务/金融/采购/销售/英语），28.2%

B. 科普/哲学/心理类书籍，12.82%

C. 励志/心灵鸡汤类书籍，7.7%

D. 小说/人物传记，10.25%

E. 历史/国学书籍，7.7%

F. 军事/侦探/探险/时事类书籍，10.25%

G. 育儿/美容/教育，5.13%

H. 期刊（杂志/报纸），10.25%

I. 艺术类/文学类（著作/哲学/随笔/译文），7.7%

3. 工作后所接触的书多为什么类型的？（填空题，非选择项）

A. 工具书/专业类书籍（管理/财务/金融/采购/销售/英语），55.7%

B. 科普/哲学/心理类书籍，5.26%

C. 励志/心灵鸡汤类书籍，13.16%

D. 小说/人物传记，7.89%

E. 史书/国学书籍，2.63%

F. 育儿/教育，10.53%

G. 公司藏书，5.26%

4. 一般会是在什么时候看书？（填空题，非选择项）

A. 晚饭后，9.52%

B. 睡前，28.57%

C. 周末，28.57%

D. 任何空闲的时候，9.52%

E. 早上起床前，14.29%

F. 没有固定时间，9.52%

5. 估算下，每周、每月花在读书上的时间大概是多久？（填空题，非选择项）

A. 1 小时≤每月读书时间≤3 小时，14.29%

B. 4 小时≤每月读书时间≤7 小时，7.14%

C. 8 小时≤每月读书时间≤10 小时，14.29%

D. 11 小时≤每月读书时间<24 小时，35.71%

E. 1 天≤每月读书时间<一周，21.43%

F. 一周<每月读书时间<半个月，7.14%

6. 知道读书日是什么时候吗？

A. 知道：46.67%

B. 不知道：53.37%

7. 从阅读本数来看，2013 年，中国国民人均纸质图书的阅读量仅为 4.77 本，你看到这个消息后是什么感觉？（填空题，非选择项）

A. 现在吸收知识的电子渠道太多了，31.58%

B. 中国人只是经济发展，文化在落后，5.26%

C. 应该多看书，10.53%

D. 本身不爱看书，所以对这个数字不敏感，5.26%

E. 觉得自己拖后腿了/对于这么低的阅读量感到难过，21.05%

F. 真心比我多，真心比别国少，5.26%

G. 人各有志，10.53%

H. 本人提高了平均分，10.53%

8. 你会推荐身边的同事、朋友看书吗？

A. 会，60%

B. 不会，因为可能爱好不同，30%

C. 现阶段没有，但是以后会，10%

9. 对于自己的阅读量和阅读习惯，你觉得如何，或者有什么想法？

A. 没什么想法，5.26%

B. 以后要多读书，94.74%

资料来源：编选自第 70 期《思嘉慧报》第三版。

二、重视廉洁自律管理，提高管理团队从业精神和职业品质

廉洁是提高管理团队作风的关键所在，思嘉警觉到公司最大的风险源于内部，权力意味着责任和义务，职务越高，责任越重；权力越大，义务越多。要想发展，必须保证管理团队的廉政自律性，强化团队自律意识十分重要。

因此，除了完善员工制度、狠抓规章制度落实外，集团积极推行 49

种品格，强化品德建设。此外，每年年底都会在为期一周的各项总结、检讨、监察会议后，举行一次"高管团队廉政自律宣言宣誓大会"，高管们会针对当年各行各业的情况反省集团内部问题，并进行高管团队的自律宣言。在思嘉以后的发展中，高管团队必须严格遵守各项廉政规定，凡是要求别人做的，自己带头做到；要求别人不做的，自己坚决不做，严格自律、以身作则，坚决纠正损害企业利益、员工利益的不正之风，接受全体思嘉人的监督，严厉惩处腐败分子。廉政工作扎根于每个人心中，不能抓抓放放，流于形式。由此，集团的管理团队形成了一种踏实、务实、勤奋的优良工作作风。

在思嘉员工眼里，集团副总裁兼总工程师黄万能并没有老总的架子，在外人看来，他就是一位兢兢业业的技术骨干。确实，他也是一位令所有思嘉人敬佩的劳动模范。认真一天不难，难的是一年甚至十几年始终如一的认真，但是黄万能做到了，忠诚、宽容、善待同事，不计较、不埋怨，成为思嘉最感人的风景，也对外展示出思嘉人的风采。

集团采购中心主管郑丽娟，谨守廉洁从业规定，严格审批流程，加大成本管控力度，定期向管理团队公开采购业务费用使用情况。她着眼于长远利益，积极向供应商——台塑集团学习"合理化管理"理念，让管理制度化、制度表单化、表单电脑化。反映在集团采购团队的作业上，通过采取单元成本分析、定期的市场及供应商分析与跟踪，实施比价采购、效能监察，让企业取得质优、适量、适价的原材料，为企业增加了实实在在的经济效益，也有效预防了职务违纪行为，做到了廉政办公，节约成本，永无止境。

三、建立及时有效的沟通渠道，保障团队高效执行力

思嘉有着十分明确的竞争战略和市场定位，非常重视企业制度、文化的建设和实施，在高层及各个公司的会议中，"沟通从心开始"这一句话不止一次被提起。作为一个团队，一个公司，做到高效的沟通非常重要，而高效沟通是高效执行力的关键。

沟通是传递信息的重要方式，只有让信息正确、有效地通过从上到下的层层沟通，才能让工作在部门与部门之间、员工与员工之间得以正常开展。在思嘉，由基层员工向管理层提出建议和意见的渠道有很多，例如季度合理化建议问卷、董事长信箱、微信/微博平台、短信平台、C6办公协

同管理平台等。管理团队也及时通过管理团队会议、部门内部会议、公司座谈会、业务汇报会议、面对面谈心等形式，让大家畅所欲言，并给团队成员创造发表自己观点和看法的机会，为工作开拓思路，加强团队的信息交流。在日常运营中利用多种方式，让每一位成员充分了解信息；管理层及时公示做出某项决策的原因，对于现阶段存在的问题坦诚相告，鼓励每位思嘉人发表自己的看法，做到充分沟通、坦诚相待。

在高效团队中，要求每一位成员具备其各自专业的知识和技能，成为某一方面的专家、人才，发挥自己的专长和优势，能够较好地独立承担团队任务中的某部分具体工作。在这一基础上，通过提高员工互相学习、沟通、协调的能力，形成协同效应，同时根据环境及任务变化及时调整任务的资源配置，提升组织的运行效率，完成并完善团队各项工作技能和流程，确保全员整体工作的顺利进行。

专栏 2-3　与同事共成长
——我对工作、生活、成长、成就的看法

新的一年转眼已经过去近 1/4，大家为公司的发展都在默默奉献着。前几天与一位同事沟通时，发现他对生活和工作有着独特的理解，这让我对工作、生活、成长、成就有一些感想。现在与大家分享。

（一）工作是我生命的重要组成部分

（1）一个人的工作成就，是他人衡量其人生价值的主要参考标准。

（2）人不能失去工作。假如人没有工作，生命将失去意义，自己则变成社会的"寄生虫"。

（3）对工作必须认真负责，具有责任心和高度的使命感。

（4）除特殊情况如生病外，现在我每天的工作时间都在 14 小时以上，周末更是没有休息。全神贯注于工作时，我在紧张的工作中找到了乐趣。

（5）每天，坚持在早上 6 点多按时起床，然后进行半个小时的晨练；晚上 12 点之前准时入睡，以确保能精力充沛地投入到第二天的工作中去。我会始终如一地保持这些良好的作息习惯，直到终结生命的那一天。

（6）思嘉能有今天的成就归功于我们这支优秀的团队，高度的责任

心和使命感促使我拼命地工作。不管面对任何艰难困苦，我都要为这支团队中的每一位成员负责，让他们在思嘉的舞台上，发挥各自的聪明才智，实现人生的梦想。

（7）有人问："没日没夜地工作累不累，赚钱是为了个人享受吗？"

每次听到这种问题时，我都会这样回答：首先，钱能为我提供必要的生活保障，但是不会去追逐它能给我带来的物质享受。对我而言，能够达成自己的目标，看到工作成果，才是人生的最大享受。其次，赚钱是为思嘉的健康成长、团队成员成长进步提供物质基础。我的奋斗目标是：每年都培养一个有作为、与我有缘的总经理，即每年都能创办起一个稳健成长的新公司。最后，我深深明白这是一条不寻常的人生路，事业越大，意味着压力将会越大。但我不断地鞭策自己，我的责任使我必须比所有的员工都得倍加努力，才能让公司盈利并且健康成长。

（二）接受考验，了解自己及自己的个性

我读的是会计专业，1985年毕业后到三明塑料厂财务课做了半年的出纳。那时候没有师傅指导，有时手工做不对，导致账与钱不相符。为此，我常半夜起床跑到办公室重做会计凭证，结果养成了当日事当日毕、认真负责的工作习惯。

领导认为我工作很认真，三个月后把我调到行政科当会计主管，可是到了具体岗位才知道是食堂会计。报到后整天没事可做，怎么办？当时心中十分茫然，不知路在何方。一周之后，我马上调整心态，既来之则安之：早上与司机一同去街上买菜，回来办理购买物资入库；中午、晚上参与食堂卖饭菜，清点菜金收入；晚上九点之前，将当天食堂收入、成本、费用报表做出来；第二天将盈亏报表送给相关领导。这些表现得到领导的肯定与表扬。半年后，我写了一本书《国营企业食堂会计核算及管理》，同时参与厦门大学会计专业自学考试，还参加了财政部组织的北京金融财贸学院管理会计函授学习，并在两年内完成了学业。

1988年底，领导对我说："调你到行政课工作，是在考查你的责任心、工作认真程度等综合素质，恭喜你通过了考验。现在立即移交工作，明天开始外派。"第二天坐上领导的小车到福州，才知道原来是要组建三方合资公司。从此我参与组建中外合资企业——三明福昌塑胶有限公司的工作。1988~2000年，我每天都在办公室工作16个小时以上。

利用业余时间，我阅读了大量中外合资企业的相关法律法规，带领着新招的办公区人员完成人事、财务、业务、采购、仓库等部门工作。同时，公司所有对外接待工作都由我一人负责。

没有任何人的指导，一切只能靠自己去领悟和总结，错了就改，勇往直前。社会是一个考验人性的战场，不论是工作还是生活，每个人都要被检验是否合格。我觉得人是需要考验与鞭策的。

我见有这样一些人，他们工作目的就是为了钱。一旦有了钱就开始享受。我发自内心深处看不起这种人，同时也以此告诫自己：人必须有远大的目标才能构建人生大格局，钱只是为实现目标服务的。

以上是我个人的一些见解，希望能和在座的每一位一起为思嘉的明天而努力工作的同仁共勉！

——林生雄　2009 年 3 月 20 日于新店办公室

资料来源：摘编自《思我所求嘉我所有》（集团董事局主席林生雄成长纪念册）。

第三章　竞争与发展战略

从创业起步的时点和发展历程看，思嘉集团只不过是强化软体材料行业的一名新兵，但是面对快速变化的合成材料制造业及其市场，思嘉在发展战略方面逐渐培育出一种独特的动态适应能力，使之能够紧紧扣住行业的规律和市场的走向而适时调整其战略，从而保证其能够以不断增强的竞争力在不太长的时间里跻身于行业领先企业的行列中。事实的确如此，在短短的 13 年企业经营实践中，思嘉集团对行业和市场一直保持着高度的敏感性，对规律和趋势的研判以及发展战略的弹性，已经使其经历了四次大的战略演进阶段。

第一节　行业与市场分析

作为目前中国最具领导地位的优质强化材料综合制造商，中国制造生物质及污水相关工程的强化材料以及沼气池终端产品的唯一制造商，中国排名第一的涉水防护服材料、充气艇材料及气密材料制造商，内地领先TPU、膜结构以及防水卷材生产商之一，思嘉集团十分强调市场导向下的技术创新，要求自身保持并不断更新在新材料这一领域的优势。

一、明确新材料发展路线

从国家统计局的数据看，随着宏观经济及产业环境的变化，截至 2007 年底，中国合成材料制造行业规模以上企业为 1992 家，比 2006 增长了 193 家，同比增长 10.7%。随着行业规模的不断变化，截至 2008 年底，中国合成材料制造行业的企业数量已经变为 2153 家，同比增长 8.1%，即 2007~2008 年该行业企业数量变动了 161 家。综合来看，2006~2008 年中国合成材料制造行业的企业数量平均增长率为9.4%，即每年变动177家。由于经营不善或抗风险能力弱等诸多原因，2006年底合成材料制造行业中有264家企业宣布亏损，亏损面为14.7%。截至2007年，该行业亏损企业变为279家，亏损面为14.0%，亏损企业数量同比增长5.7%。受2008年国际金融危机的影响，截至2008年底，中国合成材料制造行业亏损企业数量已经变为381家，同比增长36.6%，亏损面为17.7%。

2008年，鉴于国际市场的疲软，以及科技突飞猛进发展，使得现在产品的生命周期不断缩短，及时有效地进行新材料产品的市场开发和销售，已经成为决定新材料产品开发成功与否的关键所在。且因为雨衣等传统产品使用的是常规材料，采用较简单的生产流程及配方制成，性能要求一般低于强化材料，而常规材料较强化材料整体毛利率较低，因此思嘉面临业务方向的重新选择。

国内外优质强化材料被广泛应用于各行业，新兴应用领域不断涌现：思嘉生产的沼气池强化材料及沼气池，符合中国政府鼓励发展的清洁能源政策，估计沼气池行业会在短期内迅速增长；膜结构材料是近期新兴应用于建筑工程的新材料，具有防污自洁、节能、轻便等性能，广泛应用于各类广场、运动场、火车站、机场等公共建筑；户外休闲娱乐运动行业产品材料，根据Frost和Sullivan资料显示，2008~2014年户外休闲娱乐行业复合增长率将为27.9%，市场容量将达到97.5亿元，集团旗下有涉水防护服材料、气密材料、充气材料等户外材料产品。同时，集团不断根据市场以及客户需求设计开发新的产品，使旗下强化材料的产品种类更加多样化及专业化。高端强化材料在国内市场需求不断增加，为集团提供更大的发展空间，如气密材料，拉伸强度达4000N以上，且具有核心知识产权，能够在高端市场占有更大的份额。

思嘉集团果断做出决策，于2009年终止传统的雨衣业务，转而将精力放置于新材料开发方面，专注于新型柔性强化材料，加大产品性能良好、用途广泛的强化材料研发和生产。

（1）户外活动：涉水及防护服、充气艇、大型充气玩具。

（2）运动：运动场地板、跑步带、帆船。

（3）物流：阻燃、耐磨、防污、自洁篷盖。

（4）建筑：薄膜结构、顶篷、地盘安全防护。

（5）劳动保护：农耕种植鞋。

（6）包装：工业包装、军用储物袋。

（7）医用：抗菌医用床、血压带、医疗担架。

（8）安全：消防员制服、军用救生艇、气袋、帆杠、机用逃生梯。

（9）广告：防污自洁、高强、广告布料、银幕。

（10）日常用品：高强袋、耐磨、抗穿刺、自用卷闸门、窗帘。

（11）随着科技日新月异，强化材料的应用会更为普遍，特别是用于再生能源方面的再生能源——沼气池。

确立新的发展方向后，董事局主席林生雄清楚地意识到：作为战略性新兴产业的基础和先导，新材料产业和现代生产生活息息相关，它的产业链条不断延伸，具有广阔的发展前景。同时，为了让思嘉新材更加服务于生活，他提高要求，并始终与他的团队一起，力求能让思嘉材料最终达到具有多功能、少污染、低消耗、低成本和长寿命的要求。为了这个奋斗目标，他领头推动以企业为主体、产学研紧密合作的坚实体系，在进一步完善已建和在建的产学研创新合作平台的基础上，力创国家级实验室；争取更多的材料技术开发与产品产业化项目进入国家重点科技专项、高技术产业发展专项等计划中。

沿着新材料发展的道路探索并发展至今，思嘉集团牢牢把握"技术创新为思嘉可持续发展重要途径"这一方针，并在实践企业技术创新的途径上，坚持进行自主创新的发展。在"技术自主创新"的大方向引导之下，思嘉十分重视企业技术中心建设。随着思嘉逐年加大技术创新投入，现在有着较强的技术实力和较好的经济效益，在行业中有显著的规模和竞争优势；集团领导层重视技术中心工作，有较强的市场和创新意识，为技术中心建设创造良好的条件；研究、开发、实验条件完善，有较高的研究开发投入，有一支结构合理、业务素质较高的研究开发队伍；技术中心组织体系和运行机制完善，发展规划和目标明确，具有稳定的产学研合作机制，技术创新绩效显著。

二、借助"十二五"规划，新材料发展迎来新腾飞

2012 年 1 月，为培育和发展新材料产业，推动材料工业转型升级，支撑战略性新兴产业发展，加快走中国特色的新型工业化道路，国家工信部发布《新材料产业"十二五"发展规划》（以下简称《规划》）。"十二五"规划及 2012 年国内外的大环境显示，新材料行业进入了发展的春天，思

嘉新材料的发展前景再上一层楼。

（一）新兴产业需求巨大，推动思嘉新材料快速发展

"十二五"确定新材料、新能源等领域为七大战略性新兴产业，其中新材料最具发展潜力并对未来高新技术产业的发展有着显著影响。新材料本身作为战略性新兴产业，又是其余六大战略性新兴产业的基础。"战略性新兴产业六大领域对新材料的巨大需求"，将振奋新材料行业的革新，大力加快新材料行业的发展速度。根据规划，"十二五"时期，我国新材料产业预计总产值达 2 万亿元，年均增长率超过 25%，推广 30 个重点新材料品种，实施若干示范推广应用工程。这些激励人心的数据为投资者描绘了产业未来发展的宏图。"如此巨大的需求空间，会对新材料诸多细分子行业形成利好"。

当今世界，科技革命迅猛发展，新材料产品日新月异，产业升级、材料换代步伐加快。新材料结构功能一体化、功能材料智能化趋势明显，材料的低碳、绿色、可再生循环等环境友好特性备受关注。随着 2011 年新材料产业的分项规划细则出台，新材料产业具体的资金支持、税收优惠、产品目录等内容得以明确，新材料产业也将在更高的起点上发展。

思嘉集团应当抓住全球发展的良好时机，高度重视新材料产品的研发与技术创新，加大技术研发、资金、人才和专利等优势，加强在高技术含量、高附加值新材料产品中占据主导地位。从国内看，"十二五"是全面建设小康社会的关键时期，是加快转变经济发展方式的攻坚时期，经济结构战略性调整为思嘉新材提供了重要的发展机遇：一方面，近些年来国家加快培育和发展节能环保、新一代信息技术、高端装备制造、新能源和新能源汽车等战略性新兴产业，实施国民经济和国防建设重大工程，需要新材料产业提供支撑和保障，为新材料产业发展提供了广阔的市场空间；另一方面，原材料工业规模巨大，部分行业产能过剩，资源、能源、环境等约束日益强化，迫切需要大力发展新材料产业，加快推进材料工业转型升级，培育新的增长点。

（二）上市公司获益匪浅，思嘉集团万事俱备、借力待发

除上述以外，《规划》还特别提出，到 2015 年，建立起具备一定自主创新能力、规模较大、产业配套齐全的新材料产业体系，突破一批国家建

设急需、引领未来发展的关键材料和技术，培育一批创新能力强、具有核心竞争力的骨干企业，形成一批布局合理、特色鲜明、产业集聚的新材料产业基地，新材料对材料工业结构调整和升级换代的带动作用进一步增强，对此，培养一批创新能力强、具有核心竞争力的骨干企业。这是给予作为业界龙头的上市公司们充分的竞争资本。而针对那些身先士卒，早就谋求布局特色产业基地的上市公司，无疑又是一个得天独厚的优势。

作为以不断研发新技术、新材料为目标的思嘉集团，"十二五"期间思嘉不仅面临产品市场前景广阔的大好机遇，《规划》为新材料产业提供的优惠政策与指引条例势必进一步带动集团新一轮发展。此外，跻身福布斯最具潜力上市公司 24 强的思嘉集团在发展上相较以往积攒了更多优势。

（1）开拓国际市场：随着与国外业务的拓展与良好沟通的持续，集团有着稳定的客户资源与及时、可靠的国际信息，有利于全球新材料最新资讯的共享与产品发展新方向。

（2）技术与标准先行：集团不断加强与科研院校、机构合作，并筹划建立国家级实验室，瞄准国际先进水平，立足自主技术；参加行业、全国、全球性行业标准制定，健全并按照新材料标准体系、技术规范、检测方法和认证机制进行企业运转。

（3）升级企业自主创新能力：集团加大创新型人才培养力度，完善创新型人才评价制度；建立新材料工程技术研究中心、工程实验室、企业技术中心、技术开发中心，不断提高技术水平和研发能力，共申请国家专利 84 项（数据截至 2012 年 3 月），并获得福建省各级政府的认可与嘉奖；同时，公司组织开展并不断推进思嘉新材关键技术研发、产业创新发展、创新成果产业化、应用示范和创新能力建设等重大工程，发挥中国新材料引领作用，促进新材料行业的发展。

技术创新永无休止，思嘉技术自主创新的路越走越宽、越走越平坦。自我的技术创新，是为不断服务客户，是为不停超越现状。前行的道路已在脚下，远方的目标在闪耀光芒。思嘉的新品种、新工艺不断得到应用，原创能力不断增强，拥有的自主知识产权逐步增多，产品技术含量越来越高，产品质量不断变好，思嘉集团的发展已经引起社会的瞩目。思嘉，不断追求卓越，只为与世界携手共赢。

专栏 3-1 学习 EVA 发泡技术先进经验 力拓 EVA 系列产品广阔市场

EVA 发泡材料用途广泛，其主要原材料是 EVA，目前国内 EVA 虽然消费量高，自给率却不足 40%，原料主要依赖进口。由于市场供应偏紧，加之原料、能源和运输成本上涨等因素，EVA 进口价格一路上扬，EVA 发泡材料的价格也随之波动。随着产业及市场的多元，下游产业对 EVA 的需求呈强劲增长趋势，除鞋业市场和箱包业市场是 EVA 发泡材料主要下游市场外，近年来玩具业、体育用品业、建材业也开始大量使用 EVA 发泡材料；而汽车内饰和电子配件等下游市场新兴领域，消耗了中国市场上约 5% 的 EVA 发泡材料。

思嘉集团在发展过程中意识到 EVA 材料巨大的市场及发展空间。国内 EVA 发泡材料的生产和应用起步较晚，但由于产品的加工性能优良且应用广泛，近几年市场处于成长期，需求增长十分迅速。受益于中国制造业的稳定发展，下游产业升级带来新的需求和利润提升，以及更广阔的应用领域将被开发等有利因素，预计中国 EVA 发泡材料市场将维持高速增长，到 2015 年市场规模将达到 300 亿元。这也正是思嘉加快研制 EVA 项目的大好时机。

机遇和挑战同时并存，高速增长的市场规模将吸引更多的企业和资本，但技术壁垒和规模壁垒又形成进入门槛。思嘉集团为了保证 EVA 材料质量和特性，同时着手研发适用的新型应用领域，期待能与国内同行共同创造技术突破，不断降低 EVA 材料的进口依存度。在进行产品技术、工艺的研发过程中，思嘉一直注重向国内外先进企业学习，向同行请教。

目前思嘉着手研发的 EVA 发泡技术，着眼于发展新型环保材料，力求将这项技术应用到新产品上，使产品具有更好的缓冲、抗震、隔热、防潮、抗化学腐蚀等综合性能，且无毒、不吸水。同时，这项技术能让思嘉新材系列产品的耐水性、耐腐性、加工性、防震性、保温性、隔音性等都进一步加强，使产品广泛适用于众多领域。

资料来源：改编自 2013 年 8 月 5 日思嘉网站同名文章。

第二节　战略演进历程

虽然思嘉的发展历程不过短短的 13 年，但是从战略层面来观察，整个集团已经经历了四个大的发展阶段。

一、技术引进、生产基地创建阶段（2002~2005 年）

2001 年，国营企业三明塑料厂倒闭。在该企业工作了十几年的林生雄总结分析了三明塑料厂倒闭的经验教训，筹划通过自己积累的资金、技术及团队，在福州市重起炉灶，创建一家民营塑料制品企业。当时，福州市政府出台了多项政策，鼓励外商投资。于是，2002 年林生雄将生产基地选址于福州市晋安区宦溪工业园，征地 100 亩，以香港思嘉国际控股有限公司作为投资控股方，创办了福建思嘉塑料有限公司（福建思嘉的前身），并收购了福建斯泰帝及斯美伦的雨衣制造业务，从而开始了新企业的运营。

鉴于三明塑料厂的倒闭，对于福建思嘉的发展，林生雄寄予了很高的希望。希望企业基业长青，永续美好，全体员工能够朝着共同的目标努力奋斗，与企业共同成长。于是，全体员工参与了基建、设备安装、调试等工作，一边建设厂房，一边安装第一条压延生产线，仅用一年半的时间，压延线顺利生产出压延 PVC 薄膜、贴布革等产品。第二条压延生产线也于 2003 年底安装完毕顺利投产，生产出超薄灯笼膜、民用膜、充气模等产品并投放市场。

为了生产品种更多，不同用途的产品，福建思嘉于 2004 年引进第一条涂层生产线，生产箱包革、涤纶 PVC、尼龙 PVC、牛津萤光 PVC 以及各类涂刮产品。由于第一条涂层机满足不了生产需求，于 2005 年又引进第二条涂层生产线，生产透湿透气产品投放国外市场。

2002~2005 年，正是中国加入世界贸易组织后外贸出口的繁荣时间。思嘉生产的符合国际环保法令要求的系列材料产品，为中国 500 多家出口服装企业、箱包企业、劳工雨衣企业、日用品企业扩大外贸业务做出了巨大贡献。而当时，中国大部分这类材料要靠进口解决，原材料供应难等问题突出。

这一时期的艰难开拓为思嘉走上正轨打下了良好的基础。首先，企业初步实现了资本的原始积累，销售收入连年增长，提高了企业实力。其次，摸索并积累了一定的市场经验。公司创建初期，包括管理决策者在内的全体员工都是在三明塑料厂工作了相当长时间的技术、生产人才，新的管理及工作方式，使得这些人才对产品开发、生产过程管理、市场开发及营运管理的企业运作流程有了初步认识和一定的驾驭能力。

二、改革探索、品牌创立阶段（2006~2008年）

随着市场竞争的日益激烈，公司面临着新挑战。国内同类企业越来越多，同质化的企业不断发起价格战，竞争激烈且利润低。同时，随着产品的成熟，客户对产品的品质要求和交货期限有了更为严格的要求。公司内部为了应对外部环境的变化，寻求新的突破，进行了一系列的变革：①拓展新业务，增加气密、气模产品业务，引进了两条贴合生产线，开始开发及生产附加值高、物理性能要求高的贴合产品。②重新设计组织架构，增加职能部门，进行工作分工，刘俊负责组建业务团队，进行市场调研及开发，黄万能副总组建工务团队，负责设备的引进、安装、调试及生产。③重新制定规章制度，梳理各职能部门的工作职责及新增岗位的工作分工。④延伸下游终端产品，组建团队进行生产及市场推广。⑤进行思嘉牌新材料的品牌推广。

2006年，引进第一条拥有自主知识产权的贴合生产线。贴合生产线引进之后，从生产、技术、工艺流程进行全面改造创新，在黄万能总工程师的领导下，着力规范贴合生产涉水防护服材料、迷彩军服材料、气密材料、水池材料的工艺管理、配方管理、生产内控管理。以前，此类材料要从韩国、日本进口，国内无法生产出合格的产品。思嘉新材的投放市场，填补了国内技术的空白，代替了进口材料。同时，改变了中国下水涉材料20多年单一品种、单一颜色、单一纹路的技术落后局面。当年，公司的技术创新能力也得到了政府部门的充分认可，被评为"福建省高新技术企业"。

随着公司贴合系列产品的开发，为了引导气模、气密产品的市场潮流，公司决定组建团队，进行试制终端的充气及防水产品，此"试水"决策为思嘉验收下游终端产品奠定了坚实的基础。2006年，集团成立了厦门浩源工贸有限公司，投资 75000 万港元，购置了两栋五层的工业厂房，开始进行涉水防护服、大型充气玩具及水上娱乐运动用品等产品的设计及生产。2007 年，厦门浩源引进美国全自动裁床设备以及高温焊接设备，形成下游终端产品小规模生产态势。

2007 年，福建思嘉开发的系列贴合产品投放市场，获得了客户的充分认可，于是，公司继续引进两条贴合生产线及一条涂层生产线，进行批量生产。为了扩大新材料的销售网络及客户服务，公司陆续在全国的主要城市设立了销售办事处。随着思嘉新材在行业内得到客户广泛认可，公司开始进行思嘉牌新材料的推广，销售印有思嘉 Logo 的材料。

2008 年全球发生经济危机，出口订单剧减，思嘉得益于增加气密、气模产品业务，因生产的品类多，质量好，仍然收获了较多的订单，保证了业绩的增长。同时，福建思嘉于 2008 年 5 月承担福建省发改委产业技术开发专项项目——高强工业聚酯纤维复合材料产业开发，并与福州大学成立高强工业聚酯纤维复合材料研发中心，致力于更优质、更高端新材料的开发。

三、中国香港上市，跨越式发展阶段（2009~2012 年）

2009 年，随着市场需求的快速增长，思嘉产品以优异的质量及服务占领了较大的市场份额，以"思嘉+SIJIA"为 Logo 的思嘉材料在业界享有非常高的知名度和美誉度。福建思嘉现有的生产能力已经不能满足市场的需求，因此，集团再次引进新的生产线，增加产品品种，包括红泥沼气池材料、运动地板材料、运动雪靴材料等，且在全国主要城市陆续组建十几个销售办事处，扩大销售网络，组建了外贸团队，加强国际市场的开发。同时，公司引进第三方审计、验证机构，积极筹备到中国香港上市。

2010 年 4 月 29 日，思嘉集团在香港主板成功上市，股票代码 1863，意味着公司从生产型企业走向国际化道路。按照招股说明书规划要求，在资本市场上所募集资金全部用于布局在全国的生产性设施建设，扩充供应全球的产能及环保新材料产品。

（一）从单一的生产基地向全国布局

2010 年，福建思嘉扩建 4.3 万平方米的厂房，引进多条压延、贴合、涂层、流延、裱处等生产线，并于 6 月承担福建省经贸委省工商企业技术创新专项项目——清洁能源沼气工程用红泥复合材料；于 7 月承担国家工信部中小企业专项项目——提升企业素质活动补助，于 8 月承担中央预算内投资重点企业产业振兴和技术改造项目——聚氯乙烯红泥复合材料技改项目。

在上海投资 44300 万港元，扩征 74.6 亩地，成立了思嘉环保材料科技（上海）有限公司，从意大利引进全球自动化程度最高、技术最先进的涂层贴合裱处生产线，生产更为高端，宽幅 2.5 米以上的软体强化材料。

在湖北投资 22000 万港元，扩征 380 亩地，成立湖北思嘉环保材料科技有限公司及湖北思嘉户外用品有限公司，生产软体新材料及其下游的充气及防水产品。

同时，对厦门浩源公司进行扩产，引进了多条雨具产品生产线。

（二）企业从生产制造型向生产技术贸易型转型

随着国际经济的复苏，政府进一步加大对出口的支持，于是，思嘉在 2010 年成立福建浩思进出口公司，用于运作思嘉集团新材及充气防水产品的出口业务，进一步加快国际市场的开拓。

伴随集团各个生产基地的投产，大宗化工原料采购日益频繁。为了降低成本，集团决定采用"战略性采购"策略，低价时大批购入半年或以上的使用量，以降低生产成本。此政策在一定时间内的确为集团带来效益，但是，大宗原料积压也占用了集团的大部分流动资金。为了盘活资金，集团于 2013 年投资 1000 万元成立上海港际化工贸易有限公司，用于运作化工产品及原料，日用百货，纺织品，服装的批发、进出口、佣金代理，并提供相关咨询及配套服务。

（三）企业从粗放型管理向精细化管理转变

随着集团在香港主板上市，对各个子公司的内控管理提出了更高的要求。为此，经集团董事会决议，部署了各个子公司内控稽查、制度流程变革及信息化建设任务。

（1）改变管理流程。集团管理流程以往是单向单渠道的，现在为了适应发展必须改成交互式多项渠道。为了详尽了解所有流程及流程执行过程中存在的问题，变革期间，由监察中心牵头，组织各部门流程互查，揭示目前各部门存在的工作问题，作为流程制度变革所要检讨的关键，再组织各子公司及各部门定期检讨。其间，修订了各子公司与集团、各部门之间及各个部门内部的工作流程，对缺失的流程检讨拟定，复杂的流程进行简化，重复的流程进行删减，并重新讨论确认了流程审核、审批对象及时间，提高工作效率。如客诉审批流程，经过讨论重新确认了审批流程、审核人及审核时限，将原来五级审核改成三级审核，每级审核的时间控制在两个工作日内。

（2）优化管理制度。思嘉当时的制度，有部分是几年前制定的，不能适应上市迅速扩张后的管控环境。如财务管理制度，上市前会计核算课只要负责对福建思嘉及材料办事处的收支进行核算及监督，现在就需要增加关于其他子公司费用核算、资金管理等财务管控的内容。在流程变革推进的过程中，各部门将存在缺失、不适合目前发展的规章制度进行修订，同时，检讨增加了风险管控、内部审计、预算管理等管控制度。制度的优化，强化了集团内部控制管理，为集团进一步发展创造了更优的环境。

（3）强化信息管理。为了让整个集团的信息资源共享，沟通更为顺畅，集团发起"信息化管理变革"。首先，对原有的 ERP 系统进行升级，并完善了生产计划及成本管理模块。其次，为了减少人工书写标签字迹不清晰、失误率高等问题，信息中心开发出标签系统管理软件，所有的标签通过电脑自动打印，减轻了人工工作量，减少了标签书写的失误率。再次，开发了人力资源管理系统，形成涵盖组织架构管理、档案管理、考勤管理、薪资管理、培训管理、报表管理六大模块，大大提高了人事人员的工作效率，并整合了人力资源信息，为集团的决策提供信息支持。同时，信息中心还开始着手开发集团管控功能的供应链系统软件，计划通过供应链系统软件，完善集团对各子公司财务、信息等方面的管控。

四、国际化战略、材料品牌推广阶段（2013 年至今）

2013 年，思嘉集团步入了一个新的发展阶段，开始逐步成为一个战略目标清晰、战略实施有力的成熟企业。企业的自有资本已逾 10 亿元，已经成为具有一定规模和实力的软体新材料上市企业集团，在国内拥有 7 家子公司，4 个生产基地及分布在全国各地的 200 多个经销网点。由于思嘉集团的现实规模大、发展势头强劲、行业内的知名度高，许多同行已经把思嘉视为重要竞争对手。在这种形势下，思嘉集团的决策者们开始认真研究未来的发展战略。根据思嘉的现有实力和规模，为了规避风险、寻找新的增长机会、提高企业经营效率、借鉴国际化管理经验，思嘉决定在坚持巩固新材料主业的主导地位、向国际市场发展的同时，逐步收缩劳动密集型低端产品，致力于开拓新的新材料产品领域，研发高端新材料产品，一方面向欧美高端市场发起挑战，另一方面生产更多替代进口产品。

2015年上半年，《中国制造2025》和《互联网+行动计划》，以及"一带一路"等国家战略先后密集提出，为思嘉集团下一步的发展方向提供了宏观层面的指引，进一步坚定了思嘉以创新高端新材料求生存、以进军高端国际市场求发展的信心。如何推动整个软体新材料生产制造过程的数字化、智能化，提高智能制造水平和能力，如何将目前已经形成的产品链、供应链以至生产体系更紧密地嵌入到国际产业网络中，应当是思嘉集团面临的两大新挑战。

第三节　调整战略，转型升级

虽然仅仅是一家只有13年历史的年轻的新材料企业，但思嘉集团敏锐地察觉到国内材料行业集中度比较低，企业众多，竞争激烈等行业特征，除了采用新技术、新设备，以差异化提高竞争力之外，一方面，通过引进设备，提升制造技术，促使产品向技术链高端拓展，生产强化材料产品；另一方面，尝试从营销形式的革新入手，以寻求市场突破。

一、2010~2013年，根据发展需求，新增贸易渠道，拓宽发展局面

（1）加大外贸出口布局，成立福建浩思进出口公司。福建浩思进出口贸易有限公司，主要代理各类商品的进出口业务（国家规定的专营进出口商品和国家禁止进出口等特殊商品除外），承办对外贸易、化工产品（不含危险品）、皮革类、服装鞋帽、针纺织品、日用品、电子产品、通信器材的批发、代购代销。

（2）加大线上交易，成立电商平台，拓展劳保防护服、雨具产品、户外休闲产品的内外贸营销网络。2013年4月，思嘉集团厦门万达办公室正式投入使用。该办公场所为集团旗下的厦门浩源电子商务公司及集团信

息中心的办公地点，致力于为客户提供 IT 项目咨询、软件研发、系统集成、服务外包等全方位 IT 服务的整体解决方案供应商。公司设立了互联网实验室，在厦门成立了软件研发中心，建设了一支一流的技术研发和服务团队。

新办公室位于素有厦门"后花园"的湖里区①。借助新办公室团队及设施，万达办公室将大力发展电子商务。电子商务是一个不断蓬勃发展的销售渠道，作为一个广受关注与使用的贸易平台，全民网购使得电子商务销售在当今社会发展前景无法估算。开展电子商务是思嘉集团下定决心并全力投入大力开发、打造的线上销售渠道，同时也是为了更为贴近客户，通过大力拓展电子商务业务，为客户提供更多、更快、更为便捷的产品与服务。新办公室选址厦门湖里区，有利于技术、产品及物流方面的沟通与运作，能更好地实施电子商务运营战略，也显示了集团大力投资电子商务、关注电子商务的坚定信心。厦门万达办公室设置有独立的光纤、全新的配套功能设备，在硬件与环境上保障网速与电子商务部门便捷的办公环境，为电子商务发展壮大奠定基础。此外，为了配合业务增长需求与员工人文关怀，新办公室增设了更为舒适的员工培训室、会客室以及宽敞、功能齐全的员工休息室。

（3）在上海成立港际化工贸易公司，进行上下游产业链的整合。上海港际化学有限公司，推行 ISO 9000 质量管理体系，配备精良的检测仪器，确保从原料供应商的选择到生产过程以及产品发运都有严格的控制措施。向全球市场的合作伙伴提供量身定做的优质产品和系统解决方案，协助全球客户提高效率、降低成本，在各自的市场中保持领先地位。

化工贸易的运作，在很大程度上加强了采购和供应的组织与管理，对于节约占用资金、压缩存贮成本和加快营运资本周转具有重要的作用；加大企业与资源市场和销售市场的进一步接触和交流，可以为企业及时提供各种各样的市场信息，供企业进行管理决策；同时，在上游把企业与供应商联结起来，形成一种相互支持、相互配合的关系。

---

① 湖里区作为厦门市成立的第一个行政区，是厦门经济特区的发祥地，是国家信息技术产业基地的中心，集装箱吞吐量居全国第六位，是中国十大港口之一，是厦门岛对外交通的重要枢纽。

二、2014~2015 年，根据市场需求，调整战略布局

根据市场反馈的信息，思嘉清楚地意识到目前国内的"人口红利"逐渐消失，劳动力供给减少、用工成本上升，几个生产基地的劳动力单位综合成本已经与美国本土部分地区接近，对集团的国际竞争力形成了巨大制约。此外，发达国家运用现代制造技术和制造系统装备传统产业以提高传统产业的生产效率，通过装备新兴产业强化新兴技术的工程化和产业化能力，这使得国内劳动密集型规模化生产模式受到先进工业体系的挑战，而且国内的生产制造型企业在升级时，将被动接受国际新设备、新标准更高的要求和更多的制约。

第三次工业革命意味着信息技术与工业技术的高度融合，美国回归制造业、德国推行"工业 4.0"给我国制造业敲响了警钟。第三次工业革命不仅会削弱发展中国家的低成本比较优势，而且有利于发达国家形成新的竞争优势，欧洲计划到 2030 年将其制造业占 GDP 的份额提高 5 个百分点，而竞争的矛头直指中国这一世界第一制造业大国。在这样的背景下，每一个中国制造企业都不得不做出转型升级的改变。

提高生产效率、产品质量、产品能效及整体自动化、智能化水平，降低生产能耗是思嘉调整战略的第一步。2014 年下半年起，思嘉集团陆续停止电商线上贸易、湖北户外用品生产、上海化工贸易等公司的运作，将精力集中在新材料的研发和业务升级上。

目前大部分国内行业并没有成熟的智能工厂解决方案，先进入者往往具有较强的先发优势。为了紧紧抓住发展机遇，2015 年初，集团高管组成的技术考察团队飞赴欧洲多个国家参观、考察，了解并学习先进的智能化供应和仓储模式，将思嘉生产自动化问题与欧洲专家沟通，进一步了解全球生产自动化与新技术前沿。团队回国后即着手规划如何升级设备，获得较低的渠道库存和物流成本，使得资源、信息、物品和人实现相互智能关联，节省制造环节的人工成本，实现前端供应链管理、生产计划无人化管理，以及后端物流智能化管控。

第二步，针对欧美新材料产品市场的情况，集团决定于 2015 年下半年引进 1 条生产线，与目前各个生产基地设备条件配套，大力研发、升级高端系列产品：优质高性能的军用汽艇及其他气密材料、国家发改委充分肯定的建筑膜结构材料、节能减排的新型集装箱/卡车篷盖材料、使用范

围广泛的空间布材料、性能突出的 TPU 材料、环保时尚的弹性地板卷材，以及品种丰富的气模材料。在技术团队已经成功攻克 150 种欧洲技术贸易壁垒的基础上，加强与上下游企业的技术合作，解决剩余关卡，突破 186 种欧洲行业技术难关、严格的环保法令和高标准的技术要求。

与此同时，对欧美市场的考察、技术学习和经验、专业人才的引进成为集团重要的"走出去、引进来"交流方式，争取让先进的制造技术、新材料专业领域知识和技能在思嘉生根、发芽，形成属于思嘉的积累、运用格局。

三、根据客户需求，增强国外市场开发力度，坚持国际化路线

自 2010 年成功上市以来，思嘉集团逐步加大海外市场的开拓力度，除积极参加 Techtextil（法兰克福国际产业用纺织品及非织造布展览会）、IFAI EXPO（美国国际产业用纺织品展览会）和广交会（Canton fair，中国进出口商品交易会）等大型国际展会外，还通过定期拜访国外客户，了解客户需求及市场信息，增进双方的友好合作关系，同时加强与新客户的沟通，争取新的合作。

（一）展会收获：思嘉新材料吸引力大

根据往届大型展会的数据统计，思嘉展示的产品中，TPU 材料、空间布材料、气密材料、新型卡车篷盖材料、箱包材料吸引着各国客户；而篷房材料、建筑膜结构材料、全球弹性地板材料在欧美市场的运用较国内市场更为成熟，对于产品质量的要求高而严，更多的是欧美客户的咨询。在一次展会上，一位大客户对此次思嘉带去的空间布样品爱不释手，当场提出打样试单要求，希望能将思嘉的空间布材料应用于他们的体操鞍马、摔跤垫等产品中。

另外，美国市场的客户对思嘉的 TPU 材料、空间布材料、新型卡车篷盖材料、箱包材料有着非常浓厚的兴趣和合作意向。像 TPU 材料，客人们表示，美国当地价格远高于中国市场，但他们对材料品质要求较高，在对方供应商的介绍下结缘思嘉，希望通过产品的合作与技术沟通，形成战略合作伙伴关系。甚至有的客人为了进一步促进合作进度，主动提出为思嘉介绍部分高要求原材料供应商，并为思嘉提供他们以往成功合作的供应

商样品及联系信息。另外，美国市场的户外休闲产品需求量大，科罗拉多州一家大型企业的总部研发设计经理在思嘉展位洽谈许久。该公司在美国规模大，在亚洲也设有生产基地，研发并生产与户外运动相关的产品，他们对思嘉的空气床比较感兴趣，希望后续能与思嘉一同跟进样品的测试及合作事项开展。

中东及南美洲客户对思嘉篷房材料及卡车篷盖材料的热议度较高且集中，在历次展会上除了沟通这两样产品外，客人们通过样品册翻阅及咨询，延伸出对其他产品的兴趣和打样要求；东欧及东南亚的客人们将关注点放在 TPU 材料、充气艇材料、涉水防护服材料以及新型卡车篷盖材料上，每样产品意向的合作款式都不单一，涉及样品册上的多款。欧洲的客户对卷帘门材料、膜结构材料及篷房材料的需求更为直接。比如来自法国历史最悠久的纺织类企业，旗下的分公司对上述产品要求很高，因此在展会上与业务员的沟通十分细致。

除了来自潜在客户的询问外，国内外的贸易商们也是活跃在思嘉展位的重要人群。很多国内贸易商们为国外客户咨询 TPU 储油袋材料、充气艇材料、篷房材料；而国外贸易商的产品选择范围则比较广。

排除价格和品质因素，思嘉新材料产品的不断创新也是欧美客人选择思嘉的原因。在展会现场及拜访客户的沟通过程中，他们均认为思嘉技术与新品的研发速度让产品与市场紧密结合，客户能及时根据市场反应对材料提出新的、具体的要求，思嘉亦能在沟通过程中不断提升产品技术水平，互惠互利，双方都能把握新时机、打开新市场。

同时，参加各大国际展会也能获得行业技术及原材料信息。例如，2015 年的 Techtextil 与 Texprocess（国际纺织品及柔性材料缝制设备加工展览会）同台亮相，而 Texprocess 吸引来自服装面料领域和加工技术领域的卖家、供应商，使得展会展品范围更加广泛，不仅有功能性面料、无纺布、涂层布、复合材料，也有原材料和辅料、黏合等产品，这些产品的技术和服务的革新推动着行业快速发展，在农业生产、家庭装潢、环境保护、土木工程、功能服装、安全保护、建筑材料、工业生产、包装材料、汽车运输、医疗卫生、运动休闲等领域都大有用途，满足了其不断扩大的各个应用领域的需求，也借由这个平台将始终走在科技最前沿的设备、材料及原料展示众参展及观展人群前，进而引致材料及纺织行业又一重大变革。

随着全球新材料技术的发展，新材料产品在多领域迅速被采用并取代原先产品，起到节能减排、降低成本、增强设计美观度的作用，高分子复合材料产品的市场还在不断拓宽中。思嘉作为新材料的研发、生产、销售商，对产品的用途整合和开拓早已扩展至 15 个领域，集团技术的核心竞争力在各个重要的新材料领域实现技术突破及进口替代，未来成长空间非常广阔。

（二）客户拜访：客户好口碑影响深远

当下的电子通信方式丰富，手段先进，与国内外的客户联系比原来要方便、快捷许多，但是思嘉的客户维护并不单单只是在业务过程中打几个电话，通过几封电子邮件那么简单。集团各公司的采购部门、国内外的业务部门分别制定客户拜访流程和执行进度表，目的是通过与客户面对面的沟通，增加双方的信任和相互了解，融洽双方的感情，巩固合作关系。

在开拓海外市场的进程中，公司高管和外贸团队定期飞赴客户所在地，当面沟通产品订单，了解产品市场使用情况，倾听客户的产品需求。在这一过程中，不仅收获上述信息，甚至还会经由老客户认识更多的客户、供应商，接触更大的市场。

在一次拜访美国一位老客户时，该客户公司经理对目前与思嘉正在合作的 7 款产品一一做出使用评价，并针对他们正在研发的 PVC 通风管新产品需要用到的思嘉新材提出特殊条件和要求，为思嘉提升这些产品提供了宝贵的建议。

在 IFAI EXPO 2014 展会上，来到思嘉展位的北美客人，很多是通过大客户介绍，也有相当一部分是在现场看到业务员与老客户愉快交谈的情景而被吸引的。这些客户的合作意向比较强烈，也更直接，对产品的沟通往往是以目前美国市场上的某种思嘉产品为对象，针对适合他们的产品咨询对应的思嘉新材物性与标准。

汽艇材料是思嘉在俄罗斯的主打产品，因此思嘉每次到俄罗斯后拜访的第一位客户便是与思嘉合作时间最长的汽艇材料大客户。客户公司负责人直接向思嘉业务员分析当年思嘉汽艇材料在俄罗斯市场的使用情况。这家公司创建时间早，规模较大，零售商及经销商遍布俄罗斯。思嘉先进的生产工艺和不断创新的理念使得它们在市场上竞争力越来越强，更是军方汽艇合作伙伴之一。它们对思嘉汽艇材料很有信心，在访谈期间还为思嘉介绍了俄罗斯 TPU 材料及户外广告布材料的开发情况，并达成初步合作意向。它们希望能以思嘉产品开拓种类更多、区域更广阔的新材料市场。

在一次拜访另一家俄罗斯老客户时，客户回顾当年经由他的欧洲客户大力推荐从而结识思嘉的场景。他回忆道："当时客户介绍说思嘉汽艇材料知名度高、市场认可度高，纬斜控制全球最好，现在我更加认同这种说法。"在合作过程中，这位长期经营欧美多个新材料品牌的老朋友逐步拓展与思嘉产品的合作范围，长期采购的订单中多了思嘉篷盖、下水裤及TPU材料。2014年拜访该客户时，他鉴于俄罗斯市场对思嘉汽艇材料的反响程度，追加了订单，表示对思嘉汽艇新产品开发充满期待。

在新产品合作方面，大多数老客户对思嘉卡车篷盖材料、TPU储油袋材料、篷房材料及建筑膜结构材料优异的抗拉力与极佳的防霉抗菌效果充满兴趣，有客户在新订单达成后提出了地区独家代理的合作要求。还有不少东欧及中亚公司通过思嘉的老客户咨询新型防水卷材和TPU材料的信息。一位新客户通过老客户介绍，更是打算以思嘉多种新材料为主营产品，着手分区域安排市场调查，希望与思嘉分享调查情况，进一步洽谈拓宽合作产品种类事宜。

就每次海外客户拜访而言，思嘉和客户面对面沟通，解决关于产品及订单的问题，获得的市场及产品信息良多，顺利达成拜访目标与计划。从国际环境来看，由于受到欧美经济制裁，俄罗斯为稳定经济将加强与中国贸易关系，借助国际环境与形势，思嘉俄罗斯市场必将开启全新大好局面。而欧美市场的进一步拓展，也有利于思嘉在海外市场上走得更远、更稳。

第四节　管理及流程变革

思嘉集团在明确了发展战略后，首要考虑如何确保战略目标的全面实现。这要求在管理提升与创新的过程中，集团对于团队的管理要进行新的规划与实施，提高团队综合分析能力、高效的执行力，带动团队进行优化流程、自我管理创新。

一、提高团队综合分析能力

公司延续历来传统，要求每个部门在日常工作中每周开展部门会议，对于本部门成员提出的问题与建议进行分析与检讨，进行方案设计与确认，并于次周进行执行跟踪与确认；部门主管每周进行主管会议，分析、协商、检讨本周工作要点及需要其他部门协助事宜，在公司内部形成"检讨—计划—执行—跟踪—改进—再计划"的良性系统运作；对应分管主管带领各自分管部门成员进行工作岗位的目标设定，要求主管学习并运用岗位工作中所需要的综合分析能力，明确其职责范围内应完成的周、月、季度甚至是年工作任务，做到日常工作的有依有据、有条不紊。

二、提高执行力

在进一步分解集团战略目标后，各部门逐一接手各自部门的工作项目，如何使任务圆满、高效完成，需要思嘉集团加强对团队及成员执行力的训练。

强化团队执行力的训练中，集团借鉴优秀企业的成功经验，并根据公司发展的实际情况，对以下方面进行了大幅度的跟踪与落实：①明确目标，充分发挥执行者的作用；②确定明晰的战略；③要求所有工作的战略和目标，都被清晰地传递给执行层；④保证中层管理者传达通道及基层员工反馈渠道的畅通；⑤优化岗位配置、明确岗位职责，让合适的人做合适的事情，保证所有项目的正常开展；⑥要求工作任务执行过程要跟踪到位，及时解决可能或已经出现的问题；⑦将执行目标层层分解，并制定每个岗位的考核标准，统一参照系和对照标准、奖罚体系；⑧加大培训投入，重视员工培训。

在此期间，集团高层以身作则，形成以"高层影响中层、中层带动基层"的模式，并逐步沉淀成为思嘉企业文化，使新入职人员在这种环境中接受并学习这种工作形式，贯彻执行公司的规章制度，在接到任务后，立刻执行，力求快速完成，并做到有规有矩、有始有终。

三、项目改善

经过 2011 年的宣导、动员和活动开展，项目改善已经有一定的成绩，在此基础上，集团从 2012 年再添一把旺火，将项目改善进一步深入、深化，将项目改善的对象集中锁定为生产设备及供应链。

生产设备的合理管理能为集团提供优良而又经济的技术装备，使思嘉的生产经营活动建立在最佳的物质技术基础之上，保证生产经营顺利进行，以确保产品质量、生产效率的提高，增加材料品种，降低生产成本，提高集团的经济效益。为降低生产成本、节约资源，生产出满足用户需求、为思嘉创造最大经济效益的高质量的产品，思嘉在生产设备专项改善上投入大力气。

生产中心响应集团号召，在日常工作及工作业余时间进行机台检修、设备维护升级，及时发现问题、解决问题，并及早排除可能存在的安全隐患，特别是一些压力容器、动力运转设备、电器设备等，更是成为排查与研究的重点对象。生产一线员工不仅在设备检修上开动脑筋，更是围绕设备维护提出个人看法与意见，使生产设备专项改善质量得到质的提升。

供应链专项改善的速度比之生产设备更如"春风细雨"，集团管理层听取供应链团队汇报，并根据集团发展情况，从最薄弱环节入手，寻求供应链平衡度新高值，将供应链的各个环节连成一体，力争将整个供应链上的信息流、物流、资金流、业务流和价值流的有效规划及控制，从而将客户、供应商、制造商、销售商、服务商等合作伙伴连成完整的网状结构，形成一个极具竞争力的战略联盟，让物料在供应链上因加工、包装、运输等过程而增加其价值，为集团带来收益。

在供应链的项目改善中，所有人员坚持"求实、落实到行动"的要求与精神，集中精力揪出存在的问题、解决供应系统中发生过的问题，以实际情况为依据做出适时讨论与处理，努力使全员熟悉并掌握重点、切要害的工作习惯，提高供应系统反应的敏锐度。此外，确认供应链内的相关比较对象，之后才召集有关人员参与讨论与会议，寻求并制定具体、有效的改进计划与方案。

供应链管理的关键是采用集成的思想和方法。它是一种从供应商开始，经由制造商、分销商、零售商，直到最终客户的全要素、全过程的集成化管理模式，是一种新的管理策略，它把不同的企业集成起来以增加整个供应链的效率，注重的是企业之间的合作，以达到全局最优。

四、进行优化流程

公司发展过程中，集团高管团队十分关注各分公司、各部门的每一类工作流程运转情况，对于跨岗位的工作流程、每个岗位的工作流程，他们都要求员工具备制定并优化其职责范围内工作流程的意识与实际行动，要求日常工作进行书面流程化、系统化。同时，在优化、变革流程过程中，发现并协调存在的问题。

作为流程优化的代表，思嘉集团 2012 年持续开展的流程变革运动，在优化流程方面具有重要作用。前期的流程变革重在制定流程、引导每位主管熟知全部流程，同时推动员工参与；而"流程深化 90 天"将带动所有人员参与流程及与流程变更有关的相应事务的执行中。深化的过程将不断测评解决的问题，进一步确认公司现在的流程管理处于哪个层级，新的流程在公司管理运作中是否发挥其目的、是否需要针对某些流程进一步改善，现有的管理模式及管理文化对流程有哪些影响，流程管理水平如何进一步提高，流程信息化如何进一步推行等。

流程优化的进程，进一步梳理集团日常工作中存在的"疑难杂症"，为集团运营活络了经脉。

（一）流程变革内容

随着国内新材料行业的快速发展，为了应对多变的环境，企业需要进行不断的变革。为促进集团层面的进一步提升，解决现有工作中所存在的问题，思嘉将从 2012 年 1 月 3 日至 4 月 13 日，进行"流程变革大干 100 天"。流程变革主要针对公司制度、日常工作流程、岗位操作说明书进行逐一讨论、整改与确认，力图通过三个内容的诊断、改进与系统调整，实现整个集团企业管理的有效性、便捷性与快捷性。

主要的流程检讨涉及分析与经销商、供应商、第三方物流的关系，分析与客户的关系，分析企业计划、采购、生产运作方式及分析企业的资金和成本管控方式；流程改革是在流程诊断的基础上，以流程再造为核心，同时配套进行组织职责调整、管理制度改进、系统模块设置及信息化需求分析，并最终以对已有信息系统的改造或建立新的信息系统保证新流程的落地实现。

以流程为中心驱动变革，要求进行公司全部流程的撤并和整合，消除中间冗余环节，以达到企业高效运作的目的。为有效实施流程，配套的企业内部管理方法和规章制度必须跟上，因此在流程检讨、修订的基础上，公司将加强管理制度、岗位操作说明书的检讨与修订，并对其重要性和优先级进行分析，写出相应的指引说明（包括管理制度的责任部门、适用范围和流程领域、管理控制的重点等）。另外，这些管理制度随着业务的变更，需要不断进行调整和完善。

同时，加强主管对于新流程、新制度、新岗位操作说明书的培训与掌握，进行100天以上内容定期考核，通过考试形式刺激并加强主管们对其内容的掌握。如果没有与之配套的部门和岗位职责、管理制度、操作规程等，流程就不能长期、稳定地运作。

思嘉集团流程变革100天，计划通过将流程设计和其他工作相互整合优化，以人为本、关注客户需求、减轻员工工作量、创造企业更好的工作环境，将集团流程、文化、制度和技术更加融洽、完整地体现出来，进一步规范、促进整个集团的管理运作与发展。

（二）流程变革执行

自2012年1月3日起，思嘉集团正式发起多次流程变革运动，并将"流程变革"的思想和热潮引入员工的岗位工作与实际工作中。变革主要针对集团管理模式与制度革新进行，将集团各分公司、各生产基地的所有流程提到会议上进行全部检讨，并将其中存在的问题进行分析和解剖，寻求新的思路，力求找到可以解决流程问题的办法，同时确定新的、便捷有效的流程，通过清晰的流程文件和统一的规定，使流程书面化、具体化、系统化，以此进行流程的实用化、简洁化、效率化。

通过流程变革，带动各部门对自身存在的问题进行检讨和解决，除了在流程修改和制定上的推动外，要求并帮助各部门主管对相关流程进行深入理解与熟识，有利于带领部门员工进行流程应用与工作推广。这次流程变革在很大程度上推动了生产中心专项改善的深化、供应链问题的检讨，对员工提出的建议和意见进行确认和针对性采用，有效提高各岗位工作，同时提升各部门人员、各生产中心管理人员的管理、发现和解决问题的能力。

此外，流程变革建立了较为顺畅的沟通渠道，如各部门各环节的及时RTX会议、C6员工工作日志与工作计划、董事长信箱等自下而上的沟通渠道，旨在向员工们及时传达准确的信息，也确保他们反馈渠道的顺畅。这些广泛的、多途径的交流方式，有力地推动了流程变革运动的进展。

从变革的整体规划到目标的制定和执行都会产生不同的责任，因此变革会给不同部门的不同层级带来不同的影响。思嘉集团力图在流程变革后形成更加合理、规范的管理秩序，在产权、管理和文化上达成最有效的分配，形成科学有效的供应链运作机制，使生产和业务增长的模式从量的积累到质的飞跃。

成效来自要求，要求源于流程。事实证明，思嘉集团 2012 年全年针对流程变革的行动十分成功，专项改善撑起集团生产力与竞争力的提升的另一大空间。2013 年，集团继续两项行动的开展与深入。

五、强化自我创新意识

思嘉集团不仅要为集团发展培养人才，更要为集团良性发展锻炼团队成员发现并培养各方面、各级人才的能力，为集团长远发展建立雄厚的人才储备，这也是人才储备的一种创新。在此基础上，思嘉提倡管理队伍要改变工作思维理念、改善工作习惯、提高工作效益；加强员工内训与外训的开展与实施，开展"班长特训班"，提供"再教育计划"，邀请专家、行家到公司开堂授课等多种走出去、请进来形式的活动，加强员工学习教育力度，不断提高团队队伍的思想和理论水平，努力提升全体思嘉人的综合素质。

此外，公司的员工活动形式逐步多样化，员工活动内容不断在丰富，以思嘉文化为载体，调动、激发全体思嘉人参与管理提升的热情，凝聚各种力量，形成推动管理创新的强大动力，促进集团管理及团队创新的良好氛围与环境。

站到新的起跑线之前，思嘉集团总会先回顾收获与得失，在企业管理方面不断结合实际情况，并充分借鉴业界经典成功案例与备受推崇的模式，探索属于思嘉自己的思考及经营管理模式。在集团领导团队的正确领导下，全体思嘉人坚持"厚德兴业、诚信经营、追求卓越、携手共赢"的理念，以发展集团为主线，认真履行职责，为集团各项工作的开展、协调和稳定发展奠定基础力量。

第四章　生产运营

思嘉集团作为一家软体新材料制造商,生产运营过程最能体现其生产能力、技术水平和管理水平,与生产运营相关的活动也最能彰显思嘉人的精神面貌和敬业形象。在不同阶段发展战略的指导下,在思嘉集团的发展历程中,生产运营体系在计划、组织和控制方面经历了多次变革和创新,目前已经相对成熟,能够有效应对一个大中型软体新材料制造企业对生产运营的要求。特别是在生产系统内部的计划和管理改善、生产设备的品质和完好性、设备技术改造和升级、安全生产管理等方面,思嘉集团都有其独特的做法和经验,可以说形成了思嘉核心竞争力的基础。同样从发展历程看,思嘉集团探索生产运营体系的实践主要是在福州生产基地进行,所沉淀下来的运作经验和管理方式,经提炼、升华后在陆续建立的后续各个生产基地予以转移、复制。

第一节　生产能力

从思嘉集团的发展历程看,生产能力的快速扩张是思嘉特色的最重要体现。从创业初期的两条低端普通涂层生产线和压延生产线起步,仅仅用了10年时间,主要生产线就已经增加到32条,平均每年净增3条,其中有思嘉与意大利厂商共同研发、目前为亚洲最先进的涂层设备,有思嘉自主研发的高端产品贴合生产线。产品由单一的、常规的低端涤纶革、贴布革和PVC膜产品,迅速发展为覆盖面广、品种繁多、畅销市场的十一大系列产品,包括涉水防护材料及终端产品、汽艇材料及终端产品、气模材料及终端产品、建筑膜材料、特种箱包材料、水池材料、沼气池材料、运动地板革、TPU材料、空间布材料等,其中涉水防护材料占有国内市场

80%以上份额，汽艇材料和气模材料分别占有国内市场30%以上份额。部分产品的性能、质量达到行业领先水平，不少产品为国内最先开发生产，填补了市场空白。

一、生产线及生产设备、产能

对于软体新材料制造企业而言，生产能力主要是由生产线及生产设备决定的，同时生产线及生产设备的工艺水平也决定了生产的技术水平。思嘉自创立以来，几乎每年都增添重要的生产线及生产设备，尤其是2010年4月上市后，根据《招股说明书》所设定的募集资本投资方向和用途，增添了满足高中端市场需求的多条先进生产线和多套设备，使产品品种日益丰富，产品性能和质量不断提高，产品产量翻倍增长，从而基本奠定了思嘉集团目前在国内同行业中的领先地位。具体情况如表4-1所示。思嘉在各个发展阶段的主要产品、产能的变动情况如表4-2所示。

表4-1　各阶段重要生产线及生产设备增添

序号	时间	产品与市场	生产线及机台类型	机台生产地区
1	2003	生产常规的涤纶革、贴布革、PVC膜产品	涂层设备生产线与压延生产线各两台	中国台湾
2	2004	生产涉水防护材料	第一台贴合生产线	中国大陆
3	2007~2008	生产汽艇、气模等强化材料	两条贴合生产线	中国台湾
4	2010	满足不断增加的气模订单生产需求	第四条贴合线	中国台湾
5	2011	生产高端的建筑膜材、充气模材、充气艇材料	第三条、第四条压延生产线，第五条贴合生产线	分别从中国台湾、德国引进
6	2011	开发并生产高端的TPU产品	四条先进的TPU生产线	中国台湾
7	2011	配套生产涉水防护产品	四条先进的雨鞋生产线	中国大陆
8	2011	生产高端建筑膜材	亚洲最先进的涂层机	意大利
9	2012	生产更高气密性要求的气密材料	贴合6号机投入生产	公司自主研发

资料来源：思嘉集团历史档案资料。

表4-2 各发展阶段主要产品、产能简介

阶段	主要机台	主要产品	产能	行业地位
第一阶段 (2002~2006年)	①涂层机2台 ②压延机2台 ③贴合机1台	常规的涤纶布、贴布革、PVC膜产品	①涤纶革、贴布革50万~100万米/月 ②膜类100~200吨/月	跟随同行其他企业生产
第二阶段 (2007~2009年) 上市募集资金之后, 生产规模翻一倍半	①增加1台涂层机 ②增加3台贴合机	在扩大原有常规产品生产的基础上, 开始生产特种箱包材料、充气艇材料、涉水防护服材料等, 以及其他强化材料	①涤纶革、贴布革100万~150万米/月 ②汽艇材料5万~10万米/月 ③气模材料10万~15万米/月 ④涉水防护服材料10万~15万米/月 ⑤箱包材料5万~10万米/月	常规产品在同行业处于主导地位；强化材料被市场所接受，销量按每年30%的速度递增
第三阶段 (2010~2013年)	①增加涂层机、印刷机、裱处机各1台 ②增加两条压延生产线 ③增加3台贴合机 ④增加4台两鞋机 ⑤增加4台流延机 ⑥上海工厂引进意大利亚洲最先进涂层设备 ⑦TPU生产线4条	形成十大系列产品：涉水防护材料及终端产品、汽艇材料及终端产品、气模材料及终端产品、建筑膜材料、箱包材料、水池材料、沼气池材料、运动地板革、TPU材料、蓬房材料	①涉水防护材料300万~400万米/月 ②汽艇材料30万~40万米/月 ③气模材料70万~100万米/月 ④箱包材料20万~30万米/月 ⑤水池材料30万~40万米/月 ⑥沼气池材料10万~20万米/月 ⑦运动地板革5万~10万米/月 ⑧TPU材料5万~10万米/月 ⑨蓬房材料7万~10万米/月	涉水防护材料占国内市场80%以上的份额，汽艇材料和气模材料分别占有国内市场30%以上份额，其他由业务提供数据

续表

阶段	主要机台	主要产品	产能	行业地位
第三阶段（2014年起）调整战略，转战中高端产品	①减少4台雨靴机 ②减少4台流延机	拓展为十一大系列产品：涉水防护材料、汽艇材料、气模材料、建筑膜材料、箱包材料、沼气池材料、运动地板革、TPU材料、空间布材料、蓬房材料	①涉水防护材料300万~400万米/月 ②汽艇材料30万~40万米/月 ③气模材料70万~100万米/月 ④水池材料30万~40万米/月 ⑤箱包材料20万~30万米/月 ⑥沼气池材料10万~20万米/月 ⑦运动地板革5万~10万米/月 ⑧TPU材料5万~10万米/月 ⑨建筑膜材3万~5万米/月 ⑩蓬房材料8万~11万米/月 ⑪空间布材料5万~10万米/月	产品裱处效果好，厚薄度控制偏差±0.005mm，650gsm涂层产品剥离达120N/5CM以上，通过欧美REACH&ROHS&ISO、B1&CA117&NFPA701阻燃，ASTM防霉和耐老化，BSEN低温耐曲等测试及ISO抗UV检测达到4-5级，其中品质广受全球客户认可

资料来源：思嘉集团历史档案资料。

二、新增设备性能超群

2010 年 4 月，集团在香港证券交易所 IPO 上市成功后，所募集的资金根据《招股说明书》提出的要求，主要用于增添高端设备，扩大生产能力。从此，思嘉集团的生产规模迈上一个新的台阶，生产能力再度翻了一番，产值得到大幅度提升，也极大地提高了市场竞争力。继 2011 年新投产 10 条主要生产线后，2012 年新上线的机台有 4 台雨鞋机、3 台流延机、2 台压延机和 2 台贴合机；2013 年上海新机台顺利投产，全亚洲最先进的设备有力地保障了高产能。这些设备投产后产生了良好的效益，有力地保障了思嘉集团的实际经营能力与收益达到《招股说明书》所提出的设想与目标。

（1）从自动化程度、工艺的精密度、生产效率等方面看，新上线的压延机是世界上最先进的：①新机台从下单开始就采用电脑控制系统，保证了配方的准确性、精密性及永久性；②新机台采用了封闭式的自动化投料及计量系统，确保从原料开始无污染，以及原料计量准确，保证了产品的品质；③新机台所有岗位都是电脑控制，从而大大降低了操作人员的数量及劳动强度，提升了产品的品质，提高了生产效率。

（2）为了使这些新的设备充分发挥更好的效能，思嘉制定了一系列操作规范及管理制度，主要内容有：①设备升降温严格按升降温操作规程作业，升降温时间必须足够，并做好运行记录，确保设备运行安全；②各岗位的循环油泵必须每半个小时检查一次，并做好记录，确保各部件的润滑正常；③各岗位必须由专人负责操作，其他任何人不准操作；④制订了严格的设备维护及保养计划，并责任到人；⑤车间除规定岗位可以使用刀具外，其他岗位都不能使用刀具，且刀具必须摆放在固定位置，轧轮机翻料要用铜刀，以保证辊面的安全；⑥所有需要接触到压延四辊区域的刀具，只允许使用竹刀片，在处理四辊区域的异常问题时，操作人员需要将可能从身上掉落至四辊、导致辊面受伤的硬件物品取下后，方可进行异常问题的作业处理，以保证四辊辊面的安全；⑦员工进入车间必须换干净的工作鞋，进入车间后必须将自己所携带的所有金属物品及手机放入内务柜中；⑧所有的原料、半成品、成品、工务维修的工具及配件都不能落地；⑨投料区及车间使用专用的运输工具，其他运输工具不能进入；⑩严禁将未经过滤网的胶料直接送上四辊；⑪牵料必须使用绳子，以确保安全。

第二节　专项改善

响应生产部门员工提出的对机台进行整改的合理化建议，思嘉集团福州生产基地于 2011 年末开展"流程变革运动"。生产部门希望通过这个运动改变基地内主要生产车间不合理的工艺流程，提高生产线及设备运行效率，进而带动整个集团的工作流程变革。当然，受这一运动影响最大、受益最广的是生产部门。

以"专项改善"命名的"生产部门流程变革"，带动了各个车间对自身存在的问题进行全面的检讨和解决。除了推动修改流程和完善制度外，生产厂长及值班课长带领各车间员工及时提取生产设备、工艺及产品的各项有效信息，并进行细致分析，对提出的问题予以核实，找出产生问题的原因，最后逐个解决。对员工提出的建议和意见进行确认和针对性采用，有效提高各岗位的工作职责，同时提升所有人员发现问题、解决问题的能力。通过生产中心专项改善的深化，进一步解决机台养护问题、个别生产工艺问题，对于提高产品质量、产能、产速都具有十分积极的作用。通过对问题的检讨，进一步梳理日常工作中存在的漏洞与实际问题，在加强各部门沟通的同时，加大管控，在严格遵守流程与制度的前提下，进一步规范各个节点的岗位工作职责。

2012 年，思嘉福州生产基地的员工们总共提出 200 多项大大小小的专项改善建议案。为了解决所提出的这些问题，基地陆续组织召集生产线员工开座谈会，进一步收集有针对性的合理化建议。遇到基地内部无法攻克的难题，上交集团层面统筹解决，仍然解决不了，集团积极向外聘顾问、专家及同行业内人士请教，并通过设备管理团队不断摸索，使其得到解决。经过这些流程专项改进后，生产线上安全问题、工作环境、生产效率、产品品质、员工的劳动强度等方面都得到很大改善。

一、2012 年改善项目

（1）压延 A 线增加了一组冷却辊，使产品的冷却效果得到很好改善。

（2）贴合 2 号机底膜、中膜压制辊位置改造，缩短了换压制辊的时间，由原来的 3 个小时缩短到现在的 1.5 小时，同时解决了底膜包气的问题。

（3）贴合 4 号机生产气模的上糊方式改造，对糊剂结块的改善及清车、清针板都有很好的改善，也减少了糊剂的浪费。

（4）贴合 5 号机收卷改为中心收卷，对产品卷心起皱及压痕的问题有明显改善。

（5）糊剂仓的大罐制作及管道安装，把糊剂直接抽送到车间，改善了糊剂小桶堆放的问题，在减轻班组人员的劳动强度的同时，大大提高了糊剂仓的效率。

（6）贴合 5 号机链条夹子换成针板，提高了生产效率，同时也解决了很多品质方面的问题。

（7）压延 B 线进行大修，对所有的线路进行了更换，解决了因线路老化带来的安全隐患及设备故障问题。

（8）压延 B 线的针织布发送架改造，解决了针织布上布架要人工抬扛的问题，减轻了工人的劳动强度，同时对针织布下水裤的生产品质也有明显改善。

（9）贴合 3 号机的移位，解决了因机台布局不合理造成的生产困扰，同时通过利用这次移位对机台进行了整改，使现在贴合 3 号机在操作性能、品质、生产效率等各方面都有很大提升。

（10）贴合 3 号机面、底膜及针织布发送架改造，大大减少了因接头造成的浪费问题，减轻员工劳动强度，提高工作效率。过去胚膜只能卷 300 米一卷，现在可以卷 1000 米一卷，以前针织布上卷用人工抬，现在用行车吊，而且卷装可以卷 2000 多米一卷，以前要 6 个人操作还很忙，现在只需 4 个人操作。工作效率方面，过去一个班只能做 0.8 万~0.9 万米，现在可以做到 1.6 万~1.7 万米。

（11）对贴合 2 号机、贴合 4 号机糊槽的改造，改成 U 形槽及糊槽两边加挡板，大大减少了余糊造成的浪费。以前每月产生 5 吨多余糊，现在每月只有 1 吨多。同时也减少了清糊槽造成的时间浪费。

（12）糊剂仓糊剂桶的标识牌制作，节省了班组找糊剂的时间，同时也利于糊剂的盘点。

（13）压延 3 号机的高搅改造，使 PVC 粉混炼时间及塑化效果得到明显改善。

（14）涂层 3 号机针织布品质及接头的改善。通过不断对针织布厂家提出要求，针织布接头有明显改善，以前每 1000 米有 14 个接头，现在只有 3~4 个接头，同时生产班组的生产效率也明显改善，以前每个班只能裱 10000 米左右，现在可以裱 19000 米。

（15）通过对各班组余料的管控、考核及奖励，余料由以前每个月 100 多吨减少到现在每个月 20 多吨。

二、2013 年改善项目

（1）压延机员工工作环境及劳动强度改善：①1 号、3 号车间高搅、万马力机区域的环境改善，加装了排气扇及抽风管道，二楼的环境较以前有明显改善；②大部分原物料采用了自动化计量，减轻员工的劳动强度。

（2）烘房的制作及管道采用保温措施，有效解决了氯化石蜡、大豆油等液体原料冬天不好抽及计量的问题，解决了钙粉因受潮有钙点的问题；糊树脂粉堆放区域的隔离，解决了因树脂粉受潮造成糊剂结块的浪费问题。

（3）压延 A 线万马力机操作平台改造，解决了投料及清车困难问题，也减轻了员工的工作强度。

（4）压延 B 线中心收卷改成自动分切收卷，减少了卷心皱造成的浪费，同时也解决了操作上存在安全隐患的问题。

（5）贴合 2 号机面、底、中膜发送把平面发送改成中心发送，胚膜卷装由原来 400 米/卷增加到 1000 米/卷，减少了接头浪费及换膜时间，同时也改善了膜发送的张力，减少了因膜宽度张力不好控制切不到边的异常问题。

（6）色饼车间开两班并实行计件制，产量由原先每班 400 千克提升到现在的 1800 千克。

（7）糊剂车间磨本色糊全部改成用大罐，有色糊改成磨浓色，减轻了员工的劳动强度。2012 年，糊剂车间共有 8 人，2013 年贴合机台增加了，人员反而减少到 6 人，工作还更轻松，效率也大幅提升，同时小桶的数量减少，也方便糊剂车间的管理。

（8）成检自动包装机的使用，既减轻了人员的工作强度，又提高了工作效率。

（9）生产针织布、涤纶布及尼龙布剥离不稳定的原因跟踪及检讨改善。通过调整糊剂的黏度及配糊的量的控制，针织布剥离得到改善。

三、2014 年改善项目

（1）贴合 2 号机收卷改成中心收卷，解决了汽艇材料卷心压痕的问题。

（2）加装成检自动转盘、升降平台，大大减轻了员工的劳动强度。

（3）解决了空间布生产过程中的上糊、底面平整度、纬斜、收卷等难题。

（4）改造贴合 5 号机、贴合 6 号机生产气模浸扎工艺，减少了糊剂的浪费，缩短了清糊槽的时间。

（5）改进贴合 2 号机配糊装置，减轻员工劳动强度，同时规范了配糊的操作，稳定了品质。

（6）成检的中心收卷改造，解决了裱处好的产品复卷的问题。

（7）压延 3 号机、压延 4 号机收卷自动割料改进，解决了人工割料安全隐患问题。

（8）贴合 1 号机平面发送改成中心发送，减少了胚膜接头及卷芯余膜的浪费。

（9）贴合 4 号机二道涂头的刮刀改进，解决了生产大理石纹气模的厚度均匀问题。

（10）设备不断地改造实现了人员的精简，从年初的 175 人减至年底的 151 人。

第三节　安全生产管理

操作工人和机器设备的安全是企业生产顺利进行的基本保证，如果企业不能确保生产的安全，工人的人身安全和健康就不能得到保证，企业的生产经营活动也会受到极大影响。所以说，安全就是效益。思嘉集团的高分子软体新材料生产经营活动具有高危的化工性质，因而思嘉在安全生产管理方面从来不敢掉以轻心，通过建立安全管理委员会，从组织上落实安全生产责任，制定并不断完善安全生产管理制度和各项安全技术操作规程，同时采取有力的实施措施，使上下各方面都重视安全生产，严格按照安全制度和规程办事，从而保证安全生产。

一、提高安全意识

随着思嘉竞争力和知名度的提高，业务的丰富和扩张，随之而来的生产订单量不断增多，生产任务越加繁重，安全生产管理任务更加重要。为了进一步加强班组安全生产意识，提高事故预防能力，思嘉定期组织消防安全培训与演练，组织员工学习生产现场安全操作，通过安全隐患自查自纠、安全生产领导小组组织座谈、安全警示教育、全员岗位安全培训等丰富多彩的活动，强化每一名员工的安全生产意识和知识。针对各班组存在的安全薄弱环节和突出问题，找好切入点、完善整治方案，明确整治目标，落实责任、落实措施、落实期限、落实应急预案，严格整治责任确保专项整治工作取得实效。立足企业生产实际，实现安全责任全员化、安全隐患查治常态化。

思嘉意识到，如果仅仅把每年的"安全生产季"当作一场运动来做，那么最终可能是走过场，收效甚微。因此，在活动过程中思嘉结合安全文化建设，提出"关爱生命，关注安全"的口号，号召全体员工提高安全意识，时时、处处想到安全，做到安全；防患于未然，杜绝违章作业；全力排查安全隐患，积极参与"安全生产季"开展的安全整治活动。同时，思嘉集团学习先进企业的安全管理经验，在内部大力宣传细算"安全六笔账"和事故前后对比分析。

（1）"经济账"，一旦出安全事故，伤者自己、班组、公司、社会都蒙受的经济损失。

（2）"健康账"，一旦出安全事故，轻则受伤，重则残废，甚至死亡，事故后最现实、最直接的伤害是伤者自己，甚至终身受折磨。

（3）"家庭账"，一旦出安全事故，经济收入减少、家庭受连累，实际生活水平下降。

（4）"精神账"，一旦出安全事故，对伤者自己和家庭成员的精神造成一定伤害。

（5）"自由账"，一旦出安全事故，对伤者自己的生活、行动可能带来不便，生活质量下降。

（6）"政治账"，一旦出安全事故，造成了一定的社会影响，既影响个人前途，又影响公司声誉和美誉度。

通过算账对比分析，希望每一位思嘉人都珍惜幸福的生活，为了自己、为了家人、为了思嘉、为了社会，自觉做到远离"三违"，努力创造并享受健康、平安、幸福的明天。

专栏 4-1 "安全生产季"活动

2012年6月13日，思嘉"安全生产季"活动计划宣讲中，生产线班长、课长、厂长带领全体生产中心一线员工做安全生产宣誓，并在宣誓后进行"关爱生命，关注安全"——思嘉人签字活动。厂长廖八生更是强调，班组安全建设与事故防范是企业安全生产的关键，要求各个班组要充分认识安全生产的紧迫性与重要性，一旦出现安全事故的严重性。对于每次安全生产的培训与活动，都不能走过场，一定要做到烂熟于心，要狠抓隐患整改、深化专项改善，创造一个安全和谐的氛围，促进安全生产，杜绝安全事故的发生。

资料来源：编选自第47期《思嘉慧报》第二版同名文章。

专栏 4-2 思嘉安全生产誓词

为了我的生命安全，为了家庭幸福团圆，为了企业稳定发展，我郑重宣誓：

从我做起，遵章守纪，履行职责，关爱生命，安全作业。

时刻关注安全、履行安全责任，遵守安全操作规程。

我要自觉做到不违章指挥，不违章操作，不违反劳动纪律。

请思嘉人放心，请公司放心，我要安全，自觉做到不伤害自己，不伤害他人，不被他人伤害，不因疏忽而给自己、同事和公司带来损失。

资料来源：节选自第47期《思嘉慧报》第二版《"安全生产季"活动》。

二、安全生产组织架构

有了对安全生产的高度意识还不够，作为一个企业集体，还需要相应的安全生产组织安排。为此，思嘉集团成立了思嘉新材安全管理委员会，配合董事会全面负责生产安全、应急救援、安全事故处理等事宜，从而使安全生产做到组织落实。思嘉新材安全管理委员会的组织架构如图4-1所示，其中各岗位工作职责如表4-3所示。

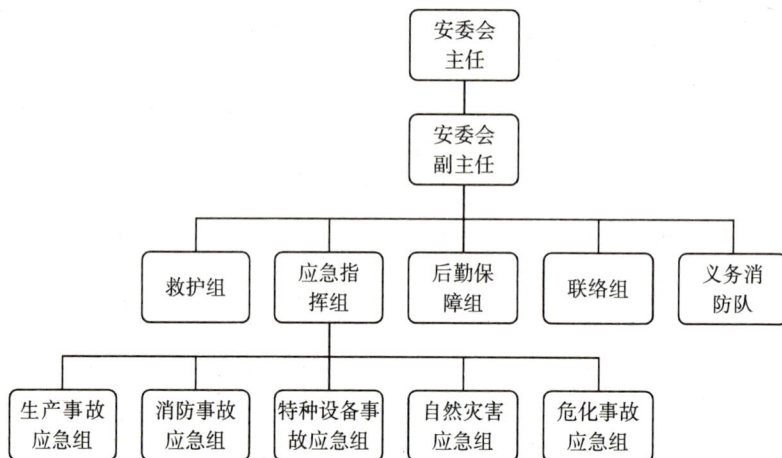

图4-1 思嘉新材安全管理委员会组织架构

表4-3 安全管理委员会组织岗位及职责

组织岗位		负责人	职　责
主任		陈宸	①负责安全管理的全面工作，任命各实际管理工作负责人 ②制定并修改有关安全管理工作规定 ③协助安全管理责任者进行必要的安全管理工作的指挥、监督、推进 ④紧急联络的实施 ⑤批示调查实害发生的原因以及损失的计算
副主任		廖八生、吴孙旺	生产安全、消防安全管理责任者，负责所有安全事故隐患排查、应急救援及指挥
应急指挥组	生产事故应急组	廖八生	①发生事故时，应急指挥组成员应全部到场，指挥协调各工作小组和义务消防队开展工作，迅速引导人员疏散，及时控制和扑救初起火灾 ②协调配合公安消防队开展灭火救援行动 ③负责全厂安全隐患排查，组织进行安全整治活动，为员工营造安全的工作环境 ④强化安全教育训练，让车间管理人员提高现场管理和应急处理能力，让工人掌握保护自己的安全技能 ⑤严格安全检查，防止现场员工麻痹大意，防患于未然
	消防事故应急组	吴孙旺	
	自然灾害应急组	樊文杰	
	危化事故应急组	蒋石生	
	特种设备事故应急组	林新明	
救护组		邓海英	①事故发生时，随时准备救护伤员，如清创、止血、包扎、人工呼吸等 ②配合医院医生将受伤严重者送进医院进行救护 ③稳定和照理好受伤人员 ④负责人伤员的思想，心理调整工作
后勤保障组		陈新遵	负责通信联络、车辆调配、道路畅通、供电控制、水源保障

组织岗位	负责人	职 责
联络组	刘超臣	①发生事故后，立刻向安委会领导小组及公司高层汇报 ②现场发生的事故是在可控范围内的，尽可能处理，并通过大声呼叫或其他方式让大家知道事故情况 ③当事故失控，险情急增时，应第一时间通知所有人撤离，并报警，详细告知本厂具体位置、险情及引导救援车进厂
义务消防队	郑均成	①发生火灾时，最短时间内，义务消防队所有成员应立刻到现场，启用消防设备，进行灭火 ②火灾不可控时，义务消防队成员应配合消防队员救灾或控制火灾蔓延 ③保护好现场的物质及人员安全，对重要物质及受伤人员进行转移 ④熟练掌握灭火器有消防栓位置 ⑤负责各种消防设施及器材的检查、维护、使用

资料来源：节选自思嘉安全管理委员会章程。

需要强调指出的是，考虑到思嘉福州生产基地地处偏僻的山上，远离市区社会消防力量，加上厂区内库存有易燃易爆物品，一旦发生火警后果不堪设想。因此，防范火灾及消防是安全管理委员会重中之重的工作。其他除加大消防器材及消防设施的投入，安装火警自动报警系统之外，还在安全管理委员会之下成立了义务消防队，制定了消防应急预案，定期举行消防培训及消防演练。

专栏4-3 深入开展安全标准化管理工作

2014年6月19日，福建省福州市安全生产标准化协会的评审专家到访福州思嘉工业园，评审考核安全标准化管理工作。思嘉安全生产标准化建设小组组长、仓储课课长吴孙旺及小组成员向专家们介绍了公司安全生产标准化工作的开展情况，并通过资料陈述及现场查看两种形式回答了专家们提出的问题。思嘉工业园的安全标准化管理工作得到了评审专家们的极大肯定。同时，专家们根据标准条例及自身长期的工作经验，对工业园工作中的不足之处提出整改意见，希望严格按照生产标准化管理的要求做好相关工作。

近年来，为了深入贯彻落实国务院和省、市政府关于进一步加强企业安全生产工作的通知、意见精神，全面推进思嘉安全生产标准化建设，强化安全基础管理，有效防范各类安全生产事故的发生，集团各个生产基地都在原来的安全生产计划基础上深入开展企业安全生产标准化建设实施方案。

福州思嘉工业园成立了安全生产标准化建设小组，配合公司各项工作制定方案，夯实安全生产基础管理，细化各种设备设施管理，优化生产作业环境管理，在以下各方面做出了艰苦的努力：安全生产职责、安全生产投入、文件和档案管理、隐患排查与治理、安全教育培训、特种作业人员管理、设备设施安全管理、建设项目安全设施"三同时"管理、生产设备设施验收管理、生产设备设施报废管理、施工和检维修安全管理、危险物品及重大危险源管理、作业安全管理、相关方及外用工管理、职业健康管理、防护用品管理、应急管理和事故管理等。

思嘉深知开展安全标准化管理工作不是一项权宜之计，而是一项具有长期性、艰巨性、复杂性的系统建设工程。实施安全生产标准化，对安全生产工作的方方面面提出明确、具体的要求，解决安全生产工作干什么和怎么干的问题，有利于进一步规范安全生产工作，进而保障全体员工的安全，维护员工的合法权益，促进企业的长远、稳定发展。因此，集团各个生产基地把安全标准化管理工作有条不紊地施行起来、执行下去，给思嘉的成长以更强有利的坚实保障和更大的空间。

资料来源：摘编自第 72 期《思嘉慧报》第二版同名文章。

三、安全生产管理制度

在具体实践中，思嘉集团紧密结合行业特点和自身生产运营特点，制定了一整套安全生产管理制度和各项安全技术操作规程，使一切生产经营活动都置于安全管理制度和安全操作规程的约束之下。同时还有可操作性的实施措施，使这些制度和规程行之有效。

（一）安全培训制度

（1）公司规定全体员工必须接受相关的安全培训教育。

（2）本公司新招员工上岗前必须进行车间、班组安全知识教育。员工在公司内调换工作岗位或离岗半年以上重新上岗者，都要进行相应的车间或班组安全教育。

（3）本公司对上岗前的人员都要进行安全操作规程、劳动纪律培训并考核合格才能上岗。

（4）本公司对特种作业人员（包括电工作业、厂内机动车辆驾驶、机械操作者等），必须接受相关的专业安全知识培训，确保有资格后方可安排上岗。

（二）定期举行安全会议的制度和安全检查制度

思嘉集团建立健全了安全生产例会制度，无论是哪一个工业园区或生产基地，都要每周举行一次安全培训，每月召开一次安全例会，定期分析安全生产形势，查找安全管理漏洞，针对工厂、车间、班组发生的安全事故认真总结经验教训，制定对策并组织实施。

思嘉集团还建立和健全了安全生产检查制度。车间安全生产检查每月一次，班组安全生产检查每周一次，生产岗位则要求每日安全自检。自检内容包括：①设备的安全状态是否完好，安全防护装置是否有效，危险地方是否有安全警示标志。②规定的安全措施是否落实。③所用的设备、工具是否符合安全规定。④作业场地以及物品的堆放是否符合安全规范。⑤个人防护用品、用具是否准备齐全，是否可靠。⑥操作要领、操作规程是否明确。⑦各种电气设备、机械设备、危险物品、消防设施、叉车、行车、电梯等是否安全。

（三）各种设备的操作规程及各种应急处理程序

（1）高速搅拌机岗位。①开机前要先检查锅内有无异物，开高速之前要低速运转15秒，不得高速直接启动。②低速转到高速或高速转到低速必须先按停止按钮半秒之后才能转换。③必须确定放料门关闭之后才能投料。④清洗高搅锅工作，必须在关闭电源待搅拌浆完全停止转动后进行。⑤严禁在没有盖上锅盖的情况下启动机器。⑥上衣口袋不准放东西，严防金属、工具等物落入锅内。⑦随时观察设备的运行情况，注意运转的声音、震动、电流、电压，若有异常立即停机并报告班长。

（2）万马力机岗位。①上衣口袋不准放东西，严防金属等落入密炼室内。②开机前必须先对机器的各运转部分进行检查，确定机器正常才能开机，万马力主机启动前应先启动增塑剂润滑泵、轴承泵、液压泵5分钟，等轴承和密封环的润滑正常后才能启动主机。③不得在卸料门没有锁紧的情况下通知高搅机投料。④严格控制密炼的时间和功率，密炼过程中途应多次提起浮压锤，以便锅内物料翻动均匀，塑化好的料应抱成一团且不带粉料。⑤遇突然停电时或跳闸时，锅内不管有已塑化的料或半塑化的料都要用手动泵打开放料门，直到料完全放完，严禁负载启动。⑥万马力停机时应先停主机，再停润滑油泵，然后放下浮压锤。⑦随时观察设备的运行情况，注意运转的声音、震动、电流、电压，检查轴承和密封环的润滑状况，若有异常立即停机并报告班长。⑧在操作过程中，人体各部位不准伸进加料口，以免发生人身事故。⑨检修密炼机时，必须把浮压锤提起，插上安全销，以防意外。

（3）扎轮机岗位。①开机前应清除机台上和辊间隙内的杂物，擦洗辊筒，开启油泵，待轴承润滑正常后才能启动主机，每班应检查一次刹车的灵敏度。②翻料时注意手的安全，不准用手去塞料。③有异物进入辊筒时（刀、手套、其他颜料等）应紧急刹车，松辊后才能处理，严禁在运行时用手去取。④随时观察设备的运行情况，注意运转的声音、震动、电流、电压，检查轴承的润滑状况，若有异常立即停机并报告班长。⑤辊筒的加热冷却必须在辊筒转动的情况下缓缓进行，不得在静止状态下加热或冷却，防止因局部温度突变使辊筒变形或断裂。⑥调节辊距时，左右要均匀，不要相差太大，以免损伤辊筒和轴承，减小辊距时应注意防止两辊相碰擦伤辊面。

（4）过滤机岗位。①开机前检查模头是否干净，入料口和机筒有无异物，机筒和模头应达到生产所需的温度。②过滤机应先低速启动，加料后逐渐升高至所需的速度，严禁在不加热或低温情况下开机。③禁止在缺料的情况下螺杆高速运转或低速长时间运转。④为避免金属进入四辊，禁止未经过滤的物料投到四辊机上。⑤过滤网要按规范安装，防止移位或被冲破。⑥严禁用金属棍或手伸进料斗。⑦一旦出现断料情况，必须马上通知班长、操车手。⑧随时观察设备的运行情况，注意运转的声音、震动、电流、电压，电机冷却的情况，若有异常立即停机并报告班长。

（5）压延四辊岗位。①四辊开机前应仔细检查设备的状况和辊筒间隙，确定辊筒之间和四辊喂料输送带无异物，检查齿轮箱、轴承润滑油箱、液压站的油位是否正常。②润滑系统在机器未开动前，油泵先运行5分钟左右，待各回油口有油后，才可开机运转，四辊运行时严禁缺油。③四辊轴承上油温度超过60℃时需进行冷却，回油温度不得过100℃，发现剧增现象立即停机检查原因。④辊筒的加热冷却必须在辊筒转动的情况下缓缓进行，不得在静止状态下加热或冷却，防止因局部温度突变使辊筒变形或断裂。⑤严格按升降温操作规程进行升降温。⑥调节辊距时应将薄的一端放松后同步调紧，严禁单边调紧辊距，调节辊距时应注意选择开关是否正确。⑦调节辊距必须观察存料情况并确认实际辊距，空车调节辊距必须有人指挥，调完辊距必须实际辊距，严禁只凭辊距数显表调节辊距。⑧遇突然停电，应及时将辊隙有料取出，待来电后先松开辊隙，待轴承回油后再重新启动四辊，严禁带负荷启动，如停电时间久，应进行人工转动。⑨使用轴交叉时需要注意，主轴承油温变化，最大交叉量不得超过 25mm（以标尺为准）。⑩轴交叉应在薄膜两端厚度基本一致时方可启动，不准一边调轴交叉，一边调四号辊距，停机时交叉应回到零位。⑪遇弯曲工作压力不得超过 40Mpa。⑫液压站工作温度低于 15℃或大于 60℃时，禁止开机。⑬操作人员，严禁携带金属物和其他杂物上操作台，禁止使用金属片刮擦辊筒。⑭禁止边引料边合拢引离辊，冷却辊，当料包花辊及冷却，预冷辊时应停机松开处理，严禁用手在运转中拉，以防发生人身事故。⑮清洗花辊时必须减速至 15 米/分以下，必须在看护下清洗，清洗人员要集中精力以防事故。⑯冷却架启动时及四辊启动升速前应先打铃，看前后再操作。⑰贴合辊粘料不得用手去拉，应从四辊下方处理。⑱换花辊、胶辊、贴合辊时应包好后才能吊装。⑲停机时要先把辊面清洗干净后涂 DOP，长期停机要涂防锈油，三天以上涂稀油，一星期以上涂含腊防锈油。⑳随时观察设备的运行情况，注意运转的声音、震动、电流，检查润滑系统和液压系统的压力和温度，若有异常立即报告检修人员处理。

（6）切边、卷取、包装、记录岗位。①切边时注意手的安全，切边时手拉布处与切边刀的距离必须大于 30mm 以上，以免手指被带入运转的刀口，布料卷入切刀时必须逆向清除。②换卷断料时两边站人的位置必须错开，以免剪刀碰伤对方的身体。③注意脚被落下的料卷压伤。④严格管理刀片，严禁回料夹带金属物送入 A、B 扎。⑤上铁芯时要保证两端与收卷架接头吻合，严禁不吻合开机。⑥落卷时一定要有两人以上协作，并注意站立的位置，保证膜卷平衡，防止人身及设备事故。⑦切边刀要及时调整，以保证产品整齐平整。⑧布与胶料层贴合时，贴合胶辊上有料时必须远离贴合口清料，严禁违规操作。⑨冷贴时，穿布，手拿布处必须宽与贴合口的宽度，严禁违规操作。⑩引离辊粘边料时，必须降下引离辊或在停止引离辊运转的情况下清料。⑪吊布捆时，先吊一点起来，检查是否扎平稳牢固。⑫严禁用手去硬拖缠进各旋转的辊筒、导辊、放布架等部位的布和膜。⑬随时观察设备的运行情况，注意运转的声音、震动，水管、油管是否有漏，若有异常立即报告班长。

（7）研磨、配色岗位。①研磨时若发现有异物混入应紧急刹车，松辊后才能取异物，严禁在运转时用手抓取。②研磨机停车时应把辊筒间隙松开至 3mm 以上，禁止用紧急刹车代替开关停车。③打浆机一定要在叶轮进入料桶后才能启动，至叶轮一定要完全停止后才能上升。④随时观察设备的运行情况，注意运转的声音、震动、电流、电压，若有异常立即停机并报告班长。

（8）载热体燃煤加热炉岗位。①根据生产车间的要求，设置好导热油的出口温度。②升温前应先启动循环泵，待油路循环正常，膨胀槽无低液位报警时方可升温。③油炉正常运转时应经常注意膨胀槽的油位状况，出现低液温位时应及时向膨胀槽注油。④循环泵工作电流、压差表、压力表的读数应保持稳定正常。保证燃烧过程中油路能畅通循环。⑤根据热负荷注意观察炉膛内燃烧状况，保持炉膛呈负压状态，及时调整煤层厚度、供煤速度并适当调节风量。⑥及时清理炉内煤渣，开车前应先启动出渣机后启动炉排，先停炉排后停止出渣，保证出渣完全。⑦每天应对各机械润滑点循环加油润滑。并巡视供油管道，确保无导热油泄漏。⑧计划停炉时，循环泵必须继续运行，停止送煤和鼓风、引风。待导热油温度降至80℃以下时才能停止循环泵。⑨循环泵因停电或故障不能运转时，应迅速打开冷油转换阀门，把膨胀槽的冷油经过炉内自流到储油槽内。但不得将膨胀槽内的油放尽，以免系统内吸入空气。

（9）安全操作注意事项。①穿好劳防用品，不准触摸高温及运转设备。②压差不稳定时，不得投入使用。③高温状态时要确保导热油循环良好。④正常工作时，高位槽内导热油应保持高液位，储油槽内的导热油应处于低液位。⑤油炉出口温度不得超过导热油的工作温度。⑥紧急停炉时不准用水冲洗炉膛。⑦保证出渣机水密封性良好。⑧定期将导热油送检验部门化验，不合格时应更换导热油。⑨更换导热油后应经过煮油程序后方能投入使用。⑩不能更换循环泵、引风机、鼓风机的连锁状态。⑪长时间停炉后，应根据停炉时间长短安排烘炉后才能升温。

（10）电梯使用安全操作规程。①使用人员每天应在使用以前，打开电门锁，使轿厢上下运行数次，确定无故障后方可投入使用。②检查各楼层的门机械连锁是否可靠生效，无效不得使用。③检查各层站的急停开关是否生效。④电梯严禁运载人员，不得超过额定载荷使用。⑤不允许将货物靠在轿厢壁上。⑥轿厢顶禁止停放和装载货物，不允许非维修人员进入。⑦必须在轿门、厅门全部关闭后才可启动电梯，若发现电梯在层门或轿门没有关闭的情况下就可启动轿厢应立即停用检修。⑧货物放在轿厢中应分布均匀，以保证轿厢在运行过程中，运行平稳，减少因受力不均而引起的额外运行阻力。⑨按下选层按钮，若发现运行的方向与指令的方向相反或不能启动应立即停用检修。⑩轿厢在正常运行的情况下发现越过端站仍继续运行的应立即停机检修。⑪使用结束应将轿厢返回基站。

（11）行车（电动葫芦）安全操作规程。①起吊前应检查设备及限位等安全装置可靠，检查吊具，绳索完好。②起吊的重量必须在额定载荷之内，不得超载使用。③链条不能作为吊具使用，不允许把链条当作一条吊绳使用。④卸载后，在放置吊钩时应注意：下吊钩不能翻转，否则链条回因扭曲而在入口处卡死。⑤点动操作按钮时，频率不能太快，不能同时按下两个相反运动方向的按钮。⑥不能使链条跑出链槽，不能用电缆来拉动葫芦。⑦不能把手放在吊钩、重物上或放在运行的链条上。⑧起吊时不能超限，不能碰到集链合。⑨工作完毕应将空钩升到离地面 2 米以上高度，并切断控制电源。⑩吊物下面不准站人，不准吊着重物在空中长时间停留，不准在人头顶上驶过。⑪起吊时应先慢速起步，待保持垂直状态后再继续往上吊。⑫严禁利用葫芦斜拉提升重物，也严禁用葫芦拨埋在下面的重物。

（12）突然停电时各岗位应急处理程序。①发生突然停电事故后，所有电工应立即到达发电房启动发电机，待发电机的电压及频率正常后，切断外部电源开关，送出发电机电源，平时电工应负责发电机的管理工作，每 10 天应让发电机空转 5 分钟，并给电瓶充电，检查发电机能否正常工作。②四辊主机生产线的应急处理程序：发生突然停电事故后，为了保护四辊的安全，备用电源首先应供四辊主机使用，其他任何设备不能使用备用电，若发电机有故障不能启动，四辊主机应进行紧急打开辊距处理，然后要人工转动四辊主机电源机，保护好四辊辊筒及轴承，备用电送来后应按以下程序处理：第一，四辊主机在备用电送来后应立即打开辊距，清理辊筒上的余料，由于发电机的容量有限，两条生产线都在生产时应错开主机辊筒运转清理余料的时间，待一条生产线的主机余料清理干净后再清理另一条生产线的主机余料，清完余料后再用硬脂酸清洗辊面；第二，高速搅拌机岗位应立即打开锅盖，待料冷后清锅，备用电送来后也不能让高速搅拌机运转；第三，密炼机岗位要立即用手压油缸打开放料门，把密炼机内的料卸到料斗上，备用电送来后禁止启动密炼主电机；第四，开炼机岗位应立即把辊筒上的余料卸掉，然后清理辊面，备用电送来后为保证主机的安全，也不能启动开炼机；第五，过滤机岗位应立即用手压油缸把模头打开，清理模头料，等主机上的余料清理完后，再低速运转螺杆，清理机筒内的余料。③锅炉在突然停电时，为了避免锅炉内部的导热油温度超高，应迅速打开冷油置换阀门，把膨胀槽内的冷油，经过炉内流到储油槽内，同时进行湿煤压火和紧急停炉处理。备用电源送来后不能立即启动循环泵，要等四辊设备安全后，备用电容量允许的情况下启动循环泵。④贴合机、涂层机在突然停电时就迅速打开炉门，把烘箱内气体的浓度降低。⑤如果突然停电事故发生在晚上，小车应开到车间协助照明。

第四节　设备管理

　　思嘉集团所在的新材料领域决定了生产设备的品质和完好性是企业最重要的竞争力源泉之一。设备是指生产思嘉产品的全部主机及附属设备，它们应当可供长期使用并能在使用中基本保持原有的实物状态。思嘉设备管理是为实现思嘉战略目标为目的，以完成思嘉阶段性经营任务为依据，运用各种技术、经济、组织措施，对设备从规划、设计、制造、购置、安装、使用、维护、修理、改造、更新直至报废的整个寿命周期进行全过程的管理。

　　尤其需要指出的是，设备的自主设计与研制能力在思嘉集团具有战略性地位。思嘉集团的设备主要由压延、贴合、流延、涂层以及各类辅助机械组成。压延机由合资的设备供应商和中国台湾地区最先进的设备供应商生产。由多种形式组成的贴合机具有多种功能，能生产多种产品，是行业内最先进的设备。而经过这短短的10多年发展历程，思嘉集团已经初步具备自主设计与研制主要设备核心部分的能力。同时，由思嘉总工程师黄万能领导下的团队对设备进行过无数次的改造、升级，所积累的知识和经验、所掌握的技能、所具备的技术和工程能力、所锻炼的队伍、所体现的敬业精神，已经成为思嘉核心竞争力的有机组成部分，是思嘉最为宝贵的财富。

一、思嘉设备管理理念

思嘉设备管理的目的是以思嘉发展战略为导向，绝对取得最佳的设备投资效果，换句话说就是要充分发挥设备效率，并谋求寿命周期费用最经济。

思嘉设备管理的任务是：采取一系列措施对设备进行综合管理，保持设备完好，利用修理、改造和更新等手段，恢复设备的精度、性能，提高设备的质量，改善原有的设备构成，充分发挥设备效能，保证产品产量、质量和设备的安全运行，降低消耗和成本，促进企业生产，持续发展，提高企业经济效益。

随着思嘉集团逐渐发展壮大，相应的设备管理已进入设备管理现代化阶段。

（1）树立现代化的科学管理思想。首先是管理思想现代化，即树立设备的综合管理思想，明确设备管理在企业生产经营中的重要地位，使其与企业管理的各个方面形成有机结合。其次是运用系统管理理论，改变过去孤立地看待设备管理的思想，做到与企业现代化管理同步发展。因此，思嘉的设备管理不单是设备部的事情，设备的规划、设计、制造、技改更新由设备部门、技术部门、生产部门共同负责，设备的安装使用和维护由设备部和生产部承担，设备的维修由设备部执行，设备的报废由生产部门、技术部门、设备部门、财务部门和监察中心共同制定并执行。

（2）完善科学的设备管理组织和管理制度。根据现代化管理要求，不断调整和改革设备管理与维修组织机构，健全规章制度，建立与设备综合管理思想相适应的全员设备管理组织体制，强化专群结合的班组设备管理，健全设备前期管理状态维修，改造更新和奖惩制度等，以适应管理现代化的要求。如设备的一级保养由使用者执行，由维修班检查，设备的二级保养由维修班执行，由设备部检查，所有的检查结果给予公开公布并按规定奖罚。

（3）采用先进的设备管理方法。继续保持原行之有效的管理方法，同时积极推广先进的管理方法。例如，全员生产维修的管理方式，全员生产维修与全面质量管理相结合的管理方式等。

（4）使用先进的设备管理工具。例如，应用各种软件提高设备管理的信息化水平，在设备修理中采用各种精密检测器具以提高修理精度等。如靠背轮对中必须使用百分表，辊轮水平调整必须使用框式水平仪，电机更换必须要有三相电阻阻值和对地绝缘的数据，否则不论如何都将给予处罚。设备的原始资料，技改保养资料，大修资料和备品备件及维修内容的时间地点和参加人员都必须录入电脑存档，以便查询。

二、设备管理制度

思嘉集团设备管理的重点是"点检"，并建立了点检管理设备的制度。思嘉点检设备管理制度包括以下十个方面的内容。

（1）设备点检时，点检标准的设定和调整。

（2）设备点检作业的实施。

（3）设备隐患项目检修计划的编制、委托和管理。

（4）维修费用计划、维修资材计划的编制和管理。

（5）检修工程的实施、验收、试运行和管理（检修前、后，点检、操作和检修方，三方的安全联络和确认）。

（6）维修实绩的记录、分析、总结和文档管理。

（7）故障、事故的统计，劣化倾向管理的处理和管理。

（8）维修技术、诊断技术。

（9）设备的改善活动（即技措、技改项目）。

（10）设备新技术研究等。

第五节　设备技术改造和升级

设备技术改造可以提高生产效率，提高设备自动化程度，达到自动监测及自动控制的目的，改善安全操作条件和劳动卫生及环境保护条件，减轻员工劳动强度，降低能源消耗和损耗，提高产品质量。为了提高生产能力和工作质量，减低生产成本，提高公司经济效益，大力开展设备技术改造和升级活动是思嘉集团重中之重的工作。从建厂至今，思嘉设备技术改造和升级活动一直持续不断，投入了巨大的人力、物力和财力，并取得了相当可观的经济效益。在配合新工艺、提高产能、减少劳动力、提高质量、节能减排等各个方面都有生产部门、设备部门和工务团队辛勤的汗水。从某种意义上说，设备技术改造和升级活动从一个侧面体现了思嘉人勇于探索、敢于创新、精益求精、艰苦创业的敬业精神。思嘉集团的核心竞争力在很大程度上也源于此。限于篇幅，本节仅仅只能叙述其中的几个典型案例。

一、设备技术改造

（一）A 线的技术改造

A 线是思嘉 2002 年建厂时引进的第一条四辊压延生产线，主要用于生产贴布革、PVC 膜、雨衣膜和玩具膜等产品。随着市场竞争日益剧烈，产品质量和产能的要求越来越高，况且新产品也要不断开发，如海胶皮等，因此设备逐渐不能适应新形势的要求。

（1）高搅自动化程度不够。由于受当时的技术水平限制，高搅生产所用的原料 PVC 粉，钙粉 DOP、DINP、DOA、氯化石蜡等都必须用人工计量及开放式投料，每个班要生产 20 吨的产品。故生产过程中存在不少问题：①每个班要人工运转 20 吨原料，20 吨原料的堆放又把岗位堵得死死的，使操作空间相当狭窄。②每个班的 20 吨原料又要分成 150 余锅进行计量，而每包 PVC 粉是 25 千克，所用的油分是用小桶装（200 千克），故计量过程中的搬运工作量相当大。③人工计量会因为人为或环境因素造成较大的误差，误差又引起产品质量的不稳定。④开放式投料引起工作环境相当恶劣，粉尘满天飞，恶劣的环境又影响了操作人员的操作情绪，情绪不好又影响了操作准确性，从而引起质量问题。

由于存在上述问题，当时这个岗位没有员工愿意去干，即使是一个班增加到由 4 个人操作，可还是没人愿意干，产品产量、品质也上不去。严峻的现实摆在面前，该如何解决呢？作为创业者的林生雄鼓励设备工程师们，我们能否自己想办法解决这些问题，在不影响生产的情况下，应当想尽一切办法去尝试改变现状。

在林生雄的鼓励下，全体技术人员由总工程师黄万能带领，首先设计出改造方案和改造程序，然后加班加点制作储罐和管道，设计和制作控制柜和操作柜。利用生产中一切可利用的空余时间，历时一个月的多次试验，终于使用台达 PLC 和梅特勒托利多称重传感器，实现了粉料及油分的全部自动化计量，投料方式也由开放式变为密闭式，工作强度、工作环境及计量精度发生了巨大变化，产品质量明显提升和稳定。

（2）高搅技改完成后，本岗位的单班员工由 4 人减为 2 人，且相当轻松，产速得到迅速提长。但是产速提高 20% 后，又出现万马力和轧轮 A 的塑化不匹配的问题。原来的万马力容量为 100 升，轧 A 尺寸为 660 毫米 × 2300 毫米。林生雄当即拍板决定，立刻花费近 200 万元从宏阳购入一台万马力（120 升），一台轧轮机（轧 A 尺寸为 760 毫米 × 2500 毫米）进行更换。全体维修人员在设备一到厂就投入了加班加点的安装调试中。安装期间，维修人员赖师傅和林师傅生了病，但他们没有请假休息，而是坚持工作。调试期间，为了赶进度，黄万能总工程师连续工作了 48 小时。他们都一直坚持到设备顺利运转。这种不知疲倦、艰苦奋斗的工作精神是创业初期思嘉全体员工工作状态的缩影。

（3）经过二次技改后，A 线的产速提升了 30%，品质也达到了预期的效果。考虑到整条生产线的产速仍然还有 10% 的提升余量，所以试着把产速提升到 40%，但这时出现了高速速度不稳定的问题。经研究发现，因为四辊速度是模拟量控制，所以高速时会受到干扰。这时，黄万能马上做出决定，将四辊由模拟控制改为数字控制。经过一个月的研究设计，终于成功的通过三菱 PLC 和威纶触摸屏，把四辊的速度控制方式改造为数字量控制。至此，通过几轮技术改造，终于把 A 线的速度提升了 40%，产品品质也相当稳定，劳动强度也下降了不少，实现了较为理想的经济效益。

（二）B 线的技术改造

B 线是思嘉建厂初期引进的第二条四辊压延生产线，电控配置基本与 A 线类似，只是四辊辊筒稍小一点（B 线轧 A 尺寸为 660 毫米 × 2030 毫米，A 线轧 A 尺寸为 660 毫米 × 2300 毫米），故相应的辅助设备规模也小一点（B 线万马力 80 升，A 线 100 升），所以 B 线的技改与 A 线有异曲同工之处。

（1）高搅与 A 线进行类似的技术改造，取得同样效果。

（2）B 线的万马力更换为 A 线的万马力，即用 A 线第二轮改造换下来的万马力，容量由 80 升提升为 100 升。轧 A 也更换为 A 线第二轮改造换下来的轧 A，容量由 660 毫米×2030 毫米提升为 660 毫米×2300 毫米。

（3）四辊主机在提速的过程中，发现"瓶颈"在四辊的四号辊上，电机型号 Z4-200-31，转速 1500r/p。所以为了再提速，必须提高 4 号轮的电机转速。技术人员找到原因后立即把电机更换为同型号的 Z-200-31，转速提高到 1750r/p。

（4）随着产能的提高，品质的稳定，生产中又发现新的问题。如果每卷产品做成更大一点的大卷再拿到成检去复卷，那么产品分卷后可减少很多接头，但原分卷是用中心平面收卷，产品呈大卷时，落卷会存在安全隐患，况且按照当时的收卷方式，在落卷时的劳动强度比较大。据此，管理层决定更换收卷机，花了 40 多万元新购进一台全自动人革收卷机。设备一到，维修人员立即投入安装和调试，经过两天加班加点的工作，机器顺利投入生产，既达到可以做大卷的目的，又保证了安全性，减轻了员工的劳动强度。

（三）配糊车间技术改造

2010 年前，思嘉福州生产基地的配糊流程和糊剂领用比较烦琐，配糊车间的工作量和工作环境也比较恶劣。在运转过程中，一些问题逐步积累下来，对整个生产过程产生严重影响。

（1）配糊所需的原料树脂、DOP 等油分都必须经人工称油计量，每份 200 千克，用小物料桶装盛。

（2）完成计量后，原料要由人工开放式地投入到搅拌机进行搅拌。

（3）搅拌完后再由人工重新装桶搬运，倒入三辊研磨机进行研磨、过滤。

（4）研磨过滤后的备料由人工再次装桶运至车间，以备车间领用。

（5）由于每桶糊剂只有 200 千克，而糊剂种类又比较多，所以车间的原料和产品的储存存在很大问题。物料桶最多时用到 2000 个，堆码的各类糊剂桶几乎占用了车间内外的所有通道。

随着生产规模的扩大，糊剂需求量越来越大，而上述生产方式效率又极低，劳动强度大大增加，工人已由 6 人增加到 10 人并进行二班运转，但仍不能满足生产的需要。况且随着规模扩大，新增的生产线离糊剂车间越来越远，而随着产速的提升，每条生产所使用的糊剂量也逐渐增多。尤其是遇到刮风下雨的天气，即使严密保护，领用的糊剂在运输过程中也难免会受到一些污染，夜班时这一问题也很突出。这样一来，糊剂的领用与运输成为工作量很大的岗位，且存在不少困难以及留有一定的安全隐患。

面对这样的严峻形势，林生雄要求大家改变思维，对配糊车间进行综合治理，采用更为先进的、更为科学的方法，设计一套自动化程度较高的系统来改变这种状况。由此，设备管理部、生产部和技术部多次召开会议，讨论研究改造配糊车间流程的可行性，最终制定出改造方案。一是糊剂配制原料计量要尽量自动化，制作六个6吨的大储罐用来存储不同种类的糊剂；二是购买一台大产量的搅拌机（1T/h），8台3KW的抽糊泵，对生产中配制岗位及车间糊剂领用实行管道输送，替代过去的人力运输。

按照改造方案，设备部马上进行程序设计及控制系统的制作，同时开始从糊剂车间铺设管道，通往全厂范围内任何需要糊剂的岗位。最后终于通过称重传感器（PLC）、压力传感器和变频器实现了预期的自动化改造目标。

配糊生产：自动计量后通过管道到搅拌机进行搅拌，搅拌完后通过管道自动输送到研磨机进行研磨，研磨完后自动过滤并自动抽到6吨的大储罐内存储，以便车间领用。

车间糊剂领用：每种糊剂都由相应输送量的输送管道送到具体生产岗位，领用糊剂只需在岗位现场启动相应的按钮即可。

在调试中碰到了抽糊泵的选用难题，花费了不少精力。刚开始试行管道输送的时候，采用的是齿轮泵，但如果一两天没使用泵的话，轴承就会被糊粘住，改用轴瓦的还是不行，操作人员也埋怨改进后反而更不好用。此后改用螺杆泵效果也不理想。最后一直试到隔膜泵时才解决了这个问题。

通过上面的改造，整个配糊车间的空间就腾出来了，整个配糊流程都实现了自动化操作和控制，减少了中间环节，配糊车间每个单班的工作人员由10人减至5人，且不必来回奔波，相当轻松自在。每条生产线上原有的领用糊剂人员也可省掉，同时还可以保证糊剂在输送过程中不会受到任何污染，也有效地保证了员工的生产安全。

（四）二版机的改造

二版机是篷布材料产品表面处理的重要设备。过去思嘉只能先生产出产品，然后再运到成检机进行复卷，由于复卷车间与生产车间有一定的距离，每卷产品又比较重，所以运输存在一定的困难和安全隐患。况且生产完后再进行复卷，也不可避免地产生一定的损耗。这样的情况显然不符合现代生产要求，所以设备部和生产部多次开会讨论对策，决定改变工艺流程，实行在线复卷。这样，每个班即可省下2个搬运员工，1个复卷员工，同时可以减少产品的二次损耗，也可减轻员工的劳动强度，避免因产品搬运而产生不必要的安全隐患。

为此，设备部自行设计了储料架和中心收卷机，通过先进的称重传感器（PLC），张力传感器和变频器控制方式，生产班组每个班只要一个复卷工就可以使产品表面处理和在线复卷一次性完成，既提高了效率，减少了操作人员，也避免了二次生产所带来的损耗，经济效益相当好。

专栏 4-4　改造四号贴合机

4号贴合机是思嘉福州生产基地2008年购进的生产线，专门用于生产气模产品。设备的先进性保证了产品品质是一流的。但为了提升产品的手感品质，设备部决定精益求精，进一步改善工艺。2013年8月7日至25日，4号贴合机改造如期进行。按照工艺改造方案，需增加一段烘烤工序。这样，设备前段移位，中间增加花巨资购进的一台新烘箱和涂头，对水气电油重新敷设，通过二段烘烤工序创造性地实现了由单浸单刮转变为单浸双刮的工艺。为了使生产尽快顺利进行，全体设备维修人员顶着43℃的高温，加班加点，用短短10余天就完成了通常要40天才能完成的设备安装调试和试生产任务，新旧设备同步联动顺利。经过工艺改造后，4号贴合机生产的产品品质效果比改造前预期的好很多。

资料来源：编选自福州生产基地厂长廖八生2013年工作汇报。

（五）自动双工位卷取的研制

随着全厂各台贴合机产速的提升，卷取落卷速度和卷取方式明显跟不上节奏。由于贴合机生产的各种气密气模材料的特殊性和卷取要求的严格性，产品落卷工序比较多，落卷时需先经过切割，放气，卸料台上升，抽芯，移位，包装，再纸管入芯，对边，充气等工序后，才能进行第二卷收卷，所以花费较多的时间。而储料架因为安全问题并不能制作得太大，这样所存储的物品数量就有限，而随着产速的提高，落卷时必须进行降速处理，从而影响到整个生产线的效率。目前国内的卷取大多都是表面收卷，效率都不是很理想，经常会出现卷皱折、松边、对边不整齐以及折痕等其他问题。因此，开发双工位收卷机可以说是迫在眉睫，但也存在相当大的难度。

思嘉人知难而上，为了研发制作这套双工位自动收卷机，设备部和生产部工作人员花了大量时间研究国内宏阳、中国台湾新英、德国企业等先进装备制造商生产的表面单卷机设备，对相关技术予以消化和吸收，经过半年多时间的艰苦努力，终于独立研制出适合软体材料使用的自动双工位中心收卷机，填补了国内空白。这种双工位自动收卷机，一个工位收卷结束后可以马上进入第二个工位收卷，而第一个工位落卷时所需的动作可在第二个工位工作开始收卷工作时同时进行，实现了并行作业。这样既提高了效率（不用降速落卷），也提升了产品品质（产品没有折皱和折痕）。思嘉集团决定 2014 年开始在整个集团的贴合机上全面推广使用这种自动收卷机。

（六）3 号压延机供油系统开发

3 号压延机是思嘉集团 2011 年从中国台湾引进的较为先进的设备。随着市场需求的变化，对开发新产品不断提出要求，设备部和生产部注意到必须对 3 号压延机供油系统及各主辅原料投放系统进行改造，以便投料顺序和时间间隔有更为灵活的改变，以满足各种产品的生产要求，如减少析出、提高产品抗紫外线能力和耐寒性等，提高产品品质。由于设备供应商原程序设计的单一性和技术保密，以及高额费用，给思嘉的技术改造带来了很大的困扰。在黄万能总工程师的带领下，全体设备技术人员永不放弃，设计方案，编写程序，现场制作，反复实验和调试，经过半个月的加班加点，终于自主开发出一套用台达的 PLC 和台达文本器控制的程序，并能够与原来的程序相兼容。这套具有领先意味的软件投入使用后，使投料顺序和投料重量可根据不同产品的需要随意组合，不仅有效地提升了产品质量，也给后面的产品开发带来了极大灵活性，极大地满足了新产品生产的要求。

```
专栏 4-5　老车间的循环冷却系统改造

    随着生产规模的扩大，一些老生产线的冷却过程出现温度冷却效果
不好的现象，冷却循环水压力不稳定，影响了产品品质。因为生产中所
使用的冷却水水量需随着生产情况的变化而变化，而原来的冷却供水是
由两台 37KW 的水泵并联同时运转供应，所以会出现水量压力不稳定的
现象。针对这种情况，设备部门设计出改造方案，通过压力传感器、变
频器实施水压控制，用一台在压力控制下的 55KW 水泵替换了原有两台
并联水泵，在满足生产过程中冷却水水量、水压稳定的同时又起到了节
约电能的作用，在系统中增加了一台冷却塔，满足了生产过程中的冷却
水水温要求。

    资料来源：编选自公司工务部门设备管理工程师月总结报告。
```

二、设备系统升级

（一）改造提升厂区供料（油）系统

在 2008 年前，思嘉福州生产基地使用 DOA、氯化石蜡、大豆油等助
剂时，均使用小桶，在使用过程中，靠人工搬运、倒桶，工作繁重，容易
出错。设备加料都在四楼，每一桶料都要用人工转运，用电梯拉到四楼再
通过人力实现加料，转料行程长，电梯使用率高，出现过因电梯故障而导
致断料的现象。此外，四楼的空间较小，经常堆满了料桶和空桶。冬天
时由于气温较低，氯化石蜡和大豆油的流动性变差，给使用造成很大的
困扰。

针对这些存在的问题，设备管理部门和生产、技术及采购部门积极沟
通，咨询过台湾新英，上海泓阳等机械厂商，但未能找到十分有效的解决
办法。最后决定自行解决，大家通过对现有的供油方式进行充分分析、讨
论，制定出供料（油）系统改造升级方案。

将所有物料小桶先集中在一楼的油泵房，从一楼用油泵将料（油）抽
到四楼，在四楼制作多个中间桶，通过中间桶对设备实现自动供料。这样
就减轻了电梯的使用率，并且腾出了四楼的空间。

对于 DOA 和大豆油，由技术和采购部门与供应商沟通，请供应商予

以配合，将小桶装运改为槽车装运，在厂内罐区制作 80 吨的大罐替换原有小罐储存，然后通过油泵、管道直接送到车间使用，由此减轻转料的压力和费用。冬天，为应对氯化石蜡和大豆油流动性差的问题，过去主要是采取使用电加热器加热管道的办法增加料温，改变物料的流动性，效果比较好。但电加热管容易损坏，温度过高时容易将物料分解，造成管道堵塞，给维修和生产造成很多障碍。冬季一遇到氯化石蜡管堵塞需要清理，工务人员就头疼不已，一拆一装要花费大半天。大家设想通过大管套小管的方式来加热，但对新的事物谁都没有把握一定能成功。而且这样的改造工程量和投资都很大，一要建热水系统，二要改造部分管道系统，三要建一个烘房，整个系统做下来要 100 多万元的投入。改造周期也较长。大家对可能出现的问题反复分析、讨论，但担心的问题仍然较多，例如，管道内会不会产生沉淀物，加热的水会不会渗透进物料里，长距离的管道输送可不可行，能否保证温度，自动输送发生堵塞怎么办，等等，因此始终无法定案。最后还是林生雄果断拍板，坚定了大家对于改造的信念和信心。经过大家的共同努力，最终实现了这个改造升级方案，将设想变成了现实。氯化石蜡通过烘房预热，经过伴热管输送到车间的供料系统，大豆油则由罐区通过伴热管直接输送到车间的供料系统。此后经过两年多的跟踪监测与不断完善，目前这套系统的运行非常顺畅。

（二）3 号贴合机的搬迁与改造

在思嘉福州生产基地众多的机器设备中，3 号贴合机规模上并不怎么起眼，属于小而精的那类设备，但承担着生产多种产品的角色。过去由于布局不够合理，结构有缺陷等问题，3 号贴合机的产能未能得到有效发挥，故障率较高。

3 号贴合机是一台早期购置的设备，原来所在的位置与 4 号贴合机靠得较近，胚膜与产品的堆放都存在问题。早期布局时水路与线路的安排部分置于地面上，既不合理也不安全，在原来的位置上进行改造也不可行。随着思嘉产品的不断更新，机台设备中的这些缺陷明显凸显出来，制约着产能的扩张与品质的保证。如针织布放布的位置不够，使得原布不能做成大卷，这样接头就比较多，原有预热辊与压花辊在位置上角度与距离不理想，生产出来的产品剥离不稳定，容易出现包气、包辊。

2012 年 8 月，利用一个月的时间，思嘉投入近 50 万元将 3 号贴合机进行重新拆解、移位。对电、气、油、水重新规划，根据工艺需要对设备进行大规模改造。最后，整台机器大小改造的项目达到 37 项，改造后设备更易操作，速度更快，人员减少，产能提升了 30%，同时接头减少，冷却效果提升，安全性能更为优异。

3 号贴合机的搬迁改造积累了许多宝贵的经验，为江苏新生产基地订购、安装设备以及自行设计生产线提供了很好的借鉴。

第五章 供应与物流

供应与物流是思嘉整个生产制造体系中不可或缺的重要内容，是思嘉产业链上的重要环节，是保障整个生产经营活动顺畅进行的必要条件。由于思嘉产品系列繁多，品种种类复杂多变，市场宽泛且不确定性大，加之所涉化工原料和产品的安全性因素，因此对供应与物流活动及其管理提出了较高要求。本章以软体强化材料领域供应与物流的特点为基础，从采购、仓储和集团物流三个方面分别阐述思嘉集团的具体实践和管理经验。

第一节 采 购

企业采购是现今市场经济下一种最主要、最主流的采购。生产企业的生产，是以采购作为前提条件的，没有采购生产就不能进行。思嘉的采购不仅采购数量多，采购市场范围宽，而且对采购活动有着特别严格的要求。这要求采购部门对公司所有的需求品种、需求量、需求规律进行深入的研究，要对国内国外众多的供应厂商进行分析研究，还要对采购过程各个环节进行深入研究和良性操作，才能完成好采购任务、保证企业生产所需的各种物资的适时适量供应。

一、原辅料市场、备品备件采购

（一）采购标的物品种的发展

2002年建厂以来开始采购大宗化工原料、化工辅助材料、涤纶布、包装物、燃料、备品备件，2005年公司开发充气艇、气模材料产品需要采购高强工业聚酯材料。2010年开发TPU材料，2012年开发空间网布。随着公司新业务拓展的需要，采购要寻找最能适应公司的原料货源，原料结构也随业务的多元化而新增。

TPU 市场开发：2010 年公司开发 TPU 市场，在技术主管的支持下，采购按照技术课提供的原材料物性指标，与 TPU 的原料在行业中的所有供应商、拜耳材料科技（中国）有限公司、路博润特种化工（上海有限公司）广州分公司、高鼎精细化工（昆山）有限公司、国内保定邦泰化学工业有限公司、上海北岗聚合物科技有限公司等 TPU 资源原料供应商进行充分的沟通，从原料的型号适合的下游的生产工艺，到开发与改进适合思嘉工艺生产的特种牌号，每一次原料试样都经过技术中心同仁细心周到的详细工艺记录，原料生产出的产品异常样品比对分析。与厂商在原料工艺环节详细充分的沟通并多次试样完成，开发出适应思嘉生产工艺与客户群体适用的新产品。

2011 年开发充气艇迷彩印花材料：在印染行业比较多的都是民用布的印染市场，主要供应商是华懋、江苏印染厂。采购课与技术课蒋工、业务课刘总一起到厂商进行面对面的沟通改进。

2012 年开发空间布材料：原有空间布材料供应商主要来自韩国、中国台湾。后因加速整体配套开发，与现有的国内原料厂商沟通、研讨是否能提供此类新产品，同时了解纺织品工业布行业中谁能提供此类织机及其配套零部件，最终在国内找到能愿意开发此布种材料的厂商。

（二）原料市场动态的关注

采购部门每年与技术中心一同参加国际大型专业会展，关注原材料的新品开发能力、原材料的新品替代以及高性能附加价值产品，并收集行业发展动态与趋势，为整个采购中心提供最新原料资讯，为公司新产品开发提供有力的支持。大范围收集原料厂商信息，为不断发展中的公司提供更多的供应商资源。在这一过程中，逐步增加原料供应在公司业务发展中的敏感性。

二、采购部门管理机制

（一）采购部门的发展

与思嘉其他业务部门一样，采购课的建立及相关制度的建设也经历了从无到有，从不完善到逐步完善这个痛苦与快乐并存的过程。经过近 13 年的不断发展变革，公司培养和锻造出了一批廉洁自律、忠诚可靠、业务过硬的优秀采购员。

2002~2005 年公司成立初期，采购及销售基本是同一个部门。没有完全区分采购课和销售课，仅仅在工作内容上划分采购员和业务员。关于采购的制度基本上是空白，业务员需要什么，生产需要什么基本上都是口头或书面写个清单给采购员，给负责人汇报后就去执行。日常的采购订单，跟踪到货信息停留在书面和笔记本中。

2005~2008 年公司度过了磨合期，各项业务也发展到一定的规模，建立起专门负责采购业务的采购课，开始使用 Office 办公软件做日常事务的管理，初步建立采购制度和流程，如采购的询价比价议制度。公司还特别设计出表单，每次采购都必须是根据需求部门给的采购申请填写至少 3 家供应商的报价，由采购主管或负责人审核之后才能进一步接洽合同的其他条款，执行后续的采购业务。原材料退货制度流程，生产仓库部门针对原材料异常或品质管理部门的检验不合格，由质量管理部门发起退货流程提交书面报告至采购课，采购课根据具体情况与供应商沟通退货还是扣款，同时与公司内部质量检验部门保持沟通，以保证退退货流程能顺利处理完毕。

这一时期已经初步建立起关键的采购制度和流程，如采购订单下单采购制度流程、退货管理制度流程、来样管理制度流程等。采购课与各部门之间的互动沟通主要还是通过口头和书面结合完成，另外随着部门内部推行信息化管理，订单跟踪到货进度等事项已经开始借助电脑及 Office 办公软件处理，与公司成立初期比较有了非常明显的进步。

2008~2013 年是采购课的部门及制度建设有长足发展的一个时期。首先，采购分工更加细致。细分为化工组、网布组、五金备品配件组。各组在采购课长的带领下把采购工作做得很细致，分析得更加全面、更有深度。如化工组 PVC 的采购价格管理，有专人研究分析 PVC 供应商的生产制造成本、利润水平、工艺特点、市场供需关系、设备检修计划安排等，有时还要延伸到 PVC 供应商的上游原材料的价格波动情况。通过细致的研究再进行询价比价议论，从而做到 PVC 价格趋势的准确预测，找准切入点，适时进行采购。

其次，系统管理和流程制度日趋完善。2008 年公司引入金蝶 K3ERP

管理软件，通过管理软件上线的辅导，采购课在很大程度上丰富和细化了采购管理制度及流程。一是在原有制度及流程的基础上经常重新修订。如过去供应商来样管理制度及流程就是简单的收到记录，提交给生产或品质部门即可，没有规定反馈及跟踪的要求。借助这次管理软件上线的机会，通过充分的讨论把供应商来样管理流程设定为：收到供应商的样品，采购部门登记录入 K3ERP 系统，样品移交到技术课，即流程转到技术课，技术课安排实验室试验、生产线小型试验、大型试验并把试验的情况及进度也在流程中反馈给采购课，采购课可以及时知道样品的动态，与供应商保持及时充分的沟通。最后的样品的试验结果也通过流程由技术课反馈给采购课，采购课根据技术要求通知供应商改善或直接下采购订单。二是增加了很多新管理制度流程。如供应商管理制度流程、新供应商开发管理制度流程、供应商信用管理制度流程、供应商来访管理制度流程、新原材料开发管理制度流程、采购档案管理制度流程等。

再次，采购制度流程信息化。借助金蝶 K3ERP 管理软件的实施上线，采购制度流程都在信息系统管理平台上运行，供、产、销、采购各个职能部门都在金蝶 K3ERP 管理软件上进行操作，大大加强了各部门之间的联系，同时也要求各个部门包括采购课要进入系统对相关流程做及时准确的处理和沟通反馈，对部门的反应时效性和准确性要求很高，这对采购课来说是一大挑战。虽然整个过程很痛苦，但是大家都很欣慰。全公司上下一致努力，通过信息化手段打通了供产销及财务质量各个环节，金蝶 K3ERP 管理软件在 2008 年 11 月成功上线运行至今。

最后，按照上市公司要求规范作业。集团公司上市辅导期间及 2010年 4 月 29 日在香港成功挂牌上市后，在引入上市公司标准的规范作业模式的同时，聘请香港的会计师事务所对公司各方面业务进行内控审计，加强对采购权限的细化及划分的管理，对采购合同文本在法律层面的标准化作业进行改善等，堵住了诸多原来采购制度中的风险漏洞。

（二）供应商的开发与管理

2002 年建厂时，原材料供应商都是经同行的朋友介绍而来，随着公司业务的不断发展，采购课随之开发了许多适合思嘉发展的供应商。2003年重点开发涤纶布厂商。同行中了解江苏吴江是全国纺织基地，公司派了2~3 名采购员到当地逐户查找供应商，进行试布。当初吴江市场上还没有一家企业是用银行承兑汇票进行结算，公司通过指导让他们接触银承这个概念。复合布在浙江海盐，第一次送货供应商总经理还亲自跟车过来。

2005 年，思嘉开始生产充气艇材料与气模材料，也是主动到浙江海宁的市场上找基布。从与海宁天地公司沟通高模低收缩网布，到与亚东公司实现合作。

2010 年，思嘉的成功上市进一步提高了企业在行业中的知名度，为开发更多上游厂商起到了很好的口碑宣传作用。公司开始关注化工行业里的原料供应商。通过一年多时间进行沟通与交流，2011 年 5 月公司高层一一拜访主要厂商。在与厂商的沟通与交流过程中学到了很多新的管理理念与知识，台塑的"追根究底"企业理念，制造业的成功部分都要靠管理提升；韩华新的生产车间，所有配置都是高度自动化的，工人及车间干净舒适整洁；展丁对未来产品应用的设计、布置；爱敬的工厂就坐落在化工园区，原料苯酐的供应商就在隔壁，直接用管道进行输送，减少损耗与运输成本。为客户提供更有竞争力的价格。

供应商合作中的共赢理念与思嘉的文化及战略合作，使思嘉作为一家高速成长性的公司，在行业中具有良好口碑与行业品牌，给采购这个为公司提供配套的部门提供了良好的原材料市场采购优势。

专栏 5-1　学习台塑、远东先进理念　降低成本，统筹管理体系

2014 年 12 月伊始，思嘉供应链部门骨干组成的学习考察团队奔赴浙江，向台塑工业（宁波）有限公司（以下简称台塑工业）、亚东工业（苏州）有限公司（以下简称亚东工业）学习先进的管理理念与供应链系统管理经验。学习期间，团队成员听取亚东管理经验、了解台塑精益管理措施并现场参观，就仓库管理、生产管理、品质管理等方面分别与两家公司的人员进行了交流与沟通。

1. 台塑工业

如今，台塑已做到了四个国际一流：装置一流、产品一流、管理一流、成本一流。"合理化管理"是其最重要的管理理念。

这样的理念反映在采购作业上，可以让企业取得质优、适量、适价的原材料，供货商也可以取得合理利润，买卖双方能够互利共生；反映

在员工人数上，可以将员工生产力合理的发挥。"管理制度化、制度表单化、表单电脑化"可以算是高度浓缩的台塑管理秘诀。通过采取单元成本分析和一日结算，没有成本意识的员工提拔不了，内部信封多次利用、劳保用品、检维修工具以旧换新等一系列措施，节约成本，永无止境。

恰逢台塑集团创办人王永庆于 2014 年 11 月 27 日在家中安详辞世，享年 93 岁，台塑各个公司均设置有追思会堂。思嘉学习团队在拜访期间，一行人员到台塑工业所设会堂吊唁致意。

思嘉学习体会：坚持合理化管理，将管理创新与强化企业经营管理相结合，大力实施低成本战略，通过调整和优化原材料标准，降低采购成本，对每一分钱的成本追根究底，让采购部门成为价值中心，让业务部门成为利润所在。

2. 亚东工业

亚东主打的纺织产品在整个远东集团生产事业中占比虽不超过两成，却掌握产业链的关键地位：纺纤一条龙的产销结构链，涵盖上游石化原料、化纤以及中下游的纺纱、织染、成衣事业，充分掌握垂直整合利基。

亚东工业秉承远东集团"诚、勤、朴、慎、创新"的立业精神，并以"运用创新的思维、优异的技术与卓越的管理，凭借先进的生产设备，成熟的技术工艺，完整的生产链，完善的品管检测系统，高素质的工程技术人员及产品研发，开发兼具流行与功能性的高附加价值产品，投注永续发展的制程与技术，并成功拓展工业纤维版图，切入汽车产业安全带、安全气囊、轮胎帘布以及轻型输送带应用领域。

思嘉学习体会：坚持技术和管理创新，学习远东强化生产事业与行政管理系统体系优势，统筹思嘉集团内部各分公司、各部门的各项功能，兼顾管理、沟通与创新，调整并适应市场环境，积极参与国际化竞争。

资料来源：摘编自 2014 年 12 月 4 日思嘉网站同名文章。

（三）原材料的采购方式

2008 年国际金融危机来袭，各大原料厂商开始去对库存控制。思嘉与供应厂商结合企业发展的情况，及时沟通，进行安全库存管控，如果单价变低时，双方共同承担风险的机制、共赢的举措，让厂商主动为思嘉备好安全库存。思嘉只备合理的安全库存，周期 3~7 天，此周期重点考虑的是物流运输环节。当原料市场出现较大波动时，供应厂商及时将相关信息通报思嘉，思嘉获取信息后主动与厂商沟通，保证原料不断料，实现企业安全库存最低的原则。

2002~2005 年，化工原料的主要采购是通过贸易商进行。随着公司业务发展的变化，2009 年开始主动收集行业相关信息，参加类似行业分析会，认识更多的同仁。采购开始了新的举措，主动与化工原料的上游生产商沟通，开发适合双方战略合作的厂商。目前，思嘉与宁波台塑、山东齐鲁、韩国爱敬、新疆中泰、宁夏英力特、沈阳化工、湖南华湘郴州化工、亚东、华懋等建立了长期战略合作的伙伴关系。合理而丰富的采购供应商结构，为低成本战略奠定了良好的基础。

大宗原料根据每年供需关系的变化，在单价变动较大的月份进行大量采购，为企业节约成本。每周从相关专业网站收集相关行业信息、各厂商原料报价和相关供需关系的反馈信息，向业务与高层报告最新的原料如石油价格变化，借此确定后续的采购方式与采购决策。2011 年底，DOP 价格为 12050 元/吨，2012 年的价格为 13300 元/吨左右，由此采取季度采购战略。

此外，常用的辅助原料采购按安全库存进行采购，不常用的原料按订单的需求进行采购。

（四）原材料采购过程的质量管理与控制

1. 质量

2002 年创业开始，采购部门就建立原材料采购标准。采购部门与供应厂商进行沟通，熟悉供应商产品工艺流程，与品管部门共同制定思嘉针对布类厂商的采购品质标准，要求按思嘉的试样流程进行来样试样。

浙江海宁地区 2000 年在国内引进第一套机台生产高强工业聚酯布。虽然海宁经编园区对网布制定有标准，但以此为标准并不能满足思嘉的生产要求。通过对网布进行全程试样跟踪记录，对异常网布样品、异常成品样品、日常厂商往来的沟通备忘录进行整理，对若干年来的异常情况进行分析总结，制定出适合思嘉的网布采购标准。公司与供应厂商一起分析问题，共同开展源头管控，把异常情况消化在供应商制程端。

2. 染色布色差管理与控制

过去是采购员到江苏吴江当地进行跟踪采购，当初涤纶布市场色号多，染料制品色差异常的管理也较弱。后来改为供应厂商定期到思嘉工厂按标准进行沟通与管理。要求供应厂商按思嘉的进料检验标准制作出厂报告单，提高了厂商品质的管理与控制能力。为了双方共同目标和利益，大家一起参与这场变革。

采购部与供应商的品管技术中心进行定期的沟通与交流，增加厂商对其产品市场应用环节的关注，在厂商的出厂环节增加思嘉所需要的测试，从而降低原材料的退货率，成为真正意义上的免检产品。如PVC的干流率指标，单纯从物性指标上看不到应用环节的原料异常，但会对思嘉生产作业产生困扰。思嘉品管中心孙工与李工对原料进行仔细的分析，制定出思嘉的检验方法，然后将此方法提供给原料供应商，要求其在产品出厂时按这一方法和指标进行测试。

3. 交期

对常规布种设计安全库存。由于网布类产品都是按客户的订单进行下单采购，不同门幅的采购量不同，因此交期拖延现象严重。从2009年开始，公司按照供应商安全库存的管理模式与厂商沟通，在很大程度上解决了交期延迟的问题。

三、采购模式和形式的发展

市场在不断发生变化，思嘉也需与时俱进。为了使公司在供应链之间的竞争中脱颖而出，思嘉在采购模式和采购形式上进行了相应的变更与拓展。

（1）采购模式的创新。2011年思嘉采购台湾厂商的网布与增塑剂原料，简化了业务流程，有力地拓宽了境外采购的资源。2012年，随着公司业务发展的需要，思嘉外销订单逐渐增多，与国际业务中心、财务中心进行充分的财务测算后，决定与部分大宗原料的国内厂商中山联成，国外厂商韩国新阳、韩国韩华等进行配套合作，采用手册核销的方式进行采购。

（2）化工贸易运作。近十几年来，以国际原油为代表的大宗商品出现了周期性行情。思嘉的主要大宗原材料是增塑剂、PVC、高强工业聚酯布，其原料主要是苯酐、辛醇、正丁醇、异丁醇、豆油、液腊、EDC、

VCM、MEG、PTA 等，都是原油的延生品。经过 10 多年的采购风雨历程，公司对原材料的工艺、成本结构、资源优劣势形成了知识积累，通过对这些原料市场动态的关注，与上游厂商的深入沟通交流，思嘉集团认为目前的资源条件比较适合开展化工贸易，即存在较大的贸易业务多元化发展的空间与机会。

2012 年 9 月，林生雄与采购部门一同前往江苏张家港液体化工区、江苏太仓液体化工区、浙江宁波液体化工区进行市场调研与考察。化工液体产品交易市场有很大空间，在这一市场上开展贸易运作的都是国内外知名的化工企业，如中化国际（控股）股份有限公司、浙江前程石化股份有限公司、浙江远大进出口贸易有限公司、厦门象屿集团有限公司、张家港保税区长江国际港务有限公司、江苏长江石油化工有限公司等。经过市场的调研，以及与财务中心共同研究集团整体资金的运作、充分分析金融环境后，2013 年 1 月在福建浩思进出口贸易有限公司内新增加液体化工原料及危化品甲苯、二甲苯（对二甲苯、邻二甲苯、间二甲苯）、苯乙烯、苯酐、正丁醇、异丁醇）甲基叔丁基醚、乙醇、甲醇、苯芬、间苯二酚、丙酮等批发业务。2013 年 4 月成立上海港际化学有限公司，通过化工贸易方式产生新的价值增长点。

化工原料市场每年都会有 2~3 次行情波动，专业的化工贸易运作使思嘉得以较好地把握这种行情波动带来的机会，同时进一步推进采购中心对上游原材料供应链的深入了解以及对原料市场动态和信息的掌握，更有利于采购中心把握不同时段的采购点，明显降低采购成本。这样一来，公司的采购部门与供应商部门更好地面对和理解市场，对市场出现变化的感受更敏锐、反应更迅捷，最终有利于巩固企业的竞争力。

第二节　仓　储

一、仓储部门的发展

2003 年，公司全面投产后，生产的产品品种单一，仓库人员编制由 3 名仓管员和 2 名装卸工组成；同时仓储班组的主管林荣峰兼叉车司机。仓库收、发、存账务完全是用手工，遇到白天做不完的账务大家自发加班加点。由于进出库数据全部采用手工登记，遇到要查找情况时，需要耗费大量时间查阅手工账本。

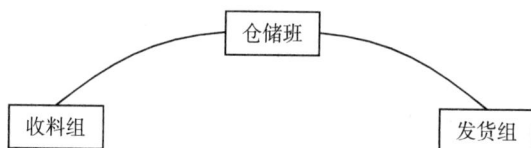

图 5-1　2003 年的仓储班组管理架构

当时，每月进、出货物运转量各 1300 吨；而仓库面积仅 3000 平方米，既要存放原料，又要做成品仓；收料员与发货员还要参与装卸货。仓库管理主要是按传统的"主管信任"管理模式。2005 年，随着业务规模的扩大，公司开始建立规范和仓库管理制度和组织架构。

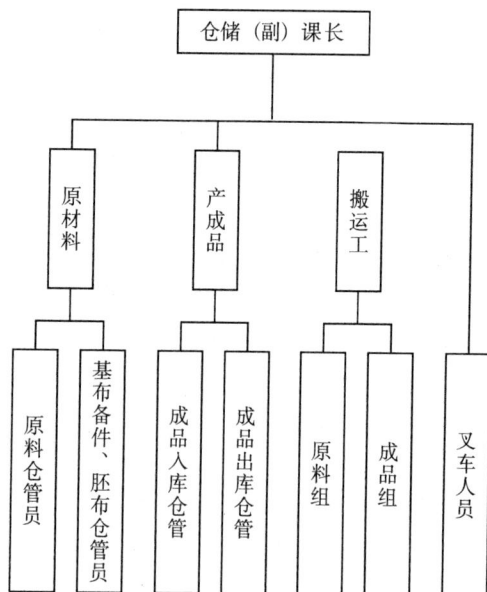

图 5-2　2005 年的仓储课组织架构

随着业务的不断发展，公司逐步认识到：仓储在生产和销售供应链中虽然只是一个中转部门，其仓库管理与物料控制的核心职能是制造企业不可忽视的重要部门，它在生产与成本控管上是最重要的一环。因此，需要用心规划、组织与管理，在物资和产品循环中实现进、出、存零失误，收、发、管准确性，以满足生产线所需，并为客户与公司创造最大化效益。

从 2005 年下半年开始，仓库管理开始逐步引入台资企业的管理模式。

（1）先对仓库区域进行整体规划、画线标识；再全面运用 TQC 管理方法[①]。

（2）制定仓库部门绩效考核方案。考核内容：①来料接收的准确率和时间效率；②发料的准确率和时间效率；③加工单发料的准确率与及时率；④库存管理安全率；⑤循环盘点的差异百分比；⑥单据录入的准确率；⑦当天材料入库情况、欠料情况等反馈上级是否及时；⑧日常作业的轻重缓急事务处理应变能力（如对出货时间排较前的指令单实时跟踪各类物料进度）。

2009 年，公司又引入 ERP 管理系统；同时对收发存的细节进行修订补充。

（1）收料细节：收料前要事先核对订单需求量与实际进货量是否相符。

1）收货环节：①在收货之前就需认真查看即将到货的信息或采购部门已经下采购订单的货物对应哪份"收料通知单"。②清楚货物总数量，提前做库位安排，按存放类别做好收货准备。③收货时要按照收料通知单与送货单据中的数量，认真清点核实，对不同材料的品名、规格、数量、颜色、要认真核对。④之后，登账录入 ERP 电脑库存管理系统。收料的同时还需及时做好色卡的建立。⑤如有欠料还需做好欠料的备忘记录交生管，以便实时追踪欠料。

2）保管环节：①存放细节上应做好归类存放，存放有序、面向通道，以先进先出为原则对周转频率较高的原料应着重考虑易进出、易存取、易盘点。易查找（如运用不同色彩的色笔在原料的外包装上做相应的标识，标识内容包括：厂家、品名、数量、规格、物料编号、指令单号以及加工程序等）。②按"5S"要求做好安全防火的工作。如防潮、防热、防晒、防火、防水、防电、防燃、防盗、防虫、防鼠、防爆等。另外，布类原料存放时，最好不要放在底层，或靠近墙壁的地方，以防发霉或因潮湿造成

---

① T：时间：物料的交货期，入仓期，使用时间，仓储时间，迟料追踪时间；Q：质量：仓储质量，工作质量，处理质量；C：成本：物料价格，仓储成本，呆滞成本，短缺造成的停工待料成本。

异常。

3）发料环节：做到依对应的《领料单》发料，核实领料单据准确无误。如品名、规格、日期、物料编号、批次、数量、颜色等。凡补料单据需部门主管签字方可发料。

（2）仓库管理的账物与盘点、呆废料的防止与处理方式。作为仓库部门除了懂得以上收发存管理流程外还需对账与物的细节化操作进行掌握；做定期盘点或连续性盘点，确保账与物相符。

1）盘点的目的是确定物料现存的数量，纠正账物不一致的现象。确认库存状况，有无呆滞产品积压仓库情况。

2）账物的不一致现象有可能是如下原因造成：①如收发的零头未整理，计量单位看错，保管中发生破损，遗失或被盗。②记录错误，或没有按类存放不小心混入其他物料品中等。

严格督导下属按先进先出原则进行发料。经常检查堆放是否合格及日常库存原料的维护。避免造成积压、损坏、变质等现象。对次品与呆滞料应提出处理意见。呆料给企业造成的损失显而易见：资金积压，物料陈腐，变为废料，占用空间，增加仓储管理成本费用等。

3）造成呆料的原因有如下几种：①客户突然取消订单。②安全库存量不合理。③账务记录不准确。④采购失误原因等。

防止造成呆料，要求仓管员在现有仓库管理模式下细心观察，认真分析，不断完善和纠正现有仓库管理模式中细微的缺陷。同时，对易耗品的请购严格控制。对大货的采购，仓库部门应做好账物卡的一致性。账物卡的一致性数据对采购决策具有重要作用。它直接关系到成本的节约或浪费。

4）对呆滞料的处理方式：①与供应商换料。②允许的情况下退回供应商。③代用。④最下策只能申请报废。

2012 年，公司扩建仓库，新增五层生产大楼，1 层作为生产车间，2~5 层作为仓库使用。重新对仓库进行规划。2 层存放雨鞋原辅料，辅助材料；3 层存放雨鞋成品；4 层存放色料、包装材料、TPU 原辅料；5 层存放 PVC 树脂。同时画出每层楼平面规划图，各个区域挂标识牌，库位清晰明了，大大降低了仓库空间压力。通道周围货物全转移至室内，货物更为安全，避免因天气问题造成的货物淋湿损毁，也腾出了通道空间，改善了以往通道堵塞、车辆无法通过的情况。2012 年，生产中心缴库系统投入使用，改变以往一张一张手写标签，再手工制作码单，错误率高的情况。

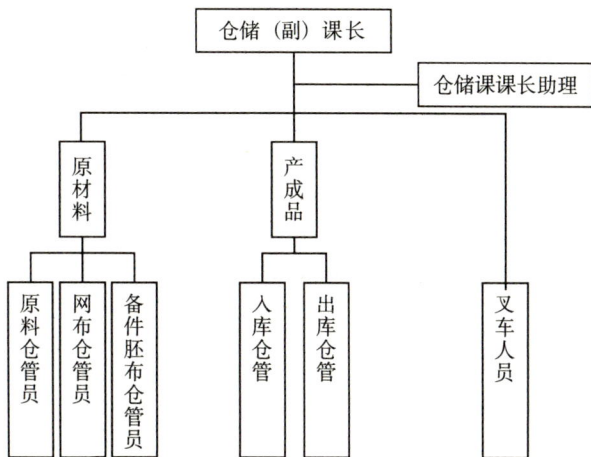

图5-3 2009年的仓储课组织架构

不但减少生产中心记录员的工作量，同时也减少了仓库入库员因错误重新核对的工作量，简化了生产中心入库、仓库入库的工作。

2013年，公司实施产能最大化改造，仓库面临巨大的挑战，库存空间严重不足。年初，成品仓库爆仓，通道塞满货物，成品进出库困难，效率低下。为此，公司再次扩建仓库，搭建两个篷房仓库，整理整顿后勤仓库，搬迁针车车间，高温车间、所有腾出空间做仓库使用。仓储课重新制定讨论成品库位划分，将成品分类存放，解决了仓库空间压力，增加了进出库工作效率。

专栏5-2 仓储部门变革过程中的故事

2009年10月，仓库网布区搭建夹网货架，仓储课各人员加班加点，整理网布，将网布上架，重新核实库位，登记货物。整个工作历时半个月，完成网布区整理整顿。

2012年底采购备料备库存，一个月内转运量高达1000吨。通常情况下每月转运量为7000吨，外包搬运每天转运300吨货物。这次创纪录的转运工作量巨大，但是大家都坚持并完成工作。

2013年3月，适逢生产销售旺季，内、外销订单纷至沓来。仓储课全体成员努力配合营销中心，完成每日超负荷的工作任务，每天工作时间达12小时，有时甚至十五六小时，周末基本上很少休息。

仓库全体成员团结一致，工作中互相帮忙，积极解决日常存在问题，从不计较个人得失。工作未完成，自觉加班加点，多次甚至到深夜，以正常进出库工作确保公司的整个生产经营。2012年，仓储课员工陈玉春被评为公司年度劳模；2012年，思嘉公司仓储课被福州市总工会授予"工人先锋"称号。

资料来源：根据访谈记录整理。

二、发挥物流管理作用

经过长期的探索与经验积累，仓储课不断与采购及业务部门沟通解决存在问题，逐步改变以往进出库工作混乱，出错率高的局面，同时也提高了进出库工作的效率。随着经验的积累，一些基本做法逐渐沉淀下来。

（一）衔接采购部门

针对采购来货，制订来货计划，详细记录供应商、物料、规格、数量。表格发送至各仓库管理员，仓库知悉近期到货物料情况，同时在ERP系统中录入收料通知单。仓库仓管员每日收货时，核对送货明细单，确认无误后安排人员卸货。卸完货物清点数量，准确核实，车辆予以过磅放行，签收数据。若数据有误，及时通知采购人员，采购人员与供应商确认相关事项，及时将处理结果通知仓管员。仓管员接到通知后，送货单上备注相关异常信息，司机签字确认异常情况。到货信息录入进货跟踪表发送采购、生产相关人员，多重确认，降低错误发生率。货物到厂，及时通知品管检验，经品管检验合格后，ERP系统中的收料通知单下推外购入库单。

（二）衔接业务体现

（1）货物入库。业务发货数据需仓库先完成入库，再进入数据查询系统。入库员每日收回班组缴库单，系统查找对应任务单，核对相关信息（如物料名称、规格型号、订单号等），确认无误，系统录入成品入库单。当日货物入库完毕后，清点实物，再次确认，如有差异，核实数据，更改入库单，确保业务所得到的产品数据准确。最后及时更新库位，便于仓库发货员查找，提高发货效率，提高库存准确性。

（2）货物出库。与业务部门确定发货流程，并不断改进、逐步完善。入库员将数据录入系统，业务员核查数据，将数据提供至客户，安排货款，准备发货。业务员通知客户安排货款，提前在 ERP 系统中处理销售订单，下推发货通知单，通知财务审核，财务查到货款后审核发货通知单。业务将发货明细发送派车专员统一与物流调度车辆。派车专员整理当日发货明细、车辆安排明细，发送至仓库发货人员。仓库每日发货依照发货明细处理。根据发货明细从系统中查找对应发货通知，核对重要信息（如购货单位、物料名称、规格型号、数量、订单号、压纹等），并查找入库员库位表，核实库位信息。发货过程，严格按照业务发货通知单操作，数据如有变更，及时通知业务沟通处理。发货过程，实时核对产品信息（如订单号、规格型号、压纹等），确认无误后安排装车，确保发货准确性。货物装完，发货员把发货通知单下推销售出库单。

（3）降低成本。合理存放各类材料，避免日晒雨淋，减少外界因素造成的物料损毁。合理安排物料领用发货，做到先进先出，避免保质期短物料过期而造成浪费；控制库存数据准确，每周每月安排盘点，确保账实相符，避免因库存数据不准确而重复购买或生产，造成货物积压浪费。装卸货过程小心操作，避免因操作不当而造成的物料损坏浪费。合理划分仓位、库位，各种物料分类存放，库位清晰明了，降低因库位不明确而产生的领错物料或发错货，造成浪费。呆滞料及时上报处理，每月整理各仓库呆滞物料明细，安排相关部门检讨处理，及时消耗呆滞料，避免浪费。

（4）整体发展。日常工作中，不断与业务、采购部门沟通存在的问题，共同商讨解决的办法。不断完善各项流程制度，简化当前工作流程，减少重复工作，提高各岗位工作效率。应用新型物料管理系统，如条形码系统，解决入库库位信息登记问题，减少入库员工作量，提高库位准确性，提高工作效率。立体式仓库应用，扩大空间利用率。实时整理整顿各个仓库，确保仓库干净整洁，降低呆滞品存量，减少浪费。同时，保证库位清晰明了，以提高工作效率，工作简单化，降低人员储备，减少人力资源成本。

三、物流管理

（一）库位管理

2009年，随着公司的业务发展，仓储每天的装卸总量达到350吨。为了解决搬运团队的工作强度，公司于2010年初参考先进企业做法，结合本公司实际情况，设计并修建了人性化装卸平台，每天的装/卸总量可以达到600吨，叉车可以开进车厢进行装卸货，大大降低了搬运的劳动强度，提升装卸货的效率。与此同时，为搬运班组专门修建了休息室和茶水间，搬运工实行承包制，以吨为计件单位，多劳多得。由此提高了装卸货的效率，实现公司为外包搬运班组创造人性化环境的管理理念。

2010年以后，随着公司上市，业务进入飞跃发展期，技术上实现突破，外销订单增加量突飞猛进，给仓储工作带来极大的挑战。公司通过展会观摩，再到国外合作公司学习参观卸货方式和工具，经过组织专门讨论和验证，设计出登车桥、专用的装车工具，加之出库管理员和外贸同事密切沟通，外贸的装货出库效率得到大幅度提升，保障外销订单的准确交期。同时整理整顿后勤仓库，腾出空间用于存放外销订单货物，提高装柜效率。

由于产能库存、销售大幅度增加，仓储空间严重不足，仓库面临空前的挑战。在赖德荣副总裁的带领下，仓库进行了一次大的变革。重新设计仓库的布局规划，对仓库内的原材料和产成品进行清理和整顿，每个仓库画出平面图，做好原材料的标识。成品仓库实行库位管理模式，每一种成品材料进行定位管理，大大提高了发料和发货的效率。为了解决布料堆放的问题，提高仓库的利用率，在1号仓库新增了货架，将布料堆放在高处。

（二）物流畅通化，提高仓库使用率

（1）人员方面：搬运工运作模式改变，实行承包制度。按工作量核算薪资，提高搬运团队的工作积极性，改变以往搬运工消极、怠慢态度，提高装卸货效率，车辆到厂后可以及时安排装卸货。

（2）仓库分类：所有物料重新分类，原物料，产成品，辅助材料分类，分仓库存放，画出仓库平面图，各个仓库存放区挂标识牌，库位清晰

明了，所有产成品实行库位系统，入库员实时更新库位。

（3）空间利用：1号仓库新增货架，存放夹网布，将网布堆放在高处，提高空间利用率，同时也保障了网布安全，避免因堆积地板而造成网布变形。

（4）整理整顿：及时安排整理整顿各个仓库，呆滞料、异常料及时提交处理，腾出大量仓库空间。呆滞料、库存料占用过多库存空间，同时也占用库存资金，每月统计库存账龄明细表，筛选库存时间异常物料，提交上级讨论处理。

（5）流程制度优化：定时检讨各流程制度，解决存在问题，简化工作流程，减少重复工作，提高工作效率。加强与采购和业务部门沟通协作，共同讨论解决到货不规律、到货不集中、出货不平均、随意加货等问题。

（三）危险品及安全库存管理

由公司生产性质所决定，原材料中有部分辅助原材料属于危险品，如甲苯、丁酮等溶剂。公司高度重视危险品管理，划分区域，设置专门的危险品仓库，制定了危险品的管理制度，包括危险品装卸管理制度，危险品领用管理制度，危险品仓库巡查制度等，并定期进行危险品库的安全教育及培训工作，确保危险品在储存保管和使用过程中的安全。

为了减轻员工的工作强度，提高工作效率，仓储课一共制定了11个工作流程，修订了每个岗位的岗位说明书和流程说明书，并在流程执行过程中不断检讨和优化。目前在执行的有9个流程。通过流程的培训和学习，仓管员按流程进行轮岗作业，每个仓管员至少学习两个岗位技能。在产能和销售不断增加的情况下，仓储课没有增加一名员工，效率反而比以前更高。按流程作业，大大减少了无效的沟通和时间的浪费。

定期进行存货盘点和平时抽盘工作，保障料账的一致性；定期进行仓库的整理整顿工作；定期检讨仓库库存，强化库龄管理。

第三节　集团物流

一、四大生产基地物流的连通

随着公司的发展壮大，福州之外，先后建立厦门、湖北、上海基地。根据生产情况，各生产基地之间货物可以随时调拨。如福州生产基地作为生产总部，向厦门、湖北基地调拨面料。厦门、湖北根据市场订单，库存状况，将所需求物料信息按《采购单》的形式发至福州总部，福州销售人员接收采购订单，录入销售订单，生产按销售订单生产，生产完毕，仓库入库，数据确认核实后，销售安排发货，与物流调度车辆，安排车辆运送面料，厦门、湖北基地仓库收到货后，清点数据，安排入库。同时，各基地业务员也可根据各生产基地的产品，就近安排发货。上海基地主要生产篷房膜结构材料，福州业务可以下采购单至上海业务，由上海安排生产并直接发货，方便快捷。

二、库存产品多样化管理

公司发展初期，产品种类单一，仅限于涤纶、贴布革类劳保服装布料等。随着公司生产规模扩大，产品种类已经多样化，包含PVC膜、充气艇材料、水池材料、气密水池材料、气模材料、箱包材料、篷盖材料、卷帘门材料、双膜储气柜材料、医用材料、下水裤材料、涤纶PVC材料、贴布革材料、TPU材料、下水裤雨鞋、雨鞋等。产品种类多，规格型号多，初期经常因货物存放混乱造成货物找不到，进出库工作效率低下。

现在实行库位管理，产品分类存放，每个仓库物料明确，1号仓库存放涤纶贴布革材料，2号仓库存放外销订单、箱包篷盖材料、其他材料、医用材料、水池材料，3号仓库存放针织布下水裤材料，4号仓库存放夹网下水裤材料，5号仓库存放充气艇、气密水池材料，6号仓库存放气模材料。

每个仓库库位画线、标记，入库员实时更新库位，大大提高了出库的效率和出库准确性，减少了工作量。

公司没有创建内部物流，而是采用第三方物流。仓储课与第三方物流业务接触，营运课负责与物流公司签订合同，处理相关事项。业务员发货时，提前处理好相关单据，将发货信息（如客户名称、重量、地址等）统一汇报至营运课派车专员处，派车专员整理各业务员提交信息，信息反馈物流公司，物流公司调度车辆后将车辆信息（车牌号、司机联系号码等）反馈派车专员。派车专员将物流反馈信息（车辆信息、装货明细等）整理，统一发送给仓库相关发货人员，仓库发货员根据信息核对到厂车辆，与司机确认发货明细，确认无误，安排装车。货物装完后，发货员开具销售出库单，司机签字确认，带回两联，一联客户收货，另一联签字回传，带回物流公司结算运费。物流公司整理收集司机签回回单，月底寄至派车专员处核算当月运费。

第六章　销售与贸易

伴随着企业的发展，公司迅速组建起自己的销售队伍，开始建立自己的销售体系。在打造一个全新思嘉品牌的战略导向下，全体销售人员艰苦创业、群策群力，从无到有，从小到大，一个全球新材料销售网络已基本形成。思嘉品牌及其产品开始在国内外软体强化新材料市场上叱咤风云。

第一节　营销体系演进历程

经过创业初期 5 个月的设备安装，思嘉塑料终于在 2003 年顺利投产，当年 7 月第一批产品开始正式销售，从而拉开了思嘉针对市场建立营销体系的帷幕。

一、2003 年

公司起步阶段将产品定位为以劳保类产品为主，这是因为当时的福州在全球享有"雨衣之都"美誉，拥有上千家雨衣工厂，全球 70% 的雨衣基本都由福州供应。在这样一个特殊的市场环境中，思嘉选择了劳保类产品。

当时国内的雨衣市场除了福州还集中在浙江、广东两省，而此时公司的竞争对手主要来自江苏、浙江两省，他们在这些市场已经渗透多年，与客户的关系也非常稳定。同时，雨衣产品主要用到的材料是涤纶 PVC、贴布革、PVC 膜，这些材料所需的涤纶胚布都来自江苏，竞争对手在这一环节省节约了很多的运费成本。

2003 年 8 月，思嘉塑料成立营销中心，当时只有 4 名业务员，按照产品品种和区域进行营销分工。他们在市场一线深入了解同行的优缺点，经汇总和分析，寻找市场突破口。

集合福州所有的雨衣生产商共同讨论、研究，总结出相关市场存在以下五方面问题：第一，江苏、浙江发货周期长，在路上花费的时间需要2~3天，耽误客户的交货期。第二，多家竞争的市场形势，造成材料厂家偷工减料现象，甚至有的厂家用二次回收料生产，造成产品气味重等质量问题。国外客户多次投诉，无人处理，造成客户流失。第三，产品品质不稳定，客户投诉处理不及时，处理周期甚至超过1个月。第四，对于数量少的订单，材料厂家不予配合生产，或随意加价。第五，材料价格非常不稳定，给客户接单带来极大的困惑，把握不了国外接单的单价。

以上诸多市场问题的揭示，让思嘉找到进入市场的契机。针对福州市场，公司重新拟定产品定位和市场策略：①以服务客户为主线，对客户的问题，做到第一时间处理，绝不拖延到第二天；②提高供货速度，把产品的生产周期缩小到最短；③产品定位，思嘉绝不做回收料，保证全新料生产，创建思嘉品牌；④客户只要需求，不分订单大小，全部配合生产，价格统一，不刻意加价销售；⑤大客户重点跟踪，信誉好的客户，材料先用后付款，让客户有试用思嘉材料的机会，使之能够认识思嘉，了解思嘉；⑥邀请客户到思嘉工业园区考察，了解思嘉的生产能力及技术能力；⑦对福建市场进行拉网式搜索，分发公司样品，让市场了解思嘉生产的各类产品。

最终，思嘉凭借优质的涤纶PVC产品打开雨衣市场大门。

（一）公司的产品结构

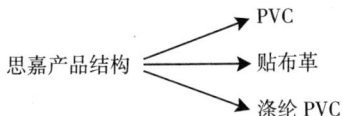

思嘉产品结构 → PVC
思嘉产品结构 → 贴布革
思嘉产品结构 → 涤纶PVC

图6-1 思嘉产品结构

以上三种材料主要用于国内外传统的劳保类雨衣，思嘉的材料属于工业品，不属于消费品，没有直接接触到终端消费者；销售方式是B2B，工厂跟工厂直接对接，所有的客户需要一对一的服务。

（二）营销中心 2003 年遇到的主要问题

1. PVC 膜产品

当时武汉新星是思嘉公司的第一大客户，在与思嘉合作之前其全在江浙一带采购。客户每年采购量为 1500 吨，采购的 PVC 膜主要用于生产高档围裙，产品主要出口到美国，因此对产品的展平度及收缩率要求非常高。然而对于一个刚起步的新企业来说，看似简单的产品，生产起来却非常吃力，新的工人和设备使工厂刚投产后生产出来的产品存在严重的质量问题，PVC 膜产品的展平度达不到客户的要求。当时生产出来的批量产品，被客户连续退回公司。业务员甚至被客户痛骂，几乎到了客户不愿再给思嘉生产机会的境地。

如何保证思嘉第一大客户不丢失成为关键。大家组织产品品质研讨小组，对产品质量问题进行详细分析后，拿出多种解决方案：一是调整技术配方；二是调整生产工艺温度；三是对设备进行改造。针对方案，技术课经过连续 48 小时反复调试，终于解决了品质问题。这个阶段最让人感动的是客户、业务员、技术人员及生产人员一起在生产车间挑灯夜战，解决了 PVC 膜品质问题，生产出客户满意的产品。客户被思嘉这种不折不挠的精神所震撼，看到了希望，增强了对思嘉的信心。

2. 贴布革产品

贴布革产品主要用于劳保类雨衣生产。这类材料看似简单，但是在生产时总是出现超克重问题，这意味着严重亏本。对于思嘉来说，超克重的产品本身亏本；产品是按照米数销售，卖给客户后，客户同样的货柜超重，走海运的时候要多出运费，不仅费用亏损，还会被客户投诉。并且，当时国内已经有很多工厂在生产贴布革产品，福州几家与思嘉关系好的客户也是中国数一数二的下游加工厂，争取这些客户具有巨大压力。

经过研究分析，公司认为超克重主要与技术配方和压花辊有很大的关系。经历了近半年时间的摸索，才彻底解决了这个问题。从开始生产这类产品到解决问题，思嘉至少亏损 200 万元。这笔昂贵的学费思嘉交得不后悔，正是因为坚持了产品品质第一，才能最终将产品推向国际舞台，进而为 5 年后国外客户指定选用思嘉材料奠定了坚实的基础。

生产贴布革是公司记忆中一个难以磨灭的印记，因为充满了思嘉人的泪水和汗水。

3. 涤纶 PVC 产品

在思嘉生产之前，涤纶 PVC 产品早已在市场流通了十几年，中国很多厂家都有固定的供应商，思嘉要替代其中某个供应商意味着思嘉必须在某一方面拥有足够的优势。

争取涤纶布的订单在思嘉业务史上同样是一个痛苦的经历。业务部门经常接到的客户产品投诉，主要是色差、抽纱、交期问题，业务员即使在晚上睡觉的时候都想着异常问题怎么处理。因为涤纶 PVC 订单的投诉，公司流失了一批又一批的业务员。涤纶 PVC 这类产品市场需求大，如此一盒大蛋糕，思嘉却分不到一块，公司从业务到技术都十分焦急。经过大家讨论，认为问题的源头是胚布。为了解决涤纶布客诉问题，公司做出一项非常大胆的决定：外派跟单员去江浙一带，自己买白胚，然后再找染厂染整。此外，为了迎合市场、满足客户，秉承客户至上的理念，同行能做到的，思嘉要求自己能做到，同行做不到的，思嘉也要求自己能做到。起步阶段，小单、杂单全都接，将产品从原来的十几个颜色，做到后期的600 多个；即使同行用回收料生产，但思嘉始终坚持用全新料。

驻外跟单员和业务员度过了无数个难眠之夜，终于将最好的产品以最快的速度呈现在客户面前。这就是思嘉的服务理念，业务员们用自己的行动证明了公司是一家充满朝气的企业。团队人员虽然年轻，但每天都在跟着公司自我提升，把客户永远放在第一位。依靠初步建立的良好口碑，思嘉得到国内外广大客户的高度认可，思嘉材料成为国内劳保雨衣材料的首选。

2003 年的思嘉营销队伍像是一个刚刚出生的婴儿，每迈出一步，都充满艰辛；所有的制度、流程都是靠大家一边走、一边摸索、一边总结出来的，但是每一个决定的产生都非常坚定。虽然队伍不大，也不是专业出身，起初对产品也很陌生，但是并没有阻碍大家求胜的欲望，大家都意识到自己肩负着公司的伟大使命。在积极开展业务活动的同时，所有业务员都参加公司的强化训练。对专业知识的渴望，让每一个人都深入生产一线向生产人员学习产品知识，不断完善自己的专业知识，做到跟客户沟通游刃有余，让客户心服口服。

二、2004 年

对于思嘉来说，2004 年同样充满各种挑战。虽然传统的 PVC 膜、贴布革、涤纶 PVC 产品生产已经基本稳定，但随着市场竞争的白炽化，原有产品的竞争力优势逐渐降低。公司意识到只有进行产品创新，开拓新的市场路线，才能有进一步的发展空间。因此，2004 年初公司再次引入国内领先的贴合设备。依托该设备开发生产的产品种类远远超出公司最初设想，为思嘉以后的生产开辟了新的天地，为产品转型打下了基础。

新的产品问世，必须要有一支过硬的销售队伍去开拓新市场。针对新市场，公司对营销中心做出调整，将市场分为福建、广东、浙江、江苏等区域，每个区域设立独立开发专员，负责区域市场开发。自此，市场开发课正式成立。

（一）组织架构

2004 年营销中心组织架构如图 6-2 所示。

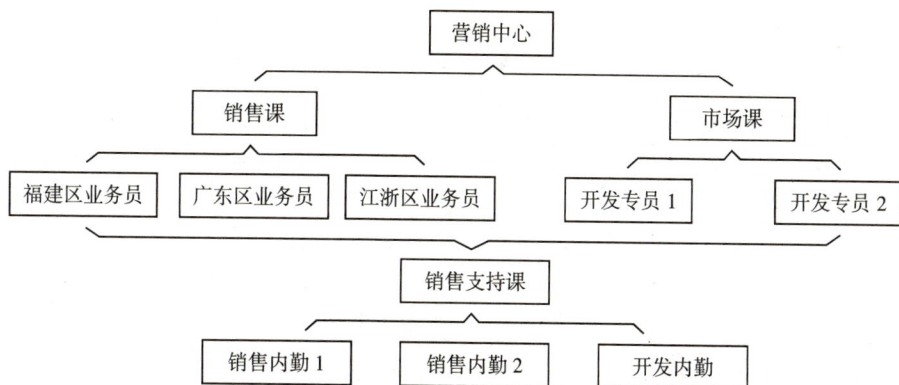

图 6-2　2004 年营销中心组织架构

（二）产品推广

1. 推广夹网布

2004 年，公司增加了以高强工业聚酯夹网布为主要材料的新产品系列。这种材料主要用于户外高档防水包和箱包产品，所需要的规格是 500D×18×17。这时的思嘉对于"夹网布"一词还比较陌生，市场对于思嘉的夹网布产品从陌生到熟悉，再到认可，也需要一个漫长的培育过程。

福建泉州是箱包之乡，当时集聚了多家材料供应商，如台资企业厦门隆台、宁波厚生、厦门华懋等。这些享誉国内外的大企业均已经营十几年，在台湾地区都有自己的工厂。思嘉作为新创企业，在行业前辈面前要想把自己的产品快速推向市场，必须付出巨大的努力。业务员将产品做成样品册，在各个工业区的箱包工厂进行分发和讲解，不管该工厂是否在使用思嘉的产品，都主动给客户留下样品册和联系方式。最初所有人怀着"客户只要有需要，肯定会主动联系思嘉"的想法。2004年上半年分发出去的样品册难以数计，但起到的效果甚微。思嘉不能坐以待毙，祭出新的市场策略，即通过各地的电信黄页做公司的宣传广告，希望客户能从这里发现思嘉，联系思嘉。

自从组建市场开发课后，公司将市场开发队伍视为业务主力军，要求他们必须有敏锐的市场洞察力，对市场变化必须在第一时间做出反应。在夹网布的推广过程中，这支年轻的队伍充分发挥了作用。他们通过网络、本地网页和电话查找、联系客户。在这期间，很多新来的业务员被客户一次又一次地挂断电话，但是并没有人因此失去信心，依然坚持不放过任何一个机会；开发人员跟客户预约好后，就开始连续性出差拜访客户。在拜访过程中，有时也遇到令人心酸的事情：在跟客户的沟通中时常发生的情形是，客户觉得思嘉是外行，直接把业务员从工厂里赶出。然而，业务员们始终以坚持不懈的精神勇往直前。正是因为100次拒绝后的第101次坚持，思嘉逐渐打开夹网布的产品市场，得到客户的认可。

2. 开发下水裤

2004年底是思嘉产品转型的一个重要转折点。一家思嘉从来未听说过的小厂，一位思嘉从来不知道的人，却带来了重大的市场契机。当时，这位河北玉田县姓臧的企业家风尘仆仆地开车到思嘉工业园，寻求合作开发一款下水裤产品。此前思嘉员工并不知道下水裤是一种什么产品，有何种用途。

通过臧总经理，大家才知道国内下水裤的市场需求量为每年500万条，国内知名品牌有天津的红联、天征等，都是由十几年历史的企业生产。还有众多小厂家分割市场。下水裤主要用于养殖业，随着中国辽阔国土上养殖业的发达，市场潜力巨大。当时所有的下水材料采用全橡胶，然而国际市场价格严重影响传统的橡胶业，橡胶下水裤价格一直居高不下，在零售终端销售单价达到150元。在这种情况下，谁能率先开发出新型材料的下水裤，谁就能抢占整个市场。

思嘉立即调整思路，决定开发一款下水裤材料投放市场，并要让"思嘉"这个品牌在几个月内达到家喻户晓的程度。思嘉每一个人都对开发下水裤新材料充满了信心。臧总在福州工业园住了半个多月，为新产品开发提供创意。

为了实现这一目标，思嘉组织产品开发讨论，当时市场上的产品存在如下问题：①传统下水裤成本太高，终端经销商没有利润，销售激情逐步下降；②传统下水裤的款式十几年都没有更新，永远是黑色和咖啡色的格调，不能激发客户的购买兴趣；③传统下水裤不耐老化，由于是橡胶产品，产品老化快几乎是难以克服的问题；④传统下水裤穿着太笨重，消费者作业起来非常不方便。毫无疑问，思嘉开发的新产品必须解决以上问题。最后确定的方案是开发迷彩下水裤材料。这是由于迷彩色符合当时的市场消费需求，是对传统的劳保市场一次新的改造；同时要求材料必须符合手感质地柔软，材料轻便，抗老化，材料款式新颖。

思嘉经过 10 余次反复打样，拿出来的产品经过测试都不合格。不少人想放弃，但是臧总依然充满信心。他认为，多一次坚持就多一次成功的机会。臧总对产品执着的精神，让大家深受鼓舞。终于，付出得到了回报：产品在大家的共同努力下成功地通过检测并快速面市，惊艳了下水裤材料市场。迷彩完全符合市场需求，从而颠覆了传统劳保产品"老土"的面貌。思嘉赋予下水裤这样的劳保类产品以时尚的元素。

迷彩下水裤材料的面市，为思嘉未来之路添上浓墨重彩的一笔。新产品开发成为思嘉未来的主要发展方向。

三、2005 年

（一）产品

进入 2005 年，思嘉已经生产涤纶/PVC 产品两年多，颜色达到 700 多种。这么多颜色给销售、采购、生产带来一系列的成本问题：仓库里的色胚布堆积如山，即便一些胚布直接退给供应商，无论对思嘉还是供应商来说都是严重损失。思嘉回过头观察这两年的产品情况时才发现，这 700 多种颜色有很多相差并不大，却一直重新编色号打色，由此造成管理的烦琐。林生雄提出：为什么不能将颜色进行规范呢？既然国外的客户认可思嘉的布料，思嘉完全有可能统一色号，把颜色减少到最精简的程度。

起初大家对此观点存在疑问。在一线的业务员更加痛苦，因为要花大量时间和心思与客户沟通，才能努力说服客户选择思嘉的常规颜色。但是，事实证明林董的看法是正确的。统一色号的方案落地执行后，思嘉在一年之内扭转了整个涤纶/PVC产品库损失局面，同时制定出思嘉标准色，由700多种杂乱的颜色规范为不到7种基本色系，在更好地满足广泛的市场需求基础上，使整个采购成本、生产时效都达到最优状态。

2005年是公司产品的转型年，思嘉做出了许多艰难的决定。舍弃部分产品，投入更多时间和精力去开发更多新产品。与此同时，放弃部分PVC膜产品的生产，用更多的时间和精力开发和批量生产下水裤材料。

2004年思嘉的迷彩下水裤材料投放市场后，填补了市场色彩的空白。凭借迷彩色泽鲜艳的特点给消费者留下非常养眼的第一印象，迷彩下水裤在整个市场上声名鹊起。有些厂家只知道市场上有一款迷彩下水裤很畅销，却不知道是谁生产的，其中最为传奇的是当时中国最大的下水裤生产商——江苏瑞泰①为了获取合作机会进行了蹲点追踪。当时深圳贸易商从思嘉买到材料后，再转手卖给瑞泰生产"打渔郎"产品，瑞泰的经营者一时无法获知是谁在生产迷彩材料，便自己带着工人在深圳守了半个月。终于得知这款材料是思嘉生产后，他带着现金从江苏赶到福州思嘉工业园，要求跟思嘉签订垄断协议。林董明白一个行业靠一个人去推，是做不大的，所以拒绝了瑞泰的要求，并真诚地表示：行业要大家一起合作，才能发扬光大。经过多次沟通，思嘉和瑞泰签订了战略合作伙伴协议，希望在未来的合作中成功实现共赢，共同将行业规模做大、做强。

（二）参展

2005年10月，思嘉第一次参加在广州举办的全国劳保产品展销会。劳保会是全国下水裤生产厂家的年度峰会。思嘉在本届展会上展出的产品以下水裤材料为主，把所有的下水裤材料款式展现在每一位观众面前。也正是因为这届劳保会，让更多的生产厂家发现了思嘉。经过合作，这些客户将思嘉下水裤材料推向行业的顶峰。

2005年起，思嘉新型环保下水裤材料市场份额逐步扩大，市场占有率达到70%，销售额达到5000万元，橡胶下水裤份额迅速缩小。

---

① 下水裤业内第一品牌"打渔郎"就是瑞泰经营了十几年的品牌。

（三）组织架构

2005 年 10 月，思嘉组建了外贸部门，开始将思嘉材料销往国外，实现内外贸易的结合发展。

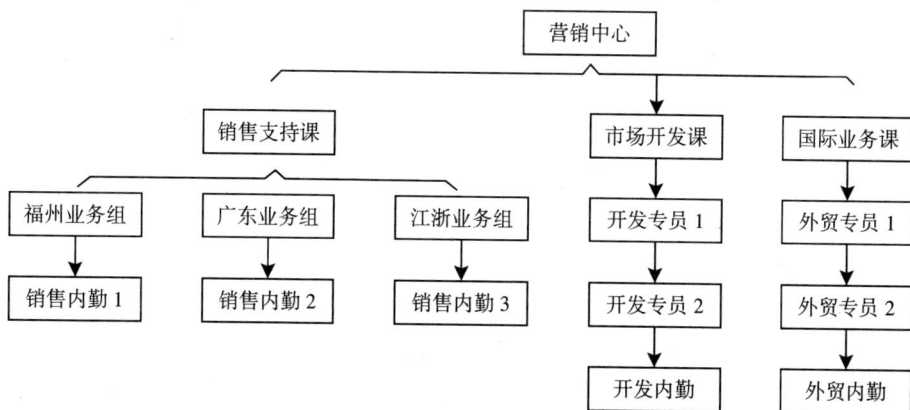

图 6-3　2005 年营销中心组织架构

专栏 6-1　700 万元大订单

2005 年，福州轻工进出口公司 5 部的林总咨询一款涤纶 PVC 材料，这款材料用来做一款高档雨衣，全部出口。客户咨询的时候告知订单金额大，当时没有具体透漏是多大的金额，要求先打样，客户确认后再签订具体的合同。经过半个月的打样后客户确认品质，初步拟定订单数量为 145 万米，单米价值为 5.2 元/米，订单金额达到 700 万元。

这么大的订单对思嘉而言是建厂以来第一次，客户要求在一个半月内全部完成交货。这个订单对采购的最大考验是需要在最短的时间里完成布厂供应胚布采购。经过一周的讨论，公司委派人员到布厂一线，跟踪该单的生产进度。

在准备好所有前期条件后，7 月顺利签下这单合同，并在 8 月中旬完成生产，按时交付客户。

资料来源：根据访谈记录整理。

四、2006 年

2006 年对于思嘉来说是丰收之年，公司的下水裤材料产品市场占有率达到 70%，很多客户慕名而来。思嘉并不满足现状，意识到必须引进或开发新的产品，才能让企业更上一层楼。

（一）开发二代下水裤产品

业务中心部署了新一轮的市场开发计划，对思嘉所有下水裤客户进行回访，真实地了解市场终端使用情况和需求。回访意外地收集到市场反馈的重要信息。由于下水裤大部分都是在冬季使用，通常气温非常低，而包括思嘉迷彩下水裤在内的市场上的产品，都忽视了保暖问题。

如何解决下水裤保暖问题，成为思嘉新的课题。随后公司通过多方面的考察，得知台湾南亚公司生产的一款材料可以在一定程度上解决这个问题。这样，经过技术团队在南亚材料基础上进行全面创新与不断实验，思嘉终于研发出第二代下水裤材料。该款材料具有良好的保暖性，使下水裤不保暖的问题基本得到解决。

（二）加大雨衣市场开发力度

国内雨衣市场非常可观，当时最知名的雨衣品牌是一家台资企业的"大渔"。这家公司全名为福建诏安台川塑胶有限公司，一直采用进口材料，生产出来的产品几乎完全占有中国沿海城市市场。在对雨具市场的调研中，思嘉了解到"大渔"品牌有长期合作的经销商，产品质量好、耐穿，市场都认这个牌子。国内很多厂家模仿"大渔"的产品。同时还有类似的其他品牌产品，如"鲸鱼"牌雨衣。这个牌子也卖了很多年，原材料的品质跟"大渔"有差距。其实，台湾南亚和宁波厚生生产的这款材料质量最好，但是南亚的材料非常贵，远远高于国内材料。

根据市场调研的信息，思嘉在福州一个小村庄找到生产"鲸鱼"牌雨衣的工厂，同时发现这个村庄里有十几家家庭作坊式的雨衣加工厂。没有想到的是，这么一个小村庄的家庭作坊，每年从外面采购 PVC 膜计 5000 吨以上。思嘉开始考虑开发这款普通却又特殊的材料，普通在于它属于 PVC 膜，特殊在于要求材质好、价格低。

把台湾南亚的产品做学习的榜样，思嘉终于开发出适合中国市场的雨衣材料，并带着新开发的产品在村庄里面召开新材料试用推介会。也就是把所有的雨衣生产厂家召集在一起，讲解产品，介绍公司的发展历程。这些厂家对思嘉提供的产品给予充分肯定，逐步把订单转移给思嘉，并指定在材料上印有思嘉的商标。客户的举动不仅是对思嘉产品品质的赞赏，更有利于思嘉产品的品牌宣传。

（三）参加广交会

2006 年 10 月，思嘉外贸部门带着公司四年来新开发的雨衣材料、箱包材料、下水裤材料、婴儿水池材料等产品，第一次参加了广交会。这是第 100 届广交会，主要面对的是国外客户，通过这个窗口思嘉获得很多市场信息，也有国外客户带着样品来到思嘉展位上与外贸业务员做进一步的沟通。公司也是第一次打破传统的邮件沟通方式，与客户面对面地沟通，同时邀请不少客户在广交会结束后直接前往思嘉工业园，进一步了解思嘉园区建设、生产规模、开发能力、技术力量，为今后直接订购产品打好坚实的基础。

（四）开发气模材料

在展会上认识的一个国外客户（当时只知道英文简写 CEC）提供了一块材料样品，要求思嘉帮忙开发。这种材料用来做大型充气弹跳玩具，国外市场已经非常成熟，国内也刚开始引进来生产。根据客户传来的市场信息，市场开发课立即着手收集国内市场充气玩具材料信息。

经过一个多月的市场调研，初步得出的信息显示：国内充气玩具市场和生产厂商主要分布广州、郑州、上海三地，如郑州卧龙游乐设备有限公司、广州奥奇气模玩具有限公司都是在行业里领先的企业。进入气模材料行业相对较早的其他厂商还有广州的柏拉图、海宁的锦达、上海的达亚、北京的佳泰。这个行业市场容量估计有 1.5 亿元。

思嘉把郑州市场作为重点突破的区域市场，调研了郑州的卧龙、恒泰华、华龙、圆融、培林、东方、洛阳航天等十几个厂家，总结出目前气模材料的运营情况。第一，充气玩具客户都是根据自己的接单情况再订购材料，玩具厂商并不会库存大量的材料，不占用资金。因此玩具厂家希望材料厂商能够在郑州设带有仓库的销售办事处，以缩短发货时间。第二，处于充分竞争的市场格局，价格非常不稳定，玩具商希望供应商能够价格稳定、方便接单报价。第三，供应商的材料品质都不稳定，影响玩具商的产品质量。第四，目前这些材料厂商售后服务反应太慢，处理客诉不及时。综上所述，思嘉采取了有针对性的对策，并决定在 2006 年剩下的几个月里，把气模材料市场常规的几种产品全部开发出来，为 2007 年迅速进入郑州市场做好充分准备。2006 年底，思嘉公司顺利引进用于生产气模材料产品的第二台贴合机。这台贴合机整体设备更加庞大，而且多了一个十几米高的烘箱。

五、2007 年

（一）组建郑州办事处

2007 年，思嘉公司确定了重点开发气模玩具材料市场的战略目标，基本锁定郑州、广州、上海三个比较集中的市场，并根据三个市场的特殊性，分别组建驻外销售办事处，以便能第一时间到现场处理客户出现的问题，把售后服务做到最完善。

思嘉在郑州组建了第一个驻外销售办事处。郑州市场比较集中，聚集了大大小小近 30 家的气模生产厂商。办事处在选址上花了很多精力，尤其是配套仓库的选址。思嘉销售办事处必配备仓库，首先是为了解决客户不用批量囤货的顾虑，其次是为了减少产品在路上运输所消耗的时间，而且能更容易使思嘉在市场一线建立客户关系。历经一个月，思嘉根据客户分布区域，最后选择将办事处坐落在离客户比较近、位于郑州东南方向的南三环路上。借助该地便捷的物流和成熟的商业信息，第一批从福州工厂发出的货抵达思嘉郑州办事处，思嘉第一时间告诉郑州的客户：思嘉在郑州建立了仓库，并备了大货，各个厂家可以来办事处看货。

思嘉在郑州设有办事处的消息不胫而走，传遍整个郑州气模市场。对于大多数客户而言，"思嘉"这个供应商是新的，这个品牌也是新的，大家还存在品质顾虑，担心新来的产品品质是否过关。对此，思嘉做出最快的市场反应，向行业里具有影响力的几个厂商提供试用，如果品质没有问题再收取货款。郑州恒泰华游乐设备和三晶游乐设备是最早突破的厂家，当它们认可材料品质时，思嘉气模材料在郑州市场上终于迈出成功的第一步。

（二）打拼广州市场

如果说郑州是针对国内市场，那么广州就是面向"国外市场"。2007年春节前一周，市场开发课再次抵达广州，进行全面调研。广州市场以广州奥奇、广州彩乐为行业领导者，逐步孵化出40余家大大小小的气模厂。其中，95%的厂家都是用广州柏拉图的气模材料，同时柏拉图通过国外的展会，让气模产品采购商清楚地了解到广州这些气模厂家全部用的是他们的材料。思嘉打开广州气模市场大门的难点在于，如何才能在柏拉图毫无感觉的情况下进入广州市场。因为一旦柏拉图知道思嘉要进入市场将会进行全面反击，进入市场的难度将会骤然增大。

春节前夕，业务员们都回到福州，针对广州气模市场商讨出新一轮的销售策略。决定采用"农村包围城市"方针作为攻克广州气模市场的总指导，直到逐步渗透整个市场。

（三）组织架构

2007年营销中心组织架构如图6-4所示。

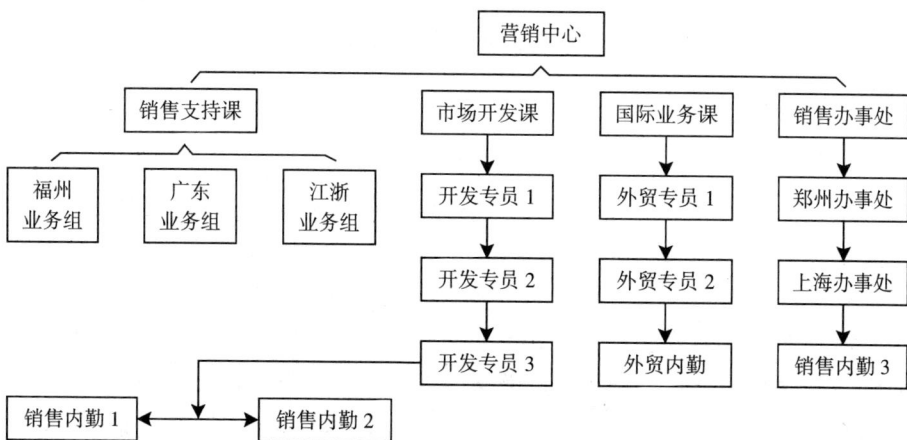

图6-4　2007年营销中心组织架构

六、2008 年

(一) 组建广州办事处

2008 年春节后思嘉组建广州办事处，这是公司针对打开国外气模市场做的又一重大决定。对于思嘉来说，想从当时被广州柏拉图垄断的市场里分割出一块来，真是难上加难。首先，国外客户更注重品质，不会轻易更换材料供应商；其次，同等品质的产品，在价格上的优惠没有达到 20%，客户不会换供应商；最后，国外许多客户指定要用柏拉图的材料。

因此要进入市场，首先要先让客户给思嘉机会，规模较大的客户是很难给公司一次试用机会的。为此，思嘉只能从小客户开始做起。从小客户入手的另一个原因，是小客户在材料供应商眼里往往是最不被重视的，它们心里很难平衡。公司找到这类客户的不平衡点，通过优质优惠的产品把这种平衡给到客户，市场的一角才能被思嘉悄悄撬开。随着小客户逐步增加，市场越来越熟悉"思嘉"这一品牌；同时，思嘉在品质、价格、服务方面力争优越于竞争对手，这些因素都促使原先不利的市场局面发生逐步逆转。

思嘉坚信大海是由无数的小河汇聚而成的，小客户只要足够多，全力地去扶持，一样可以成为大客户！

(二) 参加展会

2008 年 3 月 1~6 日，中国华东进出口商品交易会在上海国际会议展览中心召开，思嘉第一次参加这一展会。在展会上，思嘉收集到一款充气艇材料的新材料信息，立即在展会上与相关的充气艇厂家沟通，了解中国充气艇市场，并得知中国最大的充气艇生产基地位于山东半岛的青岛、威海。这些充气艇厂商用的材料全部来自韩国。好奇的思嘉参展人员打破砂锅问到底，知道此时国内还没有任何一家厂商可以生产这种材料，即使有少量模仿的，但是产品的物性和品质稳定性远远落后于韩国。

市场开发课课长刘俊带着韩国的材料回到福州后，大家通过认真分析并讨论，确认这种材料是一种在技术有很大难度的材料，难怪国内这么多的厂家一直没有开发出来。思嘉马上组织业务人员和技术人员到山东半岛了解各个充气艇厂家反馈的市场信息。当时威海的海飞游艇是国内目前最大的游艇制造商，威海还有韩资游艇企业如日阳游艇、宏阳游艇。经过调研了解到，目前国内材料的主要问题是材料纬斜、材料内漏、剥离强度达不到等。这一系列的问题已困扰国内充气艇生产厂家多年。

威海之行结束后，思嘉针对材料问题的关键点，制订充气艇材料开发计划。经过多次打样反复测试产品的物性，终于试制出样品。2008年9月，业务人员带着思嘉充气艇材料样品，拜访当时支持国产品牌的充气艇厂家——威海晶华游艇有限公司。该客户看到材料后，马上进行几个重要参数的测试，结果表明，在纬斜、剥离、气密这三个重要的指标中，只有纬斜一项客户不是很满意。客户告诉思嘉的业务人员，当纬斜的参数超过2%以后，生产出来的成品会出现船头和船尾扭曲的大问题。总体来说，客户对思嘉的产品还是充满信心的，认为思嘉充气艇材料的产品质量离客户的要求越来越近，相信思嘉会突破这一难题，生产出合格的产品。

思嘉业务人员带着问题回到福州，再次召集技术研发部门、生产部门进一步做问题分析。经过反复的调试，终于生产出自己检测后各项指标合格的产品。同时，抓紧时间第二次送样到威海。这一次，思嘉的产品通过了客户的测试，完全达到要求。当时客户对思嘉仍然提出产品品质的稳定性一定要好的要求，只有这样才能确保终端成品不会出问题。

（三）组建威海办事处

思嘉于2008年11月组建了威海销售办事处，成为第一个进入山东半岛市场的国内汽艇材料供应商。过去韩国充气艇材料一直占据山东95%的市场份额，思嘉的成功进入，是因为竞争对手小看了思嘉的实力，思嘉才有机会分到市场一杯羹。

此后越来越多的厂商开始试用思嘉的材料。思嘉威海仓储中心，备了常规颜色，第一时间根据客户要求进行材料配送。当客户们习惯了思嘉这种服务方式，更满意思嘉的产品品质后，思嘉的市场份额得以逐步扩大。

七、2009年

（一）召开全国性研讨会

2009年，思嘉的下水裤材料的国内市场占有率达到85%。这时国外下水裤材料用的是尼龙PVC，这是一种透湿透气的高端材料，被广泛用于户外休闲运动。而国内下水裤材料仍然只是广泛用于劳动作业,消费理念的不同决定了国内下水裤产品的低端定位。思嘉为了拓展新的材料市场,2009 年 7 月 26 日,在福州香格里拉大酒店主办了中国第一届下水裤材料研讨会。思嘉邀请了来自全国的下水裤生产厂家莅会,通过研讨,与大家共享国内外下水裤材料的技术进步与市场信息。

(二)研发新的材料产品

(1)红泥软体沼气池材料。2009 年,于全国倡导绿色、环保、低碳生活之际,思嘉开启了新的研发项目历程,并成功研发出红泥软体沼气池材料。这款材料被广泛应用于沼气工程、户用型和大型节能减排工程。随后,思嘉研发出双膜储气柜材料,并顺利投放市场。这类材料主要用于大型养殖场沼气项目。

(2)雨具产品业务。2009 年 9 月,思嘉下游产业——雨具产品正式启动,主要生产雨衣、下水裤、雨鞋,这类终端产品的销售渠道不同于材料。材料属于工业品,而雨具属于终端消费品,终端消费品销售模式完全不同于材料销售,雨具的销售需要建设自己的销售渠道,并采用了经销商逐级分销的模式。

此外,思嘉下游产业水上游乐产品、充气艇产品项目也于 2009 年 9 月正式启动,产品主要出口欧美国家。

八、2010 年

(一)气模研讨会

2010 年 7 月 29 日,思嘉在郑州索菲特大酒店主办中国第一届气模材料研讨会,邀请中国游协会会长刘景旺到会,对中国游乐市场情况做了分析。会上由思嘉牵头起草气模材料行业标准。中国气模材料生产虽然已有多年历史,但始终没有规范的标准。由于气模材料的最终成品之一是充气玩具,主要消费对象是儿童,所以材料的标准关系儿童的健康和安全。思嘉有责任为行业制定标准做出贡献。

(二)渠道建设

2010 年,雨具销售全面进行渠道建设。雨具产品的特性决定了其销售模式必须走经销商代理营销模式，最常见的销售模式是每个省找一个省级经销商，然后再逐级分销。思嘉对经销商进行分析，发现省级经销商固然有其多年经营的网络，销售量可能会在短期内有较快增长，但是传统省级经销商都是坐商，不会主动开发客户或者是做售后服务，不利于渠道建设。此外，如果所有的销售渠道掌控在省级经销商手里，应付失去主动权。由此思嘉采取的方式是以省为单位，两个省到三个省为一个区组建区域经理，负责区域市场的客户开发、产品配送、售后服务。这样，先后在武汉、成都、南昌、长沙、南宁、佛山、临沂建立办事处，并给每一个办事处配备仓库，作为雨具产品的中转站，缩短物流配送时间。

当年，思嘉集团邀请国内知名品牌咨询策划机构——赞伯营销管理咨询对集团公司所有产品进行品牌整合设计。公司在香港成功上市后走向国际化、全球化，10 年的思嘉需要重新塑造和完善"思嘉"这个品牌，清晰自己的产品市场定位，要做全球最大的软体材料生产基地，把思嘉打造成一个国际知名品牌。

九、2011 年

（一）参加劳保会

（1）2011 年 4 月 17~19 日，思嘉参加由中国纺织品商业协会主办的第 82 届中国国际劳动保护用品交易会（以下简称劳保会）。公司在会上的展位吸引了广大的参展者，大家对思嘉新材"9A"品质的涉水防护服具有防寒保暖、透湿透气、防水防油、耐酸碱、耐老化、高强度等性能非常感兴趣，不少客人咨询采购及进一步合作事宜。通过这次展会，与老客户进一步加深客户感情，共同把脉行业未来；客户对思嘉的产品提出建设性的意见，在材料的纹路上要有新的创新，在图案上要与时尚接轨。如思嘉开发的森林迷彩下水裤材料，对消费者来说不仅有实用性，而且美观大方，充满时尚。

（2）2011 年 10 月 13 日，第 83 届中国劳保用品交易会在厦门召开。思嘉雨具通过这次展会得到很好的展示。思嘉邀请了全国 100 位经销商参会，同时邀请客户参观雨具生产车间，了解思嘉产品的生产工艺，让客户对思嘉的产品提出宝贵意见。如更换更加时尚的外包装袋，以吸引消费者。与客户并签订长期代理合同，实现共赢互利。

（3）2011 年 11 月 5 日，参加第十八届中国杨凌农业高新科技成果博览会。思嘉新材料红泥沼气池材料、双膜储气柜材料，在会上吸引了众多参展者，现场实物观看，产品介绍、"9A"品质（抗拉伸、抗剥离、抗撕裂、抗燃烧、抗老化、抗腐蚀、抗曝晒、抗漏气、抗严寒）一致得到客人好评。山东省电视台农科频道的记者见到思嘉展位被众多参展商所包围，也被现场气氛所感染，对思嘉新材料产品及用途进行了长达 10 分钟的主题专访。一些地方能源办领导参观后，直夸思嘉新材料产品货真价实。

（二）不断接受新订单

2011 年 7 月 5 日，经过郑州办事处业务员几个月坚持不懈的努力，北京客户的充气艇材料总金额突破 100 万元，这是公司该类产品第一笔达到百万元的订单，公司给予业务员记功嘉奖。随着思嘉系列产品技术含量不断提高、知名度上升，大大提升了市场竞争力，受到客户越来越多的关注。公司持续推动有效激励政策与专业培训，促进业务员保持良好、有效沟通，确保业务员保持旺盛的斗志和进取心，最大限度发挥自己潜能，业务员能力和业绩获得同步成长。

（三）与大学合作

2011 年 10 月 20 日，思嘉与福州大学材料学院携手建立的防水卷材项目示范工程顺利通过验收。与传统防水沥青相比，思嘉新材料防水卷材抗渗能力强、抗拉强度高、低温柔性好、易黏结、耐腐蚀、稳定性好、适应温度广、使用寿命长。与福州大学材料学院合建的防水卷材项目示范工程，不仅帮助福州大学材料学院实验楼全面解决屋顶渗水、漏水问题，更能验证思嘉新材料产品各种良好性能，有助于公司推广绿色环保节能屋面的理念。

十、2012 年

（1）2012 年 4 月，营销部门在各部门配合下一共总结出 11 个流程：订单管理流程、客诉管理流程、成产品退货流程、样品出库管理流程、打样管理流程、应收款及收款流程、客户来访管理流程、客户新增管理流程、授信额度管理流程、发货管理流程以及审价流程。经过四次检讨、三次培训、两次考试，流程顺畅解决存在部分工作重复的现象。如下销售订单，业务在做，内勤也在做，流程顺畅了，业务下销售订单，内勤处理相关传递动作，流程一步一个动作，没有关联好会造成困扰。

客诉流程：原来 4 级审核，现在 2 级审核，加快了工作效率。客户来访管理流程：原来流程客户来访基础信息太长，现在 C6 审批客户来访登记，客户来访基础信息顺畅处理效率提高。打样管理流程：大机样 C6 审批，小机样取消纸质也在 C6 审批。客户新增管理流程：取消纸质申请，直接确认 5 证资料新增客户资料改善（C6 审批、5 证定义）。

（2）由于市场竞争激烈、石油价格上涨波动大、运输费用增加等原因，2012 年 5 月思嘉增加陆运专线物流 2 家、海运物流 1 家，6 月增加铁运物流 1 家，大大降低运输费用，节约成本，产品到达客户的时效性得到提高，满足客户需求。与此同时，海运、铁运专柜出运减少了货物转运造成部分货物破损的困扰。

（3）2012 年 9 月，思嘉（上海）正式投产运营，思嘉（上海）拥有目前全亚洲最先进的意大利进口涂层设备，这标志着公司可以生产出世界品质的材料。目前中国使用的膜结构材料大部分都是进口材料，国内没有一家可以生产出符合要求的产品，但是思嘉凭借这台设备的优势和研发团队，可以生产出与国外进口同等品质的膜结构材料。

此外，2012 年 9 月中旬，常州广厦来访思嘉（上海）工业园。广厦是国内最大的篷房租赁企业，通过试用思嘉的篷房材料，对思嘉生产设备的了解，肯定了思嘉的生产能力，并与思嘉签订战略联盟伙伴协议。

十一、2013 年

（1）2013 年 4 月，新增专线物流 2 家，陆运物流达 7 家，海运物资 2 家、铁运物流 2 家，解决出货运量增加的"瓶颈"问题。针对部分客户零担运输费用，规定小于等于 3 吨以下货物，货到物流货运站客户自提，需要门到门的按运价调整，大大降低运输成本。威海办事处发货运费成本直接降低 100 元/吨。

（2）2013 年 7 月 30 日，赣榆县瑞泰橡胶制品有限公司 12 位高层管理者抵达福州，对思嘉公司进行为期三天的友好交流访问。集团主席林生雄热烈欢迎瑞泰老朋友们的到来。赣榆县瑞泰橡胶制品有限公司位于江苏连云港。瑞泰配备全新标准化厂房，拥有国内先进的生产设备和检测仪器，具有众多的专业技术人员和求实创新的市场营销精英，坚持产品质量与公司共存的原则，严格把握原料采购关，生产质控关，销售服务关。瑞泰二十多年丰富的生产和市场经验孕育并塑造了全国涉水防护服知名品牌——"打渔郎"，目前是中国著名的涉水防护服生产厂家，是思嘉长期的合作伙伴。

作为思嘉的老朋友，瑞泰与思嘉建立了深厚的战略合作关系，两个企业之间经常会进行一系列的互相学习与拜访活动。每次活动都注重从"市场需求、工艺要求、技术支撑"这三个关键点出发，让双方人员带着问题和要求，走进对方的生产中心，深入产品制作一线参观、学习，着眼于问题的发现和解决；探讨如何根据市场需求，进一步开发适用于产品的新材料；成员之间加强联系和沟通，相互学习销售、管理、产品等知识，升华双方合作感情。

林主席说道："每个企业在发展的过程中都会有同伴的帮助与支持，思嘉和瑞泰用几年的时间证明了这段友情的珍贵，双方共同兑现了共赢成长的承诺。"

此次的访问行程安排了福州与厦门两个生产基地的参观与工作交流，瑞泰管理团队中的技术人员与公司接洽人员就核心业务产品的信息与工艺进行了讨论。在分享座谈会上，双方就未来合作规划与产品研发方向的讨论工作展开了推心置腹的对话。这次的访问是双方在长久合作基础下加强战略合作的一次会面，对进一步开拓市场，提升双方产品竞争力，推动双方可持续性的健康、稳定发展有着重要意义。

2013 年 9 月，全国最大篷房出口商珠海丽日梁总一行莅临思嘉（上海）工业园，参观思嘉先讲生产准备，通过这次现场沟通，为思嘉赢得了篷房产品最大的战略合作伙伴。

第二节 营销中心管理流程

一、营销中心管理制度汇编

表6-1 营销中心管理制度汇编

序号	制度项目
1	《客诉管理制度》
2	《样品册、宣传册管理制度》
3	《业务员卡、网站管理制度》
4	《客户信用度管理制度》
5	《打样管理流程》
6	《办事处及办事处人员管理制度》
7	《沼气池项目工程报备管理制度》
8	《产销会管理制度》
9	《应收账款考核制度》
10	《办事处费用管控制度》
11	《客户月度拜访跟踪表》

（1）产品在销售给客户后出现品质异常问题，由业务员反馈到公司。因为要召集各个部门开会讨论品质责任人归属，造成时间拖延；或者出现业务口头反馈却没有正式的纸质客诉单，形成客诉混乱。为了规范客诉流程，缩短客诉时间，快速对客户提出的质量问题，及时处理，制定了《客诉管理制度》。

（2）因为在结算方式方面没有统一规范，造成应收账款拖欠时间久，甚至出现死账、呆账等问题，增大了公司资金风险。《客户信用度管理制度》针对客户的结算方式，制定了客户授信制度，根据客户交易的额度以及客户的结算信誉，评估客户结算方式和授信额度。

（3）《办事处费用管控制度》针对有效的控制办事处费用预算。公司为了激励各个办事处，把办事处费用降到最合理，把办事处全盘费用包干给办事处负责人，合理办事处费用支出，根据每年办事处完成的销售额、制度费用预算方案。

（4）《产销会管理制度》是把市场一线和生产、技术结合起来的会议，业务人员每天综合处理市场的信息以及客户反馈的行业信息，保证市场跟生产、技术信息对称、不脱节。

二、营销中心管理流程图/说明书

表6-2　营销中心管理流程图/说明书

序号	流程说明	流程图
1	《订单管理流程说明》	《订单管理流程图》
2	《客诉管理流程说明》	《客诉管理流程图》
3	《产成品退货管理流程说明》	《产成品退货管理流程图》
4	《样品出库管理流程说明》	《样品出库管理流程图》
5	《打样管理流程说明》	《打样管理流程图》
6	《授信客户的收款流程说明》	《授信客户的收款流程图》
7	《客户来访管理流程说明》	《客户来访管理流程图》
8	《客户新增管理流程说明》	《客户新增管理流程图》
9	《授信额度管理流程说明》	《授信额度管理流程图》
10	《发货管理流程说明》	《发货管理流程图》

三、营销部门流程变革

2012年4月，营销部门实施流程改造变革。在各部门配合下，一共制定出7项管理制度（客诉管理制度、样品册宣传册管理制度、业务卡和网站管理制度、客户信用管理制度、营销中心合同签订管理制度、办事处和办事处人员管理制度、沼气池项目报备管理制度），确定了12个流程（订单管理流程、客诉管理流程、成产品退货流程、样品出库管理流程、打样管理流程、应收款及收款流程、客户来访管理流程、客户新增管理流程、授信额度管理流程、发货管理流程、审价流程、内部工厂之间的单据往来和流程关系）。

对业务人员每年流程变革和检讨4次，每月培训2次，每月汇总考试1次。持续两年坚持下来，所有业务精英已经基本精通部门与部门之间的流程关系和管理制度，在日常工作中提高了效率，并且未来岗位调整的话，他们也能迅速成为管理型人才，可以及时胜任新的岗位。

（1）为了解决市场价格报价混乱、不同区域的业务员串客户，营销中心在 2012 年 8 月新制定了《审价管理制度》，在 C6 金和系统上进行新客户报备，并在 ERP 系统上进行价格审核，然后再报价。

审价流程的成效：第一，业务人员记录自己给客户提供的报价以及审批通过的价格作为价格备案，便于系统直接做成订单，成为交易订单。第二，审价流程也解决了各个区域业务员在跟老客户沟通价格调整的随意性，若经过总部审批后降价，这样在处理合同和订单的时候，主管就会知道事情的经过，工作就会更顺畅。第三，区域与区域如果重新重复报价或者报不同的价格，在系统上便可以查出。

（2）2011 年 8 月，营销中心办公地点搬到思嘉工业园，为了方便沟通，公司将原来的仓储课的派车专员岗位编制到营销部门，由营销主管管理派车专员，进行物流车辆调度工作。一开始，营销部门新增的派车岗位与各部门协调不好，在发货过程中，物流、仓库、财务等各部门频频出现工作效率低下和沟通冲突上的问题。例如，货物没有检验完或者货物没有入库数据，营销部门急于交货给客户，直接先安排物流车来工厂，意外发现产品没入库只能排队等候。这个等候就是在浪费仓管员、货运司机的时间，极度影响出货效率以及货运司机的情绪，同时日益激化公司与物流公司之间的矛盾。

为了解决发货紊乱的问题，保证从业务员跟单——生产课检验——仓储课入库——营运课派车——仓储课发货——财务收款和审核发货单这一系列流程和动作及时进行，营销中心在 2012 年 1 月初制定了《发货管理流程》。执行了将近两年的管理流程于 2013 年初修订过一次，不仅财务审核订单的截止点要求高了，审核的时效性提高，而且对营运管理课的一审也做出严格要求：保证货物确实入库、保证生产出来的货全部发走，不留下零头货物长期呆滞库存。修订完善后，仓库有足够的时间备货，不随意派车、不随意加货，在有效的时间里装最多的货，同时降低了仓库呆滞品库存。

制度和流程的一次次变革，减少了业务员人员报货的随意性，减少了部门与部门之间的抱怨和责任推脱，并且让物流的车辆往来更加有序，仓管人员备货和装货更有效率，发货更加顺畅。同样的时间里，出货率大大提高，能够按照不同紧急性和区域性，保证货物能按照正常的交期交到客户手上。

（3）审批节点和审核级别的变化。第一，客诉管理流程。在2011年以前都是4级审核，2011年第一次流程变革之后变为2级审核，省去了非关键性的审核点，加快了客诉处理的效率。2012年第二次变革的时候对审批节点给出了明确的时间，任何一个主管的审批时间只能在一个工作内完成，给客户的客诉回复或者索赔损失，一定是第一时间，不能拖延。这是思嘉的宗旨，是一个企业的形象，是维护老客户的关键因素。第二，客户来访管理流程。原来流程客户来访基础信息太长，现在C6管理软件审批《客户来访登记》，让行政部门、监察部门（保安）都成为这个流程的参与者，方便客户的接送和通行，办事效率提高，减少客户抱怨，提升公司的企业形象。

（4）进入电子档时代。取消纸质的申请流程升级为系统申请，这是2012年下半年来一个重大变革。例如，取消纸质手写的《客户资料新增申请单》，直接用客户传递的五证资料作为依据①。纸质资料扫描成电子档，是为了能永久性保存，并通过企业服务器共享给财务、会计等相关部门。如果五证资料有效，就直接向ERP系统添加客户信息档案。再如打样管理流程，无论大机样打样申请还是小机样打样申请，均取消纸质，也在C6管理软件上审批。这样的改变，审批人设置明确，让流程节点变得更加清晰；减少纸质上下传递，让审批更快，让资料可以永远存档，不易丢失，让各部门间的信息资源共享得更快，大大提高了工作效率。

（5）为了规范客户的授信额度管理，使授信额度或结算方式的申请或变更有所依循，营销部门在2013年修订了《授信额度管理流程》：第一，思嘉变更了审核人员（均匀高层领导营销总监和财务总监进行逐级审核）；第二，思嘉要求递交一份关键性表格，就是客户最近一年的《客户销售明细及回款表》；第三，申请方式由以前的半纸质、半系统申请，改为完全用C6系统申请流程，完全取代纸质资料；第四，增加财务部门要求的申请授信和月结的前提和标准。不是任何一个客户都可以申请授信的，虽然以前实际操作中对客户授信有执行标准和要求，但没有用文字的条款形式明文规定。这个条款原来主要体现在财务管理制度中，现将这个要求增加

---

① 五证分别为：营业执照、税务登记证、开票资料、组织机构代码、开户许可证。

到营销部门的管理制度中，从而更直接地约束业务人员。符合条件的客户，向业务员提出授信额度的申请或变更，或结算方式的变更申请，业务员需要将客户提交的《客户资信调查表》，并附上书面《申请书》，再制作一份最近一年的《客户销售明细及回款表》，在 C6 系统上填写《客户信用度申请表》，将以上资料作为附件上传 C6 系统；办事处经理进行 C6 系统初审，营销中心总监进行 C6 系统上的会审，财务管理课总监进行 C6 系统上的终审。给客户授信和变更结算方式，是提高客户忠诚度的一个方法，但具有资金回笼的风险，所以需要高层来参加评估和审核。

（6）2013 年，为了加强客户的授信额度管理和应收账款的回笼，营销中心和财务部门共同重新修订了《授信额度和应收账款管理的规定》。对各办事处的超期应收账款、未按照公司流程，各办事处发货通知单均由总部会计核算课审核，未经总部审核、私自发货的或货先发出再补单审核，均做出新规定，处罚更加严厉。不仅针对办事处经理，而且对办事处的外派财务也同样做出相应的处罚，因为相关的财务人员作为监督者，必须管理好公司授信和应收账款。此次管理规定修订后安排监察中心专人监督，处罚不仅针对办事处管理人员，而且包含执行者和监督者，效果明显，大大减少了公司的超期应收账款现象。

（7）2013 年，思嘉将福建思嘉公司较为完善的销售类管理制度和流程，复制运用到思嘉集团建立的各分公司，并且适当地对总部与分公司之间单据往来流程进行了重新梳理，更加方便总部和分公司的财务、销售内勤人员的信息传递和单据审核关系。因为岗位说明、流程制度做得足够好，分公司新招的每位新人，都可以得心应手地适应新岗位的工作。所以，福建思嘉的管理流程、制度，就是这个集团的"心脏"，必须在不断总结、完善和变革中得到提升，才能被成功复制，集团的营销中心才会顺畅运作。

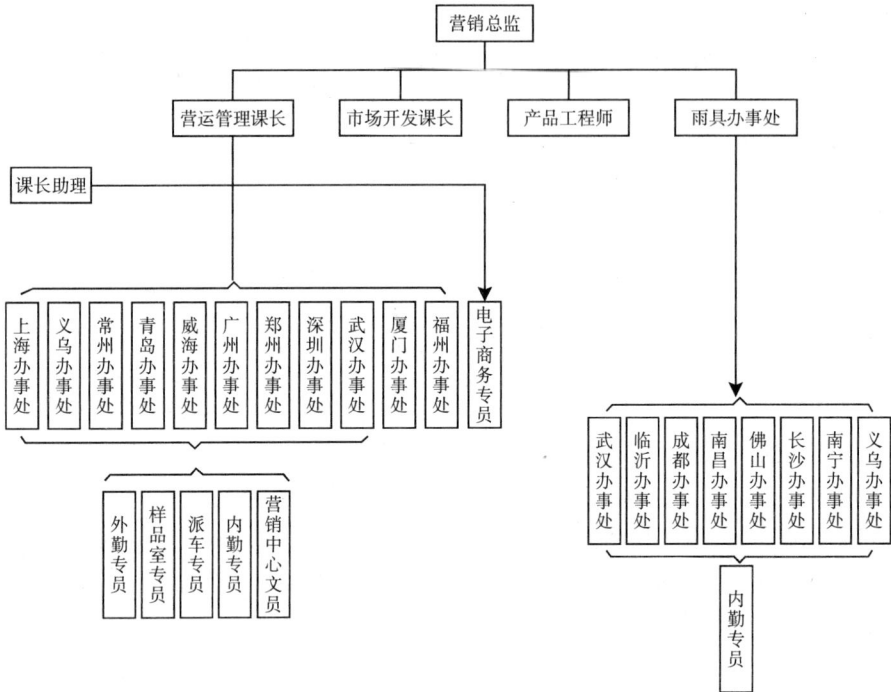

图 6-5　营销中心组织架构

第三节　销售策略

一、与客户建立战略联盟

思嘉针对气模材料、汽艇材料、下水裤材料几个产品系列的销售特征，和客户签订战略联盟，确保全年销售价格没有大的波动；根据客户年度采购额制定返利协议，采购越多，到年终返利越多，不仅保证了客户的利益最大化，同时确保了思嘉销售额。对于思嘉生产的工业材料产品而言，这种捆绑式销售模式对客户有很大的激励作用。

二、定期由思嘉组织行业研讨会

通过举办研讨会的形式把全国客户紧紧连在一起。客户不仅需要产品，更需要行业的信息与技术。同时大力宣传思嘉的品牌，让客户了解思嘉，跟着思嘉一同发展进步。如 2009 年 7 月在福州举办的下水裤材料研讨会、2010 年在郑州举办的气模材料研讨会，都取得了很好的效果。目前思嘉正在筹备在山东半岛举办中国第一届汽艇材料研讨会。

三、建立销售渠道

雨具终端客户走的是销售渠道之路。通过渠道代理商，把浩源雨具产品逐级分销到各个经销商。为了激励经销商多销售，思嘉与全国 1000 多家经销商签订代理协议，每个经销商会享受到年终返利，大大刺激了经销商的销售欲望。同时，公司为全国经销商制作代理牌匾，让经销商感觉到在自己的区域市场，完全由自己发挥，是名副其实的独家代理商。

四、定期拜访重大客户

公司每年制订高层拜访计划，了解市场和客户存在的实质性问题，并制定出相应的解决方案，更好地让客户体会到思嘉的高关注度。

专栏 6-2　一个新市场的出现

2011 年 7 月 5 日，郑州办事处业务团队经过几个月坚持不懈的努力，北京一个新客户储水袋材料的订单总金额达 110 万元以上，成为思嘉创办以来该产品的第一个单笔交易额最大的客户。从此，储水袋材料的市场更加引起大家的关注，一个新市场的出现让所有业务人员看到了一个新的希望，同时也给公司技术部门进一步开发 PVC 夹网、TPU 夹网的储水袋更大的信心和力量。

资料来源：摘编自第 34 期《思嘉慧报》第三版。

第四节 营销中心能力提升

一、会议和培训方式的改进

（1）公司在不断发展，业务量也在不断增长。随着营销团队的不断壮大，公司很重视对营销精英的培养，在任何阶段他们都需要不断学习和成长，营销中心每年都会制订《营销中心培训计划》，按照星期和月份实施。

（2）2009 年甚至更早之前，因为企业内部通信工具的限制，那时候的办事处只有 2~3 个，业务人员也不多，基本是总部培养好人才后派送出去，所以培训基本是简单地通过网络发送 PPT 课件供大家学习。2010 年的一段时间，主要是通过"八爪鱼"电话通信设备进行沟通，安排人员提前进行培训课题准备，然后做会议记录，但是因为营销费用太高，思嘉只好转向寻找更好的培训方式。

（3）2011 年后，公司业务量迅速增长，业务员数量增加较大，达到了40 多人[①]，思嘉改用当时很流行的沟通 YY 语音软件。每周一至周五，每天各办事处连线 YY 语音进行开会和培训。培训方向和内容为营销总监带领产品中心人员准备的市场新信息和新动向的分析信息、材料专业知识的学习材料、客诉问题的反馈和沟通记录。大家在同一个语音平台上面，按照办事处依次发言，共同分享不同区域带来的市场信息、共同学习不同客户反馈的不同问题。这个平台很好地锻炼了业务人员的口头表达能力，显著提升了业务人员发现问题和分析问题的能力。

（4）2012 年开始，因为语音会议上讨论的问题及新鲜信息容易被遗忘，并且人员参会比较紧凑，很多高层领导没有办法参与到会议中来，所以改为了"RTX 群"开会。每周一、周三、周五，分别为品质问题分析会、交流沟通会、市场信息分享会。大家在不同的时候，可以将问题反馈到群里，相关负责人和高层均可以看到业务人员反馈的信息。这种方式有助于安排人员做会议记录并且追踪问题的解决进度。

---

① 此时办事处达到 7~8 个。

RTX 开会的过程也是一个培训和学习的过程。2012 年 C6 金和办公软件升级，公司成员用得越来越熟练，所以 2012 年一开始的培训，思嘉全部转到 C6 上进行，如培训课件资料、培训试题、考试分数管理等，大大提高了培训普及率。

（5）2013 年开始，为了提高效率，开会和培训依然没有变化，但是会议分类更加分明。公司注重开会的效率和效果，不同的时间和不同的人参加不同的会议，不同的问题在不同的群组织里反馈。按照不同的组织架构建立 RTX 会议群，有"福建思嘉面料的产销会"、"上海思嘉涂层的产销会"、"供应链沟通群"、"应收账款沟通群"等会议群，按时参加不同的会议或者培训，并通过这个开发性的 RTX 平台传达信息。同时，C6 培训和考试仍是主线。

（6）信息时代发展日新月异，微信和微博引发的"微营销"越来越受广大企业的认可和追捧，于是思嘉林主席也带领思嘉走在时代的前端，设立了"微信产品知识培训"、"正能量传递"、"生产技术销售产销会"、"思嘉电商"等各方面的知识分享和培训群。

微信培训有更便捷的一面：可以通过手机，随时随地进行分享和培训，公司将每位领导、工程师、部门主管分析出来的产品知识进行整理，然后通过 C6 考试测评业务员平时是否有认真对待微信培训。这样的培训不死板、不受时间和空间的限制，让更多人愿意参加这样的分享和培训过程。"快乐的学习，无形的成长"才是关键。

二、出台对销售人员参加会议和培训的相关制度

（1）为了进一步提升营销中心业务人员专业知识和综合素质，提高整个销售团队的战斗力，达到公司计划的培训效果，2013 年 8 月 1 日，公司特制定一项《关于营销中心专业知识及管理流程考试规定》。主要是针对产品专业知识和管理流程，每月定期由营运主管负责安排整理编写教材和拟定试题、统计分数并进行奖惩，同时在 C6 公布。

（2）对于当月缺考、当月不及格补考、当月考 95 分以上、当月考满分的人员，公司分别做出相应的奖励和处罚。同时规定：①若缺考一次，取消年度业务标兵评比资格；②若全年考试成绩低于 60 分超过 2 次，取消年度业务标兵评比资格；③若全年考试成绩低于 90 分超过 3 次，取消年度业务标兵评比资格；④若全年缺考达到 3 次以上，给予辞退；⑤若全

年考试成绩低于80分超过3次以上，年中或年终考试成绩低于80分，给予调离业务岗位。

以上如此苛刻的要求，主要是为了能真正优胜劣汰，培养出一批既懂得销售，也懂得管理的专业性人才。将来他们无论在哪个区域做市场、无论调动到哪个部门，工作起来都可以得心应手。

专栏6-3 篷房材料销售记录

从2009年开始，思嘉集团就着手做篷房、膜结构高端材料的调研和开发，其间也培养了一批产品经理进行市场开发工作。2011年开始在福建生产基地进行不断的试生产，然后陆续投放市场。但由于幅宽的受限，思嘉为满足市场的更多需求，投放宽幅生产线，做材料幅宽达3m以上的篷房、膜结构材料。2012年8月，上海思嘉的篷房、膜结构材料开始投产。

功夫不负有心人，2013年8月，在新产品开发过程中，义乌办事处销售精英饶叶千通过自己的专业知识和他独有的沟通方式，与杭州一新客户达成篷房材料110万元的订单交易。这是新产品开发四年来篷房材料的单次最大交易额，思嘉再创下第二个新产品交易额的新高纪录。

这次交易给大家带来的不仅是惊喜和更多的动力，让公司高层对思嘉营销团队的再次认可，也让公司的技术人员、其他营销人员对篷房和膜结构材料的市场充满激情和信心，思嘉是可以做出让更多新客户满意的材料。

资料来源：根据访谈记录整理。

第五节 国际贸易

一、国际展会

(一)思嘉集团常年出席的国际展会

序号	展会名称	展期	地点	性质	面积（平方米）	摊位费（元）	差旅费（元）	备注
1	美国篷布展览会	1年1届	美国/奥兰多	参展	9	7000.00	72000.00	3人
2	巴西产业用布展览会	1年1届	巴西/圣保罗	参展	12	52800.00	48000.00	2人
3	美国IFAI展	1年1届	美国/奥兰多	参展	54	146390.00	150000.00	5人
4	法兰克福国际产业用布展览会	2年1届	德国/法兰克福	参展	15	94400.00	120000.00	4人
5	春季广交会	1年1届	中国/广州	参展	9（2个摊位）	56000.00	7000.00	3人
6	秋季广交会	1年1届	中国/广州	参展	9（2个摊位）	56000.00	7000.00	3人
7	俄罗斯国际产业用纺织品、非织造布及防护服展览会	2年1届	俄罗斯/莫斯科	参展	21	83530.00	82000.00	3人
8	中国劳保会	1年2届	上海/其他城市	参展	54	70000.00	30000.00	3人
合计						726120.00	86000.00	
						1082120.00		

(二)展会的成就

展会初期，思嘉处于摸索阶段：探听市场，通过市场发现自身问题，这些问题指引了思嘉前进的方向。业务员将展会上客户、同行、供应商反馈的产品信息、市场信息收集整理，然后给技术、品质、采购、公司高层，通过会议讨论、实验研究等方式做出相应的决策，在下次的展会以新面貌步入市场。在一步步前进的过程中，思嘉逐渐缩短了与国际同行的差距，向国际市场靠近，客户、同行、供应商用"飞跃发展"形容思嘉。在这条道路上思嘉结识了很多同行伙伴。思嘉明确展会目的及目标，用这一思想指导展会工作，通过展会，宣传公司产品、提升企业形象及实力、认识新客户、贴近老客户、收获订单。

作为外贸人，思嘉明白平台对市场开发的重要性。外贸平台很多，并非每个平台都适合自己，也并非每个平台都能给思嘉带来满意收效。这需要调查、需要分析、需要经验告诉自己适合什么。思嘉知道展会是开发国际市场平台之一，每年纺织展会不计其数，遍布各个国家和地区，在这种情况下，需要做出相应的决策，在选择展会方面，思嘉主要考虑以下几点：

（1）关注产品，思嘉的产品在该国家及地区是否有市场，如思嘉的产品品质，价格等因素。

（2）关注市场，这个国家的市场是否值得思嘉投入时间、精力、成本去开发，思嘉在这个市场的优势及劣势分析，自己是否做好了准备。

（3）展会的专业程度，与思嘉的行业相关性。

（4）展会的组织时间，如果是第一次举办的，思嘉会选择在拜访客户期间观展，避免盲目参展而造成不必要的浪费。

展会承载着期待，这种期待也是留给准备充分的人。展会之前，思嘉会特别注重展前准备工作。为确保每次展会顺利进行，使得展会取得预期效果，思嘉制定了集团展会作业指导书，展前准备、展会接待及展会追踪都有依据和制度可循。

二、国际贸易大事记

伴随着国内业务的发展壮大，公司发展具备一定的规模及实力，产品品质及服务得到行业及客户认可。公司及产品走出去的方向之一就是发展国际贸易，这也是具备一定实力企业发展的必经之路。

思嘉集团在 2005 年开启了外贸之门。起初是"通过门缝看世界"，对于毫无外贸经验的思嘉来说，从零起步，向困难挑战的同时也是经验的积累及喜悦的收获。

第一份外贸订单对思嘉来说有着非常重大的意义。那是 2005 年 10

月，一位新加坡客户通过阿里巴巴给思嘉发来询盘，询问用作卡车篷布的一款材料，数量为一个货柜，客户给出相对详细的规格要求及特殊要求。从询盘内容来看，这是一份较为真实的交易，可以看出客户成交意向较大，并了解思嘉的产品。思嘉当时的第一感觉就是要把握住这个机会。认真分析客户询盘内容后，给客户回复了第一封邮件，明确客户需求及对产品的特殊要求。

令人高兴的是客户立即通过邮件详细回复。业务员立即按照客户的需求给出报价。客户对思嘉的报价很快做出反应，认为报价比较高，高于他目前从中国采购的价格。从贸易的角度来看，客户还价是正常现象。经研究后，思嘉对价格做出调整，再次通过邮件告知客户。想到在线联系方式沟通更便捷，于是思嘉通过彼此的 MSN 在线上沟通。对于思嘉的降价，客户依然不满意。通过沟通，客户给出了低于思嘉预期的目标价。可见新加坡其他客户的询盘及他们对价格的需求，这个市场对价格非常敏感。思嘉报价都有产品品质作为参考。考虑到客户还价是建立在所要求的品质基础上，所以让客户寄样品供参考并确认报价。

收到客户样品后，思嘉将样品及客户目标价格汇报给总经理。依照客户的样品品质，其目标价也是偏低的。通过沟通，公司了解到这是一个大客户，每个月有 2~3 个货柜订单量，而且订单规格、颜色单一，同时客户也告知自己是专业做高强工业布的贸易商，除了该款产品，其他产品也有订单需求。基于这些情况，公司决定争取这个客户。

考虑到目标价太低，思嘉在目标价格基础上稍微增加一点再次报给客户。起初客户不同意，同时透露了一个信息，之所以想更换供应商是因为跟他们合作的原供应商偷工减料，厚度做薄，诚信度下降。公司了解到客户的诉求后，从品质、服务、规模等方面说服客户。价格敲定后，思嘉建议客户下单。这时候客户提出疑问，因与思嘉是第一次合作，似乎怀疑思嘉能否按照他们要求的品质、颜色、纹路生产。客户要让思嘉按照样品打样给他们确认，通过确认了再下正式订单。这个要求也不无道理，告知客户打样没有问题，但是需要收取 500 美元打样费，如果后续有一个货柜订单，打样费可以在后续订单中扣除。客户同意了这一建议。于是做了份打样合同给客户确认，客户支付费用；收取费用后思嘉打样并寄样品给客户确认。客户对思嘉提供的样品很满意，收到样品后即刻确认订单。直到收到客户正式订单及订金时，思嘉心中的石头才落下。整个谈判过程经历了

2 个多月，从了解客户需求、报价、还盘、寄样、打样、确认样品，确认订单，每一步都是学习过程，每一步都格外细心。这对思嘉后续接单是一个激励，是学习外贸的一个入门案例。

2006~2008 年，在企业决策层的支持及帮助下，从外贸人员对外贸情报收集及分析中，思嘉了解了外贸，摸到了门路，通过网络、国内展会如广交会、华交会这些国际性展会，思嘉收获了客户资源及订单，这时候外贸团队稳步形成。

2008 年思嘉公司扩大外贸规模，招聘了一批认可企业文化有活力的外贸人员。他们刚从学校步入社会，在大学主修的是与外贸相关的专业如国际贸易、英语等，经公司培训后很快进入市场开发、维护管理客户等岗位[①]。与此同时，思嘉除国内展会外，也开始关注国外专业展会，收集行业展会信息，分析展会性质、内容、市场及参展必要性。通过一系列的前期准备，思嘉筛选了一些重要展会参展。渐渐地，思嘉开始在国外行业展会的舞台上崭露头角。

2005~2008 年，思嘉的国际贸易主要集中于东南亚市场、南非市场和少量北美市场。2008 年对思嘉来说是一个华丽转身，北美市场客户数量大幅上升，新开发客户数量增加了 35%。北美市场一个老客户销售额由 2007 年的 50 美元增加到 150 美元。东南亚市场产品单一，主要用于车篷、帐篷，但是却有着很大的市场容量，主要与当地的气候特征有着很大关联，该市场 2008 年总销售额增长 50%。

2008~2010 年，思嘉成功开发了南美和欧洲市场，思嘉的卡车篷布、帐篷、气模、充气艇等材料逐步进入这些市场。思嘉公司一直以来注重宣传与推广自我品牌，SIJIA 这个品牌在外贸市场上渐渐有了知名度。

2011 年，为迎合国内外市场需求，赋予产品创新的概念，形成与同行的差异化竞争，扩大产品宣传点，思嘉启用新的品牌名称，SIJIA NEW MATERIAL。国内外展会、网络上思嘉使用这一品牌。随着产品在国际市场的推广，公司知名度扩大化，SJIA NEW MATERIAL 品牌被越来越多的市场认知。

通过 2011 年 5 月广交会，思嘉结识了俄罗斯最大的工业用材料贸易商，从而打开了俄罗斯市场。这个客户在展会结束后确认了一个金额为

---

① 尤其在通过网络开发市场方面表现突出。

20000 美元的散单,并明确表示这只是试单,是对思嘉首次合作的考核。2011 年 8 月总经理张宏旺先生出差俄罗斯,专程到这家公司拜访,受到其高层的亲自接待。客户对与思嘉的第一次合作表示满意与放心,现场确认 2 个货柜订单量。2011 年 12 月,这家公司到中国出差,也特意抽出行程拜访思嘉。通过双方的互访,坚定了合作方向及合作规模。通过与这个客户的合作,以及与其他俄罗斯客户接触,思嘉了解俄罗斯市场对产品种类及产品品质的需求。2012 年 3 月,有个专业性产业用布展,思嘉带上有针对性的产品参展。3 天的展会,思嘉认识了俄罗斯最大充气艇制造商、俄罗斯第二大工业用布贸易商。展会结束后,他们安排思嘉访问其公司,对他们的生产规模、贸易实力有了充分了解。回国后,思嘉与各公司保持联系,通过多番努力,思嘉与这些公司建立了业务往来。

市场在不断开发及维护中壮大,与客户的合作有了新的方式,在不同的市场及产品领域,有些代理商陆续加入思嘉,开始承担起思嘉集团在海外独家代理的角色。这些代理商信任思嘉公司的产品质量、技术、产品交期、服务等。与这些代理商的紧密合作迅速扩大了思嘉出口量。自 2011 年以来,这种合作方式让思嘉在开发俄罗斯及北美市场方面取得明显成效。

三、外贸团队建设

公司文化建设中着重渲染的一方面就是团队建设。对思嘉部门而言,需要做到的是将这一文化落实到实践中。在团队中,思嘉秉承一股核心力量,用阳光的心态、正确的思路、方式方法坚持往前走。在思嘉的团队建设中,外贸人员感受到以下几个方面很重要:①团队环境对人的影响力。②激励机制的建立。③培训。④方向的指引,类似于职业规划。⑤团队归属感。在思嘉团队中,思嘉有明确清晰的组织架构,每个人负责相应的市场、产品、客户,每日对重要客户沟通情况进行沟通汇报,每周例会上汇报本周工作事项,确保工作不脱节。

招聘符合团队建设要求、认可企业文化的外贸人员,思嘉通常从以下几个方面着手。

(1)语言是从事外贸必备的技能之一,英语水平要达到国家 6 级以上,这是对证书方面的要求。同时也要考核实际应用,通过一些日常对话考核应聘者的英语会话能力,通过考核笔试如翻译、信函书写以考核应聘者的写作能力。

（2）外贸专业知识测试。如果是应届毕业生，在学校接触过外贸书本知识的人对外贸流程、外贸专业术语等有基本的认知，可直接运用于工作，不能完全应用的时候，稍经指导就能领会、运用。

（3）对外贸工作的认可。热衷于从事外贸业务的人员，首先表现出来的是兴趣，能够理解从事外贸接单工作时间漫长、艰辛，需要勤奋、努力、踏实。

（4）创新意识及能力。对外贸市场开发是否有独特的见解。

第六节　电子商务部门的组建及未来发展规划

经过 2002~2014 年的发展，思嘉集团先后在上海、湖北、江苏、厦门建立分厂。集团公司以材料为核心，有限度地延伸至下游终端产业，先后组建了水上玩具事业部、充气玩具事业部、雨具事业部，形成了由材料到终端行业的产业链。

终端产品面对的市场是消费者，区别于材料。材料本身不过是半成品，需经二次深加工后才会面对消费者。针对集团现有的几款下游终端产品，公司 2013 年开始把电子商务纳入集团未来的发展规划。未来集团公司不仅要销售自己的产品，同时要销售他人生产的同类产品，利用电商平台，实现工贸结合。

一、电子商务内外贸销售平台

（1）内贸电商平台：淘宝网（天猫）、京东商城、1 号店、当当网、凡客诚品、苏宁易购、QQ 网购、亚马逊，等等。

（2）外贸电商平台：兰亭集势、敦煌网、全球速卖通，等等。

二、电商物流配送

因为厦门具有得天独厚的电商环境：政策优惠、物流发达（海陆空运输便捷）、软件园拥有大批量的电商人才，因此，全力打造以厦门万达为思嘉电商运营中心，以集团四大生产基地为物流配送中心，缩短快递时间，提高售后服务质量。

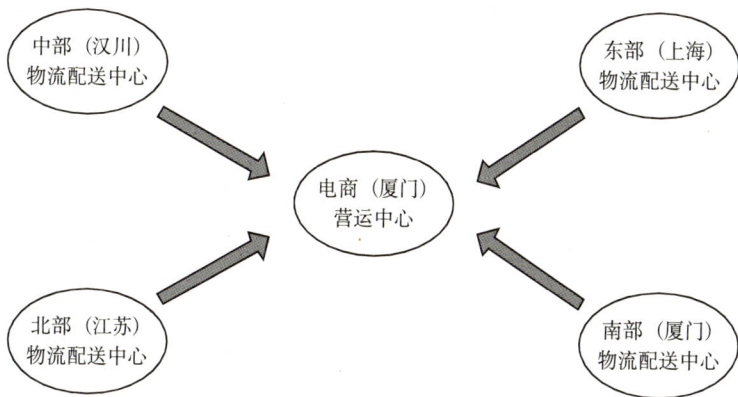

图 6-6　电商物流配送中心

三、集团内部产品和客户紧密相连的产品优势

下水裤产品；雨衣、雨披、雨鞋产品；"雨中笑"雨具系列产品；寻找"鼓浪雨"雨伞合作商，贴牌生产，根据发展状况，逐步自己生产雨伞，做到线上线下差异化同步销售；浴帘、西装套、收拉袋、收纳盒等产品；锦成、亿恒、中泰等工厂休闲服产品系列，借助相关工厂的设计、生产能力，逐步向户外休闲服饰领域发展。

四、区位优势、产能优势

自从 2010 年之后，集团在福州、上海、湖北、厦门建立了生产基地，加快发展材料和终端产品。这些基地除福州、厦门已达到满负荷生产之外，上海、湖北基地计划依市场情况，用 3~5 年时间进行规划扩产。福州二期 222 亩土地已开始建设。因此，生产扩产总共拥有近 800 亩土地可以用于扩大生产①，预计五年内产能可满足电商业务发展。

时代发展之快，思嘉必须在未来三年内，从生产型企业转型为生产贸易技术开发型企业，必须走跨越式发展电子商务，内贸与外贸业务、技术研发和产品开发相结合的发展道路。

---

① 总建筑面积将达到 37.62 万平方米。其中上海 5.7 万平方米、湖北 8 万平方米，福州一期 7 万平方米，福州卅二期 16 万平方米、厦门 8000 平方米，万达办公楼 1236 平方米。总价值达 6 亿元。

五、2013 年电商计划

（1）计划在淘宝、天猫等开各类产品专营店、旗舰店 11 家以上，全力扶助发展集团内部分销商及外部分销商，分销商数量达 700 家以上。积累分销商渠道经验，逐步扩展外部分销商。

（2）强化训练物流配送团队，组建一批敬业的配送队伍。电商成败在于配送的及时性和发货的准确率等服务品质。

（3）时尚产品设计团队开发能力提升和培养；产品设计必须时尚新颖，款式适合不同群体。

（4）组建外贸电商团队，通过第三方销售平台，打开外贸电商市场。

2014 年下半年，市场环境发生巨变，"工业 4.0"席卷全球，美、德等发达国家的工业革命信号给中国制造业敲响了警钟。中国所有的制造厂商都不得不面对挑战。提高生产效率、产品质量、产品能效及整体自动化水平，降低生产能耗是思嘉调整战略的第一步计划。因此思嘉集团暂时停止电商线上贸易、湖北户外用品生产、上海化工贸易等公司的运作，把精力集中在新材料的研发和业务升级上。

第七章　技术与研发

　　技术研发是指新品种、新技术从创新构思的产生直至品种、技术审核确定的环节。对以产业实体为表现的制造业而言，技术研发是整个生产制造过程背后最重要的辅助性活动，是企业产品与服务差异化的源泉，是企业市场竞争力的支撑。思嘉集团发展过程中所迈出的每一步，都与技术研发水平的提高紧密相关。尤其是在确定了思嘉走高分子软体新材料道路，成为新材料领域高新技术国内领先、国际一流的企业定位后，思嘉集团更加重视技术进步和技术积累，并致力于使自己成为以技术创新引领行业走向的带头人。目前，思嘉集团已经形成具有自身特色的技术研发体系，拥有一支瞄准行业世界先进技术、特别能攻关的科技研发团队。在思嘉集团新一阶段的发展战略指导下，在思嘉鼓励创新的制度设计和企业文化氛围中，这支科技研发团队以中年工程技术人员为领军人物，以青年技术研发人员为基础力量，根据对市场现实、潜在需求的分析，通过确定适宜的技术路线，采用恰当的技术方法和工艺手段，研制、筛选出具有能满足市场需求的新品种和新服务，从而确保企业在行业中的领先地位和市场竞争力。

　　思嘉集团的技术与研发过程具有开放性、积累性、全员性的特点，以技术研发团队为主体、省级企业技术中心为核心、紧密的产、学、研合作关系为支撑，坚持以市场为导向，服务于产业发展，多部门不同层次人员共同参与的一系列开发活动。通过在多个不同发展阶段中技术得到不断积累、不断提高的研发活动，使思嘉集团得以培育起技术能力，攀登一个又一个技术高峰，逐步跻身于国内行业的前列。

第一节　技术水平及其演进历程

伴随思嘉集团快速发展的历程，跟随与适应不同发展阶段的企业战略，思嘉的技术与研发能力经历了被动地服务于生产制造过程、主动地开展局部技术改造与技术革新、生产线整体改造与设计、新产品自主设计开发、参与国际行业标准制定的演进历程。在组织体制方面也由单一服务于生产过程的技术部门，逐步成长为具有自主研发能力的省级技术中心，初步形成以技术中心为核心的研发体系。

2002年，思嘉集团刚刚创立时，由于没有自己的核心技术，只能选择市场相对成熟的产品，以低成本的策略进行生产。创业团队最早把目光聚集在劳工雨衣这类产品上，因为这些产品技术含量不高，且相关的技术配方、工艺参数在行业内比较透明，技术壁垒低，加上当时的福州形成了出口劳保产品集聚市场，是劳工雨衣产品的主要出口基地，有一定的市场容量和较好的市场机会。于是，经过近1年的厂房建设与团队组建，公司在2003年开始引进两条压延生产线，主要生产民用雨衣、充气模、贴布革等普通民生类产品。这类产品的技术门槛低，生产过程简单，比较容易掌握。这时虽然也成立了技术部门，即技术课，但其并不具备哪怕是最简单的技术研发能力，主要是负责为满足不同客户对产品颜色的需求而为生产过程配色工作。

由于受到设备的限制，思嘉此时只能生产普通的压延膜类产品。为了丰富产品品种，进一步开拓市场，提高市场竞争力，2004年公司首次引进了一条贴合生产线和两条涂层生产线。然而，贴合生产线仅适合生产普通的灯箱广告布，这类产品在浙江一带已经有很多生产企业，市场竞争日趋激烈。公司管理层不得不回过头来重新评估生产灯箱广告布产品的优劣势，最后认为思嘉没有竞争优势，很难打开市场。由此决定调整产品方向，先尝试开发生产具有一定技术含量的箱包类产品。此类产品中层为高强工业聚酯网布，技术人员进一步分析复合工艺路线，决定针对机台进行局部技术改造，一是将压花辊改为双压花，二是网布导辊增加油加热装置，三是改造处理切边刀。后期为了能够生产防水包，又对网布上糊装置进行了改造。通过对机台改造，经过多次试制生产，终于生产出具有一定技术含量的合格产品，投放市场后效果很好。思嘉人第一次尝到了技术革新的甜头。

2005 年开始开发生产婴儿水池材料。这类产品对技术要求提高了一步，因用于儿童，产品不能有气味，与孩子皮肤接触不能出现任何过敏反应等。这些使用特性要求思嘉产品的配方原材料要符合各种无毒要求，重金属含量检测达到 EN71-3 标准，色料、增塑剂等各种原辅料需要采用环保材料，原材料进厂要通过严格的原材料进料检验，不合格产品不能进仓，生产过程中要严格遵守各种操作规范，树脂选择上要满足后道工序易于焊接加工，并且不能出现渗水现象。通过多次技术难题攻关和调整试制，最终生产出合格的产品，经客户使用反馈良好。这一年，还成功开发生产出军用迷彩下水裤材料。这一产品的开发过程也可谓历经千辛万苦。下水裤布基采用 170 涤纶印迷彩图案，强度较差，开始生产人员不熟，涂层易于拉裂，改为双面贴胶，先上一层胶水，再贴合生产，却发现剥离不可行。此后调整配方，甚至采用上糊两遍胶水，又碰到上胶后涤纶布黏结在一起的问题。最后，接头采用了 PE 膜垫，改造了贴合线涤纶预热条件，改进了放布架，多种措施综合运用终于解决了布料贴合粘连、起皱、剥离不好等问题，通过努力生产出合格的产品，并申请了发明专利。产品投放市场后，取得极大的成功，获得客户的高度赞誉。

响应市场反馈的需求，思嘉于 2006 年开发生产出夹网下水裤材料、针织下水裤材料。针对相关市场，企业决定继续扩大生产规模，这一年引进了第二条贴合生产线。计划开发生产汽艇材料、大型气模充气材料、气密水池材料等产品。刚开始也只能生产幅宽 1550mm 的产品，但在产品的推广过程中发现市场需求更大的是幅宽 2100mm 的产品。如何才能在现有设备上生产规格要求更高的产品呢？技术人员经多次研究后，决定对设备中的立式烘箱进行加宽改造，同时改造烘箱加热控制系统，为避免浸轧后料粘在导辊上，对烘箱顶部的导辊也实行同步改造，增加网布预热冷却处理系统。通过多轮改造，终于生产出幅宽 2100mm 的气模材料和气密水池材料。2007 年为了能够生产膜上胶的气模材料，又进一步改造了面底胚膜上糊装置。

2007 年以来，随着思嘉所生产的下水裤产品品质不断提高，市场认可度越来越高，1 号贴合机产能已无法满足客户日益增长的市场需求。针对这样的情况，公司组织技术人员、生产主管和骨干，探讨新建一条贴合生产线。针对贴合 1 号生产线存在不足，重新检讨工艺路线，并采用小辊筒加热模式，可以 4 层同时一起贴合生产出成品。通过技术人员与生产人员的共同努力，终于按照自己研发的工艺建成贴合 3 号生产线，并以较短的时间完成安装，一次性试车成功。在这些生产发展过程中，通过对现有设备、工艺的改造实践，对新建生产线的设计安装实践，思嘉技术人员的基本素质和技术能力得到大幅度提高，技术研发团队逐步形成，技术课也扩充为技术中心。

经过技术工艺优化，思嘉生产的下水裤材料品质有相当程度的提升，国内成品客户纷纷使用思嘉布料作为广告品牌，宣传他们的产品为优质品，整个下水裤市场已潜移默化地认可使用思嘉的布料就是高品质的保证。

2008 年以后，思嘉根据市场分析开始大力推广气模材料。这时贴合 2 号机采用两个大缸生产单浸单贴的气模产品，给机台清理带来很大难度，同时产能也满足不了客户需求，交货期一再推后。公司果断决策，再购进一台贴合机专门用于生产气模材料产品。技术中心据此召集生产、技术、工务等部门先行探讨改进专机生产工艺。考虑到只贴一层面膜，同时为避免底层浸轧糊剂粘在大缸上难以清理，决定采用一个大缸工艺，并且改造压花换花辊工艺使换装较为容易，提升效率，还有效解决了烘箱滴油等问题。这样，2008 年再行引进的贴合 4 号机，专机生产气模材料，产能、品质等都有了很大提高。至此，思嘉气模材料产品质量稳定提高，在市场上开始创出声誉，客户由少到多，并且从国内走向国外。

2010 年，集团公司成立，并于当年 4 月在香港交易所主板上市，由此迎来了又一轮快速发展时期。这时，生产线产能的匹配成为突出问题，如两条压延线生产的胚膜已无法满足贴合机的生产需求。与此同时，汽艇材料产品品质已经超过韩国同行，客户大量转向思嘉采购。只有一条贴合生产线的汽艇材料生产能力已明显跟不上客户的交货期，而并行开发生产的膜结构产品和篷房材料产品，需要 2500mm 幅宽。针对这些问题，集团决定同时增建一条宽幅压延生产线和一条宽幅贴合生产线。在集团组织下，技术中心再次与生产部门共同开展工艺检讨。2011 年 11 月 21 日上午，思嘉集团举行二期生产线投产仪式，这些生产线包括压延 3 号线、贴合 5 号线以及 4 条流延线。这些新机台及新生产线的投产，为思嘉进一步开拓建筑膜结构材料、汽艇材料、双模储气柜材料、大型水池材料、TPU 等产品市场，打下了坚实的基础。

2010 年 6 月 26 日，在上海神诺富特大酒店，林生雄代表思嘉集团与意大利设备厂商正式签订生产亚洲最先进涂层生产线的协议。这条生产线的整个工艺流程由思嘉技术研发中心自行设计，可用于生产可替代的新能源、新材料，如汽车安全气囊、建筑膜结构材料、自动卷帘门材料、集装箱侧帘材料、投影幕布等。这条生产线于 2013 年 5 月在思嘉上海基地建成投产，标志着思嘉集团的软体新材料生产线工艺设计达到了国内最为先进的水平。

2012 年，思嘉再度扩大产能，增建压延 4 号生产线，自主开发、设计、安装了专门用于生产汽艇材料产品的贴合 6 号生产线，并申请了国家发明专利。这一年年底，经福建省有关管理部门审查认定，思嘉技术中心升格为福建省省级企业技术中心。以技术中心为核心、以自主研发为导向的思嘉技术研发体系初步形成。

2014 年，思嘉集团针对欧洲市场发展趋势，赶在国内同行之前开发出空间布材料。通过技术团队的攻关，凭借亚洲最强的剥离强度控制能力和经验，终于攻克了行业性难题：确保材料在刷胶过程中不会脱层，而且在产品使用过程中，持续充放气过程中以及受热膨胀时不会出现产品鼓包、爆胶等问题，从而保障了消费者的人身安全；多年充气艇材料生产积累的经验，使纬斜通常能控制在 0~1.5 厘米内，保证产品在使用中不会出现扭曲、翘尾等问题；成功规避了产品纬斜问题。

目前，思嘉集团的多个系列产品，无论从产量还是从品质上都已处于国内领先的地位。但思嘉人并不满足于此，他们深刻认识到，中国软体高分子新材料行业中的企业规模相对较小，技术水平参差不齐，企业之间各自为政，互相杀价，恶性竞争，对整体上还处于"幼稚期"的行业发展极为不利。这些问题也无法靠企业自律来解决。为此，以林生雄为首的集团高管奔走于各个同行企业、下游企业客户和行业协会，通过共同协商，由思嘉牵头成立了中国游艺机游乐园协会气模专业委员会，思嘉被推选为主任委员和秘书长单位，完成组织编写《充气模型材料》和《气模游乐设施技术条件》两个行业标准。基于对行业标准的突出贡献，2011 年 10 月思嘉总裁张宏旺先生作为专家代表中国赴英国参会，参与起草《〈充气式游乐设施安全规范（草案）〉国际标准》。

第二节　创新思维与技术创新战略

　　思嘉集团一直坚持以市场需求为导向，立志于服务产业，推动行业发展的技术创新思路。思嘉的新产品开发均是从市场中来，最后回归到市场中去，坚持以满足用户需求为技术创新的根本出发点。随着企业的快速发展，思嘉开始瞄准国际先进水平，确定了以国际化战略推动技术创新发展的基本思路，通过积极参与行业国际标准的制定、建立国内外技术发展情报网、与国内外先进企业和科研机构建立战略联盟等方式，掌握最新技术发展动态及趋势，在竞争中合作，在合作中竞争，在不断夯实自身技术基础的前提下致力于形成自主创新能力。经过若干年的努力，思嘉逐步成长为行业技术的领先者、主导者，从而跻身于国际一流企业行列。

　　企业要发展就必须不断创造利润，而利润的最终来源是市场上客户的需求。所以不论是产品的核心技术还是外表设计，以市场需求为导向是最根本的归属。只有满足用户的需求，才能实现技术商品化。如果企业唯技术论，只是为了创新而创新，或者是盲目创新，投入大量的人力、物力、财力进行技术研发，最终的研发成果却不被市场所接受，或者难以使其实现工程化、商品化，那么这样的研发成果再完美、再精致也只能是一种中看不中用的摆设，无法满足市场需求，因而无法为企业创造价值和利润。这说明，一个企业或产业成功的关键不在于拥有多少绝对先进的核心技术，而在于拥有满足用户需求的技术。这一点是思嘉集团在经营和创新实践中得到的深刻认识和体会。以此认识为导向，思嘉在技术发展和创新方面形成了具有自身特色的做法。

一、全员性创新

　　为鼓励基层员工参与创新，思嘉设立合理化建议董事长信箱及合理化建议基金，对一线员工提出的技术合理化建议、技术创新建议给予奖励。每月定期针对信箱中的建议进行分析总结，对于被采纳的建议予以分级评定，给予建议人相对应的奖励。公司营造一种人人创新的氛围，只有整个企业都充满了创新的氛围，企业创新的精神才能传承。

贴合 3 号线主要生产各类下水裤材料，PVC 膜发送装置包括两组发送导辊，每组又分别包括两个发送导辊，其中，一组的两个发送导辊为水平设置，另一组的两个发送导辊具有倾斜角度，卷状的 PVC 膜分别置于每组发送导辊中两个辊的中上部，利用摩擦的原理，将卷状的 PVC 膜发送出去。这种结构的发送装置，具有倾斜角度的两个发送导辊的倾斜角度不能太大，否则会导致卷状的 PVC 膜不能卷到预定的规模，造成换卷频繁，生产效率较低且成品接头较多，浪费巨大。同时，在换卷接膜时，需要人工将新换上的胚膜移至发送导辊上，由此存在安全隐患。针对这一情况，生产线班长提出合理化建议，阐述了改造发送装置的具体方案。此方案经审定后，由技术中心、工务部门、生产部门实施了联合改造，最终实现了中心双发送，不仅提高了生产效率，还提高了产品的合格率，也增加了安全系数。这项设备改造技术后来还申请了国家专利。

二、技术发展情报网

技术中心设有情报组，根据公司发展战略规划和市场需求，进入国内外同行和高分子材料行业相关网站，收集相关产品的技术与市场信息。对行业前沿信息及重点技术资料，定期整理、分析，形成技术动态报告，并定期向管理高层汇报。思嘉深谙，只有了解行业的发展，关注竞争对手的动向，才能把握行业前进的"动脉"。

在思嘉"高韧性多功能膜结构材料"项目开发初期，情报组对法国法拉利（Ferrari）膜结构材料的技术信息开展全面收集分析。法拉利膜材拥有"预应力"专利技术，核心是在生产过程中，基布的纬向方向也要施加一定的张力，使生产出来的产品经纬向的力学性能较为均衡，有效地保证了产品的相关性能。因为经纬向力学性能相差过大，在后期的张拉使用中蠕变的程度不一样，最终影响材料的使用性能。

PVC 材质的膜结构材料，具有价格低廉、韧性好等优点，但在实际使用过程中，PVC 膜材抗紫外线能力较弱，增塑剂会迁移到膜材表面，易黏附灰尘等污染物，从而影响膜材的透光性和美观。为了进一步提高膜材的使用寿命和自洁性能，公司相继开发出聚丙烯酸酯类、氟碳树脂类表面处理剂，以及纳米 TiO_2 涂层处理技术。日本 Taiyo Kogyo 公司成功将纳米 TiO_2 涂覆到 PVC 膜材的表层，利用纳米 TiO_2 的光催化作用起到防污自洁的功效。同时这类膜材具备优异的可焊接性能，后加工方便。法国 Ferrari、德国 Mehler 及 Durakin、美国 Seamen 和韩国 Super Tex 等公司也相继开发出高性能 PVC 膜结构材料。

这些技术信息的收集和分析，对于思嘉"高韧性多功能膜结构材料"项目的攻关具有重要的指引作用、借鉴作用。该项目以膜结构材料经纬向力学性能差异过大及表面处理技术为重要技术突破点进行攻关，最终获得成功，还增加了膜结构材料的隔热节能性，防霉抗菌性等功能特性。

荷兰希运公司成功开发了军工用红外隐身、伪装织物材料，该材料技术含量高，具有极高的应用价值，对于推动国防高技术化和军事工业现代化有着重大意义。希运公司研发成果信息，被思嘉情报信息网及时捕捉到，相关分析报告给思嘉相关人员以很大启示，经过集团高层研讨决定，该产品已经列入技术中心的新产品开发计划。

三、重视专业展会

思嘉集团高度重视国内外专业展会，把其看成是获得行业技术发展和市场变化趋势的重要渠道。思嘉全面掌握了国内外与本行业相关的各类定期与不定期专业展会的信息，组织技术人员参展、参会，获取行业发展最新情报，收集新原材料、新工艺、新设备等前沿信息。将新的原材料、新的加工设备信息带回企业，为企业的新产品研发和发展规划提供指引。

2013 年 5 月 20~23 日，广州的中国进出口商品交易会展馆举办第二十七届中国国际塑料橡胶工业展览会（CHINAPLAS）。参会的技术课课长何超金及技术中心总工程师蒋石生敏锐地发现压延 TPU 薄膜及发泡产品出现在展会上，引起业内人士的关注，显示出行业发展的重要方向。随着国家在环境保护方面的约束日益加强，传统的 PU 干法、湿法发泡革产品面临严峻的挑战，生产这类产品的企业相继倒闭，也有相当数量的企业开始转型，试图进入压延 TPU 行业。很多生产压延 PVC 产品的厂家也在试验生产压延 TPU 产品。这预示着，相比流延 TPU 产品，压延 TPU 产品的产能会急剧扩大。当前，国内生产压延 TPU 产品还没有比较成熟的技术，只有少数几家企业试制了一些样品，但技术上并不稳定。思嘉集团在流延 TPU 技术和压延 PVC 技术方面都较为成熟，对于开发压延 TPU 产品有较好的技术基础。参加展览会获得的压延 TPU 产品信息和样品，使思嘉得到及时提示，既坚定了信心，也敲响了警钟，必须加快开发压延 TPU 及其发泡产品，这是行业势在必行的发展趋势。

四、技术人员继续教育

人才是最为重要的资源，技术研发能力的提升关键在于人才的培养。因此，思嘉十分重视对技术人员和专业人才的培养，为此采取了许多卓有成效的措施。技术中心经常组织技术人员到专家工作站、专家所在高校进行培训，也会定期邀请高校专家、行业专家到企业给技术人员开专业知识讲座。技术中心内部也组织定期和不定期相关培训。通过一系列培训，让技术人员得到接受继续教育的机会，不断提高专业知识水平。

此外，选派优秀的企业技术人员到高校去继续深造，攻读相关专业在职博士和硕士学位。这项措施作为为技术人员提供的一种福利，不仅能鼓励技术人员做好技术工作，还能不断提升技术人员的专业水平，提升企业的技术实力。

何超金和蒋石生两人于2012年顺利考取福州大学材料工程专业在职硕士研究生，进入福州大学继续深造，在青年技术人员中形成了一种良好的示范和带动效应。

五、培养专业人才

通过产学研合作，以专家工作站为平台，以技术项目为纽带，培养专业人才。集团划拨创新专项基金，给予技术人员科研补贴与职称津贴，对于攻关完成的项目，给予相关人员项目奖励金，鼓励技术人员积极进行技术攻关。创造优异的环境，吸引专家团队中的研究生到企业来工作。不断充实企业的技术人才资源，保持企业创新的活力。截至2013年上半年，思嘉基团已经建立福建省省级企业技术中心，福州市专家工作站，并与福州大学等院校建立了紧密的产学研合作关系。

第三节 研究和开发的组织与管理

2006年，思嘉公司设立了由董事长直接领导的企业技术中心。技术中心集中了思嘉的技术带头人和技术骨干，他们拥有较高的技术水平、丰富的实践经验和敬业的职业精神。技术中心由董事会专家委员会予以业务指导，实行总工程师负责制，下设产品开发课、技术课、生管课、品管课、工务课和中试车间。

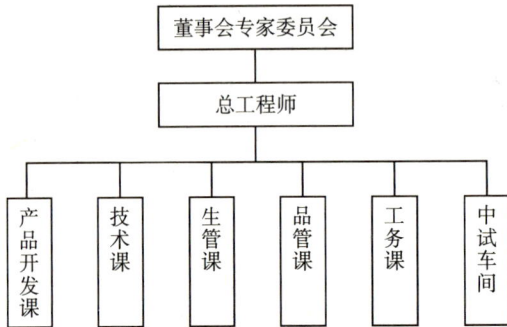

图 7-1　技术部门组织架构

专家委员会：由董事会聘请公司外部专家和内部专家组成。外部专家为高等院校和科研机构中业内成绩斐然的知名教授和研究员，内部专家由公司拥有高级职称以上的人员和技术总工程师组成，对重大技术攻关、新技术的引进和应用进行指导和提供咨询，对技术中心的重大发展战略、重大决策、技术中心的研究方向进行表决和指导。

总工程师：负责企业技术的工作规划以及中心的日常事务管理；建立及健全技术中心的组织架构及规章制度；对技术中心各部门之间的工作进行协调和指导；与政府主管部门、行业组织进行工作协调和联系，与高等院校、科研机构之间建立战略合作关系。

产品开发课：根据公司发展规划或市场需求，收集相关技术信息资料，通过可行性分析评审会议，对新产品研发项目进行立项，并跟踪产品试验、试制全过程；负责对公司专利、技术创新、科技立项等各类技术档案资料的收集和整理，利用现代档案管理软件，为档案资料的检索提供方便，包括外部技术资料和内部技术资料，形成公司的技术知识库。

技术课：负责制定产品研发项目的设计实施方案，负责开展产品研发项目的设计、试验、试制，下达项目承担人员的任务分工，并参与项目的评审。研发过程中，以专家工作站为平台，加强与高校专家的合作，积极交流沟通，获取项目开发的相关经验指导。对于重大项目，要以产学研合作的模式进行开展，借助专家团队的人才与资源优势，加快项目的研发速度。

销售课：负责收集和提供市场需求产品的信息，并提出产品研发项目建议，与客户建立便捷的沟通渠道，及时获取客户的产品使用反馈信息，对项目的推进具有一定的指导作用。

生产课：负责对研发产品的试制提供协助。

采购课：负责对研发产品的试制所涉及的原辅材料进行采购、供应商的更换和培养。

工务课：负责产品试制所涉及的工艺装备和设备的调试及新增设备的采购工作。

品管课：承担公司范围内和外部的各类试验检测，对公司的技术开发和科研立项提供有力支持，成为公司技术创新的支撑平台。负责对研发产品试制过程的质量检测和跟踪记录，并反馈质量信息。

生管课：对新产品研发过程进度安排、追踪及管控。

对国内外行业发展与最新科技动态深刻理解与把握，确保公司产品的前瞻性和先进性。产品研发是企业在当今激烈的技术竞争中，赖以生存和发展的命脉，是实现企业发展战略的重要环节，它对企业的发展方向、产品优势、开拓新市场、提高核心竞争力等具有决定性的作用。通过产品研发，不断推出新产品，引领市场，不断拓展市场的占有率。还可以改进生产工艺，优化生产配方，实现现有产品的更新升级，增加产品的功能特性，提升产品的附加值。

专栏 7-1　"新型高强工业聚酯纤维充气艇材料"项目攻关

2008 年以前，青岛、威海是中国充气艇材料的主要市场，当时充气艇材料主要依靠进口韩国 LG 生产的材料，整个充气艇材料行业基本被韩国垄断。2008 年 4 月 10~13 日，上海展览中心举办中国（上海）国际游艇展暨第十三届中国国际船艇及其技术设备展览会。思嘉高层管理人员和技术人员等在展会上发现，国产充气艇材料在市场上基本是空白，参展的多种此类材料，没有一种材料是由国内企业生产的。国内相关行业发展严重滞后的现状，深深刺痛了思嘉人的神经。

展会开幕当晚，思嘉参展者在所住酒店召开相关行业发展趋势初步讨论会。会议一直持续到深夜，大家认为，在国内开发这类产品，不仅有很大的市场量，还可以替代进口，减少国内市场对外国产品的依赖，对中国整个行业的发展至关重要。大家还就材料的原材料、配方设计、技术工艺开发等难点与重点问题进行分析，针对如何去突破，从哪里着手做了初步探讨。

回到企业，集团高层即刻组织各部门负责人，讨论充气艇材料的研发立项问题，很快制定出"新型高强工业聚酯纤维充气艇材料"的项目立项书，并编制详细的开发进度，对技术课、销售课、采购课、生产课、工务课、品管课等各部门具体分工，布置任务。

首先，由技术课联合福州大学对从会展和市场上收集回来的样品进行检测分析，设计出材料的基础配方，将原材料清单（包括聚酯纤维基布规格等数据）反馈给采购部门。其次，实验室对样品原材料进行实验室试验，分析材料加工的工艺路线，再结合思嘉生产线的实际情况制定中试方案，并将工艺路线中涉及需要改造的部分反馈给工务课。再次，原材料供应商开发，特别是聚酯纤维基布，其组织、力学性能以及纤维的性能（热收缩率、吸水率）等需要严格管控。最终由思嘉技术人员和采购人员进驻几家合作织布厂，开展联合开发，经多次试制失败后，才成功开发出适合充气艇材料产品的聚酯纤维基布。原材料准备齐全后马上开始中试，在生产课的积极配合下，以思嘉现有产品为基础，摸索调整生产工艺参数，试制出第一批产品。然后根据从市场收集回来的样品的物理化学性能指标及标准，品管部门对试制产品进行检测评估。第一批产品，在气密性、纬斜等充气艇材料重要指标上有一定差距。面对失败，思嘉人并没有气馁，技术中心再次召开内部会议进行检讨，详细分析影响材料气密性的关键因素，并调整配方和上糊工艺，解决了气密性的问题。对于纬斜的产生，一时无明确的解决方法，只有通过一次又一次的试制，甚至通过降低产速进行调整，但效果都不理想，也不具备可行性。失败并不可怕，可怕的是没有攻克难关的决心。整个研发团队毫不动摇，围绕在机台前仔细观察、研究，最终发现可采用增加基布行进路径的控制装置方法调整纬斜，通过多次试制，产品终于达到汽艇材料的纬斜要求。最后，技术课详细总结试制开发过程，提出新产品试制报告，用于指导第一次试单。第一次试单的产品，经过品管课检验合格后，交由销售课投放市场，并进行销售推广。

新产品刚投放市场就遇到了极大阻力。市场上全部是韩国进口的材料，对思嘉的产品并不认可，客户担心品质没有保证，会影响其市场信誉，因而不敢贸然使用。在山东市场上，思嘉销售人员拜访了几乎每一个客户，耐心讲解思嘉产品的物性，并与 LG 的产品物性参数作对比，最后只有威海大方公司一家企业愿意试用。思嘉决定向大方公司免费提供 200 米样品。但是该客户接受样品后却存放在仓库里，并没有用于试制生产。半年后，大方的俄罗斯客户要求其提供打样产品，而韩国 LG 无法及时提供布料，大方被迫试用思嘉的免费样品按俄罗斯客户的要求产品打样。最后，俄罗斯客户对样品的检测与试用，发现思嘉材料的物性完全达标，这才实现了产品的市场突破。就这样，有了第一个客户的试用，并反映良好后，销售人员推广的信心十足，思嘉的材料产品开始慢慢渗透进山东市场。销售人员继续追踪产品的试用情况，相关信息反馈给技术中心。产品物性可靠，市场只是对材料的风格、颜色、纹路等提出要求，还对材料的防霉、耐晒等性能提出建议。汇总这些信息，技术中心继续改进配方，设计工艺，不断推出不同规格的充气艇材料，继续向市场投放。

充气艇材料的开发得到福建省经贸委的高度支持，2010 年"新型高强工业聚酯纤维充气艇材料"项目获得福建省科技进步三等奖。

资料来源：根据技术课研发工程师邓中文采访（口述）记录整理。

一、开发过程的管理与控制

研发部门根据《研发项目立项书》组织实施项目的研发，根据研发进度，应提前编制产品试制计划，试制计划是样品及小批试制用必备技术文件：考核和考验样品（或小批产品）技术性能的可靠性、安全性，规定各种测试性能的标准方法及产品试验的要求和方法；考核样品在规定的极限情况下使用的可行性和可靠性；能提供分析产品核心功能指标的基本数据。

技术文件资料的验收及存档：文件目录，包括项目研发批准文件、技术文件、材料明细、标准汇总、技术条件、产品功能及使用说明书、包装说明等；标准化文件，包括对新设计产品在标准化、系列化、通用化方面做出总的评价等。研发中心负责将全部文件收齐归档，资料管理人员存档时必须验证齐全。

二、项目试制过程的管理

思嘉的产品试制工作分为小试和中试两个阶段。试制是研发部门根据项目设计说明书、工艺文件及试验结果和必要的设备改造或配套要求，按要求进行试验，以考验研发成果（产品）的性能和工艺性、稳定性和可靠性以及质量指标等。试制完成后，研发部门须及时完成《新产品试制报告》，并附上各种反映技术内容的原始记录或型式试验报告等，以及必需的工艺文件并存档。产品研发完成后，确定投入大批量生产，要报总经理批准。

对研发成果显著的技术或产品，公司确定申请外部机构鉴定或认证的，由研发部门完成相关文件的编制，总经理办公室负责组织协调与接待联络工作。

（1）空间网布复合材料应用在气垫产品中时，充气后，气垫产品表面平整，外形美观；承受力好，在充气过程中不易爆开；中间的空间网布层使得气垫产品的弹性好、抗压性能好。因此，可广泛应用于空气床、瑜伽垫、汽艇底垫、水上漂流划、冲浪板、水上漂浮休闲垫、体育弹跳垫等。空间网布复合材料附加值高，市场需求量大，开发此款材料可以丰富思嘉产品类别，满足客户的需求，具有重要的经济效益。

空间网布复合材料生产试制的关键在于不能透糊，一旦糊剂透到中间夹层，底层和面层就会粘在一起，影响充气使用。前期试制生产的产品发送给客户试用时，客户反馈思嘉的材料面底会有一些部位粘在一起，充气时，不能完全打开，影响使用。技术中心对糊剂配方进行重新设计，调整上糊方式，精细控制上糊量，避免了透糊现象，并且能保证一定的上糊量，确保产品的剥离强度。另外，还要保证糊剂均匀，避免产品表面不平整。通过多次试制，调整生产工艺参数，控制网布的收缩，上糊等关键指标，最后才生产出合格的产品，经客户试用，各项性能指标都满足要求。

（2）大型充气玩具相对而言，具备安装简单、便于运输、不限地点等优点，特别是充气后柔软的质感，可以避免儿童在激烈的活动中将稚嫩的皮肤划伤、刮伤，是一种较为安全、舒适的游乐设备，因此广受家长和孩子的喜爱。思嘉气模产品实现了强度、气密性、耐磨、环保、阻燃等一系列功能要求，在国内气模市场占据主导位置。气模材料还在色彩方面有着更大的创新需求，思嘉根据市场反馈的信息，成功开发出多款气模纹路，如蓝白大理石纹路、火焰纹路、青山绿水纹路、黑灰大理石纹路、棕色大理石纹路等。

这类气模纹路产品开发成功，是技术课全体成员以及生产部门不懈努力的结果。从糊剂颜色的调配、各色糊剂的上糊方式、上糊量的控制到刮刀的设计，都是技术人员与生产一线员工并肩战斗，一起摸索出来的。起初，对于新的工艺，上糊方式，员工还不熟悉，技术人员上岗亲自操作，并不断总结，通过设备改造，提高上糊的自动化程度。经过生产线的重新设计改造，实现了此款气模材料的一次性生产成型，大大提高了生产效率。这类气模材料，具有纹路流畅、自然，色彩对比鲜明，设计加工成气模产品后，具有鲜明的视觉效果，吸引人们游玩。

（3）根据沼气商品化、工厂化、标准化的发展趋势，结合多年来各种类型沼气池推广中存在的问题和难点，思嘉聘请多位业内学者、专家，依托思嘉技术研发中心，以研发一种能改替代钢混、GRC 复合材料、玻璃钢及工程塑料的新型材料为目标，从沼气池制造材料和成品制造工艺两方面同时入手，进行深入研究，解决传统沼气池材料建池周期长、气密性差、不可移动、保温性差、产气效率低等缺点，着手开发一种强度高、气密性好、保温性好、可折叠、产气率高、使用寿命长的软体沼气工程用复合材料。

"清洁能源沼气工程用红泥复合材料"产品主要用于大型沼气工程建设、污水处理工程、户用沼气池等生物质处理工程建设，被列为福建省经贸委重点项目。以企业为主体，以企业技术中心为依托与福州大学展开合作，福州大学郑玉婴教授带领其研究生团队，进驻企业与思嘉技术人员一起开展技术攻关。郑教授团队主要负责先期的原材料选择、初始配方的设计与实验，通过实验室试验以及评估后，进行生产中试，中试期间以企业为主导，进行工艺参数调试，试制出来的产品再送往福州大学进行检测分析。对于不合格的指标，调整配方再次试验。为了提高材料的保温性，郑教授团队专门研发了功能助剂，并应用到材料中。中试出来的产品经各项指标的检测，达到使用要求后，才能投入市场推广使用。

这一项目产品技术国内领先，以其轻质、高强、结构可设计、结构功能一体化等优异的综合性能，得到广泛应用，是国家重点发展的高技术新材料产品之一。该工艺技术的研发对提高功能性纤维复合材料行业技术水平和产品质量有重要意义，对新材料领域技术创新具有巨大的推动作用，起到较好的示范效果。2012 年 12 月，该项目经福建省经贸委鉴定为"国际先进水平"，并获得 2012 年福州市科学技术进步奖一等奖、2012 年福州市优秀新产品特等奖、2012 年福建省科学技术进步奖三等奖、2012 年福建省优秀新产品一等奖。

第四节 技术创新机制

2010 年以来，思嘉集团每年向技术中心投入的研发经费有上千万元，平均占年销售收入的 3.6% 以上。技术中心在负责企业重大、关键、前瞻性技术创新项目的研发及产业化的同时，借鉴行业先进的管理模式，完善了各项规章制度，制定了包括技术投入、人员激励与培训、产品开发等技术管理标准，并制定了一系列技术准则，包括技术开发经费管理标准、科技人员项目绩效挂钩分配标准、内部技术职称聘任及津贴发放标准、新产品开发项目管理标准、专利工作管理标准、保密制度、技术标准适用性管理标准、实验室管理标准、运营系统改进工作管理，等等。覆盖了产品开发、技术研究、评审等技术活动的各个环节，明确了各科技活动的职责和流程，形成了中心运行的制度化和规范化。

与此同时，技术中心建立了人才激励机制。在晋级、培训、福利、收入分配政策上，对科技人员予以倾斜，力图营造良好的技术创新环境。为调动、保护中心科技人员的积极性，采取了一系列措施，例如，在分配体制上，坚持以绩效为主的分配原则，把职工的酬薪分配与本人承担的责任、劳绩结合起来，以岗定薪，科技一线人员最高年收入达到 15 万元，与经理相当，普通人员年收入可达 6 万元。技术中心人员的平均工资比公司全体员工平均工资高 20%。

针对重点培养的科技创新型人才，实行特别政策，工资、职务、出国考察、院校进修培养等方面都予以优先安排。以开放的方式进行智力引进，吸引国内外老专家、技术人员、研究人员来中心工作，既传、帮、带年轻的科技人员，又完成一定的科研项目，以此，提升科技人员的业务实力和整体设计研究水平。思嘉集团每年将新招收的大学生优先分配到技术中心，不断充实中心科研实力和年轻技术人才队伍的储备。

技术中心努力践行科学发展观，围绕企业的中心开展工作，既注重销售目标的增长，更在建立健全企业技术创新体系上做文章，企业的技术自主创新能力不断增强，"造血能力"不断增强。

（1）以加快技术进步，加强产品与技术创新为途径，提高产品质量和竞争力。技术中心在技术领先原则下坚持调整产品结构、开发新产品、加快技术改造工作，增强产品竞争力。2009年至今，根据上年末制订下一年的新产品开发计划后，年内完成固定资产投入年均1亿元以上，相继引入具有亚洲最先进技术水平的压延、贴合等生产线3条，同时还引入空气床、雨鞋、涉水防护服等终端生产线共计12条，并在原有设备的基础上，根据企业实际，自行设计与改造各条生产线以及检测设备。加快技术创新步伐，重视技术进步对提升产品质量和竞争力的重要作用，不断加大自主知识产权、先进技术、新产品研发力度。

（2）不断提高企业标准化水平，增强国际先进标准的执行力度。思嘉十分重视先进标准的推广应用，先后制定了《清洁能源沼气工程用红泥符合材料》、《高韧性多功能膜结构材料》等企业标准，并经福建省质量监督局备案，推动企业和行业标准水平的不断提高。自2010年下半年至今，思嘉牵头制定气模材料国家行业标准以及沼气池材料国家行业标准，与行业共同发展，产品质量水平处于国内和行业领先的地位。

第五节　省级企业技术中心

思嘉集团技术中心于2009年被评为福州市市级企业技术中心，经过三年的建设发展，于2012年12月经认定升格为福建省省级企业技术中心，由福建省经济贸易委员会、福建省科技厅等七部门共同授牌。

一、科技人才队伍建设

截至2013年11月，思嘉集团拥有员工448人，其中从事技术研发活动人员达145人，占员工总数的32.4%。技术中心拥有一支由素质高、能力强的人员组成的研发队伍，研发人员45人，占员工总数的10%，其中具有高级职称的8人，拥有硕士以上学历的8人。技术中心贯彻实施思嘉集团以开放的心态搞研发的战略，以市场为导向，依托高等院校和科研机构，加强产学研合作交流，立足技术积累，增强研发能力，促进科技创新。

为了提高自主开发能力，思嘉集团以技术中心为主要载体，聘请获得国家津贴的专家、教授及本行业专业技术高级人才加入思嘉团队，高薪聘请全球行业专家加盟团队，引进先进科研开发技术及经营管理理念；同时加强与高校合作，近几年引进高校专业人才近百人，通过人才储备为思嘉今后的发展创造条件。

专栏 7-2　欧洲重量级技术专家 Giovanni Galligioni 加盟思嘉技术团队

2015 年，上海思嘉工业园的技术实验室新增一名重量级成员——来自意大利的技术专家 Giovanni Galligioni 先生（以下简称乔万尼）。

加盟思嘉团队之前，乔万尼曾在欧洲 Naizil Spa 公司担任技术实验室主管兼生产主管十余年，对新材料行业前沿技术、市场趋势的掌握和判断有着丰富的经验，更不用说 Naizil Spa 是欧洲乃至全球 PVC 涂层材料领域数一数二的重要企业，这段工作经历让他成为新材料研发领域的绝对专家。

在未涉足新材料领域之前，乔万尼曾分别在一家用 RTM 技术生产用于加强玻纤的涤纶糊树脂的公司 Lander Spa 以及雀巢旗下的一家食品企业 So. Ge. A.M. Spa 从事实验室主管、实验室品质管理工作；之后，在 Manifattura Tubi Gomma Spa（一家橡胶软管生产公司，该领域工业用橡胶软管制造商中的领导者，在意大利和国际市场有着超过 60 年的生产销售经验）负责化学原料采购和实验室技术检测工作。

长期的实验室工作经验让乔万尼对品质和研发有着专业眼光和独到的见解。而将他引入新材料领域工作岗位的是这个行业的专家——Vincenzo Tortorella 博士，一位有着逾 35 年工作经验的元老级专家。专家的引领，行业的发展，乔万尼在新材料领域继续书写自己的专业故事。

加盟思嘉前，乔万尼先生与思嘉集团主席林生雄、副总裁兼总工程师黄万能有多次会谈经历，对集团概况、发展有了大致了解。对于现在共事的黄副总裁，乔万尼给予"行业最高水准"的评价，他认为黄副总裁的专业能力和价值是新材料领域公认的。

针对"为什么选择加入思嘉"这个问题，乔万尼的回答是，思嘉集

团的发展吸引了他，上海思嘉的涂层线是能够生产最好涂层产品的先进设备，工厂与技术、产能和生产环境达到了和谐。他十分欣赏身边同事的专业素质与团队合作能力，对集团的发展前景十分看好。

乔万尼在思嘉将负责以下方面具体工作：完善品质管控体系，包括在原材料进厂、产成制成、产品出厂等方面的检验，及品管体系档案的建设工作；研究并实际发挥上海高精度涂层生产线的最大优势，优化工艺，全面提升产能，提高产速，达到该领域国际先进水平；在原有基础上，建立精准的配色、对色标准化体系；新产品开发，包括高端膜结构材料、篷房材料、空间布（拉丝材料）、保温材料等新材料应用领用创新，增强研发实力；通过原材料选用、配方优化、工艺创新达到降低生产成本，成为该行业具有竞争力企业之一。

林生雄主席一直强调，要真正提高质量除了采取最先进、最适合自身产品特点的技术设备外，每个环节的质量把控是关键。集团现在拥有亚洲乃至全球最先进的生产设备，有着专业、专注的技术团队，从意大利引进高端技术专家，除了要在新产品开发上有所突破外，更希望在乔万尼先生的指导下，整个团队能够以精细化生产把控质量，在源头处控制产品品质，以此提升价值含量。

众所周知，在纺织机械制造领域，意大利在纺织、机械和电子设备方面拥有深入的知识和丰厚的经验，没有几个国家能望其项背。同时，机器结构方面的悠久传统、意大利中小企业体系内的多功能性和灵活性，以及与市场的紧密接触都使意大利纺织机械企业遥遥领先，在全球纺织业市场上享有盛誉。而服务于这些意大利企业的技术人员不仅能保障材料领域的技术专业性，对于如何了解市场需求，与客户一起讨论定制解决方案，开发产品领域，更是有着深刻的理解和丰富的经验。乔万尼将带来不一样的工作理念和启发，带动技术团队快速成长。

黄万能副总裁认为，意大利专家们对可持续发展的要求和做法很值得我们学习和借鉴，比如生产所用原料、化学制剂和技术充分考虑环保要求，为员工提供健康生产环境、尊重社区环境等方面有更高的要求。这些能促进思嘉各方面工作细节和质量上的飞跃，更能促使其他配套工作的方方面面得到必要提升，从而得到集团整体运营质的提高。

资料来源：摘编自2015年5月4日思嘉网站文章。

二、市级专家工作站

2012 年，思嘉集团福州生产基地建成福州市市级专家工作站，由福州市人民政府授牌。专家工作站以思嘉省级企业技术中心为依托，拥有 300 平方米实验室及研发中心，企业按计划每年投入可观的研发经费，并配备相关的技术人员，以吸引企业外的技术专家进站开展研发活动。专家工作站以"深度合作，携手发展"为宗旨，以提高企业产品研发、加快专家学术研究成果转化为生产力的速度为目标，共同开展技术研发、项目申报、人才培养等工作。

（1）以专家工作站为平台，指导制定企业发展战略、技术及产品发展规划。

（2）组织专家为企业确定科技研发方向和项目，提供技术咨询，组织专家及其研发团队与企业研发团队开展关键核心技术联合攻关。企业提供亟须解决的技术性难题和前瞻性课题，双方共同制定产业技术创新路线，共同参与技术攻关。提升企业自主创新能力，增强企业技术创新能力和核心竞争力。

（3）引进专家及其研发团队的最新技术成果，加快专家相关科技成果的工程化和商业化推广运用；指导企业实施成果转化应用和产业化，培育自主知识产权和自主品牌，把科学研究和技术开发工作推向产业技术创新的前沿，结合产业的发展要求，促进科技成果对接，延伸企业持续创新链。

（4）组织申报和实施省级以上或其他各类相关重点科技项目、重大科技专项项目和技术难题攻关项目。

（5）引进和培训、培养人才，与专家及其研发团队共建人才培养基地；支持专家为企业提供中高级技术开发人才、技术管理人才的培训服务，组织企业青年技术骨干到专家相关专业研修，攻读在职博士和硕士学位；支持技术专家作为企业相关专业兼职教师，开展案例教学和实践经验教学活动。

（6）建立学生实习基地。支持专家在企业设立学生实习基地，积极推动与专家所在相关学院实施《"预就业"人才培养合作》工程，为毕业生提供就业培训和实践的机会。

专栏 7-3 思嘉专家工作站合作内容与要求（2012~2014 年）

（一）合作内容

高韧性多功能膜结构材料研发：膜结构（Membrane）是 20 世纪中期发展起来的一种新型建筑结构形式，是由多种高强建筑膜材料（PVC）及加强构件（钢架、钢柱或钢索）通过一定方式使其内部产生一定的预张应力以形成某种空间形状，作为覆盖结构，能承受一定的外荷载作用的一种空间结构形式，因此对于膜材的拉伸强度有很高的要求。本项目研发建筑膜材可以很好地达到张拉所需的拉力强度；能比较容易地解决传统结构在建造大跨度空间时所遇到的困难，易实现大型无遮挡的可视空间。另外，膜结构简洁优美、富于变化的造型亦能带来强烈的视觉效果，非常适合于建造体育类建筑。本产品可应用于体育赛事看台、体育馆、高尔夫练习场、风雨操场、网球场、游泳馆、健身中心、打靶场、篮球场等。

（二）合作目标及要求

（1）合作目标：①研发具有强度高、弹性好、抗老化、高耐磨、抗拉、抗撕、抗剥离、防霉、抗菌、抗污等综合性能的高韧性多功能膜结构材料；②解决传统结构在建造大跨度空间时所遇到的困难，易实现大型无遮挡的可视空间；③解决配方和研发工艺的关键问题，实现产业化，通过验收；④申请专利 2~4 项；发表论文 3~5 篇；培养研究生 5~10 人。

（2）合作要求。甲方提供必要的资金和设备，实施项目的产业化；乙方提供项目的技术方案，并进行技术指导。

（三）工作安排与进度

（1）2012 年 1~12 月：项目可行性论证，确定技术方案，配方和工艺设计；各种助剂筛选，研发改性剂；申请专利 1~2 项；发表论文 1~2 篇。

（2）2013 年 1~12 月：高韧性多功能膜结构材料研发、小试、中试、测试性能，推广应用，申请专利 1~2 项；发表论文 1~2 篇；培养研究生 3~6 人。

（3）2014 年 1~12 月：产业化，推广应用，通过验收，申请专利 1~2 项；发表论文 1~2 篇；培养研究生 3~6 人。

（4）2014 年计划（准备）申请博士后–省直人事厅/院士工作站。

资料来源：编选自技术总监蒋石生 2012 年度工作总结报告。

三、开发及试验的基础条件

经过较长时期的投入积累和悉心建设，思嘉省级企业技术中心目前在软硬件基础条件方面初具规模，为全面开展相关领域的研究、开发和实验活动提供了可能性。

（1）充足的研发投入。思嘉集团每年都投入大量经费，专门用于科研开发活动。自 2004 年以来，连续十年研发强度都在 3.1 以上，超过了国家对高新技术企业认定所要求的研发强度不低于 3%的要求。而思嘉公司早在 2005 年就获得了高新技术企业的称号，2012 年 10 月被评为国家火炬计划重点高新技术企业。2012 年以来，每年投入研发经费更是以千万元计，均占全年销售收入的 3.6%以上。而在科研开发投入中，约 2/4 以上用于重点支持企业技术中心，以保证其能够按照计划有效开展各项相关的科研开发活动，最终实现思嘉在相关领域内科技领先的战略目标。

（2）完善的硬件设施。思嘉集团致力于新产品的开发，伴随企业的发展很早就建立了专门的研究室，配备了专门的技术人员，为技术中心的创新研究和各种试验提供良好的保证。

思嘉刚创业时，试验检测设备只是为满足生产过程中的产品检测需要，只有两台小开炼机，一台老式拉力机，以及耐水压测试仪、检测白度仪等小型设备。以后随着产品的增多、业务的扩展，逐步引进美国、德国、日本等国家先进的研发及试验设备。然后建立起功能母料试验和生产工场、测试中心，小型薄膜制备试验机组等，并为此配备由计算机控制的电子万能材料试验机、哈克流变仪、拉力试验机、数量式弹热量仪、色差仪、差热分析仪、耐黄变试验仪、水平垂直燃烧仪、低温耐折试验仪等先进的实验仪器装备。目前基本形成装备配套齐全、实验功能完备、运转便捷高效的软体高分子新材料研发硬件平台。

为了加速科研成果转化为生产力，向科研要效益，技术中心还购置了一条高科技多功能薄膜研制开发试验生产线。该生产线除用于科研试验，还可提供给合作企业、高等院校和科研机构做研究开发之用，一定程度上缓解了薄膜材料领域科研成果难以工程化、商品化的难题。技术中心下设颇具规模的中试车间，基础设施完善，为工艺技术与产品开发奠定了基础，使开发的新产品能迅速地转化为生产力，进行商业化生产。同时配备专业的技术力量为客户服务，使新技术、新产品能在较短的时间里进入市场，引导、满足市场的需求。

（3）专业的研发团队。高素质的研发团队是开展科技攻关、开发多项新产品的重要保证。企业技术中心汇集了思嘉集团水平最高、能力最强的技术带头人和技术骨干，包括产品配方设计、工艺开发、设备改善、机械设计、自动化工程、电气设计、生产管理以及 QM、QC、QA 等各类专业工程师。

四、核心技术与产品的自主创新

经过多年积累，技术中心已经逐步形成品牌及自主知识产权优势和核心技术及产品优势。

（1）品牌及自主知识产权优势。思嘉依靠技术中心的自主创新，获得自主知识产权，从而培育出核心竞争力，在相关领域里取得社会认可的成绩，获得了良好的经济效益和社会效益。自主研制的复合材料"高强工业聚酯夹网布"获"福建省名牌产品"，高强工业聚酯纤维复合材料获"福州市科技进步二等奖"、"福州市优秀新产品二等奖"，"高强工业聚酯纤维充气艇材料"被评为"福建省自主创新产品"、"福建省优秀新产品二等奖"，"沼气工程用红泥复合材料"被评为"福建省专利奖一等奖"。

截至 2015 年 6 月，思嘉集团已获授权国家发明专利 23 项，实用新型专利 39 项，外观设计专利 18 项。2011 年 9 月，思嘉集团被福建省知识产权局授予"福建省知识产权优势企业"称号；2013 年 9 月，被福建省经贸委、福建省国资委等四部门联合评定为"福建省创新型企业"，并被授予"福建省优秀创新型企业"称号。

（2）核心技术及产品优势。迄今为止，技术中心共承担国家、省、市科技项目二十多项，其中，"防污抗菌高强工业聚酯复合材料产业化项目"是"国家火炬计划项目"、"清洁能源沼气工程用红泥复合材料技术改造项目"是中央扩增投项目，高强工业聚酯纤维复合材料系列产品分别被中国轻工业联合会、福建省经济贸易委员会均鉴定为国际先进水平，填补了国内市场空白，可以替代进口产品，项目工艺技术生产效率高，能耗低，产品质量好，有广泛的市场应用前景；"高韧性多功能膜结构材料"也是"国家火炬计划项目"，经过近3年的福大—思嘉紧密合作，攻破自清洁、阻燃和耐老化等多个关键技术难题，取得预期效果。项目在2013年底通过鉴定。工艺技术的研发对提高中国功能性纤维复合材料行业技术水平和产品质量有重要意义，对本产业领域技术创新具有巨大的推动作用，可起到较高的示范效果。此外，思嘉牵头主持了两项行业标准的起草与制定。

五、构建长期稳定的产学研合作关系

自创业以来，思嘉一直牢固地树立以开放心态搞研发的理念，以市场为导向，紧紧依托高校和科研机构提高自身研发能力。通过加强与院校间进行产学研合作，不断积累技术优势。技术中心先后与福州大学共同建立"高强工业聚酯纤维复合材料研发中心"，与天津工业大学、四川大学共建"产学研教学科研基地"，与福州大学共建研究生实践基地，与三明学院和三明职业技术学院共建就业实践基地，并积极与这些院校开展技术交流合作。目前，产学研联合开发项目中有4项取得较大的社会效益和经济效益。例如，高强工业聚酯纤维充气艇材料，是思嘉公司与福州大学合作研发，由福州大学的科研机构提供技术工艺、生产配方，由思嘉提供场所进行试验、投试、小批量生产以及实现产业化。该项目产品工艺技术先进，物理性能指标极高，经福建省经济贸易委员会鉴定，为国内领先水平的新产品新技术，具有极大的市场发展前景，可替代进口产品。此外，部分通过引进国外先进技术，然后消化吸收的方式进行产品研发和推广，在产品筛选、立项和制定质量标准的过程中通过结合产学研合作，提升了项目的产业化水平。

聘请高等院校顶尖专家学者作为长期服务于企业的独家技术顾问，带领技术中心科技人员深入研究开发各类项目，攻破技术难题，加快解决企业技术需求，提高成果转化效率。目前，担任思嘉集团企业技术中心独家技术顾问的专家有福州大学材料与工程学院副院长郑玉婴教授、四川大学高分子科学与工程系王贵恒教授、天津工业大学顾振亚教授等。

专栏7-4 资深技术顾问郑玉婴教授、王贵恒教授和顾振亚教授

郑玉婴教授现为福州大学材料科学与工程学院副院长，福建省功能高分子材料工程技术研究中心主任，福建省功能材料技术开发基地主任，福州大学高分子科学与技术研究所所长，福州大学高分子化学与物理博士点负责人，校聘一级科研专任岗位责任教授，享受国务院特殊津贴专家。主要兼职有中国复合材料学会六届二次常务理事，中国塑料加工工业协会专家，中国塑料工程学会塑料专委会常务理事，国家科学技术奖评审专家、中国国际招标网专家、教育部评审专家、中国博士后科学基金资助项目评审专家、全国《申请博士学位授权点》通信评议专家；《博士学位授权点定期评估》通信评议专家；先后主持30余项国家级和省级重大重点科研项目的研究，完成的科研成果大部分已转化为生产力，取得明显的经济效益和社会效益。2002年入选"福建省百千万人才工程"；2004年被评为"福州大学十佳女教职工"。2006年荣获第三届"福建省优秀巾帼发明者"光荣称号；2011年荣获"福建省三八红旗手"荣誉称号；2011年荣获"福州市十佳发明者"称号。

王贵恒教授是中国通用高分子材料工程化领域的领军人物，在高分子材料成型加工技术、高分子材料增韧增强和高性能化技术、开发改性高分子材料等方面有很高造诣。针对思嘉膜结构材料生产存在张力大的问题，以及膜结构材料组成材料分析的问题，林生雄董事长亲自带领技术人员多次前往成都拜访四川大学王贵恒教授。在沼气池材料、膜结构材料产品特性方面，对王教授的请教，思嘉人受益匪浅。利用放假时间，王教授经常亲临思嘉，现场查看生产工艺，指导改进方法，并对企业技术生产人员进行培训指导。将一些异常样品带回四川大学加以分析，然后制定出解决方案。

顾振亚教授主要从事织物后整理方面的研究工作，是中国棉织物防皱整理和织物防护整理研究领域的学术带头人，素有"中国纺织工业巾帼建功标兵"称号。顾教授及其培养的博士团队定期进驻思嘉，与技术中心人员共同探讨产品技术方案，特别是在网布组织选用、表面处理剂等方面开展研发合作。

资料来源：摘编自思嘉内部十周年纪念刊物系列《十年思嘉　感恩同行》。

专栏 7-5 思嘉集团的产学研合作模式

我刚加入思嘉，就开始参与企业的科研项目。第一个项目是研发"清洁能源沼气工程用红泥复合材料"，重点是开发沼气池材料的保温性、耐候性、耐腐蚀性以及气密性等功能特性。进入企业后，第一个月在车间实习，全面了解各生产线的工业路线，涂层、压延、贴合、表面处理等。然后再进入技术中心实验室，了解各类实验仪器。有了实际生产的一些基础知识以后，便开展相应的实验工作。将在企业制备好的样品，送回福州大学，充分利用学校的检测分析仪器进行检测，及时将检测的结果，以小组汇报的形式，反馈给企业技术中心的相关领导与专家团队，检讨下一步的研究方案。紧密地连接高校与企业，明确研究的方向，进行专项突破，将实验研究结果与企业实际生产相衔接，便于研究成果转化到实际生产中。这样最大的优势在于，避免了高校研究课题偏向理论性，与企业生产脱轨，在试验阶段成功后，并不能很好地在企业的实际生产中实现工程化的问题。

在我看来，这是一种很好的产学研结合模式，通过专家工作站这样的平台，研究生团队进驻企业进行项目攻关，对个人的科研来讲，与生产接轨后，更明确研究的方向，不会感到枯燥，能够很快地将研究结果应用在实际生产中，会有更大的动力，鼓舞着自己前进。同时在研究生学习阶段进入企业，不仅顺利完成了科研与学位论文，还更深入地了解了企业的产品、企业的文化以及在企业如何进行科技创新，也提前度过了毕业后刚进入企业的迷茫与不适阶段。毕业后，选择继续留在思嘉工作，负责新产品研发，可以更快地进入角色，可以更深入地进行技术创新。每个人都有自己的梦想，而选择工作的企业就是自己实现梦想的舞台。思嘉给予了每位进入企业的大学生一个宽容的平台，一个完全开放的平台。能够利用这样的平台"学以致用"，就能提升自己的技术水平，体现自己的价值。

对于企业而言，与专家团队及其高校科研资源更紧密结合，企业源于市场价值的现实需求更明确地传达到专家团队中，能够更精准找到科研的方向，实现快速的技术难题攻关，提高了产学研合作成果的转化效率。同时给予与企业合作的研究项目专项科研补贴，并享受在职员工的福利待遇，如集体旅游、职业培训、参加技术展会等，可以吸引人才毕业后继续在企业参加工作，为企业服务，这也是企业引进专业技术人才的一个重要途径。

资料来源：摘选自技术课研发工程师邓中文试用期工作总结报告。

六、发展规划及目标

根据思嘉集团的长期发展战略，思嘉企业技术中心制订了技术创新发展规划和开发计划，全面承担思嘉的新产品开发与研试工作；引进和消化吸收国内外的新技术、新工艺，开展与国内外科研机构、高等院校的共同合作，研试高新技术产品；推动科研成果转化为商品，满足不断增长的市场需求，促进行业生产力的发展；负责技术人才的培训和培养、技术信息的收集、技术标准的制定等，为企业产品的更新换代、生产技术的升级提供技术支持。总之，要为思嘉研发出优秀的高新技术项目，培养出一支高素质的科技人才队伍，确实推动思嘉走向高新技术的发展道路。

（一）发展规划

企业技术中心坚持"面向市场，立足自主创新、推进人才工程"的科研方针。

（1）建设成为一个集研究开发和管理一体，具有国内相关领域领先水平的研究机构；成为推动高分子材料行业科技进步的主力，成为产品开发的主体及科技成果转化为生产力的龙头，参与产业国际标准的制定。

（2）负责国家、省、市、区重大科研、技改项目攻关，以及企业重大、关键、前瞻性技术项目的研发，并强化技术研发与市场需求相结合，推进项目成果的产业化转化。

（3）技术中心将坚持以技术为基础，以人才为核心的原则，完善人才激励制度，激发和调动科技人员的创新激情和活力。鼓励员工创新，设立科技奖、创新奖、发明奖、部门绩效奖、个人绩效奖等奖项，每年拿出销售收入的千分之五作为科技奖励支出，且每年递增。有计划地对科研人才进行再培训、再深造培养，提高人才素质，努力为公司建立起一支素质高、业务精、能力强的高水平创新人才队伍。

（二）中期目标（2013~2015 年）

（1）创建国家级企业技术中心。

（2）坚持以市场为导向、效益为中心的原则，完善研发项目的管理制度，加强项目市场调研和可行性分析，加强项目实施进度的监督管理和技术总结，加强企业专利申请等工作，探索促进技术中心多出成果、快出成果的良性发展机制。

（3）整合资源，提高配置，创造一个更好的科研环境。

（4）健全人才的激励机制和培训机制，引进和培养 15~30 名具有创新能力的、高学历的科研人才。

（5）进一步加强与国内外科研院所的交流与合作。通过多方面的沟通和交流，把握市场的发展方向，提高技术中心的研发水平，缩小与国内外优秀企业的差距。

（6）重点开发具有自主知识产权的功能性高强工业聚酯纤维复合材料。

（7）每年开发新产品、新技术、新工艺 6~10 项，新申请专利 4~7 项。培养中高级职称人员 5~10 名。

（三）近期目标

（1）建立健全思嘉企业技术中心管理制度。明确各级人员的工作标准和职责；确定财务、信息、档案、科研、设计项目工作标准和职责。

（2）2012 年度，研究开发经费计划投入 1800 万元，不断补充技术中心检测仪器以及试验设备，购置引进国内外先进仪器等。

（3）建立部门及个人的考核制度，调动全体人员的积极性和创造性。

（4）加强文档管理。配合集团整顿技术档案的管理要求，加强内部文档管理，所有设计、施工组织和阶段性成果都必须进行详细、完整的文档记录，切实提高记录文档和接口文档的有效性和实用性。

（5）开发目标：致力于高韧性多功能膜结构材料工艺技术达到国际同等水平，技术领先于国内同行业；开发新型环保防水卷材、特种功能用迷彩汽艇材料等新产品。

（6）继续与国内外高校、科研机构、高科技企业共同开发项目 3~5 项，建立长期稳定的合作关系。

第八章 规范化管理

无论是从国内市场还是从国际市场看，软体强化新材料都是一个新兴的、极其活跃的行业，发展十分迅速。国内外市场需求增长很快，外部资本纷纷进入，生产能力急剧扩张，产品间的替代也非常频繁，企业间竞争激烈，与此同时，行业不规范的问题日益突出，影响到行业的可持续、健康发展。在这个新兴行业里，思嘉集团虽然本身也不过是一个年轻的企业，但她却在发展实践中深深地体会到，行业中一定有行业成员共同认同的一些基本制度和竞争规则，只有行业中每一个成员都自觉地去遵守这些基本制度和竞争规则，才能形成行业规范，从而减少交易成本、提高产品质量、改善产品性能，更好地服务于相关市场。思嘉是这样认识的，也是这样去实践的。在思嘉集团基本战略定位指导下，思嘉时时刻刻不忘以自己的言行去维护、强化软体新材料行业的行业规范，身体力行地以自己还并不强大的身躯为净化行业竞争环境做出尽可能大的贡献。主动牵头起草行业标准就是思嘉在维护行业规范方面的重要实践之一。

第一节 编制产品企业标准

思嘉建厂之初，主要生产劳工雨衣类产品，这类产品早已进入市场，技术相对比较成熟，产品品种较为单一，基本上有可参照的国家标准。思嘉生产的产品从一开始就严格执行国家标准，各项指标经检验符合标准才能出厂，因此产品的合格率较高。虽然思嘉起步相对较晚，但仅用很短的时间，就使客户比较普遍地认可思嘉产品的品质。

2004年以后，思嘉进入工业聚酯材料领域，生产高强工业聚酯夹网材料系列产品。这类产品在国内还没有统一的标准，各生产企业规模较小，对标准化建设的重视程度不够，导致国内市场上的竞争处于一种无序的状态，各个企业生产的产品，质量良莠不齐，终端客户的选择使用难度较大，只能凭经验去选择材料，后期的使用风险不可预计。这样的情况对整个产业的发展十分不利。

思嘉公司内部，也由于管理经验不足，生产现场比较混乱，班组员工经常出现投错料的情况。产品工艺指导书不完善，员工操作技术不够娴熟，经常会出现产品品质异常。品管课人员也不充足，整体的品质意识不强，也没有规范的品质管控标准予以指导，导致产品的出厂标准不统一，经常出现一些严重的疏漏。产品质量问题对客户及市场的影响非常大，损害了公司的形象。加之基本上是依据市场反馈的客户需求来安排生产，随着市场不断扩大，客户需求差异化越来越大，经常会发生产品品质异常纠纷，甚至出现退货问题。针对质量问题，林生雄董事长亲自带领市场开发人员、技术人员走访市场，倾听客户反馈意见。在这一过程中，他们深刻意识到，对于生产型企业来讲，没有标准的规范指导，产品的品质就无从谈起，没有品质保证，就没有市场话语权。因此规范化、标准化的产品技术是实现生产高效率、产品高质量和占领市场的根本所在。

为了扭转因产品质量造成的经营困难局面，公司管理层下定决心进行整顿，首当其冲的事就是要尽快建立产品的企业标准，用以指导技术、生产和品质管控，从而提高生产效率，提高产品质量，提升产品在市场的占有率。于是公司迅速成立企业标准编制小组，加快编制产品企业标准的进程。

2007 年 5 月 11 日，思嘉正式成立了以公司总裁张宏旺为组长，技术总工程师、技术课长、品管课长和相关工程技术人员为组员的企业标准编制小组，全面负责企业相关标准的制定与审查，并参与产品标准制定的全过程。15 日，标准编制小组召开第一次全体会议。经会议讨论决定，首先制定沼气工程用红泥复合材料① 的企业产品标准，并制订了沼气工程用红泥复合材料标准的编制计划，提出于 2009 年上半年完成该材料的基本物性指标的确认，并编制标准草案。标准编制行动主要分为两个阶段：

第一阶段：2007 年 5 月 15 日~7 月 15 日，主要完成市场产品信息的调查研究，收集市场相关产品的技术信息，完成与客户的信息对接，并在

---

① 该产品的研发试制是以思嘉技术中心为依托，与福州大学以产学研合作的模式进行。

市场上收集同行产品的相关信息。

第二阶段：2007 年 7 月 15 日~2009 年 6 月 15 日，主要根据市场信息反馈的结果，检验测试市场同行产品的指标，并与思嘉的产品相对比，通过实验试制，规范生产，达到客户的指标要求，进而确定相关标准。

第一阶段的工作，主要是由技术课课长与品管课课长与思嘉公司驻各地销售办事处人员到市场上去拜访客户，与客户面对面地交流、沟通材料使用过程中存在的问题，针对客户的要求，如何去满足客户的要求。特别是关注一些关键性能指标，如气密性、耐腐蚀性、耐候性、保温性以及拉伸强度、撕裂强度等，经过对在市场上收集的信息进行细致的分析，总结出该款材料在不同用途中，对各项指标要求的差异性。调研发现，思嘉的产品在提高保温性、耐腐蚀性等性能方面还有上升的空间。良好的保温性可以保持沼气发酵池内的发酵温度，即使在冬天也能保持较高的产气率，耐腐蚀性则关系到沼气池的使用可靠性和耐用性。随后，标准编制小组组织召开全体会议，分析、讨论市场调研报告和收集到材料样品。收集到的同行的相关样品，提供技术中心分析检测。

第二阶段的工作，主要在企业技术中心内展开，通过对市场反馈信息的消化，对比测试分析同行业产品的各项性能指标，找到思嘉产品性能指标的不足之处。针对需要研发的材料性能，由技术中心负责开发试制，品管课对试制的产品进行检测分析。为了满足产品物性检测的需要，技术中心新购置了万能电子拉力机、耐磨试验机、色差仪等检测设备，还自主设计了沼气池材料保温性的测试模型。对于试制检测合格的产品，再发送给客户试用。通过客户试用反馈的意见，确认产品最终的性能指标要求。据此，标准编制小组开始编制沼气工程用红泥复合材料的企业标准初稿。

经过企业内部充分交流、沟通，并结合市场客户的信息反馈，标准编制小组在完成标准草案后并经严格审查后，正式形成《沼气工程用红泥复合材料企业标准》，于 2010 年 6 月报福建省质量监督局备案，并在企业内发布实施（企业标准号：Q/FJSJ 002—2010）。几乎在同一时间，红泥复合材料的研发试制也获得三项国家授权发明专利："沼气工程用红泥复合卷材及其制备方法"（ZL 2009 1 0111483.1）、"一种夹网布贴合及表面处理工艺"（ZL 2008 1 0072511.9）和"涂层网布生产工艺"（ZL 2008 1 0072509.1）。

经过一年时间的实施，标准编制小组对《沼气工程用红泥复合材料企业标准》Q/FJSJ 2002—2010 进行了修订，对力学性能指标的测试标准由国内行业标准修改为国际上通用的德国标准（如 HG/T 2580、HG/T 2581.1、HG/T 3052 分别修改为 DIN 53354—1981、DIN 53363—2003、DIN 53357—1982），还增加了燃烧性能、耐化学性能、人工加速老化的试验方法等内容。新修订的标准 Q/FJSJ 002—2011 于 2011 年 6 月 12 日发布，2011 年 6 月 15 日实施。标准在福建省质量技术监督局的备案日期是 2011 年 6 月 13 日，有效期至 2014 年 6 月 14 日。

《沼气池工程用红泥复合材料企业标准》规范了思嘉集团该项产品的生产、销售方式，提出了保持该项产品高效性与优异性的各项经济技术指标。这一企业标准的发布实施有力地推动了该项产品在思嘉各生产部门的规范生产，保证了该产品的性能和品质按照统一标准度量，从而有效地确保思嘉在软体沼气池材料领域的领先性。

标准编制小组在完成第一项企业标准的制定过程中，获得了宝贵的企业标准编制经验。首项标准的制定成功，也极大地鼓舞了企业编制标准的热情。此后思嘉陆续开展针对其他产品的企业标准编制工作，如气模材料、膜结构材料和建筑膜材料等。

有了企业标准，产品的生产与品质管控变得有章可循，有"法"可依。但只有标准还不行，思嘉集团认为，在产品标准制定后，更重要的工作是如何让产品标准在企业的生产过程中得到有效的执行。于是，一方面，思嘉大力强化企业全员的标准意识和标准化观念，提升对产品标准重要性的认识，使得企业的产品标准能够有效地得到执行；另一方面，思嘉积极推动流程变革，进一步完善研发、设计、采购、生产、销售、技术、财务、行政等工作的规范，一切为了生产出客户满意的合格产品。

第二节　编制行业标准

目前，软体强化材料市场国内没有统一的国家标准，国外强势领先企业，如比利时希运、法国法拉利、德国杜肯等在国内市场占据重要的地位，尤其是在膜结构材料、篷房材料、篷盖材料和防水卷材等高端领域，基本都是工业发达国家企业的产品占有大部分市场。虽然这些国际行业巨头的产品价位都很高，但是性能优异，品质相对稳定。它们一旦进入中国市场，就想方设法地贴近行业主管部门或行业协会，力图说服这些主管机构同意由国外企业牵头成立膜结构材料、防水卷材等专业委员会，并组织编写行业标准。这样一来，就能进一步使它们的产品稳固地占据各自领域的高端，形成垄断或寡头垄断地位，从而能够并把价位拉得很高。反观国内的企业，由于规模小，没有自己的核心技术，通常采取低成本同质化竞争的战略，往往通过降低产品品质来获得低成本，而且各自为政，竞相压价反复争夺低端市场，微薄的利润削弱了扩大再生产和研发新产品的能力，无法形成有影响力的、有相当规模的企业，只能眼睁睁任凭国外企业稳稳抢占中国高端市场。

随着国家"十二五"规划和地方扶持政策密集出台，战略性新兴产业迎来重大发展机遇，但由于缺乏产业标准体系，往往极易造成战略性新兴产业市场竞争无序、社会资源浪费、市场前景被提前透支的状况。

思嘉集团生产的产品从最初的贴布革雨衣、PVC民用膜开始，这些产品技术上较为成熟，也有成熟的市场，有统一的国家标准，即使是下游成品大量出口到国外，也很少出现因材料标准不适宜而出现品质异常纠纷或退货的问题。

2005年，思嘉开始产品升级，加工生产高强工业聚酯夹网材料。而在这些新材料市场上，国内厂商基本上处于某种无序竞争的状态。随着思嘉规模不断扩大，产品越来越多，市场占有率逐步变大，思嘉集团开始受到行业无序竞争的侵害。行业中某些企业不想自己投入、不愿自己创新，而是觊觎他人的成果，总想不劳而获。思嘉有一些产品的品种处于市场领先的地位，一些人想方设法盗窃思嘉的配方、工艺，甚至通过收买思嘉班组长的办法盗取配方，生产出来后再以低价格抢占市场。另外，由于缺乏权威的各级标准，行业内没有一个共同的规范要求，每个企业当然是各自为政、各行其是，以各种合法或不合法的手段在市场上竞争，结果必然是价格越来越低。随着价格的不断走低，只能选用较低档次原材料的方式控制成本，最后严重影响产品品质，整个行业进入一种恶性循环。新材料、新技术、新产品在给市场带来很大活力的同时，也使行业陷入缺乏基础性标准的尴尬境地。

作为我国专业生产高强工业聚酯纤维复合材料、最大软体强化材料制造商之一的思嘉集团清楚地意识到行业标准的重要性："三流企业做产品、二流企业做品牌、一流企业做标准，企业要生存，必须要符合标准。"以林生雄为首的思嘉管理层开始积极联系、走访相关行业主管部门、同行企业和下游客户，主动进行沟通、协商，了解各方的诉求。思嘉发出倡议，为了行业健康、持久地发展，必须协同相关主管部门、协会，组建专业技术委员会，将中国分散的、各自为政的企业组织起来，共同推动建立具有合法性、权威性的行业技术标准，共同开发高端产品，满足市场需求。行业标准可以有效地规避不正当竞争，淘汰不符合标准的企业，提高市场门槛，提升整个行业的美誉度。为此，思嘉愿意出资、出力将同行聚集在一起，共商行业发展前景，并牵头组织编制行业标准。

一、牵头编制气模材料行业标准

经过多方呼吁，2010 年 7 月 25 日，首届中国气模材料研讨会在郑州索菲特国际大酒店三楼白云阁举行。研讨会由中国游艺机游乐园协会、思嘉集团有限公司共同主办，来自全国各地充气玩具材料生产厂家代表及行业知名学者专家 100 多人出席了这次研讨会。研讨会以"把握气模市场动态、共享品牌创新之路"为主题，在材料技术、品牌建设、产品创新、市场渠道建设等方面，共同交流国内外广受推崇的做法、先进的理念与高效的管理经验，分享最新的市场信息和技术发展动向。研讨会上，思嘉集团向与会代表宣传思嘉气模材料产品，并与代表共同探讨新形势下新材料企业的品牌建设问题。

为推动国内气模材料产业进一步发展，思嘉集团有限公司、郑州恒泰华游乐设备有限公司在会上携手倡议，成立中国游艺机游乐园协会气模专业委员会。

经中国游艺机游乐园协会认可，中国游艺机游乐园协会气模专业委员会于 2011 年 1 月 14 日在福州成立。气模专业委员会成立大会由思嘉集团主办，中国游艺机游乐园协会成员、气模业界主要企业参加了这次奠基性会议。成立大会上，思嘉集团被推选为主任委员和秘书长单位。

气模专业委员会是中国游艺机游乐园协会的直属分支专业机构，是由各气模企业自愿组成的专业性、行业性和非营利性的社会团体，是在中国游艺机游乐园协会领导下，团结和联系各气模企业及推动行业发展的桥梁和纽带。遵守中华人民共和国宪法和各项法律法规；通过市场经济模式，繁荣中国气模产业，协助政府主管部门，加强气模行业的联系，推动中国气模产业稳健、健康发展。

气模专业委员会的职责是组织编制行业标准，以促进气模产业的发展，探讨气模行业发展存在的实际问题和理论问题，提高我国气模产业的系统管理水平和市场运作能力，促进产业延伸产业链条，开发自主技术和自主品牌，实现加工贸易型企业的升级转型。

气模专业委员会成立后，最重要、最紧迫的任务是制定气模行业标准，各成员单位、行业专家组成气模行业标准起草小组，并召开第一会议。会议责成思嘉牵头组织成立标准编制小组，组织编写《充气模型材料》和《气模游乐设施技术条件》两个行业标准。会议建议各成员单位把各自的企业标准先行组织汇编，在此基础上再检讨、整理、编制出一份统一的行业标准。

2011年3月3日，气模专业委员会在北京展览馆宾馆召开气模标准起草小组第二次工作会议。参会者有中国游艺机游乐园协会、思嘉集团有限公司、北京艾尔豪斯膜式技术有限公司、郑州卧龙游乐设备有限公司、广州琪琪玩具公司、郑州恒泰华游乐有限公司、广州市柏拉图塑胶有限公司、广州广泰兴纺织制品有限公司和北京佳泰新型涂层材料有限公司9个单位。

会议由中国游协气模专业委员会秘书长、思嘉集团有限公司总裁张宏旺主持。中国游艺机游乐园协会副会长毕建宾代表游协对气模行业标准修订工作提出要求，肯定了编制《充气模型材料》和《气模游乐设施技术条件》两项行业标准的重要性。秘书处在广泛征求与会专家的意见后，向全国索道与游乐设施标准化技术委员会提出申报《充气模型材料》和《气模游乐设施技术条件》两项国家标准。

2011年3月30日至31日，充气式游乐设施安全国际标准即气模行业标准研讨会在厦门召开。这次研讨会由全国索道与游乐设施标准化技术委员会、中国游艺机游乐园协会主办，思嘉集团有限公司承办。全国索道与游乐设施标准化技术委员会秘书长邢友新、国家质检总局特种设备安全监察局高工詹蕴鑫及中国游协相关负责人、气模界各位企业代表出席会议。在研讨会的"充气式游乐设施"国际标准研讨板块上，与会者共同交流国内充气游乐设施制造业的发展动向，讨论有关充气游乐设施的国内外标准、进出口情况和技术壁垒、安全事故与分析、国内行业现状及国际编写框架与思路。然后，在研讨会上召开中国游协气模专业委员会行业标准起草第三次会议。标准起草小组单位讨论并修改气模材料及气模游乐设施技术条件的行业标准、项目建议书。

2011年6月2日，第二次"充气式游乐设施安全"国际标准研讨会在北京召开。会上全国索道与游乐设施标准化技术委员会秘书处组织气模专家和有关人员，针对已完成的国际标准中文版初稿的编写思路、标准框架和具体内容进行广泛的讨论。思嘉集团总裁张宏旺作为专家组成员参加了本次会议。

二、牵头编制软体沼气池行业标准

中国为解决广大农村的能源问题，非常重视在农家推广使用沼气，2008年中国农业部表示，为发展农村沼气建设先后投入105亿元国债。但农村沼气建设面临的主要问题是沼气设备存在安全性较低、便捷性差等弊端，若要发展农村沼气建设必须开发更新的替代性材料。这样，农村沼气池从第一代建造耗时长、安全性较低的沼气池，到第二代笨重、运输复杂的玻璃钢沼气池，再到第三代简易又非常安全的软体沼气池，已经实现"第三次变革"，发展不可谓不快。实际上，早在20世纪90年代中期，软体沼气池就开始在国内出现，但是直到2011年，软体沼气池的生产都一直没有行业标准，导致行业产品良莠不齐、粗制滥造，严重影响到其在农村的普及应用。

事实上，近几年来行业中一直在讨论出台相关标准，但是软体沼气池的标准与传统沼气池标准完全不同，业内并没有清晰的检验指标或专门针对软体沼气池的制造和使用规范，只有行业内各企业推荐的标准。同时，由于受各种条件、各地应用差异和各企业标注差异的制约，编制行业标准似乎是一个出力不讨好的事，业内编制行业标准的呼声很高，但却无人愿意牵头去实践，导致此事不过是纸上谈兵，被一拖再拖。针对这种情况，思嘉集团于2010年下半年主动请缨："联手树行业标准、展行业新标！"此前，思嘉集团已于2010年4月28日经福州市质量技术监督局审核报备了思嘉《沼气池工程用红泥复合材料》（Q/FJS J02—2010）企业标准，该标准为国家行业标准的制定起到了很有价值的参考作用。

2011年6月25日，中国软体沼气池专业组成立大会在福州西方财富酒店隆重举行，大会由中国农村能源行业协会和中国沼气学会联合主办，思嘉集团承办。中国能源行业协会秘书长王正元，中国能源行业协会沼气专业委员会主任屠云璋、中国沼气学会秘书长李景明、主任刘耕、中国塑协改性塑料专委会秘书长刘英俊及福建省农业厅多位领导,以及国内近30家软体沼气池开发企业参与此次会议,共谋清洁能源发展,探讨建立软体沼气池技术标准。

大会推选思嘉集团为软体沼气池专业组组长单位,广东亿龙新材料科技有限公司、成都远见复合材料科技有限公司、福州北环环保技术开发有限公司、北京菲涅尔科技有限公司、安徽阜阳永志环能工程有限公司为副组长单位、河北龙飞腾沼气设备有限公司、广东爱得乐集团有限公司等20余家企业为成员单位。

专业组全体成员聚在一起,深入分析当今业内存在的主要紧迫问题,探讨今后专业组活动议程安排。经过讨论,初步拟定专业组今后三个月的主要工作。此后,专业组按照会议要求,组织各企业单位工程师、技术人员组成三个专业小组,分关进行与软体沼气池相关的材料技术、制作工艺、产品标准等方面的专业讨论与研究。

2011年8月5日,软体专业组各成员单位聚集成都,参加软体复合材料标准制定会议。与会者畅所欲言,一起分析各个企业现行标准方案,共同对沼气池材料行业标准内容及发展提出建议。然后各企业单位代表、专家分两组分别讨论材料标准、成品标准的相关条款及内容。会后,与会人员将具体的条款细则分内容布置给各个企业单位,要求各企业单位分别完成相应条款编写。2011年8月20日,专业组各成员把各自编写的要点汇总、汇编。8月25日,专业组各成员代表、专家开电话会议再次检讨标准,修订、完善相关的标准内容,完成了软体沼气池技术标准的制定。

思嘉积极推动和参与行业标准制定工作,得到业内大多数企业以及政府的肯定,企业形象得到很大程度的提升。思嘉集团在积极参与编制行业标准的同时,并不放松自己产品质量的提升。而要符合标准,企业就需使用质优价高的原材料,提高生产工艺,从而促进行业整体质量的提升。同时依托省级企业技术中心,为企业、用户提供质量规划、检测验证、质量控制等多种质量与可靠性服务。

第三节　标准化管理体系

随着科学技术的高速发展，技术已成为最重要的生产要素，技术与管理的优势成为企业在行业竞争的根本所在。只有在技术上领先或占有优势，才能在竞争中处于优势地位。只有高标准、严要求才能生产出高品质的产品。思嘉集团在发展过程中进一步意识到，采用国际标准和国外先进标准是企业发展的重要技术基础工作，是思嘉产品打入国际市场、提高思嘉产品在国外知名度的主要发展举措。因此，思嘉集团以业内国际先进企业为榜样，致力于建立一套符合标准化的管理体系。这里，仅摘选体现主要特色的几个方面予以简述。

（1）技术中心分管的品管课，要在标准资料管理上发挥积极的作用。对思嘉集团各部门所收集的各类产品标准，如国家、行业、地方、企业标准等，以及国外的 ISO、IEC、JIS、BS、DIN、ASTM 等先进标准，实行有效分类管理。品管课每月定期对行业、国家、国际的产品标准最新动态进行整理，形成分析报告供相关部门分享，为企业新产品研发工作、工艺流程再造工作和机器装备改造工作提供基本参考和良好导向。技术中心对各部门标准执行情况进行有效的监督检查，并把标准执行情况纳入绩效考核内容。

（2）完善检测体系，切实保证标准的正确实施。思嘉集团为保证相关标准得到正确贯彻，不断通过对技术中心进行投资，完善检测设备，增加检测手段，提高实施标准化能力。近年来，先后增加了转矩流变仪、CE7000A 色差仪、低温耐挠试验机、水平垂直燃烧测定仪、紫外线耐气候试验箱、摩擦试验机、耐黄变试验仪等高端试验仪器和检测设备，形成与思嘉发展阶段标准化战略相适应、相配套的检测与实验能力。

（3）主动寻求外界指导。思嘉集团并不是关起门来搞标准化建设，而是以一种开放的姿态，把标准化工作以及有关业务置于福建省技术监督局、福州市技术监督局等政府部门的指导和帮助下，同时定期组织专家审查、制定新产品标准。思嘉也时刻留心并寻求向业内兄弟企业学习的机会。

（4）以福州市专家工作站为平台，指导制定企业发展战略、技术及产品发展规划，编写新产品的企业标准。思嘉注重利用外部资源服务于自身的发展。经常组织外部专家开展形式多样的活动，请他们为企业确定科技研发方向和技术攻关项目，为解决研发、生产、管理过程中出现的问题提供咨询，组织专家及其研发团队与企业研发团队开展关键核心技术联合攻关。企业提供亟须解决的技术性难题和前瞻性课题，双方共同制定产业技术创新路线，共同参与技术攻关。由此提升企业自主创新能力，增强企业技术创新和核心竞争力。引进专家及其研发团队的最新技术成果，加快专家相关科技成果的产业化和商业化推广运用；指导企业实施成果转化应用和产业化，培育自主知识产权和自主品牌，把科学研究和技术开发工作推向产业技术创新的前沿，结合产业的发展要求，促进科技成果对接，延伸企业持续创新链。

目前，思嘉集团已经形成了一套较为完整的标准化体系，在国内处于行业领先的位置，在国际相关领域也开始崭露头角。

2011 年 9 月 25~26 日，国际标准化组织游乐设施安全技术委员会（ISO/TC254）第二次会议在英国伦敦举行，国际标准化组织官员以及来自 DIN、STM、TUV 等各国际标准委员会代表共计 38 人参加此次会议。会议讨论多项国际标准，其中包含由中国起草的《充气式游乐设施安全规范（草案）》。思嘉集团总裁张宏旺作为中国专家代表之一参加了会议。

经过两天的讨论，会议决定正式成立三个工作组，以便开展日后详细工作。采纳运动娱乐休闲委员会（TC83）建议，确认 ISO/TC254 工作范围，将充气式娱乐设施标准归入 TC83。最后确定 TC254 第三次会议在德国柏林举行。思嘉集团作为中国企业的代表出席这次国际高端会议，标志着中国企业推动行业规范发展的努力已得到国际同行的认可，预示着中国企业将有更多的机会参与国际行业标准的制定。

第四节 管理标准化的作用

一、提高企业员工素质，而员工的素质决定了企业的素质

企业素质的核心是企业员工素质。思嘉集团正是意识到了这一点，高薪聘请有经验的管理人员和技术人员定期提供员工培训，提升员工标准化作业的执行力。例如，PVC糊剂车间，原来管理较为混乱，糊剂品质难以保证，且浪费巨大。技术中心对糊剂车间进行了标准化作业专项整改，经过半年的时间，取得了明显的成效，糊剂车间的环境卫生得到了很大改善；糊剂品质管理方面，过去经常出现的杂质、色差以及计量不准确等异常得到有效控制；呆滞糊剂库存由过去的近260吨下降至40~50吨，是较为合理的水平。

专栏8-1 PVC糊剂车间标准化作业专项整改

过去糊剂车间的PVC糊剂制备工艺较为原始，需按照配方一桶一桶地研磨制备，以备贴合机使用。2010年，公司贴合生产线增加至6条，其中4条需要使用PVC糊剂。不同色号、不同型号的糊剂每天的用量大约在20吨，糊剂车间原始的生产方法难以满足供应要求，经常出现断料的现象。技术中心在PVC糊剂制备标准化作业整改中，通过将原来分小桶研磨的方式改为先制备浓色糊，然后再按配方分配成小桶，大大提高了生产效率。随着管道改造完成、本色糊产能提升，糊剂车间的效率得到明显提升。

但是新的问题接踵而来。目前早晚两班制人员闲置的时间增多，由于是计件考核，两班出现争单做的情况，无单就研磨大罐，以增加产量，每天基本上每个大型储料罐都是满的。而车间卫生、糊剂桶的规范摆放、剩余糊剂的归类和及时处理、结块余糊的管理等并没有得到有效执行。糊剂车间的脏、乱、差等现象，已经在大家的脑海中形成了思维定式——无法改变这样的局面。结果形成恶性循环，导致余糊越来越

多，遍地摆放，长期呆滞。一些特殊的糊剂，如色迁移的、车间弄混的等异常糊剂，都没有及时得到处理，有的甚至呆滞了快两年。这样的局面必须进行整改。在技术中心组织下，召集厂长、生产课长、生管课长和糊剂车间班长开会进行检讨，制定如下标准化整改方案：

实现一班制，只上白班，夜班安排一个人值班。增加糊剂品质考核项目，如杂质、色条、计量、卫生、标签、分类摆放、余糊及时提报处理等。实行百分制，由技术课人员随时抽查并评分，每月不低于6次，每周不低于1次。月底汇总评分，取平均值即为品质考核得分；计件工资的50%与品质考核挂钩。

糊剂车间独立设一个分糊岗位，即将浓色糊按实际生产需求分批配出，供给贴合机使用。这样可以避免一件订单如果要用18桶糊剂，就一次配出18桶，占用物料桶，车间环境、糊剂摆放都难以管理。分批随配随用，即先配好5桶，使用后空桶退回糊剂车间，再实时根据机台需求进行配制，如果订单少就少制，就不会剩余很多糊剂库存。同时，该配糊人员要检查每桶的品质，特别注意颜色、标签、杂质以及外来污染等。糊剂车间物料桶的用量削减，有利于车间环境卫生整改，各糊剂划区域分类摆放。特殊的糊剂，统一归类，及时提报给技术课处理。技术课也便于检查，及时清理呆滞库存。

资料来源：根据思嘉集团历史档案资料和访谈记录整理。

二、建立高效的生产与管理秩序

在企业内部建立高效的生产与管理秩序，严格按照流程办事，可以克服生产中的盲目性与随意性，大大提高生产效率，使得各岗位分工明确，职责清楚，各部门的衔接有序，各项业务得以顺利完成。思嘉集团大力推行流程变革，带动各部门对自身存在的问题进行检讨和解决，除了在流程修改和制定上的推动外，要求并帮助各部门主管对相关流程进行深入理解与熟识，有利于带领部门员工进行流程应用与工作推广。此外，这次流程变革还推动了全员的日志质量提升、生产中心专项改善的深化、供应链问题的检讨，从而解决了许多问题：通过全员日志管理的规定与要求，能及时从员工工作日志中提取有效信息进行分析，并对提出的问题进行核实、予以解决，对员工提出的建议和意见进行确认和针对性采用，有效提高各岗位工作效率，同时提升各部门人员、各生产中心管理人员的管理和发现、解决问题的能力；通过生产中心专项改善的深化，进一步解决机台养护问题、个别生产工艺问题，对于提高产品质量、产能、产速都起到十分积极的作用；通过对供应链问题的检讨，进一步梳理日常供应链管理工作中存在的漏洞与实际问题，在加强各部门沟通的同时，加大供应链流程的管控与贯彻，在严格遵守流程与制度的前提下，进一步规范供应链各个节点的岗位工作。

三、推动企业全面质量管理的开展

没有规矩不成方圆。没有标准，就谈不上质量，更谈不上质量管理。随着行业的发展，思嘉基团也在快速成长，公司产品已经涉及气密材料、充气材料、沼气池材料、运动地板材料、窗帘材料、雪鞋材料、篷盖材料、特种箱包材料、涉水防护服材料、劳保工业防护服装材料、医疗材料、TPU材料、膜结构材料等高科技新材料及其终端产品等十几个行业领域。随着产品品种的增多，产量的增大，全面的质量管理更离不开管理标准。品管课，从原材料进厂开始，严格执行来料检验流程，不合格品绝不能流入车间进入生产过程。

对班组生产进行专业培训（每月一次），每周一次品质分析会，对客户投诉的异常，从人、设备、原料、方法、环境五大要素进行分析检讨，并建立台账，为产品品质改善，工艺配方调整提供指导。生产部门，在各个生产过程严格按工艺和操作规范执行，才能及时发现工作中的质量问题，便于纠正和改进，从而提高产品质量，提高企业质量管理水平。因此，技术中心的各类产品都制定了规范的工艺操作标准以及产品质量管控的标准。

四、提升产品竞争力，占据更高份额的市场

技术中心成立情报组，负责收集国际同行的发展和产品技术信息，为新产品开发提供一定的指导。产品的标准也要和国际同行接轨。提升产品的质量，才能在国际市场占有稳定的份额，而不仅仅是依靠低廉的价格维系市场。

专栏 8-2 软体新材料行业三大国际巨头

希运（Sioen）在纺织品行业有着超过 100 年的历史，主要产品有三大类：涂层织物类、防护服装类、化学化工品类。据希运 2012 年财务报表统计，集团年销售额达 26.67 亿元（时间、数据来源），其中涂层织物类产品约占 60%，防护服装类约占 30%，化学化工品约占 10%。2013 年上半年最新数据表明，其销售额为 13.12 亿元，净利润为 4400 万元（约占销售额 3.35%）。在全球范围内，有 34 个工厂，分别分布在印度尼西亚、比利时、突尼斯、法国、罗马尼亚，员工约 4483 人。其中 60% 的员工在印度尼西亚工厂，13% 的员工在突尼斯工厂，3% 的员工在罗马尼亚工厂，主要生产防护服产品。比利时工厂有 20% 的员工，法国有 4% 的员工，生产基团三大类产品。据此可见，约有 80% 的员工是生产防护服装类产品。其后端加工产业比较发达和完善。同时，还与行业协会、欧洲各大学大力开展合作，已经成功开发了军工用隐身、伪装织物材料，用于战斗中人员及装备的隐身与伪装。未来还将开发用于近海养殖的织物材料，用来改善近海的环境污染，还将开发可发光的智能织物材料，将 LED 技术融合到织物涂层技术中。

法拉利（Ferrari），致力于生产柔性高性能复合材料，应用于建筑、防护类（海上游艇、工业、家具、设备等）以及健康、环境等领域。法拉利集团自 1973 年以来拥有稳定、长期的增长。法拉利官网宣传显示，2012 年营业额 1.4 亿欧元（11.57 亿元），员工 600 名，工厂分布于法国、瑞士和意大利，以及许多分布全球的分销子公司。建筑膜结构材料中的法拉利预应力专利技术，保证了膜材的经纬向的力学强度均衡，避免在使用过程中，产生蠕变，最终影响材料的使用寿命。另外法拉利高端膜材，如建筑用节能隔热、吸声、防水透气模材技术处于整个行业的领先地位。

杜肯（duraskin®）是德国 Verseidag-Indutex Gmbh 公司的膜材产品商标，公司总部位于德国的西北部城市 Krefeld。杜肯产品主要用于柔性张拉膜结构材料，移动建筑（帐篷、临时商业大厅等），物流领域车辆防水篷布以及柔性的储油、储水罐等。公司拥有高宽幅的织布机，可以自己生产聚酯纤维和玻璃纤维基布，此 PVC 类膜材最大幅宽可达 5 米，

PTFE 膜材最大幅宽达 4.7 米，均是世界上最宽的膜材。膜材的表面处理技术有丙烯酸酯处理、聚偏二氟乙烯处理和聚全氟乙丙烯处理。其中文网站上数据显示，年营业额 7000 万欧元（5.78 亿元）。特色产品系列有节能材料Low-e PTFE 膜材、彩色 PTFE 膜材、遮阳 PTFE 膜材、高透光率膜材、吸音膜材等。

资料来源：编选自 2012 年 4 月 10 日技术中心研发人员邓中文工作日志。

第九章　环保节能

　　生态环境、自然资源是人类赖以生存的基础条件，保护环境、节约资源是维护人类可持续发展的永恒主题，已经成为当今世界所有国家、区域经济和社会发展的战略重点，无疑也是所有现代企业应当履行的重大社会责任。中国正处于全面实现工业化、建成小康社会的历史发展阶段，正确处理工业发展与环境和资源的关系，大力推行环保、节能是重中之重的客观要求。

　　思嘉集团是高分子新材料生产制造行业的后起之秀，而这一行业所具有的化学性质和特征决定了其在环保、节能方面需要有更为突出的表现。因此，思嘉企业与思嘉人从建厂之初就面临种种考验。思嘉集团在自身快速发展的过程中日益认识到，面对日趋恶化的环境污染和资源枯竭现状，以及不断增强的社会约束，必须增强危机意识和大局观意识，牢固树立保护环境、节约资源的理念，在自身所涉及的领域，实现企业经济效益和生态环境效益的统一，这不仅是社会、国家的基本导向，更是企业自身可持续发展的必然要求。因此，思嘉集团与时俱进，不断调整发展战略，希望能在上述认识和理念的指导下开展各项经营和运作活动，在快速发展过程中自觉地、主动地进行各类环保节能实践，通过在企业内部逐步建立、健全相应的制度，形成以节能减排为重点的自我激励和自我约束机制，全面推动保护环境、管控质量和节约能源工作，并不断引向更深层次的环保节能改进研讨。

第一节　环境保护

创业初期的福建思嘉环保材料科技有限公司是以聚氯乙烯树脂（PVC）为主要原材料的塑料制品加工型生产企业。聚氯乙烯塑料制品是由聚 PVC 树脂、增塑剂、稳定剂以及各类辅助添加物，经混料、塑化、成型等生产工艺制造而成的新型合成材料。

聚氯乙烯树脂（Polyvinylchlorid，PVC），主要成分为聚氯乙烯，是有机高分子化合物。PVC 本身并无毒性，只是在超过其正常使用温度的条件如较高温度下，会慢慢地分解出有害气体——氯化氢。另外，在 PVC 树脂生产过程中，一旦工艺控制不当，残留过量的氯乙烯单体（VCM）属于化学危险品（易燃、急性毒性表现为麻醉作用，长期接触可引起氯乙烯病），会对环境、人体健康造成相应的危害。同时，在聚氯乙烯制品生产加工过程中所添加的增塑剂、稳定剂等主要辅料，这些是毒性物质，因此，医药用、食品用聚氯乙烯制品对含毒添加剂的使用有严格限制，一般不存放食品和药品中。国家 2014 年出台的清洁生产标准，也对聚氯乙烯加工业有毒有害物的防治提出具体的限制规定。

聚氯乙烯是当今世界上深受喜爱、颇为流行的一种合成材料，广泛应用于农业、工业、建筑、能源、交通运输、家电、包装及公用事业等国民经济、社会发展的各种应用领域，全球使用量在各种合成材料中高居第二位。近年来，随着我国建筑业与塑料加工业的发展，对聚氯乙烯的需求迅猛增长，截至 2010 年聚氯乙烯的消费量已达到 1100 万~1200 万吨。尽管我国的聚氯乙烯工业在产能、产量、消费量等均已取得全球第一，但从聚氯乙烯的人均消费量来看，我国与发达国家相比还有较大差距。目前，发达国家的人均消费量为 15~20 千克，而我国仅为 6 千克左右。随着聚氯乙烯应用领域的不断扩大，各种复合增塑剂、复合阻燃剂、耐热改性剂、冲击改性剂的发展，应用高性能聚氯乙烯树脂的需求量日渐增加，以及该制品整体向低增塑剂、无毒增塑剂方向迈进，聚氯乙烯制品的市场会更加广阔。

一、塑料材料广泛替代木材、金属等传统材料

塑料材料性能优异，加工容易，是应用最广的高分子材料，广泛应用于国民经济及人们生活的各个方面。思嘉公司根据产品的性能要求，设计生产适合于多种产品所需要的多种材料，以质量和价格的优势挤占过去由木材、金属等传统材料占有的市场。随着企业快速发展，思嘉集团开发的改性PVC产品类别日益丰富，目前有PVC膜、充气模、充气艇材料、大型支架水池材料、充气水上娱乐运动材料、建筑膜结构材料、篷房材料（商用或民用）、气模材料（大型组合充气模型）、卡车篷布、医用面料、大型蹦床材料、箱包材料、服装面料（尼龙PVC、涤纶PVC、贴布革等）、涉水防护服材料（复合膜、夹网布、针织布）、沼气池材料、雪靴材料、通风管材料、运动地板材料、TPU材料等。

二、产品安全已经成为高分子材料行业应对世界贸易壁垒最突出、最敏感的问题

中国是高分子材料产品生产制造大国和出口大国。目前，塑料行业应对世界贸易壁垒最突出和最敏感的问题是产品安全。随着全球对环境保护要求的不断提高，越来越多的国家和区域开始关注化学品使用污染和各种不安全因素给环境、人类带来的危害。随着消费者对产品及材料环保性能的要求不断提高，环保型产品、环保型材料成为高分子材料行业发展的必然趋势。近年来，尤其是自2008年爆发国际金融危机以来，以欧盟为主的欧美国家针对中国PET、尼龙66、BOPP、玩具等高分子材料，分别做出不同程度的安全性指控和反倾销仲裁。面对各种国际安全问题和反倾销案件，中国塑料制品企业道路坎坷艰辛，出口市场受到严重挤压。在严峻的国际市场形势下，思嘉集团认为，处在发展道路上的中国高分子材料生产企业应该顺应行业发展趋势，彻底转变思想观念、发展战略和运作方式，通过转型升级和建立长效机制，大力开发环保型材料和环保型产品，不断提高产品品质，树立品牌形象，让思嘉产品深深植根于国内外消费者的心中，这样才能在国内外市场上长久并立于不败之地。

正是由于注重开发产品的环保价值和技术含量，目前思嘉集团涵盖了不同领域的环保产品，出口到全球30多个国家，而且出口形势处于不断扩大的良好态势，主要对外出口国家和地区有：美国、俄罗斯、韩国、日

本、菲律宾、英国、越南、阿根廷、中国台湾、泰国、乌克兰、新加坡、马来西亚、墨西哥、印度、南非、澳大利亚、巴西、阿联酋、埃及、波兰、厄瓜多尔、科特迪瓦、秘鲁、尼日利亚、斯里兰卡、斯洛文尼亚、委内瑞拉、意大利、智利等。

三、针对客户不同层次的环保要求提供相对应的匹配方案

在实践中，思嘉集团注重收集、整理、分析国际市场的相关资料，了解、熟悉世界各国、各区域对相关产品的环保要求以及相对应的法规、标准，然后针对不同国家及客户销售区域的环保要求提供相对应的满足方案，也因此逐步积累起较为丰富的经验。

第一，建立学习机制。由品管中心专职负责人收集、整理关于美国、欧盟等国家和区域各类产品的指令、法规、标准等，制作成PPT教材，组织公司业务、技术、品管、生产部门全体人员授课学习，并进行相应的考核或考试，促进集团全员普及各类环保指令、法规、标准。

第二，为适应更加细化的品质要求，在充分了解客户对产品的环保要求的基础上，针对具体的指令、法规、标准，提供相对应的匹配方案。例如，有一美国客户对铅含量的限值指标极为严格，要求小于90ppm，另外还有特殊的阻燃指标。为满足此特殊指标，公司从原材料、生产工艺等各个方面都进行严格把关并力求细致到位。在原材料的选择上，严格按照客户指定标准采购，保证所有原材料中不含铅或铅含量小于90ppm。如选用阻燃剂时，三氧化二锑是主料，必须严格控制铅含量，为此也与阻燃剂的战略合作供应商进行相当细致的深化研讨并最终确定能够使用的物料批号。复配溴系阻燃剂以及其他原材料，亦依照此法进行：着色剂确保选择不含有镉、铬等重金属的色料，而选择环保的有机着色剂并确保不含致癌物——芳香胺；稳定剂选择不含铅盐；润滑剂选用时严格把控硬脂酸镉、硬脂酸铅等物质的含量；增塑剂选用不含邻苯二甲酸盐的环保增塑剂；等等。

第三，避免交叉污染。产品在生产的过程中注意清车，避免在生产过程造成交叉污染。技术课制定了关于压延生产线、贴合生产线的清车规定，生产过程从始至终的每一个细节都不漏掉。

第四，强化产品环保检测。思嘉集团规定，每次调机后生产出来的头一卷产品必须送到有相当资质的第三方进行环保指标检测。思嘉与SGS检测中心厦门办事处有长期合作关系。随着企业的不断发展，环保产品订单

越来越多，思嘉集团于 2013 年建立自己的邻苯环保检测实验室。按照国家标准专门装修一间实验室，配置了几十万元的液相色谱仪和配套试验仪器。实验室已于 2014 年元旦正式投入使用。公司有了自己的环保检测手段，对环保产品管控的时效性大大提高，并有了更加坚实的保障。与此同时，委托第三方的检测也继续同步进行。

四、与世界接轨，产品符合国际环保要求

思嘉集团在实践中不断对自己提出严格要求，在对特殊产品采取环保初步措施获得成效之后，进一步向国际先进环保标准看齐，努力提高产品的环保水平，力求与世界先进水平接轨。

（一）欧盟邻苯二甲酸盐含量限制指令 2005/84/EC：严禁儿童用品中有任何邻苯二甲酸盐含量

邻苯二甲酸盐（Phthalate Esters，PAEs）又称酞酸酯，是由邻苯二甲酸酐与醇类反应所生成的多种酯类的统称。邻苯二甲酸盐是具有芳香味的无色液体，中等黏度、低挥发性，在水中溶解度很低，但容易溶于多数有机溶剂中。它可用作农药载体、驱虫剂、化妆品、香味品、润滑剂、去污剂的生产原料，亦可添加于胶合剂、涂料、油墨中。其中，用量最大的是塑料增塑剂，约占其总产量的 80%，被广泛用于聚氯乙烯（PVC）、聚丙烯、聚乙烯、聚苯乙烯的生产。

含邻苯二甲酸酯类的玩具及儿童用品，如被儿童长时间接触，会危害其肝脏和肾脏，引起儿童性早熟，男婴生殖系统发育不正常，甚至致癌。

欧盟早在 1999 年 12 月 7 日就正式做出决定，在欧盟成员国内，对 3 岁以下儿童使用的与口接触的玩具（如婴儿奶嘴）以及其他儿童用品中邻苯二甲酸盐的含量进行严格限制。2005 年 12 月欧盟公布第 2005/84/EC 号指令，进一步限制儿童玩具及其他用品中的邻苯二甲酸盐含量。欧盟 25 个成员国必须于 2006 年 7 月 16 日前将该指令转换为本国法令，并于 2007 年 1 月 16 日开始实行，所有制造商及进口商必须遵守有关法令。根据新指令，儿童护理用品是指任何有助儿童睡眠、放松、保持卫生，以及喂哺儿童或让儿童吸吮的产品，其中包括各种形状及类型的奶嘴。

第 2005/84/EC 号指令对贸易商影响最大，其中明确说明玩具或儿童护理用品的塑料所含的 3 类邻苯二甲酸盐（DEHP 邻苯二甲酸二己酯、

DBP 邻苯二甲酸二丁酯、BBP 邻苯二甲酸苯基丁酯）的浓度不得超过 0.1%，DEHP、DBP 及 BBP 浓度超过 0.1%的玩具及儿童护理用品，不得在欧盟市场出售；儿童可放进口中的玩具及儿童护理用品，其塑料所含的 3 类邻苯二甲酸盐（DINP 邻苯二甲酸二异壬酯、DIDP 邻苯二甲酸二异癸酯、DNOP 邻苯二甲酸二辛酯）浓度不得超过 0.1%，DINP、DIDP 及 DNOP 浓度超过 0.1%的玩具及儿童护理用品，不得在欧盟市场出售。

有关限制 DEHP、DBP 及 BBP 的含量方面，新指令覆盖的范围较广，影响所有玩具及儿童护理用品，而非只是儿童可放进口中的玩具及儿童护理用品，原因是官方风险评估将这 3 类物质评定为"第二类生殖毒"。另外，指令表示，有关 DINP、DIDP 及 DNOP 的科学证据不足或具争议性。不过，欧盟仍采用惯常的预防性原则，即根据可能出现的风险而非实际风险采取措施，限制 DINP、DIDP 及 DNOP 的使用，但限制较为宽松。

根据新指令，欧盟委员会必须于 2010 年 1 月 16 日前，按该 6 类邻苯二甲酸盐及其替代品的最新科学资料，重新评估上述措施。若有需要，有关措施将做出修订。

表 9-1　16 种常见邻苯二甲酸盐

DBP	邻苯二甲酸二丁酯	dibutyl phthalate	84-74-2
BBP	邻苯二甲酸苄丁酯	benzyl butyl phthalate	85-68-7
DEHP（DOP）	邻苯二甲酸二乙基己酯	di-2-ethylhexyl phthalate	117-81-7
DINP	邻苯二甲酸二异壬酯	diisononyl phthalate	68515-48-0
DNOP	邻苯二甲酸二辛酯	di-n-octyl phthalate	117-84-0
DIDP	邻苯二甲酸二异癸酯	diisodecyl phthalate	26761-40-0
DMP	邻苯二甲酸二甲酯	dimethyl phthalate	131-11-3
DEP	邻苯二甲酸二乙酯	diethyl phthalate	84-66-2
DPP	邻苯二甲酸二戊酯	dipentyl phthalate	84-62-8
DNP	邻苯二甲酸二壬酯	dinonyl phthalate	84-67-4
DCHP	邻苯二甲酸二环己酯	dicyclohexyl phthalate	84-61-7
DPRP	邻苯二甲酸二丙酯	dipropyl phthalate	131-16-8
DIBP	邻苯二甲酸二异丁酯	diisobutyl phthalate	84-69-5
DHP	邻苯二甲酸二己酯	dihexyl phthalate	84-75-3
DIOP	邻苯二甲酸二异辛酯	diisooctyl phthalate	27554-26-3
DMEP	邻苯二甲酸二甲氧基乙酯	di（2-methoxyethyl）phthalate	117-82-8

资料来源：REACH 法规。

随着国际市场标准的提高，各国对商品中有毒化学品含量管控的不断加强，客户的要求也越来越高，对有些不与儿童直接接触的产品也要求不含 3P、6P、16P 甚至不含 P（以下简称环保产品）。针对日趋变化的市场形势，思嘉集团也相应提高对本公司产品的要求，所有能生产的产品系列都能做到不含 3P、6P、16P，甚至不含 P。

例如，思嘉集团现在生产的很多箱包产品都要求不含 3P、6P（产品里六项邻苯二甲酸盐加起来总和不能超过 1000ppm）的邻苯环保要求。通常，这类产品的生产过程由多道工序组成，而生产加工工序越多的产品，在生产过程中造成交叉污染的可能性就越大。思嘉的产品需要经过混料、压延、贴合等多道工序，因此对于防止交叉污染而言，存在非常大的挑战。2008 年开始生产环保型产品，起初由于设备、管道存在很多清理死角，清车时不能完全清理干净，无论怎么克服，也不能保障大货整单通过邻苯环保检测。在开发、生产环保型领域产品的初期，思嘉人由于产品检测通不过而引起的损失超过了 200 万元。面对检测不合格的产品，全体思嘉人陷入困惑之中。究竟该怎么办？如果不能突破这个难题就无法生产环保型产品，就意味着不能再接这种订单。对企业的生存来说，这无疑是一个相当严峻的考验。然而，在思嘉人面前，在有着几十年业内经验的技术总工程师蒋石生面前，没有克服不了的难关。蒋总工程师组织生产一线的班长、员工，以及生产主管和工艺技术人员等，经反复分析、讨论，最后找出设备中可能造成污染的点、角等部位。针对这些部位专门制定了《关于无 P 产品的清车规定》，具体明确机台各管道、设备中每一个需要清理的部位及操作中应当注意的细节，严格规范每个岗位的操作流程。然后组织生产线所有岗位的员工进行理论学习、现场临摹操作，确保掌握清理技巧。最终，严格按照规定清车的 3P、6P 产品都通过了检测，在经受到市场考验的同时还获得业界的好评。

图 9-1　气模产品不含 16P 第三方检测报告

资料来源：SGS 检测报告。

（二）欧盟 EN71-3：《对某些元素转移的要求》

　　EN71 是欧盟市场玩具类产品的检测标准，涉及所有玩具、文具以及常见轻工类产品。儿童是全社会最需要关心和爱护的群体，儿童普遍喜爱的玩具市场发展迅猛，同时各类玩具由于各方面质量问题给儿童带来的伤害也时有发生，因此世界各国对本国市场上玩具的要求变得日益严格。许多国家都就这些产品建立了自己的安全规章，生产企业必须保证其产品在该地区销售前符合相关标准。制造商必须对因生产缺陷、不良设计或不适当材料的使用而导致的事故负责。由此，欧洲推出玩具 EN71 认证法令，其意义是通过 EN71 标准对进入欧洲市场的玩具产品进行技术规范，从而减少或避免玩具对儿童的伤害。

　　现行的欧盟玩具安全指令 88/378/EEC 实施至今有 20 多年的时间，在过去的 20 年中，玩具产品不断推陈出新，现行的指令已不能全面涵盖玩具的安全问题。由于消费者对玩具安全的日益关注，欧盟于 2009 年 6 月发布了新的玩具指令 2009/48/EC，旨在解决新的安全问题，并加强执法。欧盟玩具新指令 2009/48/EC 化学部分要求：受限制重金属元素从 8 项延至 19 项，当中更严格的限制包括其他的分析方法，特别是对铬（III）/

（VI）和有机锡的分析。新的要求除了要求更严格外，所涵盖的玩具产品比以前的指令也更全面。玩具指令 2009/48/EC 已于 2011 年 7 月开始生效，从此时起现行的指令 88/378/EEC 作废，新的化学要求也于 2013 年 7 月开始生效。

欧盟玩具安全指令 2009/48/EC 确定了新材料的分类、可接触部件新元素的新迁移限制，该标准将玩具材料分成 3 类，不同的类型对应着不同的限值。在正常和可预见的情况下，所有可接触儿童的玩具或组件均不应超过新的迁移限值，但不同的限值则取决于材料类型或部件种类（3 种类别/19 项物质限值）。

表 9-2　16 种常见邻苯二甲酸盐

元　素	2009/48/EC 新指令			88/378/EEC 旧指令
	玩具材料			玩具材料
	干燥、易碎、粉状或易弯的 mg/kg	液态或黏性 mg/kg	刮漆 mg/kg	
Aluminium 铝	5625	1406	70000	90
Antimony 锑	45	11.3	560	60
Arsenic 砷	3.8	0.9	47	25
Barium 钡	4500	1125	56000	1000
Boron 硼	1200	300	15000	60
Cadmium 镉	1.3	0.3	17	75
Chromium (III) Cr^{3+}	37.5	9.4	460	—
Chromium (VI) Cr^{6+}	0.02	0.005	0.2	60
Cobalt 钴	10.5	2.6	130	500
Copper 铜	622.5	156	7700	—
Lead 铅	13.5	3.4	160	—
Manganese 锰	1200	300	15000	—
Mercury 银	7.5	1.9	94	—
Nickel 镍	75	18.8	930	—
Selenium 硒	37.5	9.4	460	—
Strontium 锶	4500	1125	56000	—
Tin 锡	15000	3750	180000	—
Organic tin 有机锡	0.9	0.2	12	—
Zinc 锌	3750	938	46000	—

注：镉的要求根据修订 2012/7/EU2 进行了更新。
资料来源：欧盟 EN71。

重金属的要求对塑料制造行业在选材时一不注意就会造成超标。因此，思嘉集团技术中心的技术人员在选用原材料时通常会十分谨慎。

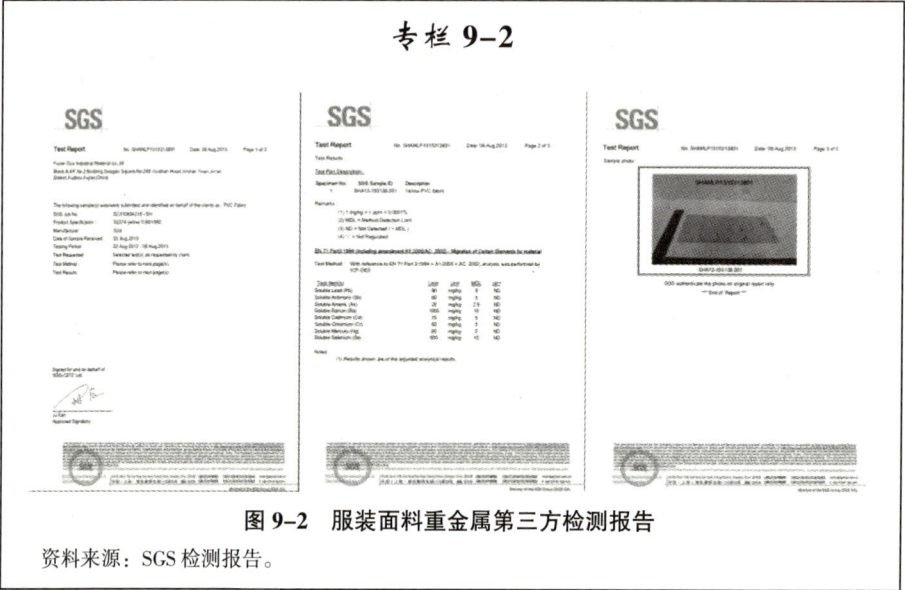

图 9-2　服装面料重金属第三方检测报告

资料来源：SGS检测报告。

（三）欧盟法规 REACH

REACH（Registration Evaluation Authorization and Restriction of Chemicals），通称为《关于化学品注册、评估、许可和限制》，是欧盟对进入其市场的所有化学品进行预防性管理的法规，于 2007 年 6 月 1 日起实施，旨在为欧盟各国市场上的各种化学物质创造一套统一的监管体系。

图 9-3　REACH

根据 REACH 法规，有下列之一的物质，可以被视为非常高关注的物质（SVHC）：①致癌，致突变或毒性（CMR）的繁殖；②具有持久性，生物累积的和有毒的；③非常持久和生物累积（vPvBs）；④认真和/或对环境或人体健康造成不可挽回的损害，破坏荷尔蒙系统的物质。

截至 2013 年 6 月 20 日，REACH 法规中 SVHC 清单增至 144 项有害化学物质。欧盟 REACH 法规的主要目的是保护人类健康和环境；保持和提高欧盟化学工业的竞争力；增加化学品信息的透明度；减少脊椎动物试验；与欧盟在 WTO 框架下的国际义务相一致。从实质意义上讲，REACH 法规将促进化学工业的革新，使其生产更安全的产品，刺激竞争和增长。与现行复杂的法规体系不同，REACH 将在欧盟范围内创建一个统一的化学品管理体系，使企业能够遵循同一原则生产新的化学品及其产品。

刚刚接触 REACH 标准时，思嘉集团的技术人员都颇为担心，怕要求太高，自己的产品不一定能通过此标准的检测。但是，产品要想进入欧盟市场，就必须通过检测，如果通不过怎么办？面对新的问题，首先要了解法规要求，总工程师蒋石生组织技术中心技术人员学习 REACH 标准。

第一，要把握新指令的重点，及时掌握最新的法规及更新动态；第二，要购买符合新法规环保要求的原材料，作为生产性企业，技术人员首先要全面掌握公司所生产的材料所使用原材料的各项检测指标与检测方法；第三，在产品设计时要考虑到其不正常使用时的潜在危害；第四，强化测试，按照 REACH 标准将产品设计出来后，实验室小机样和生产大机样同时送 SGS 进行检测。只有这样思嘉才可以有效应对新的挑战。

经过如此不懈的研讨与努力，产品的各项指标满足了 REACH 标准及客户的要求，大货也全部通过检测。目前，思嘉可以向所有客户提供按 REACH 要求执行的最新 163 项指标的检测报告。

图 9-4　思嘉空间布材料产品通过 REACH 163 项高度关注物质检测报告

资料来源：SGS 检测报告。

（四）欧盟 2002/95/EC 指令 ROHS

2003 年 1 月 27 日，欧盟议会和欧盟理事会通过了 2002/95/EC 指令，即"在电子电气设备中限制使用某些有害物质指令"（The Restriction of the Use of Certain Hazardous Substances in Electrical and Electronic Equipment），简称 ROHS 指令。ROHS 指令发布以后，从 2003 年 2 月 13 日起成为欧盟范围内的正式法律；2004 年 8 月 13 日以前，欧盟成员国转换成本国法律/法规；2005 年 2 月 13 日，欧盟委员会重新审核指令涵盖范围，并考虑新科技发展的因素，拟定禁用物质清单增加项目；2006 年 7 月 1 日以后，欧盟市场上正式禁止六类物质含量超标的产品进行销售。其中铅（Pb）、汞（Hg）、六价铬（Cr6+）、多溴联苯（PBB）、多溴二苯醚（PBDE）的最大允许含量为 0.1%（1000ppm），镉（cd）为 0.01%（100ppm），该限值是制定产品是否符合 ROHS 指令的法定依据。

图 9-5 ROHS

可以说，世界各国和地区尤其是发达国家，对 RoHS 指令的出台反响强烈，高度关注，有的国家称其为绿色环保指令，有的国家称其为技术壁垒指令，还有的国家称其为牵动全球制造业神经的指令。此后，美国、日本、韩国、泰国等也相继出台了类似指令。中国是全球制造业大国，也是产品出口大国，出口总量的 70% 以上涉及 ROHS 指令，因此，中国政府十分重视相关问题，并于 2004 年出台了《电子信息产品污染防治管理办法》，内容类似 ROHS 指令，并准备与其同步实施。

但是对于思嘉团队而言，技术壁垒也好，绿色环保指令也好，都是公司需要攻克的难关。在针对 ROHS 指令的相关要求，公司投入大量精力和财力，调整工艺配方，经过密集的实验，终于达到其标准。对有该要求的客户订单及时提供 ROHS 标准检测，第一时间跟上欧美国家的技术要求。也因此，欧美市场的客户对公司表示了极大的认可和称赞。

专栏 9-4

图 9-6 气模材料通过 ROHS 标准检测

资料来源：SGS 检测报告。

（五）美国 CA65 号提案（California Proposition 65 Introduction & Restricted Substances）

California Proposition 65 Introduction & Restricted
Substances： This product contains chemicals
known to the State of California to cause cancer
and birth defects or other reproductive harm.
（California law requires this waning to be given
to customers in the State of California.）
For more information： www. watls. com/prop65

图 9-7 CA65 号提案

CA65 号提案，即《1986 年饮用水安全与毒性物质强制执行法》，于 1986 年 11 月颁发，其宗旨是保护美国加州居民及该州的饮用水水源，使水源不含已知可能导致癌症、出生缺陷或其他生殖发育危害的物质，并在出现该类物质时如实通知居民。该提案允许加州居民通过一定的方式消除消费品和工业中的致癌物质、生殖毒性化学物质的行为。

CA65 号提案负责监管加州已知可能导致癌症或生殖毒性的化学品，截至 2013 年，已有 850 多种化学品被列为该类化学品受到监管。CA65 号提案中受管制的化学品清单并没有包含任何产品中的最大允许浓度，因此，比欧盟 REACH 法规要求更为严格，更不容易通过。CA65 提案的监督者是"为公众利益的加州居民"，而不是某一个组织机构，只要是任何居住在加州的个人觉得产品有问题都可以提起诉讼。

例如，思嘉公司的业务员曾经接触到一个国外客户。产品的前期打样、物性测试都通过后，这个客户提出需要公司提供一份产品合格保证书，其中一项就是承诺要通过 CA65 号提案，因为不了解这个标准的具体要求，公司业务经理在与客户交流的过程中，担心不能满足客户要求。在与客户一直进行沟通的过程中，并没有因为急于接下这个订单，而轻易与客户签订这份产品合格保证书。在与客户反复协商及确认包括产品用途、使用环境等各种细节的过程中，发现实际上无须对此项目进行承诺亦可保证思嘉产品的正常使用，客户也考虑在此项要求上做出相应的让步，并与其终端客户进行相应的协商。与此同时，公司情报组人员经过查找、翻阅大量的相关资料，一方面针对此项订单产品中涉及的所有原材料进行认真的分析，另一方面与原材料供应商联系、咨询，并要求提供相关检测报告。经多方论证后认为是此单产品完全可以通过 CA65 号提案的标准要求。最终思嘉与这家客户签订了产品合格保证书的协议。通过这一系列的交流、研讨与沟通，客户非常满意，称赞思嘉对客户要求、对环保品质的重视，因此，这个实例也成为提升企业知名度的一大契机。

（六）FDA：美国食品和药物管理局（Food and Drug Administration）

美国 FDA 是国际医疗审核权威机构，由美国国会即联邦政府授权，专门从事食品与药品管理的最高执法机关。经过 FDA 机构认证的产品是被全球公认为是对人体有效且能够确保安全的产品，是产品品质与效果的全球最高标准证明。因此，国际上很多厂商都以追求获得 FDA 机构认证作为产品品质的最高荣誉和保证。

图 9-8　FDA

FDA国际自由销售许可证不仅是美国FDA认证中最高级别的认证，而且是世界贸易组织（WTO）核定有关食品、药品的最高通行认证，是唯一必须通过美国FDA和世界贸易组织全面核定后才会发放的认证证书。一旦获此认证，产品畅通进入任何WTO成员国家，甚至连行销模式，所在国政府都不得干预。

2013年8月，思嘉集团负责流延TPU产品的业务经理接谈一项国外订单，客户提出产品必须符合美国FDA关于食品药品的环保要求，并且要求提供相关检测报告。刚开始，公司对能不能接下这项订单产生疑惑。接不接这项订单，这对于思嘉能否满足这样的产品最高标准提出了前所未有的挑战。如果接下订单，但产品检测通不过怎么办，对此谁也没有把握。经慎重考虑，公司最终接下了这项订单，认为这是促进自身技术水平提升的好事，不仅有助于企业成长，也能提高企业在业界的知名度。

接下订单后，蒋石生立即组织技术、采购、生产等部门的主管分析、讨论，对从原材料到工艺再到检测等每一个环节中有可能出现的问题一一进行严格的分析判断。最后锁定该产品如果通不过检测那么问题一定出在原材料方面，因此应当对此产品所涉及的原材料方面进行深入分析。该产品用的主要材料是TPU（热塑性聚氨酯弹性体）粒子料，这种材料不仅具有卓越的高张力、高拉力、强韧和耐老化的特性，而且是成熟的环保材料。目前，TPU已广泛应用于医疗卫生及体育等方面，具有其他塑料材料所无法比拟的强度高、韧性好、耐磨、耐寒、耐油、耐水、耐老化、耐气候等特性，同时还具有高防水性透湿性、防风、防寒、抗菌、防霉、保暖、抗紫外线以及能量释放等许多优异的功能。

专栏9-5　TPU材料特性与FDA检测报告

TPU是分子中含有-NH-COD-基团的材料，长链的二元醇和异氰酸酯成分构成了软段，短键的二元醇和异氰酸酯成分构成了硬段，TPU很多特性取决于长链二元醇的种类，其硬度用硬段做比例来调节，它的光老化性可用光稳定剂加以改善，同时也取决于异氰酸酯是芳香族还是脂肪族。它不同于其他热塑性弹性体的优异性能如下：

（1）优异的耐磨性能，它的Taber磨耗值为0.5~0.35mg，是塑料中最小的，若加入MoS_2、硅油石墨等可降低摩擦系数，提高耐磨程度。

（2）拉伸强度和伸长率：TPU的拉伸强度是天然橡胶和合成橡胶的

2～3 倍，聚酯型的 TPU 拉伸强度近 60MPa，伸长率近 410%，聚醚型 TPU 的拉伸强度为 50MPa，伸长率 > 30%。

（3）耐油、耐汽油性能：TPU 的耐油性能优于丁腈橡胶，具有极好的耐油寿命。

（4）耐低温性、耐候性、耐臭氧性能：TPU 的耐气候老化性能优于天然橡胶和其他合成橡胶。它的耐臭氧、耐射线的特点在航天工业有特殊的用途。

（5）医疗卫生性：TPU 具有生物相容性和抗凝血性，医用 TPU 应用越来越广泛，如人造心脏、人工肾、输血管、血浆袋、输尿管、外科技术用固定材料等。

TPU 材料本身就是环保材料，而且查了相关资料、热塑性 TPU 粒料不仅可以用于食品包装，而且医疗方面也发展得很快。

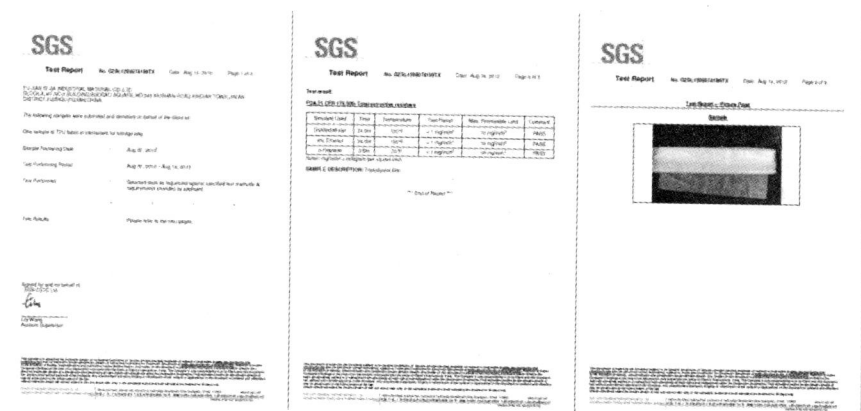

图 9-9　TPU 材料 FDA 认证报告

资料来源：SGS 检测报告。

除上述所列六个方面具有国际性影响的环保指令、法规、标准以及具体要求外，还有一个较为重要的儿童玩具类环保标准：美国华盛顿州儿童安全产品法——CSPA 和美国《消费品安全改进法》——CPSIA。

（七）CSPA 和 CPSIA

CSPA 为美国消费安全协会《华盛顿州儿童安全保护法案》对 66 种高度关注物质的限量。2010 年初，美国华盛顿州生态管理部（Washington State

Department of Ecology）开展了一项试点计划，就草拟"优先化学品"（Priority Chemicals）条例收集资讯，并公布《儿童安全产品法》（Children's Safe Products Act，CSPA）的要求。华盛顿州生态管理部已完成时间表所列的部分阶段，并将持续执行计划，务求达成最终目标，减少儿童产品中潜在有害的化学品。

图 9-10　CSPA

CPSIA 影响着美国所有生产、进口、分销玩具、服装和其他儿童产品及护理品的相关行业。所有制造商应该保证其产品符合该法案的所有规定、禁令、标准或者规则，在邻苯二甲酸盐含量中，除了 DINP、DIDP 及 DNOP 暂时被禁止使用，直到 CHAP 研究报告出台后再决定是否解禁或列为永久禁止使用外，DEHP、DBP 及 BBP 已被永久禁止使用。所有进口到美国的产品，必须通过美国消费品安全委员会 CPSC 认可检测机构检测，否则将面对巨额罚款并导致供方的出口中断。

2008 年 8 月 14 日由美国总统布什签署生效的《消费品安全改进法案》（CPSIA/HR4040）成为法律。该法令是自 1972 年美国消费品安全委员会（CPSC）成立以来最严厉的消费者保护法案。新法案除了对儿童产品中铅含量的要求更为严格外，还对玩具和儿童护理用品中的有害物质邻苯二甲酸盐的含量做出新的规定。此外，该法案还要求建立消费品安全公共数据库。比如，新法案扩大了对消费品的进口商、零售商和批发商的检查和记录存档的范围，要求他们确认产品制造商的名字和地址。法案要求制造商将每一个经营消费品的零售商或批发商以及参与产品制造过程的承包商记录存档。

面对来自国际市场的一项项日趋严厉的挑战，思嘉集团曾有过短暂的犹豫，但始终没有临阵退却，而是迎难而上，一次次地闯关。正是在敢于应对挑战、不断超越自我的过程中，思嘉在环保产品的开发方面逐步走在了国内行业的前列，并且在与本行业环境保护相关的技术领域积累了一定的研发能力，获得了一定的领先优势。

每一个思嘉人都清醒地意识到，来自市场的新挑战是永无止境的，思嘉人必须顺应时代发展大潮，不断夯实基础，开拓进取，不断为客户和市场提供切实可行的解决方案。

第二节 品质管控

与历来高度关注产品质量的生产实践一脉相承，思嘉集团对环保型产品的品质同样高度重视，对产品品质的管控已经形成一套完整的产业链体系，通过供应链、生产链、储运链的全程品质管控流程以保证产品符合相应的质量要求，包括原材料进厂检验、制程检验、标识、可追溯、不合格管理、预防纠正等诸多环节。

一、建立绿色供应链

在环保体系中，供应链的管理占据着显著的地位，供应链管理中的任何漏洞及疏忽都直接影响环保体系的成败。为此，思嘉尝试建立严格的绿色供应链管理体系，充分了解自己生产的产品所使用材料的性质，购买符合新法规环保要求的原材料，与供应商明确协议要求确保安全合格，保存可追溯的文件资料。

（1）基于内部环保要求，对供应商进行能力评估，确保选用的供应商有能力提供所要求的环保材料。

（2）对供应商内部环保管理系统进行审核评估。

（3）要求先提供样品，并提供第三方检测报告。同时签署《环保协议书》。

（4）供应商审查计划，定期对环保材料进行性能验证。定期召集供应商开会，宣传企业的环保理念和要求。企业传递的任何环保资讯要有相关记录。对不合格的供应商果断采取措施或淘汰。

（5）进厂原材料严格按照原材料进料检验流程验收。按照公司原材料标准规定的项目进行进厂检验，并按指标数据判定合格与否，合格入库，不合格退货。

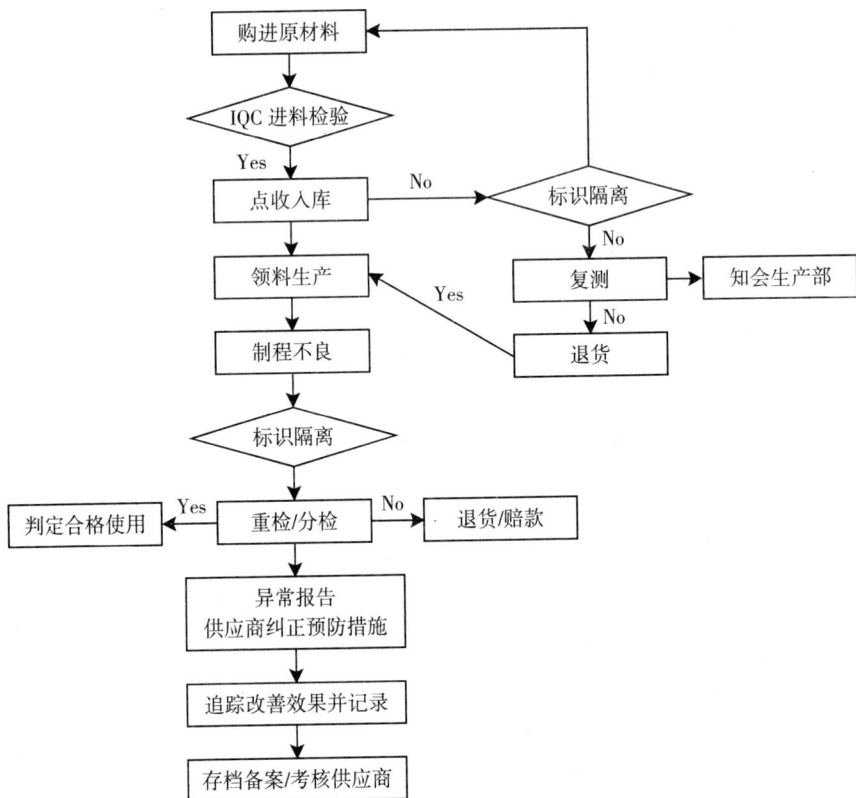

图 9-11 原材料进料管控流程

二、制程管理

对于各类产品的生产制造过程（以下简称制程）的品质管控，思嘉集团从培训合格的制程品管、选择合理的品管工具、培养班组的品质意识和做好自主检查到对每个订单的首件/中件/末件的把关等一系列下来，形成了完整的品质管理体系。

（一）品管人员资格

（1）资格的重要性。资格是被认可的能力，是一种信任，也是一种授权，当某人具有资格时，就可以放心大胆地交给他相关的任务。

（2）品管资格人员。企业里的品管资格人员通常包括检验员、校验员、实验员、机器操作员、各级管理人员及必要的监督员等。

（3）物色适合的人员。通过理论与实际相结合的培训、考评、发证、上岗、独立上岗、评级等程序培养合格的品管人员。

（4）品管人员获得上岗资格必备的素质要求。业务熟练，工作细心，踏实认真；具有承担责任并履行义务的能力；善于主动地、创造性地开展工作；坚持工作原则，讲求工作方法；实事求是，用证据、用事实、用数据说话。

（二）品管工具

品管工具是思嘉人在从事品质管理工作时，所运用到的业已成熟的方法、技能及经验。这些东西一般是他人在相关实践中总结出来的，因为有类似于工具的作用，所以通常叫品管工具。如"5W2H"、"4M1E"、"QC7大手法"、"品管圈"、"SPC"等。福建思嘉大量借鉴国内外同行业先驱的卓有成效的做法和经验，并不断完善自身的品管工具体系。

专栏 9-6 "4M1E"内容

Man，人的因素：人员的思想、意识、个体差异、配合度、能力等。

Machine，机器因素：机器设备的功能、准确度、机械能力等。

Material，材料因素：材料是否合格、适宜且及时。

Method，方法和工艺因素：方法是否合理、过程是否受控、是否标准化。

Environment，环境因素：噪声、温度、湿度、灰尘、污染等。

与"5W2H"一样，"4M1E"在品管工作中也使用很广，比如，在下列情况时经常会用到：制订品管计划时；分析和解决问题时；策划品管工程时。

实际中为了便于工作，通常把"4M1E"与特性要因图（鱼骨图）手法结合起来运用。比如，按下面的形式分析问题。

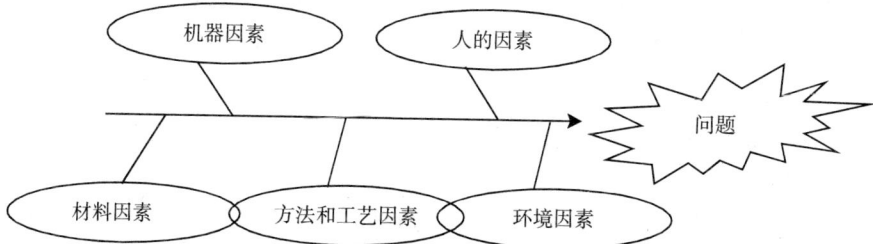

图 9-12　4M1E

资料来源：思嘉集团内部培训资料产成品品质管控流程。

（三）生产班组的品质意识

（1）错误的观念：①品质保证交给检查员去做；②我只负责生产，检查不关我事；③尽量去生产。

（2）品质是制造出来的，而非检验出来的。生产班组从班长到班员都要有"尽力而为"、"全力以赴"的品质意识。

（四）自主检查

（1）能在制作阶段把握产品的质量。

（2）能在不合格产品出现前实施对策。

（3）把不合格产品降到最低限度。

（4）抓住调查真因的最好时机。

（五）把好首件/中件/末件关

（1）首件：当日所产出之第一件，包括换单、换辊等停料调机后的第一件。

（2）中件：按规定间隔时间检测一次。

（3）末件：每批产出之最后一件。

1）生产一线员工应具备一定的环保知识，能正确区分各种环保材料的标签并正确地使用。例如，贴合用的胶水有很多种，在领用时不可领错。针对环保的主要材料如增塑剂、色料、助剂等都不可领错、用错。环保材料与普通材料在不同位置进行存放并做好标识。

2）环保型产品生产前严格按照技术中心的规定清车，技术、品管、生产主管要按规定对每个岗位进行核查，检查各清理死角如管道、设备接缝处等是否清理干净。整个过程应在生产中心的监控范围之内进行。

3）按标识、区分规范文件执行，做好材料、半成品、成品的环保标识与区分。

4）班组根据自主检查规定的检查项目、检查频次对首件半成品、成品进行检查，制程品管进行抽查。

5）根据客户要求或内部评估要求的频次进行环保检测（送第三方检测）。

6）建立企业环保实验室，提高环保检测的时效性，保障产品质量。

随着公司产品国际化的进程，思嘉集团要在某一技术领域保持自己的领先优势，或者消除竞争对手的威胁，实现行业一流、国内领先的战略地位，环保型产品必须走向世界市场，那么按照国际环保要求成立环保检测实验室就势在必行。思嘉集团福州工业园已有自己的邻苯环保检测实验室，可以从源头开始检测进厂原材料的环保性能，其他工业园也计划陆续建立邻苯环保实验室。

三、记录、可追溯性管理

福建思嘉有规范、严格的产成品流程跟踪管理，以及对不合格品的流程管理。

（1）产成品品质管控流程。从材料——进料——制程——出货的材料流程进行跟踪，确认追溯的完整性，并记录成品、检验批次。根据企业检验标准进行产品检验并保存记录。做好订单批次的档案管理。

（2）不合格品流程管理。对于检测出来不合格品进行隔离，标识清楚，并通知相关部门，如仓库、生管、业务等，避免仓库发错货。填写异常单，将不合格批次的信息做完整的记录，如编号、订单、班组等，使其相关资料可追溯。

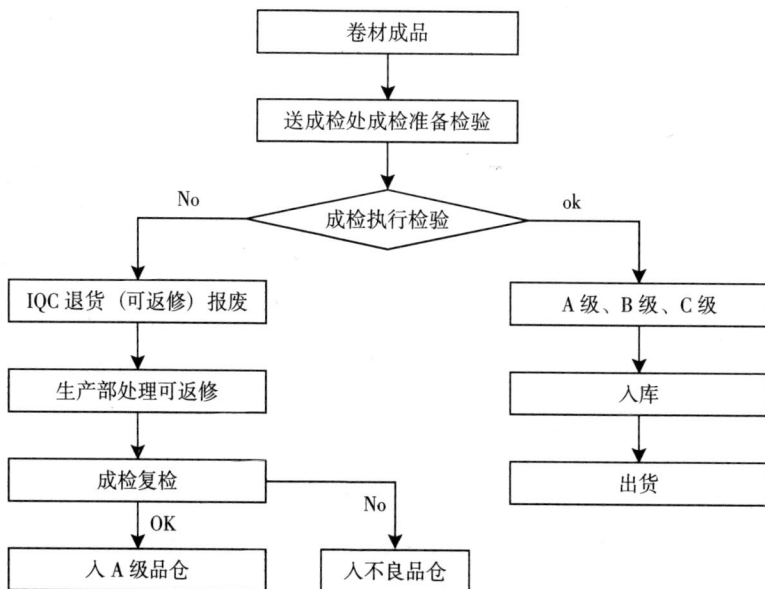

```
                        ┌──────────┐
                        │ 卷材成品 │
                        └────┬─────┘
                             ↓
                ┌─────────────────────────┐
                │ 送成检处成检准备检验      │
                └────────────┬────────────┘
                             ↓
         No          ◇ 成检执行检验 ◇          ok
    ┌──────────────────                ──────────────────┐
    ↓                                                     ↓
┌──────────────────────┐                    ┌──────────────────┐
│ IQC退货（可返修）报废 │                    │ A级、B级、C级     │
└──────────┬───────────┘                    └────────┬─────────┘
           ↓                                          ↓
┌──────────────────────┐                    ┌──────────────────┐
│ 生产部处理可返修      │                    │ 入库             │
└──────────┬───────────┘                    └────────┬─────────┘
           ↓                                          ↓
┌──────────────────────┐        No          ┌──────────────────┐
│ 成检复检              ├────────────┐       │ 出货             │
└──────────┬───────────┘            │       └──────────────────┘
          OK↓                       ↓
    ┌──────────────┐      ┌──────────────────┐
    │ 入A级品仓     │      │ 入不良品仓        │
    └──────────────┘      └──────────────────┘
```

图9-13 产成品检验流程

四、预防、纠正措施管理

对已发生或潜在的不合格（重复发生）品质异常，采取纠正或预防措施，防止不合格情况再次产生或避免发生。

（一）纠正措施

工作流程不合格的信息来源→不合格的信息收集→调查分析不合格原因→制定、评价纠正措施→纠正措施实施→跟踪验证。

（二）预防措施

（1）收集信息，以便发现、分析、消除潜在的问题，其信息来源包括：①从质量管理体系审核（内、外审）报告、供方供货质量统计、产品质量统计（分析表、排列图）、产品质量记录等存档资料中找出其中潜在问题；②生产过程控制状态和工艺操作情况及生产设备、工艺装备对产品质量影响的潜在问题；③顾客意见，服务情况，市场信息分析潜在的问题。

（2）责任部门分组织分析原因，制定预防措施，包括实施步骤、实施者、完成日期，部门负责人落实实施，部门不能解决的问题提交高管层解决。

（三）资料存档

品质管控体系中需要存档的资料包括：《整改措施报告》、《品质异常报表》、《不合格项报告》、《质量问题分析单》、《质量分析会议记录》等。

第三节　节约能源

中国是能源资源严重短缺的国家。石油、天然气人均剩余可采储量仅占世界平均水平的 7.7% 和 7.1%，储量较丰富的煤炭也只有世界平均水平的 58.6%。改革开放的 37 年间，我国始终不放松节能减排工作。20 世纪80 年代初，我国就制定了"开发与节约并重，近期把节约放在首要位置"的能源发展方针。90 年代进一步将各项方针具体化，如强调能源发展的总方针，即开发与节约并举，把节约放在首位。进入 21 世纪，节能减排

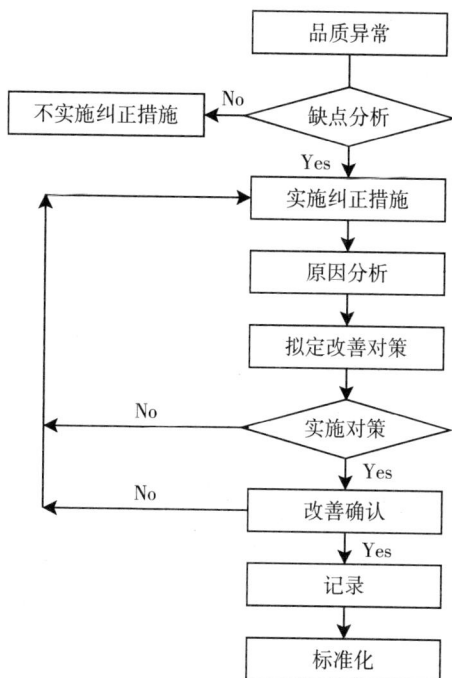

图 9-14 纠正措施流程

工作大范围展开,《节约能源法》使节约资源成为我国基本国策, 节能减排工作成为全社会参与的国事、大事。

一、自愿开展清洁生产审核

清洁生产对于企业实现经济、社会和环境效益的统一, 提高市场竞争力也具有重要意义。一方面, 清洁生产是一个系统工程, 通过工艺改造、设备更新、废弃物回收利用等途径, 可以降低生产成本, 提高企业的综合效益; 另一方面, 它也强调提高企业的管理水平, 提高管理人员、工程技术人员、操作工人等员工在经济观念、环境意识、参与管理意识、技术水平、职业道德等方面的素质。同时, 清洁生产还可有效改善操作工人的劳动环境和操作条件, 减轻生产过程对员工健康的影响。清洁生产的核心是"节能、降耗、减污、增效"。作为一种全新的发展战略, 清洁生产改变了过去被动、滞后的污染控制手段, 强调在污染发生之前就进行削减。这种方式不仅可以减轻末端治理的负担, 而且有效避免了末端治理的弊端, 是控制环境污染的有效手段。

创业期的"福建思嘉"是以聚氯乙烯（PVC）制品为主的加工生产企业，主要原辅料是 PVC、增塑剂、稳定剂、各类添加剂。公司在加工过程中消耗了包括原辅材料、电能、水、燃油等资源和能源，在制造出各种产品的同时也产生了废气、废水（生活废水）、固体废料和噪声。虽然企业生产污染达标排放，企业的原辅料综合利用率、能耗、固废产生量均处于行业先进或较先进的水平，但企业充分认识到开展清洁生产审核的是进一步提高企业的综合实力的有效途径。

2010 年思嘉集团正式成立后，为积极响应国家和省市有关推行清洁生产的号召，同时为了适应时代发展，增强综合竞争力，从源头控制污染，走节能、降耗、减污、增效的持续发展的道路，于当年自愿申请开展清洁生产审核[①]。2010 年 7 月起在整个集团范围内全面导入首轮清洁生产审核工作，并委托福建高科技环保研究院作为公司实施清洁生产审核的咨询机构。

从 2010 年 7 月开始启动至 2011 年 3 月，思嘉通过改进工艺、设备，采用无毒原料替代有毒原料并通过环境治理的方案和措施，进一步改善环境，减少污染物的排放，开展清洁生产目标管理，努力实施清洁生产审核各阶段产生的各项清洁生产方案，并编制清洁生产审核报告，全面提升企业持续实施清洁生产的能力，使企业在经济效益、环境效益、技术进步等诸多方面取得显著成效。

在目前国家相关部门尚未发布关于聚氯乙烯加工业的清洁生产标准和评价体系的前提下，福建思嘉自愿申请开展清洁生产审核的举措，既能实现"节能、降耗、减污、增效"的清洁生产审核目的，又能全面提升企业的综合实力和对外形象。

二、节约资源，回收再利用

（1）边料回收。在产品生产过程中不可避免地会产生一些边角废料，如产品切边产生的边料，如果不加以回收利用，只能当作低级的废品处理。如何将这些边料利用起来或回收再加工呢？思嘉员工中有相当一部分是带着家属出来找工作的，如果能够安排员工家属来撕边料就可谓一举两得，既可以解决员工家属的工作问题，又对边料进行了再次回收利用。由此，专门安排两家属工负责撕边。两人一天可撕边料 200~300 千克，平

[①] 其执行依据是福建省闽环保科〔2010〕12 号文。

均 250 千克。一年按 250 天计算可年回收边料 62.5 吨。一吨材料按 8000 元售价计,一年可节约 50.0 万元。2005~2012 年,共节约 400 万元。

(2)原布纸管的再利用。针织布是思嘉下水裤产品的主要原材料,对针织布里的纸管的再次利用也成为思嘉资源再利用的项目。每卷针织布里都有一支纸管。针织布的小纸管每天可收集 50 支(可用作卷次、废品)。一年 250 天计算一年可重新回收利用 12500 支纸管。一支纸管 1 元,一年可节纸 1.25 万元,加上自己使用的二次纸管每年可回收利用 15000 支,按一支 5 元计算,可节约 7.5 万元。

(3)高强聚酯网布大纸管的可回收利用。高强聚酯网布是思嘉产品的主要原材料之一,年使用量在 1800 万米以上。进厂时所用的纸管可以代替铁管卷大卷产品,回收再利用后效益可观。此项回收利用长期以来都在开展。如 2012 年,每个月回收网布纸管 500 支,一支 10 元,一年可回收再利用 6 万元。另外正常的废纸管总回收 9.7 万元,2005~2012 年共回收利用 95.6 万元。

(4)增塑剂回收、净化再利用。国家经济的高速增长,中国石油能源供应日趋紧张,对国外原油的依赖日益增大。中国原油进口已达 1 亿吨/年。国际形势的变化直接影响到国内的石油供应。而且随着工业的发展,环保和治理更是刻不容缓,特别是塑料加工企业的环保更是重要。对增塑剂油进行回收利用不仅节约了能源,又对环境保护发挥了作用。公司于 2010 年购进 2 台静电除尘装置,2011 年、2012 年分别购进 1 台,共花费 160 万元安装了 4 台静电除尘装置。

图 9-15 废弃油回收装置

如图 9-15 所示，烟气在抽风装置风机的作用下，经过烟气降温装置将烟气的温度降到合适的范围内，再经本设备的多级静电场的捕捉分离，成为较干净的气体排出，达到烟气净化的目的。在静电场中分离出来的液滴、烟尘被沉积在电场组件的各个阳极筒内壁上，然后汇流到集油槽排出做统一回收处理。

每台设备每天可收集增塑剂 30 千克，4 台回收装置可收集 120 千克废油。再进行净化后（70%回收）重新利用。每年可回收 24 吨油。每年可节约 1.2 万元/吨×24 = 28.8 万元。2010~2012 年共回收利用增塑剂 218 吨，节约 174.4 万元，一方面已收回 160 万元的设备费用，另一方面节约能源，清洁环境。

专栏 9-7　上海思嘉供应链系统及环保升级工作更上新台阶

在 2015 年到来之前，思嘉集团各个生产基地都加紧了年度工作回顾和新年规划。其中，上海思嘉工业园总结了第四季度的工作，重点安排的关于管理系统新软件使用、环保新系统运转、供应链系统升级、产品品质及安全培训等方面的工作均已圆满收尾。

新管理系统的研发和使用，主要是为了解决原有系统存在的一些操作不便、流程不灵活的问题。在这一过程中，集团信息中心根据各分公司及生产基地反馈的信息，结合实际生产、供应系统使用过程中产生的疑难杂症，自主研发适合公司系统的软件，并投入各个分公司及生产基地使用。

此外，还有各部门的管理体系整顿、仓储物流部门流程的整理和升级。为此，上海思嘉成立了以集团副总裁、总工程师黄万能为组长的专案改善小组，引领各个部门梳理公司流程，专门为管理体系及供应链体系的全面整改与升级做部署与执行推广。

值得关注的是此次上海思嘉更换使用的 RTO 环保设备，此设备使用两个或者多个固定的热交换媒介床，热交换媒介使用的是热陶瓷，来自生产线的废气经过一个热陶瓷媒介床后被加热；到炉膛后燃烧的高温气体将另一个热交换媒介床加热，如此几个热交换媒介床互相切换，蓄热后去加热低温废气。此热交换媒介的热交换效率特别高，能达到 97%以上，很容易实现氧化炉的自我维持，而不用任何燃料。与传统的设备相比，它具有热效率高、运行成本低、能处理大风量、低浓度废气等特点，浓度稍高时，还可进行二次余热回收，大大降低生产运营成本。

上海的环保政策逐年加严，为了将环保责任制更加严格地落实到公司实际运作中，使企业与国际先进技术和理念接轨，思嘉学习并实践《环境保护法》，不断改进、优化各项目的环评方案及环保措施，严格控制排放标准，主动承担良心企业的环境保护义务和责任。

资料来源：改编自 2014 年 12 月 27 日思嘉网站同名文章。

（5）水资源的回收利用。思嘉福州工业园自发配备了 3 台水循环净化装置对整个生产基地生产用水进行循环净化反复使用，3 台水循环设备每小时可循环净化水 360 吨。充分利用水资源，节约水资源。

表 9-3　节水方案统计

方案	名　称	内　容	节水（吨）	经济效益（万元）
12	安装水表	生产用水和生活用水应分别装水表计量，加强成本管理	—	—
13	节水	制定节水措施	500	0.09

资料来源：2011 年清洁生产审核报告。

（6）节能灯方案。从 2011 年起，思嘉福州工业园的所有生产车间、仓库及宿舍全部改换为节能灯，与原来的白炽灯相比可节约 20% 的电能。

表 9-4　节电方案统计

方案	名　称	内　容	节电（千瓦时）	经济效益（元）
14	节能灯推广使用	更换非节能灯	4500	0.27
15	用电目标管理	车间用电实行目标管理考核	4983	0.29

资料来源：2011 年清洁生产审核报告。

（7）降低人力成本。随着思嘉集团的快速发展，需要不断扩大员工队伍成了较为突出的问题。为应对招工困难的情况，一方面需要充分发挥现有人力资源的作用，进一步挖掘现有劳动力的潜力；另一方面则在企业内部实施设备自动化改造，以减少人力耗费。由此，思嘉集团在通过设备改造提升产能方面做了许多富有成效的工作。在建厂初期，一条压延机生产线需要用工 13 人，而现在仅用 8 人。也就是说，一条线人力资源节约了38.4%。而节约下来的部分资金用来作为工人的绩效奖金，激励员工提高产能。这样一来，产能也得到大幅度增长，从原来一个班月生产 300 吨PVC 膜提高到现在一个班可生产 500 吨 PVC，如表 9-5 所示。

表 9-5　减人增效带来的效益

公司生产线用工对比							
压延线	2010 年 1 条线人员/人	2012 年 1 条线人员/人	4 条线减少人员/人	4 条线共减少人员（%）	节约用工成本（万元/年）	20%用于绩效奖（万元）	年共节约人工成本/万元（一线员工）
	22	16	16	18.2	90.5	18.1	
贴合线	2010 年 1 条线人员（人）	2012 年 1 条线人员（人）	6 条线减少人员（人）	6 条线共减少人员（%）	节约用工成本（万元/年）	20%用于绩效奖（万元）	120.4
	6	4	12	33.3	60	12	

资料来源：2012 年年终汇报总结报告。

（8）高产能带来的效益。通过机台专项改善、节能减排项目实施，产品生产实现了产能提高、浪费减少、成本降低的预期效益。按 2013 年 8 月计算：生产 PVC 膜材 1934 吨，革材 342.65 万米。用电量 893098.35 千瓦，每千瓦 0.73 元，合计生产线用电价 65.19 万元。按近五年产量比前五年提高 50%计算，月同比节约 32.59 元，年节约 391 万元。

表 9-6　节约原辅料方案统计

方案	名　称	内　容	节料（吨）	经济效益（元）
1	透明胶使用量控制	以一个圆周为宜		2.35
2	网布堵头利用	拆网布堵头用于成检包装（废物利用）		1.5
3	废旧纸管利用	废旧纸管用于边料管		0.5
4	缩短起卷长度	管底双面胶不起皱时，缩短起卷长度		3.5
5	收卷接头切割长度控制	宜控制在 15 厘米为宜		2.2
6	余料利用	生产稀少品种时，要检查并使用可用余料（废物利用）		0.5
7	投料计算误差考核	投料计算误差余料控制在 0.01%以内		0.8
8	三角料回收	压延线打坯膜三角料割下回收（废物利用）		1.2
9	减少样品用料	使用 B、C 级料制作样品		2.8
10	采取抖料做法并实施原料袋残留量考核	规定原料袋残留量指标并实施抽查管理	5	3.5
21	助剂、色料投放控制与管理	严格按工艺配方投料，保证质量，减少浪费	6	4.8
27	产品包装袋长度预留量控制	预留量以 15 厘米为宜，减少浪费	2	1.4
28	余糊利用	下一班对上一班的余糊要用完	0.6	0.66
	小　计		13.6	10.36

资料来源：2011 年清洁生产审核报告。

表 9-7 无/低费方案实施效果汇总

名称	单位	节约量（吨）	平均单价（元）	综合效益	经济效益（万元）
原辅料	吨	13.6	7617.65	节料	10.36
电	度	4983	0.6	节电	0.29
水	吨	500	1.8	节水	0.09
其他				降低成本	14.44
小计					25.18

资料来源：2011 年清洁生产审核报告。

三、设备管理与改进

表 9-8 生产管理节约成本方案统计

方案	名称	内容	节料（吨）	经济效益（万元）
17	完善花辊、胶辊使用管理	对领用、退还花辊、胶辊加强管理，采取易损部位包扎维护		3
18	强化花、胶辊使用考核	下达无异常损坏考核指标，与绩效挂钩		2
19	阀门更换并实施定期维护制	及时更换阀门，减少漏水、漏气		0.5
20	细化设备维护保养规程	实施设备维护保养规范化管理		3
23	规范工序工艺卡	规范工序工艺卡，严格执行工艺参数，提高产品质量	3.5	2.14
24	完善"7S"管理	细化"7S"管理内容	2	1.8
29	强化制度管理	严格执行各项管理制度，加强岗位责任制管理，完善现场检查，减少"跑、冒、滴、漏"		2
小计			5.5	14.44

资料来源：2011 年清洁生产审核报告。

表 9-9 已实施中/高费方案成果

序号	方案名称	具体解决办法	投资（万元）	产生效益	
				环境效益	经济效益（万元）
1	安装压延贴合车间废气集气装置	公司与环保设备公司签订合同，购买压延啮合车间安装废气集气装置	81	减少车间粉尘和废气，为员工工作提供健康的环境，增加环境效益	
2	开炼机的更新	SK-ø660 替换 SK-ø610 型的开炼机	60		72.27
小计			141		72.27

注：预测报告期为一年。

资料来源：2011 年清洁生产审核报告。

第十章　管理信息化

　　管理信息化是增强企业竞争力的基本手段，思嘉在实施管理信息过程中，力求将生产过程、物料管理、日常事务处理、现金流动、客户信息、流程制度管理等业务数据化、系统化，通过信息网络汇总并演变成为信息资源，供企业各个业务环节参考与使用，以便所有人员在各自的岗位与流程上，能利用信息资源进行决策和配置，使企业运作能在激烈的市场竞争中生存并壮大。

　　在管理信息化方面，思嘉集团的精力主要放在企业生产过程信息化、管理信息化、市场经营信息化三个方面。生产过程信息化：主要是加大数控及自动化技术在生产过程中的应用，进一步解决加工过程中的复杂问题，提高生产的质量和精度，实现全部生产经营活动的运营自动化、管理网络化、决策智能化。企业管理信息化：通过各种软件与硬件配套的情况，及时进行内部沟通与事项处理，降低出错率、提高工效，节省投资，提高管理水平；通过资源共享、现代信息技术利用、科研开发结合为一体，有效地开发、利用信息资源，寻求到合适的合作伙伴和项目，改善管理。市场经营信息化：及时地掌握行业动态、市场变化，从而迅速做出反应，抓住占领市场的先机；通过实施电子商务，扩大业务经营范围，提高经济效益。

　　在企业信息化发展的过程中，思嘉就以下几个方面，在各个时期和阶段，都进行了相应的规划和挑战：①按照安全可靠性原则，不断依据当时阶段的企业实际情况，确定信息化的内在需求；②根据每个阶段的实际运营，以及效益原则（包括社会效益、管理和经济效益），做出信息化的总体规划；③遵守循序渐进持续发展的原则，不断升级基本的技术和管理基础；④参照开放性原则，培养自己的技术和管理人才及信息部门；⑤依据弹性适应原则，促进每个时期企业信息化与技术进步、管理创新和观念更新相结合；⑥根据实用性和先进性原则，选择一个好的合作伙伴，使信息化得以开展和实施。

第一节　信息化管理初步建设

一、第一阶段：从零开始

　　2003年，福建思嘉环保材料科技有限公司正式开厂运营，建厂之初，信息化程度几乎为零，当时所有的数据核算都停留在纸质基础。从仓库的进出账，到出纳的现金账、应收应付的往来账，全部都通过纸质账本进行记录、核查。此阶段的工作效率极其低下，公司需要在各个岗位配备大量的记录员，以便记录关键环节产生的实时数据。同时，由专业的账务人员登记所产生的每日产生的大量流水账，将数据录入 Excel，并在此基础上产生分析报表供给管理人员参详。

　　应该说当时数据的收集和分析模式是时下多数企业通用的，而对公司发展有更高期望的董事们，却已对数据录入和统计提出了更高的要求。

　　（1）数据来源难。尽管在数据记录上公司已经配备了大量人员，如出纳、应收、应付会计都是有单独人员负责，单成本核算记录员就有7人，但是，由于建厂初期的管理还较为粗泛，许多环节并未列入数据收集范围。同时，数据的收集也严重依赖员工的责任心和专业程度。因此，收集的数据不够全面、准确。

　　（2）数据查找难。此时和信息化沾边的只有那些为数不多的电脑上安装的 Office 2003 软件，所有的数据核算都停留在纸质阶段。由于电脑系统的不稳定，且受限于工作人员的操作技能，公司的数据统计依然严重依赖纸质，登记流水账的财务人员（应收、应付会计，出纳，仓管等）依然要手工记录每日的流水账，再将数据录入 Excel 进行分析。因此，Office 2003 在基层工作人员眼中无疑成了额外的工作负担。除了个别报表需要用到的数据，更多的数据还停留在纸面上。一旦需要数据，财务人员往往还要从大量的纸质账本中查找、统计，工作烦琐的同时也容易出错。

　　（3）数据分析难。基于以上原因，经过原始记录、整理后，财务人员可以利用 Excel 系统整理出少数基础报表：现金日记账，客户、供应商往来账、仓库流水账等，统计结果粗略而单一。而一旦需要新的报表，统计人员只能从原始纸质资料中重新查找相应数据进行统计。这种局面，对于需要更多数据支撑来满足分析需求的管理层而言，显然已成为"瓶颈"，亟待突破。

二、第二阶段：信息化建设与管理流程相结合

2003~2008 年，公司管理趋向精细、规范，企业规模也随之发展壮大。而谋求上市融资，促进公司集团化发展的路线逐步清晰。在这样的背景之下，公司逐渐形成并逐步充实人才发展战略、市场开拓战略、技术研发战略及内部管理提升战略。企业管理信息开始变得日趋重要，并最终成为独立的发展战略而受到公司全体上下的重视。2008 年，思嘉的信息化建设进程全面铺开，横纵两个方向均得到大力发展，同时软硬件设施水平都上了新的台阶。

（1）为保证前端软件系统的有效运行，公司首先稳定了软件运行环境：①2008 年以前，公司已完成了每人一台电脑的硬件配备，同时上线的是远程桌面系统 CTBS，为公司全国多办事处与总部系统建立了稳定、高速的连接。②数据库系统 SQL2005 上线，为 ERP 等众多软件系统的运行提供了稳定及高效的数据存储环境。③硬件方面，公司选择了服务器界的名牌：IBM 为四家基地提供硬件服务。以 IBM X3850 M2 为数据中心搭载 Windos 2003 系统，配置 SQL2005，再辅以 IBM X3610 搭建中间层系统，为信息化系统的稳定运行，提供了可靠的基础硬件环境。

（2）平台搭建完成，思嘉开始逐步导入软件系统。①2008 年 8 月，金蝶 ERP 系统 v11.0 正式上线，标志着思嘉信息化的初步建成；②即时通信软件 RTX2008 上线，成为公司内部人员最有效的即使通信工具。

三、第三阶段：引入 ERP 系统

思嘉董事局主席林生雄早在确定公司发展路线的同时，便开始致力于公司内部管理的精细规范，首先引进了 ISO 9000 管理体系。同时，林董事长敏锐地洞察着管理趋势的发展，深知信息化在管理中的重要作用。通过对国内的几个大公司的考察，公司决定引入时下技术成熟而实力雄厚的金蝶 K3 ERP 系统。

在正式确定合作方前，公司内部也就如何导入系统展开过为期 2 个月

时间的讨论。导入信息化系统自不必说，公司领导层在林生雄提出此议题的第一时间便全票通过。但是在如何实施上，问题就出来了。

就如何引进的问题，产生了两大分歧。一部分人提议招聘系统开发人员，所有的系统均自主开发完成，以确保新的系统软件能按公司现有的流程运转；另一部分人提议直接导入全套完整成型的系统，同时按照金蝶系统的运转模式变革公司现有的流程，在实现系统与公司实际匹配的同时借用金蝶系统对公司的管理做一次升级改革。经过公司管理层几次沟通，最终放弃了较为激进的自主开发模式而采取合作引进模式。

一个问题解决了，另一个问题又产生了：究竟该由谁来负责这个庞大的工程呢？分歧再次出现。最终，由林生雄拍板，信息课应运而生。新设立的信息课职能单一，仅设一名主管和一名网管，主要负责硬件设备的维护并对接金蝶公司，确保系统顺利导入并有效运转。虽然此时的信息课部门设置还较为简单，但此后这个部门也伴随着思嘉信息的发展而一同成长。

最终的合作方选定了金蝶（龙岩）分公司。金蝶工程师入驻公司，快速收集了各部门的表单，并在公司现有的 ISO 9000 体系基础上进行了流程的梳理，短短一个月时间，金蝶工程师便完成了对金蝶系统的程序调整。2008 年 8 月金蝶 ERP 系统 v11.0 正式上线，这套系统全面涵盖了财务管理、成本核算、生产管理、营销管理、采购管理、仓库管理。借由 ERP系统及计算机，各个环节的数据直接录入系统，不仅省去了纸质原始数据录入 Office 2003 的过程，同时使数据在第一时间能被各节点工作人员调用，提供了信息传输的准确性和高效性。方便统计生产需求量，生成采购量，精确管理库存，及时审核成本结构。既节省了人力，又提高了工作效率。公司已经由手工纸质账务向信息化管理迈出了第一步。

第二节　思嘉 ERP 系统

Enterprise Resource Planning（ERP），企业资源计划系统指建立在信息技术基础上，以系统化的管理思想，为企业决策层及员工提供决策运行手段的管理平台。它使数据在各业务系统之间高度共享，所有源数据只需在某一个系统中输入一次，保证了数据的一致性，对公司内部业务流程和管理过程进行了优化，主要的业务流程实现了自动化。ERP 采用了计算机最新的主流技术和体系结构：B/S、INTERNET 体系结构，WINDOWS 界面。在能通信的地方都可以方便地接入到系统中来。

通过 ERP，公司内部的许多流程进行了调节和有效管理，如图 10-1 所示。

一、财务管理

ERP 中的财务模块和系统的其他模块有相应的接口，能够相互集成，比如：它可将由生产活动、采购活动输入的信息自动记入财务模块生成总账、会计报表，取消了输入凭证烦琐的过程，几乎完全替代以往传统的手工操作。一般的 ERP 软件的财务部分为会计核算与财务管理两大部分。

（一）会计核算

会计核算主要是记录、核算、反映和分析资金在企业经济活动中的变动过程及其结果。它由总账、应收账、应付账、现金、固定资产、多币制等部分构成。

（1）总账模块。它的功能是处理记账凭证输入、登记，输出日记账、一般明细账及总分类账，编制主要会计报表。它是整个会计核算的核心，应收账、应付账、固定资产核算、现金管理、工资核算、多币制等各模块都以其为中心来互相信息传递。

（2）应收账模块。它是指企业应收的由于商品赊欠而产生的正常客户欠款账。它包括发票管理、客户管理、付款管理、账龄分析等功能。它和客户订单、发票处理业务相联系，同时将各项事件自动生成记账凭证，导入总账。

（3）应付账模块。会计里的应付账是企业应付购货款等账，它包括了发票管理、供应商管理、支票管理、账龄分析等。它能够和采购模块、库存模块完全集成以替代过去烦琐的手工操作。

（4）现金管理模块。它主要是对现金流入、流出的控制以及零用现金及银行存款的核算。它包括了对硬币、纸币、支票、汇票和银行存款的管理。在 ERP 中提供了票据维护、票据打印、付款维护、银行清单打印、付款查询、银行查询和支票查询等和现金有关的功能。此外，它还和应收账、应付账、总账等模块集成，自动产生凭证，过入总账。

（5）固定资产核算模块。它即完成对固定资产的增减变动以及折旧有

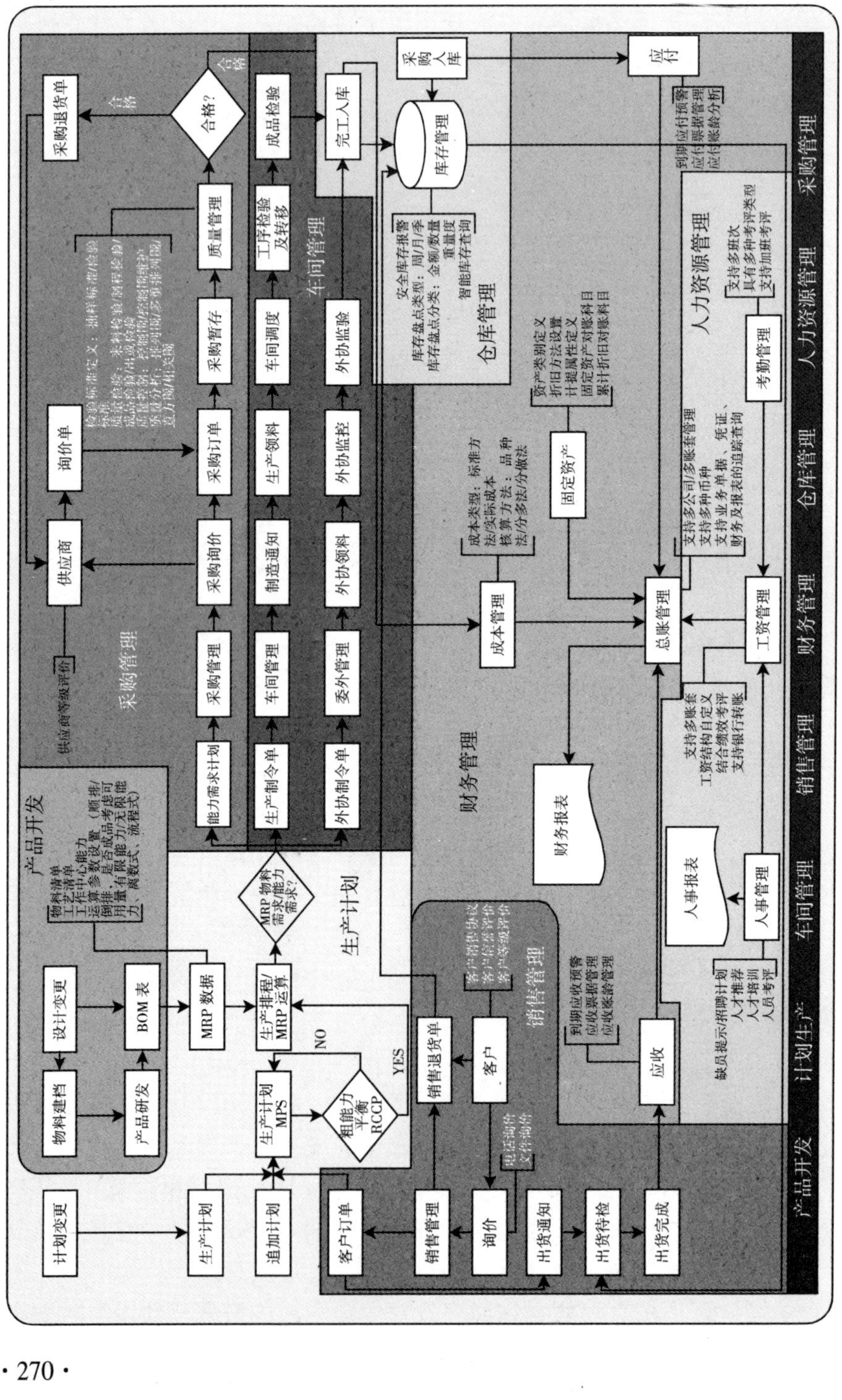

图 10—1　思嘉 ERP 系统说明

关基金计提和分配的核算工作。它能够帮助管理者对固定资产的现状有所了解，并能通过该模块提供的各种方法来管理资产，以及进行相应的会计处理。它的具体功能有：登录固定资产卡片和明细账，计算折旧，编制报表，以及自动编制转账凭证，并转入总账。它和应付账、成本、总账模块集成。

（6）多币制模块。这是为了适应当今企业的国际化经营，对外币结算业务的要求增多而产生的。多币制将企业整个财务系统的各项功能以各种币制表示和结算，且客户订单、库存管理及采购管理等也能使用多币制进行交易管理。多币制和应收账、应付账、总账、客户订单、采购等各模块都有接口，可自动生成所需数据。

（7）工资核算模块。自动进行企业员工的工资结算、分配、核算以及各项相关经费的计提。它能够登录工资、打印工资清单及各类汇总报表，计算计提各项与工资有关的费用，自动做出凭证，导入总账。这一模块是与总账、成本模块集成的。

（8）成本模块。它将依据产品结构、工作中心、工序、采购等信息进行产品的各种成本的计算，以便进行成本分析和规划，还能用标准成本法或平均成本法按地点维护成本。

（二）财务管理

财务管理的功能主要是基于会计核算的数据，再加以分析，从而进行相应的预测、管理和控制活动。它侧重于财务计划、控制、分析和预测。

财务计划：根据前期财务分析做出下期的财务计划、预算等。

财务分析：提供查询功能和通过用户定义的差异数据的图形显示进行财务绩效评估，账户分析等。

财务决策：财务管理的核心部分，中心内容是做出有关资金的决策，包括资金筹集、投放及资金管理。

二、生产控制

生产控制管理是一个以计划为导向的先进生产、管理方法。首先，企业确定一个总生产计划，再经过系统层层细分后，下达到各部门去执行。即生产部门以此生产，采购部门按此采购等。

（1）主生产计划。它是根据生产计划、预测和客户订单的输入来安排

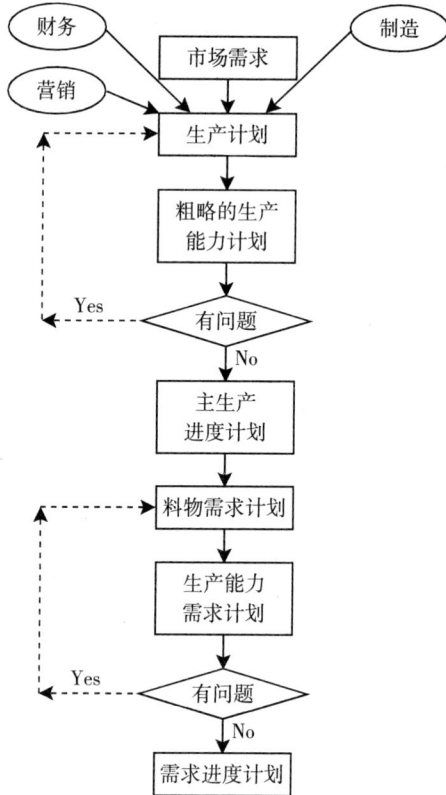

图 10-2　制造资源计划概览

将来各周期中提供的产品种类和数量，它将生产计划转为产品计划，在平衡了物料和能力的需要后，精确到时间、数量的详细的进度计划。它是企业在一段时期内的总活动的安排，是一个稳定的计划，是以生产计划、实际订单和对历史销售分析得来的预测产生的。

（2）物料需求计划。在主生产计划决定生产多少最终产品后，再根据物料清单，把整个企业要生产的产品数量转变为所需生产零部件数量，并对照现有的库存量，可得到还需采购多少、生产多少、加工多少的最终数量。这才是整个部门真正依照的计划。

（3）能力需求计划。它是在得出初步的物料需求计划之后，将所有工作中心的总工作负荷，在与工作中心的能力平衡后产生的详细工作计划，用以确定生成的物料需求计划是否是企业生产能力上可行的需求计划。能力需求计划是一种短期的、当前实际应用的计划。

（4）车间控制。这是随时间变化的动态作业计划，是将作业排序，再将作业分配到具体各个车间、作业管理、作业监控。

（5）制造标准。在编制计划中需要许多生产基本信息，这些基本信息就是制造标准，包括零件、产品结构、工序和工作中心，都用唯一的代码在计算机中识别。

三、物流管理

（一）分销管理

（1）对于客户信息的管理和服务。它能建立一个客户信息档案，对其进行分类管理，进而进行有针对性的客户服务，以达到最高效率地保留老客户、争取新客户。在这里，要特别提到的是新出现的 CRM 软件即客户关系管理，ERP 与它的结合必将大大增加企业的效益。

（2）对于销售订单的管理。销售订单是 ERP 的入口，所有的生产计划都是根据它下达并进行排产的。而销售订单的管理贯穿了产品生产的整个流程。它包括：①客户信用审核及查询（客户信用分级，来审核订单交易）。②产品库存查询（决定是否要延期交货、分批发货或用代用品发货等）。③产品报价（为客户作不同产品的报价）。④订单输入、变更及跟踪（订单输入后，变更的修正及订单的跟踪分析）。⑤交货期的确认及交货处理（决定交货期和发货事物安排）。

（3）对于销售的统计与分析。这时系统根据销售订单的完成情况，依据各种指标做出统计，比如客户分类统计、销售代理分类统计等，再就这些统计结果对企业实际销售效果进行评价：①销售统计（根据销售形式、产品、代理商、地区、销售人员、金额、数量来分别进行统计）。②销售分析（包括对比目标、同期比较和订货发货分析，来从数量、金额、利润及绩效等方面作相应的分析）。③客户服务（客户投诉记录，原因分析）。

（二）采购管理

采购管理是确定合理的订货量、优秀的供应商和保持最佳的安全储备。能够随时提供订购、验收的信息，跟踪和催促对外购或委外加工的物料，保证货物及时到达。建立供应商的档案，用最新的成本信息来调整库存的成本。

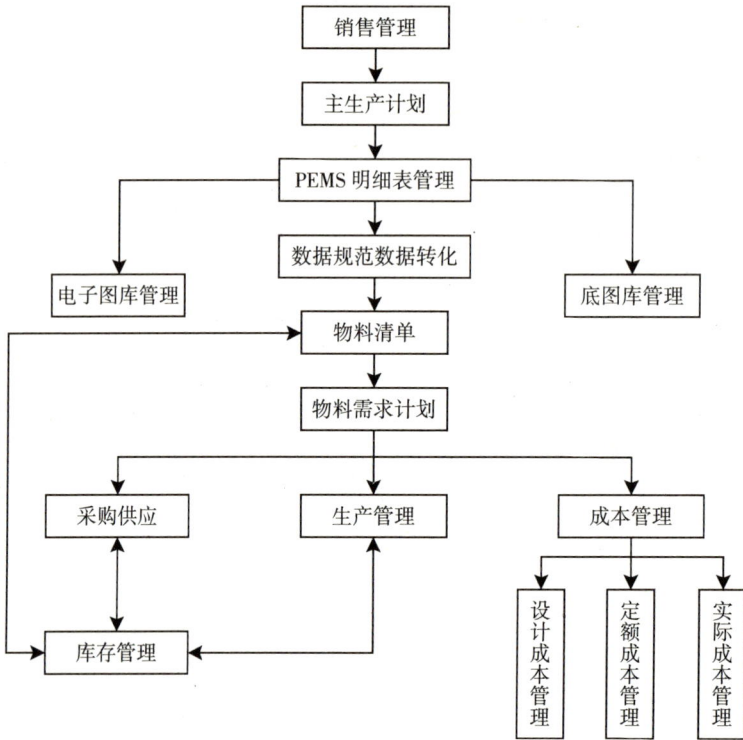

图 10-3　采购管理

具体有：

（1）供应商信息查询（查询供应商的能力、信誉等）。

（2）催货（对外购或委外加工的物料进行跟催）。

（3）采购与委外加工统计（统计、建立档案，计算成本）。

（4）价格分析（对原料价格分析，调整库存成本）。

（三）仓储管理

用来控制存储物料的数量，以保证稳定的物流支持正常的生产，但又最小限度地占用资本。它是一种相关的、动态的、真实的库存控制系统。它能够结合、满足相关部门的需求，随时间变化动态地调整库存，精确地反映库存现状。这一系统的功能又涉及：

（1）为所有的物料建立库存，决定何时订货采购，同时作为交与采购部门采购、生产部门制订生产计划的依据。

（2）收到订购物料，经过质量检验入库，生产的产品也同样要经过检验入库。

（3）收发料的日常业务处理工作。

仓储管理系统自动比对 BOM 清单，对生产领料进行控制。如果超出 BOM 清单的数量，则会自动计算在超 BOM 发料中。

通过 ERP 系统的投入使用，公司将各个环节有机相结合，大大提高了办公效率。

第三节　市场销售信息化

在任何一个企业，市场的开拓都是十分重要的，公司的生产经营、所有工作都以市场为核心，所以信息中心的工作更要围绕市场进行。ERP 系统的引入和使用，解决了公司及各个办事处及时沟通问题，在很大程度上防止了可能因为销售而产生的漏洞。同时，也为公司远程操作全国销售网络提供了重要依据。

（1）原来公司总部需要员工不断通过多种方式反馈订单信息，以进行产品生产；现在只要通过查询系统显示的产成品出库、库存、客户订单情况，就可以及时分析产品与市场的发展趋势。

（2）由于中国大多数厂家会有赊销，产品卖出后经销商或客户可能要过一段时间之后才能付款，销售人员对经销商或客户也没有约束和限制，可能会盲目而大量地发给其产品；也可能该经销商或者客户在收到很多产品后，却打算不再经营或使用思嘉的产品，很容易不回款，形成呆账和烂账，这是造成销售中存在产品销售出去后应收款不能及时回来的其中一种情况。手工账能对全国销售网点的应收账款进行全面管理和控制，但是通过 ERP 系统，公司可以及时查询到关于这些订单的数据，并及时根据实际情况做出判断和指示，实现对每个经销商及客户的信贷管理。公司可以全面考核经销商及客户的订单历史资料，研究分析他们的销量、实力，再根据系统提供的数据做出综合分析，给他们制定相应的、具体的信贷额度。如若超过该额度，系统会自动停止订单，停止向其继续供货；若要继续正常供货，该经销商或者客户必须结清此前的欠款。通过 ERP 系统的管理，应收账款逐年减少，销售的资金周转加快。

（3）通过 ERP 系统，公司实现了内部的全国联网，能进一步监督各个办事处团队实践各自职责，及时处理当地事务，指导其进一步开发潜力市场。

（4）ERP 系统将资金流、物流和销售人员相分离，销售人员无法直接管理资金流，降低了销售资金管理的漏洞出现概率。

（5）货物出入库流向更加清晰。以前要依靠人工及时反馈批货的流向，但随着业务的增加和扩大，已经无法完全依靠人工及时、准确地通知每一个时间点仓库的实际库存，每一批货物的具体流向。通过 ERP 系统的系统录入，每做一个合同，每个仓库的出库、实际库存都能与系统相吻合，加快全国销售网络的订单处理。

（6）健全库存管理。在库存管理方面，ERP 系统进行了很多不合理管理方式的更正，使得产成品和原料严格贯彻先进先出的原则，所有的出入库必须经过系统和层层必要的审批流程，实现库存数量的精确化。同时，库存的精确化实现了采购方面的定量、定点采购。定点采购的供应商固定，容易保证质量，而且折扣也比较大，真正做到物美价廉，为公司节约成本。ERP 系统里有 ABC 分类，系统会把所有的供应商名单录入进来，根据每次业务时确认的价格、质量、运输成本和成交价，实现采购价格的透明，容易做到 EPR 系统所要求的逐年降低采购价格；也能让购买产品的选择是由多个部门综合考虑后确认的，并不单由采购一个部门决定，品管课也能对原料的质量进行评价，从而进一步确保产品质量方面比较有保证。

第四节　信息管理系统化

随着信息系统在公司发挥的作用越来越重要，公司原有业务及管理流程与信息系统流程不适应的情形时有发生，流程重组、流程管理也随着信息化的深入进入了公司变革的计划中。公司在过了生存阶段后，逐渐向经济化管理阶段迈进，为了使信息化建设和流程管理更好地相结合，需要有信息化的规划需求，结合自身在行业所处的地位和长远发展战略，邀请一些咨询机构从经营策略、体制、技术、管理、企业文化、人力资源、竞争地位等方面，对企业进行诊断和定位，并在此基础上采取相应的信息化发展策略。

一、上市后的管理信息化初步建设

（一）思嘉信息化建设中常见问题分析

（1）2012年以前，企业信息化建设缺乏整体规划。从企业角度看，2012年以前的整体信息化规划不够全面、合理。信息化建设没有及时与企业中长期发展战略相结合，公司未完全实现全集团的信息资源识别和获利机会，无法及时借以构建新的竞争优势。因为这个阶段对信息化系统建设的不全面，企业尚不能掌握完善的信息化企业管理方法，所以很难在推进信息化建设方面做好总体规划，这进一步直接影响到信息化建设的成功实施。

此外，从外部资源获取来看整体规划，因为信息系统的规划未与社会信息化发展规划步伐相一致，公司获取的外部资源不能第一时间通过系统，在集团范围内进行全员的有效沟通与资源共享，提高企业经营运作效率。所以，如何建立并提升企业核心竞争能力的公共信息网络平台，成为2012年企业管理信息化的关键。

（2）内部管理体制相对落后，专业人才缺乏。公司对业务流程和管理的深入分析、整合及再造力度虽然逐年增加，并通过金蝶ERP系统进行了进一步的整合，但是，鉴于部分部门职能交叉、冲突，集团旗下各个分公司根据当地实际情况而存在的部分业务流程不一致等，系统流程与现实运营存在一定的差距。因此，思嘉需要一个新的系统或者信息化管理体制来实现业务流程和管理的深入分析、整合及再造力度，从而避免不断规划的新的信息化管理手段无法发挥实际效用，造成巨大的投资浪费。

另外，公司缺乏既懂信息技术又懂企业业务流程和管理的复合型骨干人才，并且在针对企业各部门具体业务的软件编程人才编制中也存在较大的缺口，这在很大程度上制约着思嘉信息化建设的进程。

（二）解决方案

引入金和OA协同办公管理系统C6软件（以下简称C6），同时，升级ERP系统。

上市后的公司对企业文件的维护和保护意识更加强烈，2010年5月期间，思嘉引进世纪龙脉—电子文档安全管理系统，有效保证了在对外交流方面各类技术资料及机密文件的安全性。在生产销售、财务实现信息化管理之后，2012年3月，思嘉导入金和C6 OA协同办公系统，成为人事监管、日常办公的基础平台。至此，思嘉的信息化管理建设初步完成，公司上下级、平行各部门间的各项工作开始在各系统中进行标准流程化沟通。

二、导入C6系统

2010年以前的几年，经过漫长的磨合过程，随着ERP系统的运作，思嘉感受到了信息化管理带来的好处。4年后，管理求精的林董事长再次提出了让信息化全面渗透到管理中的管理思路。很快，金和C6 OA协同办公系统进入了林生雄董事长的视野。

（一）引入金和C6 OA协同办公管理系统软件

（1）实施OA协同办公系统后，主是为了解决以下五点问题。

1）建立信息发布的平台：促使技术交流、公告事项等能够在公司内部员工之间得到广泛的传播，使员工能够了解公司的发展动态。

2）实现工作流程的自动化：各个部门都存在着大量流程化的工作，提高部门之间协同工作的效率。

3）实现知识管理的自动化：实现办公自动化以后，员工上网就可以看到符合她身份的权限范围内的所有工作内容，这样就减少了很多培训环节。

4）辅助办公：像会议管理、车辆管理等与我们日常事务性的办公工作相结合的各种辅助办公，实现了辅助办公的自动化。

5）实现协同办公：可以支持多分支机构、跨地域的办公模式以及移动办公。现在，各分公司及办事处的地域分布越来越广，可以实现所有流程的网上办理和审批。

（2）选择金和OA协同办公管理系统可以解决企业内部存在的以下问题。

1）建立信息发布的平台。在内部建立一个有效的信息发布和交流的场所，例如，公告、论坛、规章制度、新闻，促使技术交流、公告事项等能够在企业或机关内部员工之间得到广泛的传播，使员工能够了解单位的发展动态。

2）实现工作流程的自动化。这牵涉到流转过程的实时监控、跟踪，解决多岗位、多部门之间的协同工作问题，实现高效率的协作。各个单位都存在着大量流程化的工作，如公文的处理、收发文、各种审批、请示、汇报等，都是一些流程化的工作，通过实现工作流程的自动化，就可以规范各项工作，提高单位协同工作的效率。

3）实现知识管理的自动化。传统的手工办公模式下，文档的保存、共享、使用和再利用是十分困难的。在手工办公的情况下，文档的检索存在非常大的难度。办公自动化使各种文档实现电子化，通过电子文件柜的形式实现文档的保管，按权限进行使用和共享。企业实现办公自动化以后，比如说，某个单位来了一位新员工，只要管理员给他注册一个身份文件，给他一个口令，他自己上网就可以看到符合他身份的权限范围内的企业内部积累下来的各种知识，这样就减少了很多培训环节。

4）实现协同办公。协同办公主要指支持多分支机构、跨地域的办公模式以及移动办公。随着信息化的加强，传统的决策模式早已不能适应瞬息万变的信息社会，提高工作效率，加快企业内部信息沟通，领导做快速、准确的决策，都需要一个快速有效的办公自动化系统进行一系列有效的沟通。

（二）C6 启动计划

由信息课主导，人力资源部门配合，金和（福州）分公司大力辅导，C6 办公平台于 2011 年 6 月正式进入思嘉集团。通过 1 个月的时间，金和的工程师获取了公司相关的日常表单及流程，并进行电子化，移植 C6 系统。系统个性化完成后，公司内部通过多次培训，开始了 C6 系统的试运行阶段。C6 的引入为思嘉带来一个新的操作模式，原有的复合型流程、无法在 ERP 系统上顺利运作的流程，都在 C6 系统中得以慢慢运作。此外，传统的纸质单据传递变更为电子单据的传递。

OA 协同办公管理系统可对公司进行全面的管理，涵盖公司管理全部业务流程，包括企业资金流、物流、信息流的全面一体化管理。实施是一个系统工程，涉及的可变因素以及不可控因素都很多。因此，公司应该有科学的方法作指导，严格规范实施过程，规避不可控因素造成的影响，以期达到最好的结果。根据公司的管理模式，特制定以下实施方案：

1. 第一阶段：实施前期调研阶段

（1）进行各部门调研工作，了解各部门对实施 C6 的需求和使用人员计算机操作技能等情况；

（2）成立 C6 项目的实施小组，以配合 C6 提供方的工作。

2. 第二阶段：实施准备阶段

这个阶段非常重要，关系到 C6 实施的成败。这个阶段的工作主要包含如下几个方面：

（1）系统管理员培训。由 C6 提供方对信息中心成员进行系统的培训。

（2）召开 C6 项目启动会议。

1）任务：明确 C6 实施的意义，说明 C6 实施成功的关键因素。项目启动会除双方项目组成员及有关人员参加外，应有公司高层领导成员参加。

2）主要内容：由公司主要负责人作项目总动员，说明公司管理改造的期望、领导的决心。对各部门的积极配合以及 C6 提供方提出具体要求。宣布公司项目组成员组成。由 C6 提供方说明实施该 C6 的意义、实施 C6 的风险等，宣布实施项目组的成员组成。确定 C6 实施计划，启动会上，C6 提供方应提出 C6 实施计划、实施方案等与公司项目组进行充分交流和沟通，并最终确定 C6 实施计划。

（3）拟订实施进度计划。

1）任务：由 C6 提供方制订实施计划，并在 C6 实施过程中根据公司的情况做及时的更新与维护。

2）主要内容：C6 提供方根据前期的调研情况及 C6 启动会议纪要，制定出实施计划表，以供公司领导层调配资源及确定 C6 总体进度的参考依据。实施计划表是双方项目组工作的日程准则。除非有不可抗力等其他因素，实施计划不能作变更。

（4）确定项目实施组织。

1）项目组人员职责与要求：具备较强的计算机应用能力及理解接受能力；熟悉本部门或公司的业务流程及需求。

2）项目经理：负责本项目实施中与 C6 提供方的协调及实施工作安排，掌握项目实施进度，确认 C6 提供方提交的相关实施报告、成果及实施顾问工作记录单，并参与实施的重要阶段工作。

3. 第三阶段：项目建设阶段

（1）系统安装与初始化配置。在公司服务器上安装 C6 软件，进行初始化设置，C6 软件能正常运行。

（2）注册用户并构建组织机构。注册 C6 使用人员，并根据公司组织机构图构建单位组织机构。

（3）业务流程调研。业务流程调研是实施中的关键步骤。实施人员在调研、分析过程中首先要从细着手，了解公司各种业务的操作流程及其所涉及的各种单据，以及单据在各个部门之间是如何传递的、各个岗位人员的职责是什么、每个人员干哪些工作等，也就是说调研要对公司的业务处理了解足够得细，只有这样才能在软件实施中有的放矢，制定出详细的实施解决方案。实施人员还应对软件的调研过程有总体的把握，也就是说实施人员不能仅仅局限于具体业务的处理中，而应该从总体的业务流程上进行分析，把各个部门零散的业务处理结合成一个整体，把各个断开的业务连贯起来，这要求实施人员的思想必须达到一定的高度，只有这样才能从宏观的角度来把握调研、分析的进程，保证此阶段工作顺利完成。

（4）核心模块定制。定制业务流程所需各种表单；实现业务流程流转顺畅并满足实际需求；实现文件的有序管理。

（5）辅助模块定制。完成系统各辅助模块的定制。

（6）系统调试。项目小组在基本掌握软件功能的基础上，将各种必要的数据录入系统，项目小组进行实战性模拟，对于实施方案中不合理处，提出解决方案，并及时进行调整。

（三）C6 实际启动进程

转变所带来的变革是巨大的，但也带来了一些问题。特别是公司中高层管理人员，年纪偏大，有的人对稍微复杂一点的电脑操作不熟悉。可是中高层的部分操作步骤又是电子单据传递的重要审批环节。如何克服这个困难呢？在试行及实际启动阶段，公司采取了"先礼后兵"的形式展开推广工作。

（1）先通过几次集中的专业知识、操作知识的培训，让大家对系统能有一个初步的认识，了解流程流转的情况，对无纸化系统有一个全面的印象。C6 培训分为领导培训及一般用户培训，领导培训需要掌握 C6 系统的基本使用并了解 C6 系统的权限设置；一般用户培训需要掌握 C6 系统的基本使用。培训完成后对各学习人员进行考核，考核合格后方可进行系统模块的模拟操作。

（2）开始进行一个月的试用与模拟运行。已经经过公司系统培训的员工，进行实际操作 C6 系统进行试用，熟悉 C6 软件的使用，以公司真实的业务为实例进行并运行，由信息部门安排人员进行一对一的培训与指导。

并且设立绿色专线，对于 C6 系统使用上的异常，内容包括系统可靠性测试、安全性测试，数据运行的正确性测试等，并将运行中发现的问题、归纳总结详细记录形成文档。提交申请后，将在 30 分钟内得到协助与指导。通过此项措施后，大部分的主管都可以独立完成流程审批的工作。

（3）C6 实施进入正常状态后，要进行业绩评价，C6 实施验收。在项目正式验收之前，C6 提供方需要整理项目实施文档、实施表单等文档。待准备工作完成后，C6 提供方向思嘉提出验收申请，确认验收时间、地点、与会人员等。验收会上，需介绍 C6 实施的历程、移交所取得的各阶段性成果，并对 C6 实施结果做出评估，最终完成验收报告，双方确认并签字。

（4）对于因为一些习惯问题，而导致部分主管不能自觉地完成审批工作的情况，由公司出台相应的惩罚措施，判定没有在规定时间内完成相应流程审核的主管，进行处理。尽管是这个议案的提议人，但是林董自己都有因为不能及时完成流程审批而受到过负奖励处罚，这也给所有的主管们敲响了警钟。通过惩罚力度的逐步增大，在林董的要求下，各个主管都逐步适应了新系统的流程与业务操作模式，都能在规定的时间内完成流程的审核工作。

专栏 10-1　C6 实施

C6 的出现是对思嘉人自我变革的一次挑战。试运行阶段，为了保证日常管理的正常运转，公司采取了原有纸质流程审批和系统审批同步的方案。一时间，增加的系统录入、审批工作量让公司上下都有所抱怨。思嘉人对于 C6 的排斥并非无中生有。除了上述因素的影响外，还有来自于金蝶 ERP 系统这 4 年的使用障碍。ERP 系统在思嘉导入了 4 年，磨合了 4 年，但是生产实际与既定的系统框架之间的矛盾已日趋明显。而 C6 在进入初期，也存在着与 ERP 系统部分功能重叠的现象。另外，流程控制外，公司还从 C6 同步引进了"日记"及"计划"两大新理念。这是一个时间管理及检讨的理念。想法是好的、可行的，可是实施起来的难度较大。上至董事长，下至车间员工，都需要重新学习并适应新的行为习惯。

C6 的导入过程显得艰苦，一开始没有几个人愿意去接受新鲜事物，觉得是在浪费时间，即便有人对 C6 进行运用，大多数也是草草应付了事。为了使公司快速实现全面信息化，副总裁直接领导，集团监察中心介入，董事长亲自参与整顿内部的部分消极作风，C6 运用的管理制度也不断地修改、完善，处罚从集团主席开始，但凡没有遵守管理制度的，都要受到相应惩罚。一轮又一轮的整改，无论是处罚还是奖励，力度都在不断加大。大约 1 个月后，大家慢慢接受并习惯了这个"新生"事物，开始认识到了时间管理的重要性，学会了检讨、总结、计划。每个人的工作效率进一步地得到了提升。

就这样双管齐下，不仅解决了部分流程无法通过 ERP 系统在全集团系统中操作的困难，也解决了无纸化系统上线难的问题。

资料来源：根据考察访谈记录整理。

三、升级 ERP 系统

在这信息化全面建设的阶段，最重要而最艰难的莫过于金蝶 K3 ERP 系统的升级与金和 C6 OA 协同办公系统的导入。

（一）ERP 系统使用过程中存在的问题

在 C6 办公平台的导入过程中，对于金蝶系统的抱怨之声四起。其实，金蝶系统的使用不便问题早已暴露，高层领导也同时意识到了原有的"罐头式"ERP 系统已不能满足公司发展的新需求，甚至拖了公司快速发展前进的后腿。其中，几大问题尤为突出。

（1）生管排程具有灵活性和机动性，而现有系统无法满足生管排程对于数据新增、获取的灵活需求，因此生管排程一直单独使用 Excel 进行，进而导致物料需求的计算无法直接从系统中获取相应数据并有效导出，依旧需要生管部门按照 Excel 排程人工计算。生管排程未有效接入 ERP 系统，也严重影响了后续技术部门与采购部门对于系统的使用。

（2）系统库存数据不完整，严重影响技术及采购部门工作的开展。在系统中的库存数据只包括由仓储部门负责的仓储库存，而被调用到生产现场的时时物料则不在数据范围内。尤其是生产后未能及时归库的而存储于生产现场的余料，需要由财务部门按财务节点进行每月盘点。实际上，生管、技术部门都对此部分时时数据有很大的需求，因此，生管为了满足排程需求，又另外安排部门人员对现场库存进行每日盘点并用 Excel 汇总。

系统的缺陷在降低各部门动作效率的同时还造成了部门间的重复劳作。

（3）对技术课而言，库存数据不精确，尤其是现场库存无法及时统计，导致技术部门进行配方单设计时无法针对现场剩余物料做出最优化的设计，往往需要对一个生产物品下两张配方单。同样地，由于数据无法从系统中直接调用，技术人员只能填写纸质配方单，又增加了配方出错的风险。

（4）采购的到货通知依然只能依赖 Excel 与仓储人员进行数据交换，若数据更新不及时，将导致仓库搬运安排不及时，影响生产。同时，采购计划的制定需要以物料需求为基础，而生管给出的物料需求建立在人工核对的基础上，不够精确，导致采购部门工作无法精确开展。

（二）升级 ERP 系统的决策

2012 年 2 月，经过高层多次的会议研讨，通过对公司发展现状及未来发展趋势的分析，高层决定开启对 ERP 系统的深入整顿。会议上明确提出对现有 K3 ERP 系统进行合理化梳理，使之适应公司管理实际的信息化发展新方向。肩负此任务的信息课，也在此时进行了部门的扩编。从原来的 2 人，部门编制初步确定扩充为 5 人部门编制。其中新增实施员 1 名，程序员 1 名，以及顾问 1 名。

此次的系统升级显得更为谨慎，与各部门会商后，全体首先选择的是对整套系统影响较小的，并且可完成性较高的人事管理系统作为切入点进行试探性研发。一是人事管理系统本不在 ERP 系统操作系统中，即便新增的人事管理系统上线，也不与现有生产、销售、采购、财务的 ERP 系统系统发生数据交换而影响现有系统的运转。二是对于人事管理自身而言，本已有一套完整的纸质管理系统支持，不久前更是新增了 C6 办公平台的强有力保障，新增系统作为试运行模块除了增加人事工作人员的工作量外丝毫不影响人事部门日常工作的准确性。人事管理模块成了此次 ERP 系统合理化不二的"试验田"。

通过与人事专员的沟通，公司明确了人事管理系统的开发模块，主要包括考勤、薪资核算、奖惩记录、培训模块，四大模块共同构成了一名思嘉人在思嘉的"员工成长档案"。接下来便是四大模块的开发工作。经过 3 个月的努力，由思嘉信息团队自主研发的思嘉人事管理系统 V1.0 于 2012 年 7 月正式进入试运行阶段。

程序的成功上线只能算是完工了 30%，后续还有大量的磨合及修改工作需要进行。其间，公司曾碰到了生产线排班异常问题、数据丢失问题、考勤数据异常等众多之前未考虑到的问题，按照新系统公布的数据，一度引起了工人们的抱怨及投诉。幸亏还有准确的原始数据可供查阅，同时人事专员顶住压力，一项项同工人们进行解释及修改，平息了一次次的风波。问题出现后，程序员也加班加点地修改程序解决出现的问题。修改、测试、提出异常，如此地几次循环。在全体高管的支持下，公司上下给予了充分的理解和支持，人事系统慢慢上了轨道，逐渐稳定了下来。至此，思嘉集团人事管理也摆脱了纸质统计到 Excel 统计的时代，走上信息化的道路。

2012 年 6 月，金蝶 ERP ERP 系统的最新版本已经更新为 12.3，当时思嘉使用的版本为 11.0，该版本数据导出过慢，且会出现异常崩溃情况，单据查询不便利，MRP 缺少必要条件字段导致无法适用我们的预算等。在系统供应商的建议下，通过内部会议讨论，决定在对 EPR 系统进行自主优化升级前先对现有 ERP 系统进行升级。从 ERP 系统 V11.0 到 ERP 系统 V12.3，升级后系统在用户体验方面得到大量改进。最为明显的方面是数据的查找及过滤，能够在当前页面关联出相关的数据及单据，免去翻页查找的烦琐，节约了数据对比的时间，提高了工作的效率。这一次升级，为后期 ERP 系统自主优化升级扫除了一大障碍。

而通过在人事管理模块的试运行，公司也及时发现了单纯进行程序自主研发的弊端：工期长、人员需求量大成为这项工作的主要难点。作为实验项目的人事模块的开发，在信息课 5 人编制的基础上，人事管理模块从 2012 年 2 月起经历 2 个月的内部摸索后发现，这个部门的编制远远无法满足完全自主的软件开发需求，而只能为软件的优化升级做更加成熟的准备。这个系统合理化的过程，实质上演变为由 ERP 系统 V11.0 升级至 ERP 系统 V12.3 的过程。此次系统升级不仅是类似于初期完全的"罐头式"打包引进全套 ERP 系统，而是必须更多地参与到 ERP 新系统的个性化定制过程，甚至于参照新系统进行程序的自主研发，从而确保新系统不重蹈覆辙，真正实现为思嘉所用的目的。

为此，集团高管同意了信息主管提出的最新人事配套方案。此次系统升级仍旧采取自主研发为主的路线，但研发人员采取外包制，寻求有研发实力的第三方作为公司内部研发团队的补充力量加入此次 ERP 个性化升级的工作中。同时信息课编制进一步扩充，从公司内部挖掘人才，补充新增实施员及程序员各一名，以确保系统核心不被外包公司控制。

历时 6 个月，思嘉人可谓群策群力。系统在程序调整前，思嘉开展了一次最大规模的流程梳理工作，集团副总裁赖德荣作为该项目的总指挥完成此项任务。一个星期的时间，各部门各自召开内部讨论，提出本部门内部不合理流程并探讨解决方案，从生管、技术、品管、采购到生产乃至生产班组都参与了此次流程讨论。各部门内部达成一致后，再由赖德荣副总裁与信息课成员一起参与各部门的二次方案检讨会议。最后，由信息部门综合各部门情况及系统实际，提出综合流程整改方案。经过 1 个月的会议攻坚，最终出台了 ERP 自主优化的具体目标。

之后，信息课按照定稿的流程进行程序的修改。虽然流程已经过全体讨论通过，但是在程序修改后的实际使用时还是遇到了较多的问题。例如：

(1) 现场库存的盘点问题：从生管到财务到仓库再到生管，几次更换负责部门便几度进行程序修改。

(2) 生产现场物料投递记录问题：流程整改前物料投递由成本会计负责核算，经过讨论，最终提出一个优化解决方案，即在各生产机台旁配备电脑，由生产班组指派记录员在第一时间将数据录入系统。投料数据修改对于车间操作工人来说过于烦琐，虽然对现场记录员进行了多次培训，但效果依然不够理想，也导致系统获取到投料数据不够真实。由于无法获取到真实的投料数据，再次增加了成本核算的难度。为了确保成本核算的有效性，成本核算不得不将数据导出后先进行一番真实性论证再重新整理计算……

问题很多，并且不确定因素高于实际的确定因素，在不断的变革和折腾中，公司有很多部门人员对这次系统优化升级的行动产生了大量疑问。在这时，林生雄主席再次显示了自己坚定的意志对于这个企业发展的重要推动作用。有问题就解决；思想不统一，就开动员会，总之，一定要让大家齐心合力实现信息化管理的这次飞跃。

最终，在外包软件公司的配合下，通过反复的研发、测试、检讨、修订过程，思嘉 ERP 系统中的采购模块、仓储模块于 9 月底完成升级正式上线，与 ERP 系统同步运行，并将在系统完善后取代 ERP 系统而成为主系统，生产模块与销售模块的系统升级也被提上了日程。

四、信息部门建设

系统软件全面升级的同时，信息课主管未雨绸缪，首先提出了对硬件设施进行升级，以应对系统升级后带来的更多数据压力。2012 年 12 月，公司机房进行了搬迁，从电力供应不稳定的福州宦溪工业园区搬迁至电力环境相对稳定的厦门万达商务中心。

借此次机房的变动，我们针对公司情况，对集团现有信息化运转物理环境进行了升级及架构优化打了一系列"组合拳"。

（1）新增 H3C F1000-C（防火墙）H3C S5500（三层交换机）搭建公司机房核心网络环境。F1000-C 能防御 DoS/DDoS 攻击（如 CC、SYN Flood、DNS Query Flood、SYN Flood、UDP Flood 等）、ARP 欺骗攻击、TCP 报文标志位不合法攻击、Large ICMP 报文攻击、地址扫描攻击和端口扫描攻击等多种恶意攻击，同时支持黑名单、MAC 绑定、内容过滤等先进功能。同时支持基础、扩展和基于接口的状态检测包过滤技术；支持 H3C 特有 ASPF 应用层报文过滤协议，支持对每一个连接状态信息的维护监测并动态地过滤数据包，支持对应用层协议的状态监控。并且提供各种日志功能、流量统计和分析功能、各种事件监控和统计功能、邮件告警功能，为核心网络构建了"铜墙铁壁"。

（2）引入电信及联通网络双线接入，至此消除了南北办事处连接总部网络的"物理鸿沟"。

（3）引进 Vmware Vsphere 虚拟机系统，合理的分配，利用硬件资源，更好的环境隔离，完善的备份机制，确保了系统的稳定运行。VMware Vsphere 是业界领先且最可靠的虚拟化平台。Vsphere 将应用程序和操作系统从底层硬件分离出来，从而简化了 IT 操作。该系统使现有的应用程序可以看到专有资源，而服务器则可以作为资源池进行管理。因此，无须共享存储硬件即可实现业务连续性，为信息处理提供简化但恢复能力极强的 IT 环境中运行，充分提高了提高服务级别和应用程序质量，增强数据安全性和保护能力。

（4）操作系统由 2003 R2sp1 至 2008 R2sp1 的升级，封堵了大量已知漏洞，提高系统运行效率。

（5）数据库系统由 2005 R2sp1 升级至 2008 R2sp1，为思嘉用户提供了更快的索引速度和更加稳定的系统运行环境。

（6）引进 Active Directory 活动目录。Active Directory 存储了有关网络对象的信息，并且让管理员和用户能够轻松地查找和使用这些信息。Active Directory 同时使用了一种结构化的数据存储方式，并以此作为基础对目录信息进行合乎逻辑的分层组织，为用户管理网络环境各个组成要素的标识和关系提供了一种有力的手段。

（7）升级引进 IBM DS3500 存储器。它是一个开放的存储基础结构管理解决方案，支持一种灵活的存储基础结构，以应对随需应变的存储需求，帮助我们减少管理复杂的存储基础结构的工作，提高存储器利用率，并帮助我们提高管理效率。

（8）2012 年 10 月，通过腾讯 RTX 服务商的推荐及协助，公司完成了 RTX 2010-RTX 2012 的升级，改善了文件传输出错，离线消息丢失，应用端容易掉线等问题。

以上"组合拳"，打牢了公司信息化道路发展的"地基"，思嘉集团的信息化管理之路还在优化中，思嘉信息化的现状不能说有多么的高端完善。但历史总在曲折中前进，思嘉的信息化发展历程从无到有，从框架到优化的过程完全可以视为历史发展的一个微小模型。总在创造奇迹的思嘉，有理由让我们相信，它会在信息化管理建设的道路上越走越好。

第十一章 财务管理

　　企业财务管理是企业按照国家相关法律法规和政策的要求，紧密结合自身发展目标和经营需要，对整个财务活动进行组织、预测、决策、计划、控制、分析和监督等一系列管理工作的总称。作为一家规模虽不算大但发展速度很快且已跻身于行业领先地位的民营境外上市公司，思嘉集团认为，运行良好、决策审慎、执行有效的财务管理系统应当既可以规范财务行为，保障财务活动健康、顺畅进行，确保资产的安全、完整，又能够积极主动地配合经营和管理决策，给予准确的财务参考和专业的财务意见，并合理有效地拓展、配置财务资源，从而为实现集团战略目标提供不可或缺的、强大的财务支持。因此，思嘉集团的财务管理工作始终遵循规范性、专业性、集中性和有效性的原则，通过制定和实施与企业发展阶段相适应的、不断完善的一系列财务管理制度，逐步形成了能够基本满足企业不同发展阶段战略需要和运营要求的、合理的一整套财务体系。

第一节 财务制度的演进历程

　　截至 2014 年底，思嘉集团有限公司已经跨越了整整 13 年的成长历史。从 2002 年"思嘉塑料"成立，到 2006 年的"厦门浩源"成立，再到 2010 年后陆续成立福建浩思进出口贸易有限公司、思嘉环保材料科技（上海）有限公司、湖北思嘉环保材料科技有限公司、湖北思嘉户外用品有限公司、上海港际化学有限公司和厦门浩源电子商务有限公司，逐步形成了集团公司的组织架构。从创业之初业务单调、产品单一的生产制造销售型企业，发展成为拥有福建福州、福建厦门、湖北汉川、上海四大生产基地，在形成强化软体材料几大产品系列完整产业链的同时，又具备专业进出口贸易业务能力以及电子商务业务能力的综合型集团公司。

伴随着思嘉集团的发展壮大，财务团队以及财务制度也发生了很大的变化。从创业之初福建思嘉环保材料科技有限公司只有 2~3 人、只能从事简单财务核算业务的团队，发展到目前分布在集团和各个子公司，由 32 人组成的、覆盖集团架构下全部财务业务的团队。财务制度方面逐步系统、完善，从原来简单粗略的财务核算制度，发展到现在既能保证财务精细核算，为集团决策和管理提供财务分析，又能提供财务预警和风险管理的一整套制度。此外，随着思嘉从单一企业发展为目前的集团公司，集团还专门建立了集团财务中心，并且已经着手编制集团公司的财务手册，旨在跳出原来单一企业核算管控的条条框框，着眼于集团财务管理、分析和营运的需求，针对规范、约束集团内各子公司间以及集团与子公司间的关联交易以及集团资金调度等方面，进行完整的、详细的制度设计。在财务业务和财务制度这一变化过程中，集团财务负责人认为有两个方面最为重要。

第一个方面的转变，从原来的手工简单核算，到目前精细化核算的转变要从 2008 年福建思嘉公司引入的金蝶 K3 ERP 管理软件开始谈起。在引入金蝶 K3 ERP 管理软件之前，福建思嘉的生产、仓库、质量管理、销售、采购、财务等各管理模块，都是由各管理部门各自依托 Office 工具手工建立台账等方式进行管理，且各管理模块之间没有建立严格的关系连接。对于财务工作来说，这意味着财务部门必须在收到前段各职能部门的纸质单据之后才能开始做后续的核算工作，而且财务部门必须形成财务部门的报表，然后与其他各职能部门的报表进行核对，确保完全一致。比如，财务部门的数量金额式的材料及产品的进出存报表必须与仓库部门的报表进行核对，在产品部门，必须与生产部门提供的报表进行核对，销售收入也必须与业务部门的台账进行核对，而且这些核对都必须以手工的方式完成。核算的精细化程度方面，在引入金蝶 K3 ERP 管理软件之前，面对公司数以万计的存货物料明细，只能按照大类进行归类核算。比如，原材料 PVC 粉就有 3 型 PVC 粉、5#PVC 粉、2#PVC 粉、糊状 PVC 粉等众多规格型号，但是在财务上全部归为 PVC 粉进行核算；而成品 PVC 膜，由于产品在厚度、幅宽、颜色、花纹及其他物理属性方面有不同要求，也产生了好几十种乃至上百种的规格，而在财务核算上也全部归为 PVC 膜，按类进行核算。

引入金蝶 K3 ERP 管理软件之后，公司首先对各部门的所有流程进行了重新梳理，从销售源头开始，一直到财务核算和报表的制作，都予以重新定义和规范，完全摒弃了原来已经形成惯例的各个部门各行其是的做法。然后将重新梳理后的流程全部移植到金蝶 K3 ERP 管理系统的平台上运行。例如，在金蝶 K3 ERP 管理软件上，销售出货必须依照如下流程：销售部门录入产品销售订单并下推发货通知单，财务部门根据授信条款及欠款情况进行审核（若出现不符合出货条件的情况，金蝶 K3 ERP 管理软件会发出提示，并要求经相应的高级别管理人员授权后才能审核通过），而仓库部门根据财务部门审核后的发货通知单准备发货，并将产品销售出库单打印出来提交物流或提供司机确认签字。产品销售后，财务人员再找到金蝶 K3 ERP 管理系统的销售出库单下推生产销售发票，并根据销售发票和生产销售凭证到财务模块完成记账。由此销售、仓库、财务模块完全串在一起，而且存货模块和财务总账模块、现金模块和财务模块、固定资产模块和财务总账模块都有核对的功能，能确保财务总账模块的完整性和准确性。因此，财务部门认为，引入金蝶 K3 ERP 管理软件，并且于 2008 年 11 月成功上线，不仅是财务核算上的进步，更是公司在经营理念和管理水平上的一大进步。

第二个方面的转变，即从单个公司核算到目前集团公司架构核算的转变。这一转变就不得不提的是公司在香港证券交易所 IPO 上市这一重大事项。2008 年公司启动上市的准备工作。经过公司全体员工和各相关中介机构坚持不懈的努力，思嘉集团有限公司于 2010 年 4 月 29 日在香港证券交易所主板挂牌上市。成功上市之后，思嘉集团按照招股说明书中对募资投向的要求，加快了福州生产基地的建设，同年还分别成立了湖北思嘉环保材料科技有限公司和思嘉环保材料科技（上海）有限公司，投资建设湖北和上海两个生产基地，在福州成立了专业从事进出口贸易的福建浩思进出口贸易有限公司。2011~2013 年又先后成立了湖北思嘉户外用品有限公司、上海港际化学有限公司和厦门浩源电子商务有限公司。在短短的两三年内从只有两个生产企业发展成为拥有福州、厦门、湖北、上海四大生产基地，同时又有从事专业进出口贸易业务及电子商务业务的若干子公司的集团公司。这对于财务团队及制度建设来说无疑是一个巨大的挑战。在这一过程中，财务部门逐步建立起适应整个集团运营要求的财务制度，并不断予以修订、完善。例如，集团会计科目的统一设定及解释、集团固定资产定义及折旧年限的统一、各子公司业务账务处理的规范、集团内部关联交易及资金管理调配等制度方面的建设及执行等，还有就是集团财务报表的合并分析工作。

第二节 资金管理与风险管控

一、资金管理

2010年4月上市后至2015年上半年，思嘉集团一直实行稳健的、高度集中的资金管理方式，投融资决策权和资金调度权都集中在集团总部，即投融资决策只能由集团总部做出，所有资金由集团总部统一调配及安排使用，以确保资金的流动性和安全性。稳健的、高度集中的资金管理方式与思嘉集团现阶段的发展战略和运营要求相匹配、相适应。由此，思嘉集团能够较好地监督、控制资金运动流程，最大限度地提高有限资金的综合使用效率，降低资金成本，在保证重大投资项目和日常运营的资金供给的同时，有效地防范资金风险。

在集团内部实际运营过程中，各子公司必须每周都将银行、现金结存数据汇总报送集团总部，并提交下周资金需求计划；每月除了提交银行、现金结存数据，下个月的资金需求计划外，还必须编制银行授信情况变动表，将授信额度、银行到期还款、承兑到期还款等详细信息向总部汇报，以方便集团总部做好资金的统筹安排和调度工作，合理利用好库存资金。

二、风险管控

思嘉集团风险管控的着眼点是从财务日常管理角度出发开展财务分析、进行风险预警和有效化解风险，同时分阶段、分项目做好内部审计并提交内审报告给管理层审阅，为经营决策提供强有力的、专业性的财务参考。

日常经营风险主要是事务性的风险，管控的重点是通过流程的设置把各种风险分散在各职能部门，从而使风险得以逐个化解。例如，针对采购部门采购合同和业务部门销售合同的签订、人事部门各类人员的招聘和解聘等工作的管控，财务部门主要负责对各前端业务部门分风险管控的检查和对各风险控制点的审核。就对前端业务部门分风险管控的检查举例而言，采购合同和销售合同都要提交，由财务作为凭证的附件作为审核依据，财务人员在收到采购合同之后，要确认在合同形成过程中是否选择了多家供应商进行询价、比价、议价，合同采购单价与最近一次采购价格和历史价格是否有较大波动，合同的结算方式及付款条件是否有问题，并对其他相关方面进行审核，而且要跟踪后续的业务处理，看其是否依据合同基础进行操作；当收到销售合同的时候，财务人员同样要审核合同的当期价格是否符合公司关于销售价格的文件或当期销售政策，以及（根据授信文件及客户的交易记录）审核与客户的结算方式是否合理，尽量做到事先的审核把关。

在各风险控制点的审核方面，例如，针对应收账款的风险控制，主要结合信用条款，在销售出库前必须经过财务审核才能销售出库，把风险的控制点设在销售出库的这一个环节上。因为财务部门认为货物一经发出就已经形成了应收账款，因而必须在应收账款形成的时候做到有效的控制，财务部门会每周对应收账款进行检讨、分析，以加强应收账款的管理及风险管控；现金流量方面的风险管控主要是由资金部门通过应收及应付岗位收集近期资金的回笼及支付等方面的信息，每月编制资金报告提交财务主管审核，预先做好资金规划和安排，以确保现金流的通畅；涉税方面由税务专员每月编制税收各类指标，与公司自身纵向及行业标准横向作对比分析，并报告给财务主管审核，确保涉税业务正常合理。

思嘉集团财务部门在关注日常运营风险管控的同时，还会根据集团高层当期管控的重点和平时财务各岗位的情况反馈，制订专项内审计划。例如，集团资金使用内部审计、固定资产及在建工程内部审计、存货及生产成本内部审计、销售及采购内部审计等。专项内部审计主要由集团财务部牵头组织进行。例如，固定资产及在建工程内部审计，首先调阅所有相关的制度文件和财务凭证，从固定资产和在建工程的立项开始一直延伸到在建工程转入固定资产，进而深入到查阅平时的计提折旧，改造维修等；其次是审核所查阅的业务过程中是否完全按照公司制定的相关制度进行操作；最后是就查阅及审核过程中发现的问题与经办部门进行沟通，并草拟改善意见提交管理层进行审查。

第三节 财务分析

为有效实施思嘉集团发展战略,更好地适应思嘉组织结构集团化、业务活动综合化和经营管理规范化的发展要求,思嘉集团成立了财务中心。财务分析是财务中心的重要工作之一,是推行以数据管理为基础的精细化管理的重要工具。财务中心通过财务分析深化精细化管理活动,从而进一步支持集团进行专业化经营管理,使得集团可以及时识别企业的经营风险,并做出决策,避免风险的发生。集团高层可以通过财务分析乃至经营分析来客观审查各职能部门的工作,形成以结果及数据说话的习惯和导向,同时也是集团高层对企业经营环境进行一次细致的"扫描",以便应对激烈变化的环境。

思嘉集团通过财务中心开展的财务分析重点覆盖六个方面的管理工作。

(1) 库存管理。思嘉集团的生产原则和工作体系是按订单安排生产(MTO),只有少部分满足普遍性市场需求的具体产品才会根据生产情况安排部分面向未来的库存生产。财务中心主要从采购、生产排产及超期呆滞三个角度进行管控分析。对于制造企业而言,仓库往往是经营存在问题的汇总反映。原材料滞期库存,往往反映的是企业采购、计划管理等环节存在问题;成品滞期库存,往往反映的是企业销售、计划管理等环节存在问题。这两项滞期库存长期存在,仓库管理也一定会有问题。财务中心通过定期盘点仓库,制作库龄分析报表,同时对库存的物理状态(是否可用)做出清晰的备注,以库存分析报表为起点,追溯到采购需求的提报,对原材料超期呆滞进行分析,找出具体原因,有些甚至要追溯到销售订单的环节,因为有不少采购需求是来源于销售订单;对半成品和成品库存进行分析,也要追溯到生产和销售环节,要了解具体的生产排产和客户订单,并跟踪销售部门落实具体的客户提货时间。存货管理是提升集团供应链运作效率的重点工作。

(2) 采购管理。对于思嘉集团的主要业务而言,材料成本是产品的主要成本。财务部门主要通过对采购价格和应付账款分析两个角度展开财务分析。采购价格分析方面,由财务部门制作公司采购价格分析曲线,同时找到市场渠道了解行业报价，了解主要原材料供应商的上游供应及价格等信息，会同公司自己的历史采购价格做综合分析，向采购部门和高层提供建议；应付账款分析主要是通过应付账款分析报表，分析每个供应商的结算方式，付款期限及到票情况，尤其是关注采购异常情况的处理，如布类的短码等问题。

（3）营销管理。销售是企业的命脉。思嘉集团的财务部门主要是从销售收入、销售毛利、应收账款等角度进行分析。销售收入和销售毛利都要细化到每份订单的收入及毛利情况，分区域、分产品类别提供各类报表进行分析；应收账款分析主要是结合客户的授信情况对逾期的经常分析，跟踪催收货款，必要的时候财务直接到客户那里进行对账或发律师函催收。

（4）成本管理。成本管理主要是针对每个产品的单元成本变动情况进行分析，对投入产出情况进行分析，对销售订单、生产计划排程和实际生产量三者展开分析，对生产设备开机的时间进行分析，对生产异常进行跟踪处理，对采购价格对成本的影响进行分析，对实际消耗量和配方消耗的差异进行分析。通过这几个角度来分析生产环节中成本变动的情况。

（5）费用管理。与企业的预算管理相结合，展开制造费用、管理费用、财务费用等各项费用的分析。将费用的控制重点从事后分析，逐步提前到事前控制，审核业务发生的合理性和必要性，是否符合公司预算管理的要求。

（6）资金管理。财务部门通过应收、应付、存货及费用的分析报表，分析公司资金的占用情况，并计算流动性指标及负债指标，对资金的使用进行综合分析。同时也分析未来一周、一个月、一个季度内的销售、资金回笼情况，以及未来一周、一个月、一个季度内的采购付款及费用整体支出情况，并做出预测。财务资金组根据这些反馈情况并结合银行授信及还款等财务活动安排，编制公司资金需求汇报表，提交财务主管及总裁审阅。

第四节　团队建设

团队的建设对于企业的运营发展来说至关重要，对于思嘉集团的财务团队来说也是如此。思嘉集团从人才招聘环节就开始考虑财务团队建设问题。思嘉集团认为，财务团队建设首先要把好人员选聘关，同时营造和谐一致、积极进取的工作氛围，从而保证财务人员的职业素质和业务能力不断提高，并保持财务团队相对稳定。财务团队招聘人员时有较高的基本条件：必须具备良好的个人品行和职业操守；具备相应的职业素质、专业知识和工作能力；必须有良好的团队意识及主观能动性，能积极主动地处理问题。

其次，要重视团队成员的职业规划及专业知识的培训。财务负责人和人事部门经常与每位财务人员沟通，根据每位财务人员的职业道德、性格特点、专业水平，量身定制其未来1~3年的短期职业规划，重点培养的骨干财务人员除制定短期职业规划外，还制定3~5年的中期职业规划。当然，普通财务人员和骨干财务人员也不是一成不变的，会根据个人成长情况和企业发展情况进行动态调整。至于专业知识培训方面，思嘉集团鼓励员工参加各类专业知识考试和资格认证，一旦通过考试或得到认证，则可以报销相关费用。在外部审计机构对集团和子公司账目、内控等检查审计期间及以后，集团也会结合发现的问题进行针对性培训。同时集团加入了纳税人俱乐部协会，每月定期派人员参加财务培训，参加培训的人员回来后必须整理好课件，向财务部门全体同事作汇报和讲解，与大家一起分享学习成果，共同提高业务水平。

第十二章　企业文化

从思嘉集团创立初始，创业者就非常重视企业文化，一直将企业文化建设置于企业发展中的战略地位。思嘉集团的企业文化是紧紧围绕"嘉文化"这一主线去探索和构造的。在企业发展的前八年里，创业者及企业高层管理者都始终在实践企业文化建设的过程中思考、寻求独具思嘉特色的文化主线。直到 2010 年，终于将企业文化的主线凝结、提炼为"嘉文化"。此后，一以贯之、旗帜鲜明地将塑造、充实、完善"嘉文化"上升到企业文化建设和实践的核心位置。虽然只经历了短暂的时期，实践经验还薄弱，理论概括还不足，但作为一种具有浓厚、鲜明思嘉企业特点、特色的组织亚文化，如今"嘉文化"已初具雏形，体系明确，形式多样，内容丰富，成效显著，在相当程度上体现出思嘉集团和思嘉人的思想品格、精神风貌和社会形象，成为保障思嘉和谐、快速发展，推动思嘉事业不断前进的重要力量。"嘉文化"展示的是思嘉人追求美好的正能量身形，支撑的是思嘉事业发展的精神家园，是思嘉美好事业不可或缺的有机组成部分。

国内外无数实践表明，企业文化的塑造绝非一日之功，不能指望毕其功于一役，需要持之以恒、精雕细琢，并经历时间的积淀、岁月的锤炼，使之成为一种组织惯例和组织自觉，并深入、内化到每个组织成员的心中。"嘉文化"同样如此。思嘉集团才刚刚过十一岁生日，还只是一个年轻但成长快速的企业组织，站在组织外部以客观的视角观察，从追求建立百年老店的高标准要求来看，"嘉文化"在内涵上还略显稚嫩，特点上还不够鲜明，在体系上还需进一步精梳，在形式还可以细致考量，在内容上还有很大的调整和创新的空间，尤其是在如何与思嘉集团的长期发展战略以及使命和愿景更为融洽地兼容、匹配方面，还有大量艰巨的、长期的探索和实践工作要完成，这也是思嘉未来成就美好事业所面临的重大任务之一。

第一节 企业文化演进历程

一、"嘉文化"概述

思嘉企业文化的基石是独具特色的"嘉文化"。思嘉集团围绕企业文化建设持续开展的一系列集体实践活动，旨在探索和挖掘"嘉文化"内涵，培育和塑造"嘉文化"特色，并使之深入人心。

公司之所以命名为"思嘉"，来自公司创业者们对完美事物的追求、期待与希冀。创业者们从创立企业伊始，就希望自己的企业能够基业长青、永续美好，这需要在企业内部塑造、培育出某种独具特色的、强大的组织亚文化。所以自企业起步以来，创业者们及企业高层管理者一直充满了强烈的构建组织文化的意识、思考和激情，认识到只有以这种独特的组织文化为组织凝聚力、影响力的基础，使之确立组织中不同成员高度认同的主体精神支柱和基本行为规范，才能保证员工的目标与组织的目标相一致，使全体员工能够与公司一道前进。"真诚相待、共同发展"作为"嘉文化"的核心内涵之一，意味着像家人一样团结、奋进，向着个人目标勤奋工作、带着思考与公司一同成长，以"务实、创新、优质、高效"的工作准则为自己搭建成长平台，为公司打造思嘉舞台。正是在这样的背景下，从公司员工与企业共同成长、共创美好的角度出发，在企业业务逐步发展壮大、组织架构不断趋于完善、人员队伍持续扩张的过程中，如何引导员工成长、将员工的成长与企业的发展更紧密地结合起来，以组织文化的力量推动公司的发展，提升企业的竞争力、形象力，成为思嘉集团最高管理层始终在思考的具有战略意义的重点问题。

思嘉集团"嘉文化"的核心是发展，发展企业规模、企业实力、技术创新、市场占有率、人员素质等，它是思嘉发展的重要动力，是经过十余年的发展后逐步形成、巩固的文化体系。"嘉文化"的突出特点是着眼于人、重视人的价值发挥。发展的主体是人，发展的目的是满足人在需求层次上不断提高的诉求，因此，"嘉文化"强调全体员工在思嘉集团这个充满活力、不断进取的组织氛围中如何追求美好未来、深远发展、实现自我价值。在"嘉文化"建设方面，则主张全员参与。在企业发展的各个时期，全体员工对组织文化建设的参与、推动及推广成为"嘉文化"建设的重要特色。这样，以发展为重心，"嘉文化"从无到有、从小变大、从零星实施到形成体系、从个别实践到集体认同，将企业和员工紧密相连，推动着思嘉集团在不断变化的环境中获得发展。

二、企业名称诠释

"思嘉"名称的寓意是：多思、深思、反思，追求美好，积极进取，以达到最好的行为结果，实现最高的目标。"思"有思考、深思、研究、追求、希望之意，"嘉"是美好的、善良的、幸福的，上好的行为结果，品位、档次、境界高远；表扬、赞许的意思。

董事局主席林生雄将企业取名为"思嘉"，富蕴内涵，不仅深刻体现了企业"追求卓越、携手共赢"的经营理念，"真诚相待、共同发展"人文信仰，更寄托着他对企业以及思嘉团队的深切期望。

首先，企业要不断求创新谋发展，做大做强。在发展的过程中要不断地总结经验，始终坚持以市场为导向，以创新为动力，以品牌经营为核心，以新产品研发为运营手段，注重以人为本、科学开发，将企业建设成为集科研开发、生产运营、贸易服务为一体的科技领先、质量可靠、管理高效、服务到位、规模最大、具有较强国际竞争力和可持续发展能力的高新技术企业。

其次，思嘉人必须是积极向上、不断进取、追求美好的。思嘉的团队必须是团结一致、共同进退的。"思嘉"的谐音"思家"，企业创始人始终希望全体思嘉员工都把思嘉公司当成自己的家一样，与思嘉公司共同进退，用自己的勤劳和努力，共创思嘉的美好明天。

再次，体现思嘉公司的人才理念。思嘉公司重用与培养智慧与品德兼备、有责任心、努力上进的员工，对于不思进取的员工，思嘉坚决清理。

最后，"真诚相待、共同发展"是思嘉的人文信仰。思嘉公司的发展与员工进步是同步的。思嘉人必须秉承"务实、创新、优质、高效"的工作准则，为实现思嘉"树一流品牌，创百年企业"的目标而不懈努力，不断地追求自我完善，为自己的进步、为公司的发展贡献自己的智慧。思嘉的管理者更要加强自身修养，采取更科学、更完善、更富有人性化的管理手段推动公司的前进和发展。

2014 年，公司拓展了经营理念，将其丰富为八个方面的内容。经营理念的丰富意味着思嘉集团在整个布局和战略规划方面有了新的方向。

指导思想：从"事后指导"转变为"事前指导"。

经营理念：持续创新，让员工过着体面的生活。

经营模式：专业化、规模化、品牌化发展。

经营策略：淘汰微利产品，向高附加值产品转化。

公司追求：创国际一流新材料品牌。

领导风格：规范制度、流化管理与人性管理相结合。

决策机制：从主观决策向系统化、科学化决策。

管理模式：从"表皮式"管理进入精细化管理。

专栏 12-1　思嘉员工行为准则

按照思嘉集团企业文化建设要求，为了进一步规范员工行为，提升员工修养和综合素质，建立简捷、规范、高效的工作秩序，努力打造现代型国际化大企业应有的良好形象和竞争力，思嘉集团在全集团各个分公司推广并要求执行《员工日常工作行为准则》。

1. 版次 A/0

2. 行为准则

2.1　核心

认同集团企业文化，爱岗敬业、诚实守信，具有良好的职业道德、强烈的事业心和高度的责任感，为集团实现"塑一流品牌，创百年企业"这一共同愿景而努力奋斗。

2.2　准则

2.2.1　遵章守纪、文明礼貌、着装规范、精神饱满。

2.2.2　互相尊重、以诚相待、融洽沟通、友好合作。

2.2.3　作风严谨、尽职尽责、勤于学习、务实高效。

2.2.4　树全局观、护整体利、系心发展、共享成果。

2.2.5　礼貌平等、热情周到、不卑不亢、对外统一。

2.2.6　遵章守纪、爱惜公物、禁止吸烟、美化环境。

资料来源：编选自《员工日常工作行为准则》，《人事行政管理文件》，编号 SJJT-HR-ZZ-001。

三、企业文化建设起步时期：2002~2005 年

2002~2005 年是思嘉创业期，也是思嘉企业文化建设的起步期。在初创的福建思嘉环保材料科技有限公司，从工商注册到获得第一项国家发明专利，品牌从无到有，技术取得突破，产品得到市场认可，思嘉人专注于手头的项目建设、技术研发、生产组织和市场开拓工作，坚定发展新材料的信心，做好随时待命、善于攻坚的准备，投入创业期企业成长中。在全体员工"无私奉献"的工作精神引领下，思嘉不仅平稳度过了创业期，并且在短暂的时间里获得不凡的业绩，迅速成为常规材料市场上的一匹黑马，以后来者居上的态势，成为主导国内相关常规材料市场中一支不容忽视的力量。

伴随着艰苦创业的步伐，企业文化建设开始起步。这一时期，创业者对企业文化虽然很重视，但还缺乏深切的感受和系统的思考。企业文化建设的重点在于在组织氛围中倡导无私奉献精神，针对员工提出专注本职工作、增强对企业发展的信心、随时待命等相对浅层的行为理念，并作为员工工作准则。为了感谢日夜奋斗在生产、经营一线的思嘉人，弘扬艰苦创业、无私奉献的精神，当时的思嘉环保材料科技公司先后推出一系列人才培养计划和奖励措施，逐步形成一种独到的"人才机制"，初步反映了思嘉着眼于人的发展的企业文化特色。对于综合素质高、能力突出的员工，针对他们的职业生涯规划予以指导和建议，对于对企业发展充满信心的员工予以支持和帮助。在引导员工综合发展的同时，健全职能部门的岗位及人员培育机制，正式将"人才机制"予以确认。

专栏 12-2　思嘉人才机制

思嘉人才理念：真诚相待，共同发展。

思嘉人才标准：品德、能力、知识、业绩相结合。

思嘉人才平台：勤奋的人有机会，能干的人有舞台，有业绩的人有地位。

"真诚相待，共同发展"是思嘉始终秉承的人才培育理念，公司推进人性化、透明化管理，致力于与员工和谐共享，帮助员工实现个人价值，实现企业与员工共同成长。

资料来源：编选自思嘉网站"人才策略"专栏《思嘉"人才观"》。

四、搭建企业文化体系框架时期：2006~2008 年

2006 年，思嘉环保材料科技公司被认定为高新技术企业，迈向新材料市场的第一步取得成功。思嘉"高强聚酯复合材料"被市场和消费者所认识，思嘉"新材料"战略正式启动。企业业务主要分为两大部分，分别为材料供应及终端产品制造。材料供应又分为两大类，一类是常规材料，包括高分子膜、高分子涂层尼龙、贴布革及涂层布等，另一类是应用面更广、市场潜力更大的强化材料，包括科技含量高的气密材料、充气材料、沼气池材料、运动地板材料、窗帘材料、雪地鞋材料、篷盖材料、特种箱包材料、涉水防护服材料、劳保工业防护服装材料、医疗材料、TPU 材料、膜结构材料、PTFE 透湿透气材料等及其终端产品。公司研发生产的新材料产品广泛应用于农业、工业、建筑业等十一大领域，具有抗漏气、抗燃烧、抗拉伸、抗剥离、抗腐蚀、抗老化、抗严寒、抗曝晒等特点。

2006~2008 年，思嘉营销网络铺设至全球，国际贸易迅猛发展，常规材料成为行业出口的质量榜样，新材料出口亦日益增加。在行业领域内，思嘉凭借自身的技术积累、创新优势和对相关市场的开发，跻身材料行业领军者的第一梯队行列。

在此期间，随着公司工作逐步规范化，管理制度不断完善，人员培训工作不断深入，思嘉的文化建设工作有了较为重大的突破和发展，企业的经营理念得到进一步诠释和完善，这就是"厚德兴业、诚信经营、追求卓越、携手共赢"。在这样的经营理念指导下，公司开始搭建企业文化体系框架，在经营理念、团队培养、文化凝聚力建设方面形成初步共识。在原有员工行为准则的基础上，又提出了安稳、诚恳、善用资源等新要求。公司希望以经营理念为指导，营造出一种文化氛围，以此坚定信念与执着追求，带领全体员工全力以赴，打造全球品牌，研发、生产、销售更多、更好的新技术、新材料的清洁能源产品，服务生活、感恩社会。通过广泛征求员工的意见和建议，在经过全体员工共同讨论后，于 2007 年下半年编纂出《思嘉员工手册》，并由公司董事会通过，成为引导和规范员工职业发展观和职业行为的重要文件。合理化建议和"董事长信箱"成为全体员工参与企业发展的有效渠道，员工们可以结合自己的发现与想法，向企业的各个层面提出各种建议与意见。在全员参与的工作氛围中，很多问题被解决。

这一时期，通过与行业中处于领先地位的台资企业进行互访和交流，

学习他们在企业文化建设中的经验，49 种品格被引入思嘉，并成为思嘉文化推广的重要内容之一。

专栏 12-3　思嘉公司倡导的 49 种品格

远见者：远见者追求成长，能洞视问题根源，找出明确的行动方案迈向成功。

（1）智慧而非愚蠢，超越现况，观察并回应人生处境。

（2）明辨而非短视，能了解事情发生的根本原因。

（3）信心而非妄想，即使不能预先看见，仍确信好品格带来好结果。

（4）谨慎而非幼稚，辨认并避免后果不佳的言语、行为和态度。

（5）真爱而非自私，满足他人基本需要，不求回报。

（6）创意而非得过且过，从新的角度面对需求、任务或构思。

（7）热诚而非冷漠，竭尽全力展现乐业的态度。

教导者：教导者传授智慧、品格与技能，确认方向，力求周全。

（8）节制而非放纵，摒弃私欲，正直行事。

（9）敬重而非轻慢，因领导者代表的更高权柄而尊重他。

（10）勤奋而非懒惰，全力以赴完成领导所交代的任务。

（11）周全而非疏漏，知道稍有疏忽必将有损工作或言语的成效。

（12）可靠而非反复无常，即使要付出额外的代价，也要言出必行。

（13）安稳而非焦虑，将生命建造在不会毁坏流失的根基上。

（14）耐心而非浮躁，接受困境，不设摆脱困境的时限。

服务者：服务者能发现并满足他人的需要，让人无牵挂地达成目标，并投入时间与精力助人成功。

（15）机警而非漫不经心，留意周围发生的事情以便正确回应。

（16）好客而非孤僻，乐意分享食物、住处或友情，使人受益。

（17）慷慨而非吝啬，用心管理自己的资源，而能大方与需要者分享。

（18）喜乐而非自怜，即使面对不称心的事仍保持好的态度。

（19）能屈能伸而非抵触，愿意找领导者的指示改变自己的计划或想法。

（20）随时待命而非以自我为中心，尊重服务对象的意愿过于自己的计划。

（21）坚忍而非气馁，在意志以内承受压力，以便不予余力。

管理者：管理者能勾画愿景并运用资源以求达成目标。

（22）井然有序而非紊乱，随时整顿自己与环境，追求更高成效。

（23）主动而非懈怠，看到事情不待别人开口就着手去做。

（24）尽责而非无法信赖，明白别人的期望并切实做到。

（25）谦逊而非骄傲，将个人成就归功于帮助过自己的人。

（26）果断而非拖延，认清关键所在做成困难决定。

（27）决心而非优柔寡断，决意不计阻力在时限内完成任务。

（28）忠诚而非不忠，在困难时刻仍坚守向服务对象的承诺。

协调者：协调者为人忠诚，富有同情心，对所接受的指令，懂得分析它的利弊。

（29）专注而非分心，以全神贯注来表示对事对人的尊重。

（30）敏锐而非迟钝，运用感官体察旁人真正的态度和情感。

（31）公正而非腐败，视维护纯正真实的事为己任。

（32）同情而非冷淡，为医治别人的创伤愿付上必要代价。

（33）温和而非严酷，为人着想并表现出对他的关心。

（34）尊重而非鲁莽，约束个人自由以免违逆服务对象的意愿。

（35）温柔而非易怒，甘心放下自己的利益与期望，乐意服务。

理想家：理想家必须正直无可指摘，肯接受改正，能及时指出问题所在，勇于做真理的代言人。

（36）诚实而非欺骗，准确地说明事情原委以赢得未来的信任。

（37）服从而非任性，迅速、乐意地执行领导的意愿与指示。

（38）诚恳而非虚伪，以光明磊落的动机做正确的事。

（39）美德而非污秽，不断正确行事，在生活中展露高尚品德。

（40）勇敢而非胆怯，自信言行是诚实的、正确的、公正的。

（41）宽恕而非排斥，对得罪我的人不记仇、不怀恨。

（42）善劝而非好辩，助人超越心理障碍，以便指引重要真理。

供应者：供应者资源丰富，审慎，节俭，不断善用现有资源。

（43）善用资源而非浪费，善用他人忽略或丢弃的物品。

（44）节俭而非奢侈，不容自己或他人有不必要的花费。

（45）知足而非贪婪，认识到真幸福不受物质左右。

（46）守时而非迟延，在正确的时间做正确的事，表明自己重视他人。

（47）宽容而非偏见，认识到各人有不同层次的品格表现。

（48）慎重而非仓促，知道适时而动的重要性。

（49）感恩而非忘恩，以言行让人知道他曾如何使自己生命受益。

资料来源：摘编自思嘉内部品格宣传册《49 种品格》。

五、企业文化体系巩固、提升时期：2009~2011 年

2009~2012 年是思嘉全速发展的时期，企业迅速成长为中国最具领导地位的优质强化材料综合制造商之一，是中国制造生物质、污水相关工程的强化材料及沼气池终端产品的唯一制造商，并且是中国排名第一位的涉水防护服材料、充气艇材料及气密材料制造商，内地领先 TPU、膜结构以及防水卷材生产商之一。

2009 年，思嘉提出"软材料、硬质量"的品牌概念，思嘉新材系列产品的特殊性能被命名为"9A 强化质量"。独有的"9A 强化质量"是思嘉新材的质量保证。思嘉公司始终坚持诠释"软材料、硬质量"的品牌概念，不断实践"思嘉新材，创新生活"的品牌诉求，以创新的技术、环保的科技，竭诚为广大使用者提供一流产品与满意服务，让人们享受更加舒适、轻松、健康的低碳绿色生活。

2010 年 4 月 29 日，思嘉集团有限公司在香港联合交易所主板正式挂牌上市，股票代码为 HK01863。经过短暂的八年努力，思嘉完成了企业发展历程中最重要的一步，亮相国际资本市场，在香港主板成功上市，成功募集到 6 亿多港元的资金，为思嘉的壮大与前行注入全新的生命力与强劲的支撑力量。至此，集团公司的格局正式形成。

就企业文化建设而言，2010 年是丰收的一年、突破的一年，工作成效显著。"嘉文化"作为思嘉企业文化的主线得以纳入议事日程，在培养凝

聚力、提高员工对价值观的基本理解等方面初步达成共识，同时继续推广、普及49种品格。集团主题歌曲《创造神奇》在这一年创作完成，集团内部平面传媒《思嘉慧报》经细致策划，于2008年12月试刊。"嘉文化"以丰富的表现形式呈现在每一个思嘉人的视野里，贯穿于每一个思嘉人的言行中。集团主题歌《创造神奇》以进取向上抒情的歌词、优美激昂动听的旋律受到全体员工的喜爱，得以争相传唱。《思嘉慧报》于2009年1月正试创刊面世后，以月报每期四版的形式，汇集全体思嘉员工的智慧，传达思嘉正能量信息，成为宣示思嘉企业文化的有效载体和寄托员工思嘉情怀的交流平台，被思嘉员工视为自己的、最值得信赖的、最难以割舍的档案似媒体。截至2014年11月，《思嘉慧报》共出版77期，刊登文字约150万字，照片1000多幅。

与此同时，公司邀请国内知名品牌咨询策划机构为思嘉进行品牌诊断和策划，从事业前瞻和战略高度进行系统的VI体系设计，定义了"思嘉新材"的产品品牌概念，并提出实施、完善、升级的路径。

专栏 12-4 《思嘉慧报》策划书

（一）办报宗旨及目的

1. 宗旨：汇集所有思嘉同仁的智慧，共创具有思嘉特色的企业文化

2. 目的

（1）进一步宣传企业形象、品牌、新产品开发信息，形成更忠实的客户群和良好的供应链；

（2）进一步增强内部沟通，将领导层的决策、思想传达到最基层，将员工的意见反馈到企业的最高层，形成思想互动，促进企业快速与良性发展；

（3）宣传企业的文化，让所有员工融入思嘉这个大家庭，增强员工归属感；

（4）拓宽员工的视野，为员工提供一个展现个人风采与发展远景的平台，提高员工的综合素质。

（二）报纸定位

企业内部刊物，每月一期，仅在内部传阅以及友好往来单位赠阅。

（三）报纸版式以及版面设计

1. 版式：双面 4 开彩印，即每期四版

2. 版面分配

（1）第一版：要闻版（侧重于对事实的描述）。内容包括：公司最新的重大指示及决策；公司所获荣誉称号；领导、客户或友人来访报道；企业重大的公关、参展活动；重大奖励；公司最新动态等。开设栏目。如下：

1) 荣誉奖彰——报道获得政府各项奖励、荣誉称号以及公司内部重大奖励。

2) 活动剪影——报道近期开展的重大公关、参展活动、新产品技术创新等。

3) 视点新闻——报道公司的重大指示、决策及重大事件。

4) 思嘉介绍专栏——介绍思嘉的发展历史、经营理念、愿景等。

5) 思嘉简讯——简要介绍近期公司发生的要事。

（2）第二版：聚焦·行动（关注的行业趋势、时事热点以及相对应的部门行动）。内容包括：专题报道（如培训、成本控制、"6S"精艺生产等专题）；董事长学习专栏；生产大事记；各部门重大行动等。开设栏目有：

1) 热点聚焦——关注的行业趋势、时事热点等。

2) 部门行动展示——针对本期关注的问题，各部门的相应活动。

3) 董事长学习专栏——报道董事长及高管学习动态、管理心得。

4) 专题报道——报道近期关注的企业管理专题以及员工对该专题的真知灼见。

5) 生产大事记——报道生产情况汇总。

（3）第三版：综合·交流

内容包括：各部门管理经验及先进方法、生产技术创新、业务交流等；工作和生活体会，以小见大；一事一议，谈企业管理的真知灼见，从管理、生产的多侧面、多层次谈自己的感想和启发，以图文结合的形式宣传先进个人和团队班组等。开设栏目有：

1) 工作探索——对于企业管理、工作习惯、技巧等的真知灼见。

2) 团队风采——展示各部门风采，以图片展示为主，辅以简单的

文字说明。

3）精英故事（员工风采）——员工好人好事，优秀员工特写等。

4）他山之石——借鉴别人的新思维、新理念、新方法来提升自己。

5）成长足迹（员工随想）——员工在思嘉的成长历程，对工作、生活、学习的感悟以及培训、工作优秀心得等。

（4）第四版：文化·生活

此版为副刊，内容可较丰富多彩。包括反映员工的精神、文明风貌和业余爱好的内容，生活小常识等。开设栏目有：

1）哲理小文——富有哲理性的文章。

2）祝福——为本月生日的员工送祝福；对员工结婚、生子的祝福；节日祝福等。

3）管理箴言——思嘉各同仁所提交的合理化建议中整理出来的有意义的以及与本期报纸主题相关的管理标语。

4）健康人生——介绍一些应季的健康保健知识、生活习惯等。

5）幽默小憩——笑话，来源于生活，以反映员工日常工作生活为最佳。

6）开卷有益——与本期报纸主题相关的管理文章、专业知识等。

7）知识角——与本期报纸主题相关的趣味小问题、哲理等。

8）编读往来——员工对报纸的建议或评价，并给予针对性的解答。

（四）稿源渠道

1）编委会责任编辑人员采编：公司的重大活动、会议新闻由采编人员或会议记录员采写。

2）部门供稿：每个部门每个月至少供稿一篇，内容可丰富多样，文章风格不拘，题材与字数不限，具有较强的可读性、趣味性。

3）员工征稿：《工作探索》、《团队风采》、《精英故事》、《他山之石》、《成长足迹》、《哲理小文》、《祝福》、《管理箴言》、《健康人生》、《幽默小憩》栏目面向公司所有员工征稿。

资料来源：摘编自集团档案、2009 年 6 月 9 日人事课策划文案。

六、企业文化体系全面调整时期：2012~2022 年

2012 年，思嘉成立十周年之际，企业正式采用"嘉文化"这一名称，

并提出以"嘉文化"为主线和基石的思嘉第二个十年企业文化体系调整方案，改善文化体系，规范文化建设操作流程。突破、创新、变革的措施，都是为了更加美好地发展；共赢、卓越、战略的追求，都是为了更加美好地实践目标。突破、创新、变革是为了更好、更远地发展，共赢、卓越、战略也为了更深入、更高层次地发展，一个"嘉"字涵盖了思嘉的发展与追求。

在第二个十年的开篇伊始，思嘉集团开始围绕"嘉文化"这一主线调整原有企业文化体系。通过员工短信互动平台的建立及企业 OA 平台的不断完善，人力资源"合理化建议"措施进一步被扩充，员工与企业管理层的互动及双向交流通道被拓宽，员工满意度得到明显提升，集团各个系统进行流程变革与生产中心的技术专项改造，思嘉价值观也在员工与企业的多渠道、多方式的沟通中得到维护和升华。

2013 年，集团编制了《思嘉员工工作生活服务指南》。该《指南》的编制旨在为全体员工尤其是新员工提供便捷的人事、行政及园区生活提醒、咨询服务。随着员工队伍扩大，员工生活区范围拓展，员工生活水平提高，业余生活丰富。为了保障思嘉人的生活及工作安全，《指南》强调了与个人生活、工作息息相关的基本安全常识，简明、易读、易记，且涵盖了大多数常见的事项与问题，提醒全体员工防范可能出现的各类风险。

根据思嘉企业外部环境的变化和企业战略的转型，借鉴推广《49 种品格》的经验，在广大员工的呼吁下，集团以贯彻思嘉价值观为出发点和归宿点，编辑出台《思嘉人 39 种语言》。《思嘉人 39 种语言》内容通俗易懂，语言朗朗上口，且与思嘉工作环境环环相扣、与员工职责岗位息息相关，真实地反映着思嘉人质朴、热情、真诚、求实的工作态度。

专栏 12-5　《思嘉人 39 种精神》

（1）行动：不要总是犹豫不前，立即动手是完成所有事情的第一步。

（2）品质：不要忽略产品质量，品质是所有企业发展的核心与基础。

（3）严谨：不要随便懒散松懈，严肃谨慎是你对待自己生活的态度。

（4）敬业：不要渎职玩忽职守，专心致力于工作值得所有人的肯定。

（5）尽职：不要失职抗拒岗位，做好本职工作是对自己岗位的欣赏。

（6）协作：不要埋头自己做事，配合他人的工作也是一项重要工作。

（7）团结：不要急着突出自己，互相支持的团队才是能成功的团队。

（8）信任：不要害怕被人怀疑，相互信任的力量才能拉近团队距离。

（9）专心：不要三心二意做事，注意力集中才能发挥你的最高效率。

（10）专注：不要分心焦躁不安，全神贯注做事能让你尽快实现目标。

（11）专业：不要执着全面精通，深入岗位工作能让你成为行业专家。

（12）投入：不要心不在焉生活，全身心做事会让你的生活焕然一新。

（13）规范：不要杂乱无章无序，规范化能让你第一次就把事情做对。

（14）规划：不要局限单一方面，预防到位才能让企业长期全面发展。

（15）用心：不要马虎大意随心，用心用力能让你的表现越来越优秀。

（16）承担：不要推脱逃避卸责，责任落实必须到人而不是分配到人。

（17）周到：不要疏忽丢三落四，小事做细、细事做精，工作才到位。

（18）及时：不要延误耽误超时，把握时机、抓紧时间是最好的习惯。

（19）流程：不要随心所欲工作，按流程做事才能正确衔接上下工序。

（20）基础：不要想着一蹴而就，扎实过人的基本功才是成功的起点。

（21）付出：不要期待不劳而获，懂得付出努力的人，才会有所收获。

（22）实干：不要空谈画大饼，真心实意、脚踏实地工作才是做实事。

（23）保密：不要泄露公司机密，严守保密是企业员工的职责与操守。

（24）安全：不要制造危险危害，开开心心去上班，平平安安回到家。

（25）定位：不要盲目被动消极，要积极找准自己的奋斗目标与方向。

（26）原则：不要随心所欲率性，要多做思考、多做预防、多做实事。

（27）节约：不要浪费奢侈糟蹋，成本节约要从一度电、一滴水开始。

（28）健康：不要忽视锻炼身体，健康不是一切，不健康就没有一切。

（29）反省：不要找借口找理由，成功的人是去找方法、去解决问题。

（30）礼貌：不要粗鲁失礼没规矩，礼貌是人与人文明共处的关键点。

（31）感恩：不要认为理所当然，感恩是尊重的基础，是人生的宝藏。

（32）坚持：不要轻易半途而废，将事情做好的前提是先将事情做完。

（33）知足：不要不满抱怨贪心，人心不足蛇吞象，贪心不足吃月亮。

（34）诚实：不要心怀欺骗隐瞒，对自己诚实的时候没有人能欺骗你。

（35）乐观：不要悲观哀愁厌世，生活有喜怒哀乐，就像有春夏秋冬。

（36）自信：不要胆怯自卑气馁，相信自己时心中才会有无尽的希望。

（37）微笑：不要暴躁吝啬笑容，再烦再急也要注意你的语气和笑容。

（38）奋斗：不要松懈懒怠堕落，只有长期的埋头努力才能有所成就。

（39）温和：不要粗暴严厉暴躁，要适时向别人表现你的体贴和关心。

资料来源：摘编自思嘉内部品格宣传册《思嘉人 39 种精神》。

展望未来，在发展这一核心主题下，思嘉集团企业文化建设会不断深入，为实现企业长远战略目标与规范管理继续发挥不可替代的支撑、带动和推进作用。伴随着企业继续创造新的辉煌，作为思嘉集团推动变革、追求美好、和谐发展基石的"嘉文化"也将不断得到充实、完善，成为思嘉企业奉献社会的精神财富，思嘉人共同引以为豪的精神体现。

力求创新、不断变革，是思嘉前进的动力与方向，做得更好、走得更远是思嘉的追求与目标。人们有理由相信，在思嘉今后第二个、第三个甚至之后的无数个十年的实践中，思嘉企业文化会日益成熟，内涵深刻隽永，特点更加鲜明，体系更加完整，内容更加丰富，效果更加显著。日臻完善的"嘉文化"让员工与企业的距离更近、更亲，让企业与员工发展之路走得更远、更宽，并且成为具有中国特色、行业标志的组织文化经典范例。

第二节　公司文化的塑造与提升

一、员工培训

（一）思嘉的培训机制

首先，对于企业来说，培训是体现"企业文化"的最重要内容之一，是为实现企业经营战略目标而进行的软实力投资。由于不断追求更高的经济增长率，只有恰当地利用人力资源，才能取得更高的劳动生产率，而技能培训对人力发展极为重要。其次，高素质的企业队伍是企业最重要的竞争因素，通过培训，可以提高员工的知识水平，提高员工的首创精神和创新能力。最后，员工通过有效的培训，在生产商品或销售服务时，能减少所需工作时间，从而降低人力及推销成本；减少材料的浪费和不良产品的产生，从而降低了供应成本；改进由企业将产品或服务输送到用户手中的方法，从而降低服务成本。

　　"共同发展"是思嘉人的初衷与目标，思嘉集团为全体员工提供了宽大的学习平台和成体系的培训计划，并在不断实践的基础上，逐步形成了一套较为完整的企业内部培训体系。在相应的员工全面培训管理制度保障下，通过有组织地开展企业内部的知识传递、技能传递、标准传递、信息传递、信念传递等，让所有员工得到相关知识和技能的训练，使之获得预期的能力和水平，从而达到减少事故发生、改善工作质量、提高整体素质、降低损耗、提高研制开发新产品能力、改进管理内容的最终目的。另外，培训使思嘉员工能够深入感受、理解"嘉文化"的内涵和精髓，得以不断提高自觉性和向心力，以"嘉文化"所倡导的思想品格、精神风貌和行为规范来激励、约束自己的一言一行，并以自己作为一名思嘉人而骄傲。

　　思嘉集团的培训体系并不是在一个短时期内迅速建立并完善的。第一个阶段，企业创业初期的基本建设完成后，培训体系进入第一阶段的建设中，公司制定并不断修改培训管理制度，建设培训管理团队，并开始培养内部培训讲师，为员工带来各种资讯。第二个阶段，开始建立体现思嘉特点的培训体系，根据实际需要，逐步增添培训项目，完善培训课程，编写《思嘉员工培训教材》。此时的培训重点集中在一线员工的专业技术知识、业务技能技巧，以及管理团队的职业素质和管理能力上；相应地开发出多样化的培训项目，有新员工岗前培训、技术及财务部门专业培训、营销培训、管理培训、储备人才培训等。同时，每一个培训项目的开展，都要通过培训项目策划、准备和宣传，营造良好的培训氛围，提高培训的质量和有效性。当培训体系基本形成，培训管理制度基本完善，培训工作在集团公司全面开展后，培训工作进入第三个阶段，重点是加强培训质量考核及效果评估，以便了解培训组织与实施的质量，以改善培训效果，从而使培训体系更符合思嘉集团全体员工的个人发展及企业效益。

　　在培训推广中，如何让每一名员工都能更好地参与到相应的培训项目中，思嘉集团也进行了探索和试验。例如，在培训的方式方法上，进行了多次调整或变革，从原来单向灌输的课程讲授形式，逐步变革为针对性、参与性甚至趣味性很强的多种形式，如演示课程、多人研讨、角色扮演、试听材料、模拟实训等，像财务及安全培训更是添加了案例研究、场景模拟等方式和方法。通过不断摸索各种培训形式，掌握各种方法的优缺点，能够自如地将各种方法集中或配组使用，大大提高了培训质量和效果。

　　就培训方式分类，培训分为内训、外训及员工个人技能培训。在思

　　嘉，对于内训有更为详细的分类，如生产中心与技术中心的专业培训、营销体系的系统培训、全员的公共课程培训、全员的品格推广课程等。为了加强生产现场管理，还开设有班长培训班，专门对生产、作业一线的班长们进行专业技术、管理能力、综合素质的定期培训，只有经培训合格并领到"班长毕业证"的班长，才有资格参与晋升考核。此外，为了保障员工身体健康，聘请健康顾问定期为员工上营养课程并进行门诊、体检。

　　在一系列的培训项目中，专业培训、安全培训、品格培训为重中之重。例如，思嘉一直重视安全，狠抓安全生产制度措施的检查和落实，持之以恒地要求全员把安全检查贯穿于日常安全监管工作中，强化安全生产宣传教育，健全隐患排查工作机制。除了定期进行现场隐患排查外，公司认为安全培训更是企业安全生产的一项重要的基础性工作。因此，结合思嘉各分公司实际，制订了长期系统的安全培训计划，要求全体思嘉员工必须充分认识到安全生产的重要性和安全教育培训工作的必要性。人力资源中心与安全小组根据各个工业园实际情况负责制订具体中长期、系统的安全教育培训计划，并付诸实施，以避免在安全管理上出现较大的问题、出现安全事故才临时安排培训工作的情况出现。希望通过一次培训就想从根本上增强职工的安全意识，大幅度提高职工的安全操作能力的想法既不现实，更不可靠，是对员工生命不负责。

　　生产制造型企业对于安全隐患和自救逃生技能的认识和学习是非常重要的，思嘉安全培训的最终目的是服务于集团生产及员工安全，因此进一步健全制度和标准，通过培训让所有员工掌握安全生产的标准和要求，充分考虑集团各生产基地生产实际情况和员工教育情况，采用不同的培训模式，多渠道、多层次实施各项培训课程，确保培训质量和效果。同时，思嘉将生产安全及消防安全培训列入集团发展战略规划之中，纳入安全工作的全过程，建立连续、完善的企业安全培训体系。对新上岗的员工实施岗前安全培训；对管理人员展开超前安全培训；对关键岗位工作的人员进行优先安全培训；对全体员工进行一系列意识、逃生等安全培训。结合岗位需要分层实施培训，要求领导层掌握安全管理的技术和方法，具备岗位必需的相关安全知识；要求管理层提高安全管理能力和技能，教会部门成员知道培训内容是什么、怎么将培训内容运用到实际工作中；要求全体员工掌握操作技能、提升执行力，增强岗位安全责任感，通过岗位安全培训，着重进行安全基本知识、岗位危害识别方法、岗位安全操作技能、应急和自救互救技能等知识的学习，提高岗位应急处置能力。

专栏 12-6　与公司共成长——思嘉员工培训心得体会摘编

　　在各种培训中，每个人有着不一样的看法和想法，每个人有着不一样的兴趣与深刻体会，每个人都有着不一样的收获与成长。

　　(1) 印象最深刻的事情要属技术知识培训，公司定期、不定期地为员工提供培训机会，为员工的自我提升提供了机会和平台。同时还大力推广"7S"，也提升了员工的素养。

　　——生产线 刘超臣和池秀花

　　(2) 培训让我对自己本岗位的专业知识更加巩固了，并且让自己的表达能力得到很好的提升。

　　——生产线 杜克超

　　(3) 最大的感受就是公司很重视员工的培训，这让我在培训中学到了很多在学校没接触过的知识，真的很庆幸能成为思嘉的一位成员。

　　——生产线 刘良江

　　(4) 公司的绿化、福利待遇，尤其是公司注重培训这块让我以思嘉为家。

　　——生产线 钱湘

　　(5) 公司有很好的学习氛围、发展平台，能够很好地激发一个人的潜力及激情。现在公司比之前更注重形象、管理系统的培训以及对安全培训的重视，最重要的是很好地贯彻了"7S"的推行及培训。

　　——生产线 田才

　　(6) 公司最吸引我的地方就是为我们提供了一个非常好的工作、学习平台，通过工作和培训，我们可以从中学到很多东西。

　　——生产线 熊玉良

　　(7) 公司培训是最吸引我的。不管是哪一方面的培训我都会力争去参加，因为培训使自己添加了新知识，让自己更加掌握自己所在岗位的一些技能，人要进步就要不断地吸收新的知识、新的理念、新的思维。

　　——生产线 周芸玉

　　(8) 培训让每个人都能提高各项技能，我很喜欢。

　　——生产线课长 刘超臣

　　(9) 公司请外来专家或者供应商企业工程师给我们讲解网布的基础

知识和加工工艺，我觉得对于品管、产品工程师、技术人员来说在工作上都是非常有用的。

——营运管理课 黄丽青

（10）对于拓展知识面的配需，如原材料的供应商的一些培训，我都很有兴趣。只有将整个产品的原材料也了解清楚了，才能在产品开发中有一个整体而清晰的思路。给高层的一些技术信息的分享，使自己得到了很好的锻炼。

——技术中心 邓中文

（11）财务培训让我学到很多的税知识、年终汇算清缴方略。例如，知道了企业实际发生的与取得收入有关的如成本、费用、税金、损失和其他支出，准予在计算应纳税所得额时扣除。这些培训，让我们学到了很多书本上难以学到的知识。

——会计核算课 陈品芳

（12）"7S"知识培训使得员工的知识、技能、工作方法、工作态度以及工作的价值观得到改善和提高，从而发挥出最大的潜力提高个人和组织的业绩，推动组织和个人的不断进步，实现组织和个人的双重发展。

——仓储课 陈玉春

（13）我觉得入职培训那段时间心态特别的好，人也特别有激情。

——品管课 张松明

（14）49种品格培训不会让人觉得枯燥无味，又能全方位地提升自己各方面的素质。

——会计核算课 何小艳

（15）医疗保健专家的健康知识讲座很吸引人，学到的知识很多都很实用。

——人事课 董雨虹

资料来源：摘编自思嘉内部十周年纪念刊物系列《我们的 2002~2011》。

（二）培训内容丰富多彩

目前，思嘉集团已经建立起系统、全面的培训体系。培训形式多样、内容丰富。既有固定培训项目的定期培训，又有根据临时需要而设定的不定期培训；也有带薪短期脱产培训，更多的是利用工余时间开展的业余培训；既有培养员工业务素质、提高工作技能的培训，又有注重公民道德教育、增强职工职业道德观念的培训；既有围绕生产和工作提高职业能力的业务类培训，又有启迪员工心灵、普及健康知识的生活类培训；既有针对具体业务岗位的一般性、专业性知识的培训，又有解答当前热点社会问题和行业发展趋势的前瞻性、普及性培训；既有由集团统一组织的、覆盖整个企业的培训，又有由分公司、职能部门组织的分级培训。授课人主要以本集团内各个领域的专家为主，同时，不时邀请外部专家来集团开展各类主题讲座。外部专家既有来自专业培训部门的专职讲师，也包括不同领域、不同部门有造诣的专家学者、教授，甚至有来自思嘉供应商和客户的工程师。

据不完全统计，从 2010 年 5 月至 2013 年 10 月，仅仅是由集团主办的各类讲座性质的培训就达 130 多次，接受培训的员工达到 13500 人次。为此，集团投入培训资金逾 88 万元。

专栏 12-7 "思嘉道德讲堂"开班

为倡导高尚的道德情操，提升思嘉全体员工的文化素养，进一步加强企业文化建设，公司开展道德、素质系列培训与讲座。当前，结合当前福州市晋安区开展的"道德讲堂"建设活动，公司积极成立活动领导工作组，由总经理任组长，分管领导抓全局总体部署，结合公司实际情况，以人力资源中心为分管部门，监察课、信息课、行政课等部门配合实施，利用思嘉工业园培训室为"思嘉道德讲堂"固定场所，高层带头参加"道德讲堂"建设的各项活动，组织全体员工观看《职业道德建设》系列视频讲座。

公司从实际出发，着眼中心任务，贯彻"道德讲堂"建设活动目标，将"道德讲堂"建设与员工素质、道德创建、"49 种品格"推广活动结合起来，寻找道德建设与推动工作的结合点、着力点。依托各类阵地，加大宣传力度，"道德讲堂"建设领导工作组将定期研究、部署、督促、检查"机关道德讲堂"建设工作，建立激励机制，发现培育"自身素养强、道德素质高、文化修养好"的思嘉员工。

为确保"道德讲堂"取得扎实成效，公司将继续结合公司开展的"廉洁自律"推广活动，树立廉洁自律先进典型，组织公司职工宣讲员以"身边人讲身边事、身边人讲自己事、身边事教身边人"的形式讲述思嘉人事迹,诠释道德内涵;不断结合思嘉经营理念,进行企业文化的深入宣导培训,有计划地组织全体职工观看、阅读企业文化相关视频与书籍,并交流感想,在看、读、思的过程中引发思考,促进道德素养的提升;综合利用企业内部网络工作平台,充实教育培训内容,将学习社会主义核心价值观和思想道德建设相结合,开展廉政勤政教育,广泛宣传道德讲堂和身边的好人好事;组织全体员工参加"学习班",邀请培训讲师宣讲社会公德、职业道德、家庭美德和个人品德,强化宣传教育,以提升干部群众思想道德修养和文明素质,引导干部群众"积小善为大善"、"积小德为大德",自觉成为道德的传播者和践行者。

资料来源:摘自 2012 年 8 月 24 日思嘉网站同名文章。

二、员工活动

每个企业的员工文化都与其企业文化紧密相连,在思嘉亦是如此。嘉文化不仅是一种管理文化,是更重视将管理落实到人文关怀的落脚点上,因为员工文化不仅是嘉文化的载体,也在不断融合并进一步推动嘉文化的人才战略、培训体系、员工综合素质建设、职工健康体系推进等一系列活动的开展与改善。这些文化的具体表现就是员工活动建设与推进。

思嘉在以往组织的年终活动的浅层格局上,进一步扩大活动范畴,丰富活动种类,推广早会制度,创办公司内部月刊《思嘉慧报》,建立系列资讯宣传栏,组织大小活动,营造文化共建的大氛围,让全员适应公司嘉文化的精神,增强员工的向心力与凝聚力。在边探索、边实践的过程中,形成了一系列体现思嘉特色的规范化、程序化员工活动。

(一)早会

思嘉一贯重视早会的作用,并且根据实践逐步使早会活动规范化、程序化。在集团旗下各个分公司、生产基地,每天都必须认真召开早会。从早会的流程来看,一次 20 分钟左右的早会能快速提升员工的精神面貌,在集合时间的限制下培养员工的时间观,每天的早操锻炼也可增强员工体质。同时,早会的演讲和分享不仅是员工学习交流、信息沟通的平台,更是全员锻炼演讲能力的平台,利用这个平台也可进一步沟通各个部门间的工作情况，有利于把管理工作细化到部门、个人，提高管理人员的检查、监督、执行力度，通过早会，员工的领导能力、组织能力、表达能力、指挥能力等将得到极大的提高。

早会流程

（1）打卡后全体人员各就各位，按部门站队，由前台进行早会考勤登记。

（2）早操开始：主持人向大家问好（"思嘉全体同仁，大家早上好"），所有人员回答（"好，思嘉好，YES！"同时做手势：右手五指张开伸过头顶，由上至下握拳，寓意把财富握紧）。

（3）主持人邀请当天分享者进行演讲与分享。

（4）主持人进行当天早会总结，由有需要进行工作事项通知或协助申请的部门进行补充。

（5）主持人进行当天事项通知、分享，以及简单的办公室早操。

（6）击掌结束早操。

（7）每日主持人及分享者安排，每月由人事部门发布通告。

专栏 12-8 思嘉早会竞赛 别样金秋色彩

2012 年 9 月 1 日，福州思嘉工业园的一天以不一样的形式展开——首次"早会竞赛"在大操场举行，全体生产线员工以班组为单位，在班长的组织与带领下，全员参赛。24 支队伍在领队班长的号令下，整理队伍、进行例行早会提问、反馈、发令的内容，让大家了解他们班组昨天的工作情况，明白今天的任务与需要协调的工作，根据员工提出的问题进行解析，班组长及课长提出对组员的要求。

此次组织并举行这样一个竞赛环节，不仅是对早会工作的一次检验与抽查，更是对 7~8 月班长外训的考验与测试。每个班组参赛时间并不长，但是评委们要进行的评选项目却很多，包括：表扬/提醒（昨天的工作追踪和检讨）、"7S"现场要求、现场"7S"情况总结、产量/质量完成情况、目标产量和质量要求、设备一级保养、干劲鼓舞等。在限定的时间内，如何能顺利并出色地完成这些内容，考验的是班长的组织协调能力以及班长与班组成员的配合、默契程度，更能反映一个团队对工作目标的一致性与关注度。

虽然赛事过程中下起了小雨，但是全员都坚持到最后，并给每一支

参赛队伍致以掌声。其中，贴合 5 号机的成员在班长余春发的领导下，完美地展现了比赛内容：班组和员工之间的一问一答、班长对员工工作的嘉许，用身边发生的小事所得到的启发与员工分享，更是得到了全场热烈的喝彩。毫无悬念，他们获得了这次竞赛的第一名。

一个快速发展的企业，必然重视基层管理，同时增强企业凝聚力，而早会既可以提供分享信息的平台，又让多名员工获得演讲实战的机会，完美地诠释了这个理念。利用早会，可以进行新产品、新工艺的说明，提高员工的技术水平，同时可以进行品质观念的灌输及公司各项政策的宣传。通过早会可以实施追踪与管理，可以对品质异常进行检讨、分析与矫正，分享工作中的总结经验，促进大家工作方法的不断改善。

在思嘉，早会不仅是一种例行工作制度，更是一种企业文化，一直在开展，不断在创新。

资料来源：摘编自 2012 年 9 月 3 日思嘉网站同名文章。

（二）"嘉音频道"

为了促进公司文化发展，丰富员工的生活，展示思嘉员工风采，集团决定设立"嘉音频道"。"嘉音频道"区别于每日的音乐播放，音乐播放是在早晚上班前、下班后的半个小时内，为员工播放轻松的乐曲；而"嘉音频道"是为全体思嘉人提供歌曲点播、祝福传递、故事分享、新闻快讯在线等服务，此外，还为大家送出特色的音乐、文化大餐。"嘉音频道"于 2012 年 12 月底开始试播音，2013 年元月起正式启动（每周一至周六 19：00~19：30），为思嘉人搭建一个展现自我才华的平台，更希望为大家的业余生活带来丰富的乐趣与温馨的关怀。

"圣诞的钟声即将敲响，思嘉一年一度的年终庆也即将来临！首先，请大家与我们'嘉音频道'一同分享圣诞的快乐。各位同仁，Merry Christmas！……"2012 年平安夜的傍晚，伴随着祝福声，福州思嘉工业园"嘉音频道"节目开启试播征程。首期的试播音获得成功并受到大家的肯定，有多位同事通过电波，为自己同部门伙伴、家人及公司同仁送去祝福甚至是心里话。电波里外，都洋溢着浓浓的情感，让冬天格外缤纷多彩，思嘉工业园的空气中更是悄悄绽放着温馨的香气。

(三) 短信平台、董事长信箱、合理化建议调查问卷

公司创建伊始设立"合理化建议调查问卷"、创业期建立"董事长信箱"、第一个十年时期增设"短信平台",这三大举动都是为了深入开展企业文化活动。公司加大企业文化建设推进力度,向思嘉全体同仁征集合理化建议,并接收任何同事以任何形式投递的投诉与建议。

三个互动平台的投诉、举报及建议内容:

(1) 投诉内容(包括但不限于以下情形):对公司发布的各项规章制度有异议或不明之处;对公司各项管理、管理人员不满之处(工作失职、以权谋私、以势欺人);部门之间难以协调解决的、对工作造成重大影响和损失的问题投诉;不良言行、不公正对待、暴力威胁、恐吓、要挟、侮辱等,无论来自上级、下级或是同事;其他损害公司、部门或员工利益的一切言行。

(2) 举报内容(包括但不限于以下情形):上级或同事有贪污、受贿、盗窃、以权谋私等违法乱纪行为;发现突发紧急事件或灾情的发生;公司任何个人或部门的违规或非法行为。

(3) 建议内容(包括但不限于以下情形):关于技术工艺、操作方法、作业流程、生产管理、质量管理、设备维护等问题的改进建议;关于降低成本、管理费用及提高材料等利用率的改进建议;有利于公司财产和员工人身安全的改进建议;关于厂区"7S"工作推动的改进建议;关于公司生活区、食堂管理等后勤管理的改进建议;其他有利于公司发展的建议。

三个互动平台成立至今,为公司提出了很多有建设性的改进意见,并引发了轰轰烈烈的"专项改善"运动,为思嘉机械设备改善与维护立下了汗马功劳。这三大平台能切实为各位同仁解决问题,并通过该互动平台进一步构建和谐的思嘉工作环境与氛围。

专栏 12-9　思嘉对话座谈会:生产三重点—保障安全、控制浪费、把握方向

针对员工的工作日志、周计划、月度总结及季度合理化建议所反馈的问题和建议,董事局主席林生雄决定每个月与基层一线员工面对面沟通交流,希望大家将基层关于生产、设备、流程、制度等情况更加直接

地反映上来，将意见和建议集中起来，加强互相沟通，解决问题，帮助管理层改进工作，促进集团发展。

参加 2014 年 11 月座谈会的是福州工业园生产中心生产一线的班长们。

薪资福利：在第三季度合理化建议问卷中，员工们反映了许多问题，其中比较关心岗位、福利和待遇等方面。林主席表示这是集团每年都在完善的重点工作之一，已经要求监察中心及人事课关于薪酬福利及待遇开展专题讨论和数据收集，等先期资料确认后，将进行合理安排，让所有思嘉人工资随着思嘉经营发展业绩而逐年提升，让大家共享企业发展成果。但相应地，员工工资必须与岗位工作挂钩，他希望所有员工更大程度地肩负起责任，积极投身思嘉发展，凭生产成绩说话，凭工作贡献说话，让收入随着绩效增长而增长。

林主席随后与班长们就"生产安全"、"生产浪费"及"下阶段生产方向"三个问题开展讨论。

"生产安全"是 2014 年思嘉最热门的话题和词汇，关于"生产安全"的培训、会议和活动次数多、内容足、形式丰富、参加人员岗位分布之广是往年所不及的，大家对这深有感触，非常认可要注重生产安全、交通安全及自身安全。

"生产浪费"是所有生产制造型企业永恒的话题和追逐的焦点，思嘉接下来将开展"降耗"行动：由班长们定期为一线同仁上课，讲解生产中的浪费现象，共同探讨解决方法；由各组班长汇总并分析本班组及机台的数据，认真梳理，检讨各种浪费，提出整改的具体措施和办法，由生产中心协助落实可行措施；在集团上下推进"节能降耗"行动的进展，确保取得实际效果。

"下阶段生产方向"话题中，林主席和大家回忆了公司近几年在调整产品结构中所采取的措施，要求各位班长都要掌握每种产品的生产季节效应，学会两种机台以上的工艺操作，以应对未来更加快速的发展步伐。同时，关于工业园将扩大空间布生产，并升级另外几种受市场欢迎产品的生产机台，使其自动化程度进步提升，保证生产速度最快、效率最高、安全性最好。

最后，林主席希望所有思嘉人都能自己发现问题，自己解决问题，努力出主意、想办法、提对策，去推动问题的解决，始终保持积极向上的精神状态，主动作为，不断提高工作水平，与集团共发展。

资料来源：摘编自第77期《思嘉慧报》第二版。

（四）员工农场

福州宦溪绿色工业园里进驻了几十家企业，每家企业各有特色。但是，思嘉集团有一大特色让其他企业的员工羡慕不已：思嘉绿色生态小农田。

如果不去计算绝对海拔的话，思嘉员工利用闲暇时间开垦的生态农田算得上是福州市企业中最"好"、最"天然"的蔬菜瓜果园了。走近农场，满眼绿意：一人多高的玉米、整整齐齐的空心菜、个头大大的冬瓜、架子上挂着的丝瓜……据思嘉工业园行政课副课长樊文杰介绍，这个农场的所有蔬菜和瓜果都是员工们根据季节及当地的实际情况进行种植的，并且以沼气示范工程沼液灌溉，真正做到了绿色无污染。

在建立员工农场之前，许多员工喜欢下班后绕着厂区在附近抛荒的田地里散步，他们不时发出感慨，要是可以在这些地里种植农作物的话，该是一件多么有意义的事，还时不时为应当种些什么而发起热烈的讨论。公司觉察到员工们的想法后，便因势利导，向厂区附近的农户租用了一些田地，建立员工果蔬农场，以便大家闲暇之余可以种些瓜果蔬菜。当这种种植活动形成一定规模时，公司就委托附近的菜农在员工上班时间帮忙打理农场。公司行政课会派人定期到农场进行查看，解决可能发生的问题。收获的许多果蔬，也会赠送给周边的农户和住家，这有利于工业园与邻里关系的融洽。值得一提的是，工业园对于聘请来帮忙看管蔬果的菜农，采取了与公司同步的管理模式，采用正常员工上下班制度，按规定与要求完成手头的工作，确保员工下班时能轻松地接手自己的小菜园，保证农作物的正常生长。

"我们提倡低碳、减排、节约，所有的蔬菜瓜果都是员工自己挑选种子进行精心种植的，确保绿色、安全。用于灌溉的是沼气示范工程的沼液，有机肥的灌溉不仅保证了我们瓜果、蔬菜最真的自然口味，而且沼液的循环利用减少了沼气示范工程对于沼渣、沼液净化程序的耗费。"樊文杰介绍说。为解决员工们关于蔬菜瓜果的施肥问题，公司就近建设了沼气示范工程。用示范工程产生的沼气与沼渣作为有机肥，保证员工们都吃上了无公害绿色蔬菜瓜果。自从大家利用闲暇时间打理蔬果起，员工伙食成本里，买菜这一项被划去了。

正如许多人所知道的那样，生态农田是以"小农场"作为农业生态系统的一个整体，并把贯穿于整个系统中的各种生物群体，以及生物与非生物环境间的能量转化和物质循环联系起来，对环境—生物系统进行科学合理的组合，以达到获得最大生物产量和维护生态平衡的一种农业发展新模式。

接下来，一些员工们寻思在闲暇之余花一定的时间，在农场现有的规模上放养少量家禽，并在农场一角开辟鱼塘。在聘请的菜农们的帮助下，把养猪、养鱼、沼气工程、养鸭、养蚯蚓、养蘑菇和种植果树等生产过程合理地组合在一起，形成一个良性循环系统。在这一物质循环系统中，沼气作为枢纽把系统中的各个部分有机地联系起来。农场及周围农户农场养殖过程中产生的粪便进入沼气池，经发酵后产生沼气，用于日常炊事、照明及取暖，并可用于温室保温。沼气池底的沼渣用于培养食用菌或作肥料用于蔬菜和果园，甚至还可以用于喂猪。沼气池内的沼水可作为优质饵料喂鱼、喂猪，亦可作为速效肥料，用于农场作物的施肥。

现在，许多员工一下班就习惯向厂区附近的小菜园里跑，瞧瞧小农场里又有哪些蔬菜长成了，或者猜猜明天谁种植的蔬菜会出现在食堂。这无形中又给员工们的生活增添了小乐趣。新鲜健康的绿色蔬果，不仅丰富了员工们的业余生活，又为公司关怀员工提供了实际的、有效的新方式。

专栏 12-10 员工心情

每个思嘉人的心中，都有他的一个特殊的年终晚会，有他记忆深刻的一个活动，有他一段难忘的思嘉回忆。汇聚在一起的是一股股拧紧的力量，团结在一起的是一颗颗归属的心。每个团队、每个时期，都有一段故事：爬山相互扶持、跑步你追我赶、漂流惊心动魄、舞蹈携手跳跃、领奖满心喜悦、歌唱燃放激情、生日内心温暖……

思嘉人举办的每一次小聚会、大活动，不仅在丰富大家的业余文化生活，在繁忙的工作之余一起得到调节和缓解，更是充分展示大家的才华和艺术天分，悄悄地增强彼此间的默契、团队间的凝聚力和向心力。

（1）当我站在年终评优获奖台上的时候，真的很有感触，因为自己的付出终于得到了肯定，在那一刻，之前再苦再累也都烟消云散了。

——陈德凡

（2）年终的评优很热闹，公司对大家的努力付出得到了认可，我想这是最重要的。

——田凤兰

（3）年终活动比赛、节目丰富，大家玩得也很开心。

——何超金

（4）我记得2010年终晚会，因为第一次站在台上表演印象很深刻，上台前全身缠满了胶带，那个糗相啊，别提多搞笑了，但是好像效果还不错，大家的掌声和喝彩声很响亮。

——林晓铵

（5）年终晚会，一年更比一年好了。

——黄道火

（6）参加公司的圣诞晚会和年终表彰会，听成功者的分享更能激励人的斗志。

——陈新遵

（7）最喜欢年终活动，因为年终活动总认人感觉到温暖。

——何小艳

（8）全公司员工一起参加竞争赛，100多个人一起跑了六七千米，成功了！

——黄丽青

（9）2011年11月6日，公司举办的竞走赛，现在有时间的话，我还会去重温一下。

——徐聪阳

（10）早会，它给我们一个展示自我的平台。我可以在上面主持、演讲，锻炼了我的口才、我的胆量。刚开始的时候，我很紧张，腿在不停地颤抖，现在，我站在上面的时候，腿就可以自己控制了。所以，我很感谢公司给我提供的这个机会。

——陈品芳

资料来源：摘编自思嘉内部十周年纪念刊物系列《我们的2002~2011》。

（五）员工文体活动

思嘉人的默默奉献是企业十几年发展的主要动力，这些优秀的个人和团队是思嘉的自豪，每个部门也为自己的这些团队成员和自身感到骄傲。他们知道，一个有为的团队，一支勤奋的队伍，一颗进取的心，是他们之所以优秀的原因。他们的每一次前进总是带动身边人员的勤奋，他们的每一次出场总是默默彰显出无穷的力量。他们以纯朴的风格和坚毅的脚步，走出了自己的节奏与特色。因此，在思嘉，每年总要开展形式多样的员工文体活动，如年终富有思嘉特色的企业体育赛事，全年各季度的球类比赛、卡拉 OK 歌手大赛、健康跑等运动类项目，还有中秋、元宵游园、年终"尾牙"①、"博饼"②，三八妇女节、儿童节活动、员工生日聚餐、年终评优等。这些活动，大多数是在集团以及下属企业支持下由思嘉员工自己设计、组织和开展。例如，各类运动会和趣味竞赛都是由员工自己组织并制作各种道具。最受员工欢迎的竞赛项目有"袋鼠运球"、"螃蟹跑步"、"毛毛虫竞速"、"同舟共济"、"企鹅漫步"、"最懒惰的自行车"等。

旅游作为企业为员工提供的福利之一，在近些年越来越受到各个企业的重点关注，思嘉集团更是越来越重视对这种福利的兑现。生产淡季时，集团各个分公司都有计划地组织本部门员工的出游活动，旨在让思嘉人在集团活动中加强对公司、对团队、对同伴的归属感。

思嘉集团一直重视企业文化建设，不断以各种形式的活动开展方式丰

---

① "尾牙"是商家一年活动的"尾声"，也是普通百姓春节活动的"先声"。每年月的初一、十五或者初二、十六，是闽南商人祭拜土地公神的日子，称为"做牙"。二月二日为最初的"做牙"，叫作"头牙"；十二月十六日的做牙是最后一个"做牙"，所以叫"尾牙"。福建地区把做"尾牙"之后的日子，即农历十二月十七日到农历二十二日作为赶工结账时间。在如今，企业的"尾牙"就是指"年会"。企业单位可以利用这一日，举行公司内部的年终聚会，对上一年的公司状况进行总结，并对有功劳的职员论功行赏，所以可以说是每个企业单位职工最期盼的聚会。因为年终时也伴随着圣诞、元旦还有春节的来临，所以很多公司干脆就把年会就着这 3 个节日的期间举办，这样更增添了年会的欢乐气氛。很多企业在"尾牙宴"上也举行一些抽奖活动，企业所有员工都参加，大家和气融融，有着大家庭的感觉。

② "博饼"指"中秋博饼"，起源于泉州，后由泉州南安人郑成功带入厦门，是闽南地区特有的由饼文化外延的一种民俗活动，是闽南地区几百年来独有的中秋传统活动，是一种独特的月饼文化，也是对历史的一种传承。"博饼"是中秋节时的一种大众娱乐活动，用六粒骰子投掷结果组合来决定参与者的奖品。传统的奖品为大小不同的月饼，共计一会，设状元 1 个，对堂 2 个，三红 4 个，四进 8 个，二举 16 个，一秀 32 个。闽南"博饼"风俗，讲究的就是一个开心，就是博一个好彩头，大多数人都愿意相信，博中状元的人，一年运气总是会特别好，这当然是因为"博饼"活动里倾注了人们的感情寄托。

富员工的业余生活，增强团队凝聚力，进一步构建和谐思嘉。同时，不定期地为员工开展各项体育赛事、员工团体活动，以此活跃企业文化氛围，锻炼员工体质，努力增进全员的相互了解与协作，也提升了企业活力，为员工提供放松心情、舒缓压力的机会，使大家能以饱满的精神状态投入工作之中。

专栏 12-11　千山万水思嘉情 五湖四海思嘉人

2013 年 7 月，集团各个分公司都计划并组织了员工出游活动。根据各个分公司实际情况，集团旗下员工一般入职满 10 个月或两年的都可以报名免费参与。其中，最具思嘉特色的是，劳模可免费携带两位家属参与。

湖北分公司：思嘉添彩和谐社会环保节能绿色生活

7 月 5 日上午，湖北分公司 37 位同事组成的旅行团，在导游的带领下抵达京山的绿林山。绿林山风景区是 1988 年与湖南张家界、四川九寨沟一起经国务院批准的大洪山国家级风景名胜区的核心景区，被世人誉为"好汉故乡"。

湖北分公司成立的时间在几大分公司中是比较短的。然而成立时间虽不长，但是士气可不弱。这个团队经历了最初的磨合，发展初期的培养、成长与积累，到最后的突破与收获，终于承担起一个大团队所能肩负的使命感。

虽然一直下着雨，37 位同事仍然欢声笑语，谈论着此次旅途的所见所闻，其乐融融。集生态旅游、度假、会务、休闲养生、拓展培训为一体的一流景区一行，让大家深深感受到公司的无限关怀，湖北思嘉人纷纷表示，定将以更加饱满的精神投入工作中，争取最优异的成绩来回报公司！

厦门分公司：思嘉新材别样情，创新生活更用心

7 月 6~7 日，厦门分公司的同事们赴闽西第一胜景、国家 4A 级重点风景名胜区冠豸山进行两日游。

连城冠豸山，以其主峰形似古代獬豸冠而得名，寓含刚正廉明之意，旧称"东田山"、"莲峰山"。"平地兀立，不连岗自高，不托势自远"。景区方圆 123 平方公里，集山、水、岩、洞、泉、寺、园诸神秀于一身，雄奇、清丽、幽深，与武夷山同属丹霞地貌，被誉为："北夷南岕，丹霞双绝"。景区以其天生丽质于 1986 年荣膺"福建十佳风景区"，国务院 1994 年公布其为国家重点风景名胜区。

登冠岕山、游石门湖，厦门思嘉人纵情于山水之间，感受到不同于市区风光的心旷神怡，抛开了平日工作与生活的紧张与压力，放松身心享受着充分的舒展与调节。这两天的行程中，同事们领略大自然青山绿水的美丽风光，感受历史文城的同时，更体会到集体的温暖，切身细品公司所给予的福利关怀。在旅游中，大家通过相互帮助与照顾，进一步增进了彼此间的感情，所到之处，时刻充盈着欢声笑语，无形之中增强了团队的凝聚力。此次活动，更是受到员工及家属的大力支持，大家携带家属踊跃参加。

福州分公司：心怀"中国梦"，炽热思嘉情，清新武夷游

福州分公司 184 名思嘉人在 7 月 8 日一早乘车前往世界双遗产——武夷山。

行程包括天游峰景区欣赏云窝、晒布岩、茶洞、隐屏峰，当晚欣赏"印象"系列山水实景作品"印象大红袍"。次日上午游览武夷山风光最奇特、最集中之处——九曲溪，游依山傍水，古色古香——"武夷宫"，下午游览武夷山自然遗产之鬼斧神工虎啸岩，一线天景区、风洞、神仙阁；好汉坡、观景台、天成禅院、定命桥、宾曦洞、语儿泉、不浪舟等。

武夷山自然风光独树一帜，以丹霞地貌著称于世界。福州的思嘉人在"三三秀水清如玉"的九曲溪中乘竹排，于"六六奇峰翠插天"的三十六峰中徘徊，在九十九岩的绝妙结合里欣赏它异于一般自然山水，是以奇秀深幽为特征的巧而精的天然山水园林。

集团旗下几个公司陆续开展员工旅游活动，不仅是为了激励全体思嘉人的工作热情，提升工作业绩质量，更是为了让大家更好地享受公司旅游福利，丰富员工的文化生活，舒缓工作与生活压力，加深思嘉人自检的彼此交流与了解，进一步塑造团队价值观与协作精神。

7 月上旬的旅游活动暂告一个段落，但是各个团队在山水间的默契与协作都在 7 月的阳光下留住了最为美好的见证。透过青山秀水的景致，收集夏日的丝丝炽热，思嘉团队成长的力量缓缓积攒。

资料来源：摘编自第 61 期《思嘉慧报》第三版。

（六）楹联征集大赛

2011年9月中旬，由思嘉主办，福建省楹联学会、福州市楹联学会承办的"思嘉杯"海内外征联大赛拉开序幕，至2011年12月31日历时3个多月的公开征选，大赛共收到来自全国27个省、市、自治区的5158幅作品。2012年1月8日至16日，在福建省楹联学会名誉会长、省作协全委会委员吴建华为首的初评、终评专家组的共同努力下，经过严格认真的初审、复审，评选出能够突出思嘉集团主营业务、经营理念、发展目标等高新技术、环保、低碳主题，体现企业文化精神的楹联精品245幅，为思嘉文化添彩。

在集团飞速发展的阶段，举办此次大赛有以下考虑：从企业角度来说，思嘉重视文化建设，把发展公司文化提到推动企业发展、提高员工凝聚力的高度；从国家层面来说，盛世修文，国家高度重视文化建设工作的持续推进与发展，而楹联作为中华传统文化中的一枝奇葩，更是受到重视与推广。思嘉集团举办"思嘉杯"大赛，旨在展示思嘉的发展潜力，增强对内凝聚力，扩大对外影响力。

思嘉文化是思嘉集团"软实力"的体现，是思嘉人的灵魂所在，也是集团发展的重要支撑力量，楹联文化最能体现民族底蕴，"思嘉杯"海内外征联大赛力求以最能言简意赅、传情达意的文化表现形式，将思嘉文化的精髓融入其中，最大限度地凝聚并展示全集团上下思嘉人的发展激情与工作动力。思嘉集团孕育思嘉文化，全体思嘉人共同打造这一文化，开展楹联征集活动，进一步展示思嘉人淳朴思变的员工文化，鼓舞思嘉人继续投入创造企业文化的热情中，打造积极乐观的思嘉企业形象。

此次以"思嘉杯"海内外征联大赛为亮丽的名片，在楹联征集活动的大平台上，思嘉集团备受关注，不仅繁荣了企业文化，更提升了对外交流的层次与企业的知名度、关注度与美誉度，吸引了更多的有识之士关注思嘉、了解思嘉、走近思嘉，以楹联搭桥、文化铺路，为企业发展创造新机遇。

专栏 12-12　福建"思嘉杯"海内外征联大赛启事

一、主承办单位

主办单位：思嘉集团有限公司

承办单位：福建省楹联学会、福州市楹联学会

支持传媒：中国楹联报、《对联》杂志、福州晚报、福州新闻网

二、组织机构

1. 主任：林生雄（思嘉集团有限公司董事局主席）

　　　　张宏旺（思嘉集团有限公司总裁）

　　　　吴建华（原福建省农业厅厅长）

　　　　陈章汉（省作协副主席）

　　副主任：陈健（中国楹联学会顾问、福建省楹联学会会长）

　　　　　许剑锋（福建省楹联学会副会长、福州市楹联学会常务

　　　　　　　　副会长）

　　大赛设办公室主任：苏凤兰（公司办公室主任）

2. 大赛评委会：

主任：陈健、陈章汉

副主任：许剑锋

三、征联内容

突出公司主营业务、经营理念、发展目标等高新技术、环保、低碳主题，体现企业文化精神。

1. 嵌名联：用冠顶格或魁斗格分别嵌入"思嘉"企业名称；

2. 自撰联：中短联为宜，单边字数在15字以内。

四、奖项设置

特等奖1名，奖10000元；一等奖2名，各奖5000元；二等奖4名，各奖2000元；三等奖8名，各奖1000元；佳作奖16名，各奖500元；优秀奖30名，各发给荣誉证书并赠联书一册。同时优选入围作品200幅。

五、征联要求

1. 紧扣主题，立意新颖，遣词高雅，符合联律，新旧四声不得混用，用典、集句要注明出处。

2. 文责自负，不得抄袭。

3. 每人投稿不超过5幅，且须一次性投稿。作品须用A4或16开稿纸打印或卷写。每纸须注明真实姓名、性别、年龄、通信地址、邮编和联系电话。信封上注明"征联"字样。欢迎电子邮件投稿。

4. 恕不退稿，应自行存底稿。主办方拥有对所有参赛作品的出版权

和使用权。

六、征联时间

即日起至 2011 年 12 月 31 日止（以投递邮戳为准）

"思嘉杯"海内外征联大赛组委会

2011.9.6

资料来源：摘自第 36 期《思嘉慧报》第三版。

第十三章　人力资源管理

在现代企业中，人是能动的、最宝贵的生产要素。因此，对人力资源进行有效开发、合理配置、充分利用和科学管理是现代企业经营管理的重要内容。作为在新材料产业中立志于通过创新取得领先地位并进军高端软体材料国际市场的民营制造企业，思嘉集团人力资源管理的演进及方式具有鲜明的独特性、适应性。思嘉之所以能经过短短十余年的努力就获得如此快速的发展，离不开其管理团队、技术团队和一线高技能员工团队的建设。换句话说，思嘉的成就，与其在人力资源积累和人力资源管理方面所进行的创造性工作紧密相关。

第一节　演进历程

企业在不同的发展阶段有着不同的发展战略，不同的发展战略对企业人力资源必备的配置结构及职能也提出了不同的要求。思嘉集团人力资源管理部门的变革及人力资源管理的策略调整都深刻地、动态地反映了企业发展印记，体现着企业领导者的经营理念和管理思维。

一、创业初期——基础的人事管理

2002~2007年，思嘉初创期，公司的规模较小，且坐落在刚开发的宦溪工业区里，地处较偏僻，生活设施不齐全，工作、生活环境相对艰苦；公司内部缺乏清晰的管理和组织架构，规章制度、经营方针尚未健全。这个时期，公司董事长林生雄的个人魅力发挥了重要的作用，各项业务林生雄都亲力亲为，并直接参与及领导企业人事管理的主要工作。这时企业人力资源管理处于起步阶段，工作量少，主要是以考勤、档案、薪酬核算为主的人事基础工作。林生雄倡导的人力资源管理策略使得公司稳步度过创业期，引进业内优秀人才，并建立起一支勤奋好学、吃苦耐劳的团队。

（1）人才引进及管理。初创期的主要生产、技术及管理人员都是林生雄从三明塑料厂等同行"请"过来的，这些人员在业内属高学历且实践经验丰富的专家。"请"人以对象的素质工作经验及工作业绩作为选择的首要指标，并根据这些专家的专长，设置了合适的职务及权限，给予自主的工作环境及平台，尽可能做到责权利的良好匹配。

（2）职工培训。创业初期，在生存的压力下，为了能够迅速地投入生产且生产出高质量的产品，公司高度重视职工作业训练、专业知识等方面的培训。培训由林生雄亲自组织，全员参加，利用下班时间、周末休息时间进行。

（3）薪酬及晋升。这一时期公司未建立清晰的薪酬考核体系，一线员工以外人员的薪资由林生雄约谈确定，基层一线的薪资根据业内薪酬设定，比业内平均水平稍高一些。薪酬高低、个人晋升与个人的工作绩效结合起来，并及时兑现奖励。创业初期，由于公司资金不是非常充盈，无法完全依靠高薪等优质物质报酬来吸引人才，因此，公司领导魅力、良好的职业前景、工作的挑战性成为吸引人才的主要手段。

二、快速发展期——规范、制度化管理

2007~2010年，随着生产规模扩大，设备引进，产品增加，人员越来越多。与组织扩张相适应的有序管理成为公司发展突破的重点。这一阶段，思嘉着手推动流程制度变革，人力资源管理逐步走向规范化、制度化。

（1）建立起较为清晰的组织架构及业务流程，规章制度不断建立及健全。通过梳理集团及各子公司的组织架构，明确了各子公司的管理关系及业务发展方向；突出管理的关键职能，明确业务部门与职能部门之间的管理，加强部门之间的协作，设定并完善流程与权限，提高工作效率；通过岗位工作分析，明确职位的职能、职责、职权及任职要求，加强职位的合理设置及人员的匹配，并进一步确定每个部门职责及岗位编制，在确保完成工作的前提下防止人员的膨胀，降低运作及人力成本。

（2）人才引进及管理。人才引进的渠道多元化，包括内部推荐、网络招聘、校园招聘、社会招聘会及通过"猎头"等方式引进高级管理技术人才等。人员入职后，严格员工登记信息、员工任职资格审核、入职手续、

员工档案、签订技术保密协议等环节。建立员工晋升通道，通过明确指标对员工的能力、行为、业绩等方面进行考核。

（3）职工培训。建立并不断健全培训体系，培训内容、培训形式多元化，对培训效果进行考核及追踪。高层管理人员除了参加"请进来、走出去"的各类培训，还开展了外派培训，包括海外交流考察、MBA进修培训等；各职能部门人员严格制度、流程等作业及职能管理培训；生产一线班长外派参加班长特训班；基层操作人员严格入职培训，并加强了作业、安全、品质、"7S"管理等培训，而且鼓励基层员工进行继续教育，委托高校老师进厂进行教育及训练。这些多渠道多形式的职工培训，进一步提升了全体职工素质，为公司快速扩大化发展提供了人才保障。

（4）薪酬及绩效管理。建立了比较清晰的薪酬及绩效体系。

1）明确薪酬结构，包括基本工资、级别工资（等级工资）、绩效工资、福利工资、补贴五个部分。级别工资体现员工所在岗位价值的大小及岗位在企业中的重要程度、员工岗位承担责任的大小及员工的职业水平；绩效工资是为了激励员工为部门、为公司创造优秀业绩而设计的。

2）实行分类管理，将所有岗位分成核心岗、中间岗、基层岗三个层次，以及管理系列、销售系列、技术系列、行政系列、生产一线系列五大系列。

3）建立了针对核心销售、技术、管理骨干的激励机制。

4）建立了薪酬调整机制，每年年中及年末会根据集团人力资源战略、地区及行业薪资水平以及员工的工作绩效等因素综合评估并进行薪酬调整。

5）针对不同系列的岗位设置了不同的考核指标，树立全员绩效考核的意识，强化各级员工对绩效的共同承诺与责任，大大地激发了员工的积极性。

（5）晋升通道及员工职业生涯规划。公司的快速发展及平台吸引了很多优秀的人才加盟，为了保持核心队伍的稳定性，得到大家的充分认同与激励，集团建立并逐步完善了员工职业发展的晋升通道，包括纵向职级晋升和横向跨通道发展。纵向发展主要指公司内部职级的晋升路径，在上级职位出现空缺或员工个人能力得到较大提升时，公司依据职位体系，结合任职需求及员工个人能力特点，帮助员工规划个人的发展方向。专业技术人才可以沿技术通道发展或管理通道发展。横向发展主要是指员工除了在本岗位系列内按照岗位层级的要求晋升外，对于其他系列的岗位，考虑到员工的不同发展意愿，公司也提供跨类别发展的机会，主要以内部调配或内部竞聘的方式进行晋升或调岗。通过纵横向发展，为员工提供更多晋升空间和发展机会。

三、上市扩张期——信息化人力资源管理

2010 年 4 月 29 日，思嘉集团在香港主板成功上市，迈上一个新的发展台阶。上市集团对公司人力资源管理提出了更高的要求，包括在制度规范、流程执行、结果运用等方面。同时，集团迅速壮大，子公司及员工人数不断增加，但伴随而来的是发展过程中集团人力资源管控力度已跟不上迅猛的发展势头，不能进行有效、全面的监控和管理。在如此机遇与挑战并存的环境下，集团做出了"人力资源信息化"的战略决策，并引进 OA 人事模块，将人事流程、人事档案等信息类数据通过软件处理。由于集团仍以生产制造业务为主，OA 使用有一定局限性，运行了一年多后，未能较好地实现集团的战略要求，因此，2011 年 9 月，公司组织软件工程师，根据公司的实际需求，自行开发人力资源系统软件（HR 系统），运用信息化平台整合人力资源管理的各项职能，优化人力资源管理流程，运用集中式的数据仓库、信息自动化处理及员工自助服务实现人力资源管理的便捷化、规范化，并进一步提高了人事人员的工作效率，使得信息资源充分共享，沟通更为及时，同时为公司各项决策提供了良好的信息支持。

1. 完善组织架构

部门管理。人事人员可以在 HR 系统对部门进行设立及撤销操作，建立无限层级的树形部门结构。可以回顾部门结构的历史记录。可以即时查看组织结构图，并直接打印，也可以导出为 HTML 格式。

职务及岗位管理。用户可以对职务和岗位进行设计和撤销，对岗位编制进行管理。可以为职务及岗位建立说明书。可以实时统计各部门及岗位编制人数统计表，可以随时了解企业编制情况。可以建立精确的岗位及员工能力素质模型，为人力资源各项工作提供量化依据。能力素质模块使用系统指标库构建。

2. 完善档案管理

HR 系统支持自动快速识别、读入员工身份证信息，杜绝伪造身份证，提高员工个人档案信息准确度，减少信息录入工作量。

人事档案分在职、离职两个人员库，系统内置丰富的人事档案字段，

人事人员可自行定义人事档案的数据字段。人事档案中包括薪酬记录、考勤记录、奖惩记录、培训记录、调岗记录、调薪记录等常用数据子集。用户也可自行增加新的数据子集，可以针对子集进行独立的导入、导出、统计分析。人事档案数据支持分部门管理。各子公司或部门可以独立管理本部人员。

可以使用人事档案的所有字段（包括自定义字段）组合查询。查询条件可以保存为查询模板，快捷查询与组合查询可以联合使用。人事档案数据支持 Excel 格式的导入与导出。用户可对人事档案进行批量编辑。

3. 完善人事各业务流程

HR 系统支持人事业务的在线办理，包括入职、转正、调岗、调薪、奖励、处分、离职、复职等。这些业务即可以直接办理，也可以通过系统工作流平台进行审批处理。业务办理的结果直接记录在人事档案中。

4. 快速报表查询

系统内置丰富的人事报表、图表，包括人员构成情况分类统计表、员工明细花名册、部门员工花名册、各部门职务统计表、员工入职离职统计表、各部门员工生日报表、各部门及岗位编制人数统计表。

5. 完善考勤管理

HR 系统可以同企业现有考勤机结合，实现班次定义、员工排班、智能抓班、考勤汇总计算等功能。系统支持请假、出差、加班等考勤业务管理，且薪酬模块可以直接引用月考勤结果进行相关计算。考勤数据支持分部门管理，各分公司或部门可以独立管理本部的考勤。系统提供常用的一组考勤数据报表。

6. 完善薪酬管理

人事人员可以自定义薪酬账套。通过计算公式、等级表等方式，实现岗位工资、级别工资、绩效奖金、工龄工资、考勤扣款、社保扣款、个人所得税等各类常见的工资项目。系统内置薪酬报表，包括各部门员工薪酬明细表、各部门及岗位薪酬汇总表、部门月工资条打印表、部门及岗位薪酬多月合计表、部门及岗位多月薪酬对比表、员工薪酬多月合计表等报表，且每月薪酬数据将自动记录在人事档案中。薪资核算人员可以在确认考勤、绩效、奖惩等数据准确后，只要花两个工作日的时间，就可以通过系统核算好薪资。

7. 完善培训管理

HR 系统进行了在线培训、在线考试、在线阅卷、培训调查。系统中详细记录了员工的培训历史，并与员工档案信息进行了集成。实现培训总结的管理，对于每次培训活动效果的分析，通过自动分摊培训成本，实现人均培训成本的统计分析。

对于临时的培训及分享，人事人员可以将培训计划在 HR 系统中生成培训的实施任务，培训考勤通过打考勤卡进行记录，培训记录自动记入员工档案。同时，记录员工每次培训评价及成绩。

系统内置培训报表，包括：各部门培训计划表、各部门培训实施人数统计表、各部门培训实施费用明细表等。

8. 预警功能

HR 系统可以及时准确地提供劳动合同期满提醒、未签劳动合同人员提醒、合同续签提醒、保密协议新签提醒、员工生日提醒、员工转正提醒等预警功能。

思嘉集团通过建立人力资源管理信息平台，完善企业人力资源的基础管理、薪酬绩效管理，规范了业务流程，进一步提高 HR 部门的工作效率，使相关人员从事务性工作中解脱出来更好地关注人力资源其他薄弱工作；通过系统预警提示能及时处理日常业务，加强了对人事审批、人事薪资的控制，降低了薪资管理人员的工作量，提高了准确性，为领导进行人力资源决策分析及战略制定提供依据。

第二节　人力资源及管理现状

一、当前人力资源现状

截至 2015 年 5 月底，思嘉集团旗下子公司员工总人数为 1065 人，其中，福建思嘉环保材料科技有限公司、厦门浩源工贸有限公司、思嘉环保材料科技（上海）有限公司、湖北思嘉环保材料科技有限公司为生产基地，员工人数比较多，共 956 人，占集团总人数的 89.8%。

从员工职务结构来看，生产及辅助工人占集团总人数的 57.37%，技术人员占总人数的 13.62%，业务及服务人员占总人数的 19.91%，中层以上管理人员占总人数的 9.11%。

从员工学历结构计算，中专及以下学历人数占多数，占集团总人数的 70.42%，大专占 17.46%，本科及以上学历占 12.11%，其中硕士以上学历 8 人。

从员工工龄比例分析，1 年以内的占集团总人数的 37.18%，1~2 年的占 21.69%，2~3 年的占 14.37%，3~4 年的占 11.74%，4~5 年的占 5.92%，5 年以上的占 9.11%。

以上海及福州两家公司为例。

表 13-1 职务结构

子公司	员工总人数	职务结构			
		中层以上干部	技术人员	生产及辅助工人	业务及服务人员
福建思嘉	232	21	32	133	46
上海思嘉	80	5	16	25	8
合计	312	26	48	158	54
占集团比例（%）	29.30	2.44	4.51	14.84	5.07

表 13-2 学历结构和工龄结构

子公司	员工总人数	学历结构			
		中专及以下人员	大专	本科	硕士及以上
福建思嘉	232	161	41	26	4
上海思嘉	54	40	6	6	4
合计	286	201	47	32	8
占集团比例（%）	26.85	18.87	4.41	3.00	0.75

子公司	员工总人数	工龄结构					
		1 年以内	1~2 年	2~3 年	3~4 年	4~5 年	5 年以上
福建思嘉	232	49	29	22	22	38	72
上海思嘉	54	25	20	3	1	1	4
合计	286	74	49	25	23	39	76
占集团比例（%）	26.85	6.95	4.60	2.35	2.16	3.66	7.14

资料来源：摘编自人事课相关报表。

二、技术人才优势

持续的技术创新是思嘉发展的不竭动力，思嘉的技术人才在行业中具有极大的优势。思嘉现有科技人员 145 人，专职研发人员 45 人，都是大专以上学历，其中，高级职称 8 人，硕士以上学历 8 人。

1. 资深工程师，引领思嘉保持行业领先地位

思嘉集团有 16 位 20 年以上行业工作经验的资深工程师，理论和实践经验相当丰富，公司申请的百余项国家技术专利都由这些资深的技术、生产骨干实践经验所得，亲自撰写而成。资深的技术、生产专家使得思嘉在业内处于领先地位，不仅保证生产质量优良的产品，更能持续开发新产品，投入市场。如总工黄万能为高级工程师，1989 年开始从事新材料工作，专注设备研发及技改，在思嘉申请并授权了 18 项国家发明专利，并于 2013 年 5 月被福州市人民政府授予"福州市劳动模范"、被福州市总工会授予"福州市十佳发明人"荣誉称号。

2. 聘请行业资深专家，助力技术创新

思嘉聘请天津工业大学顾振亚教授、霍瑞亭教授、牛家嵘教授，四川大学王贵恒教授，福州大学郑玉婴教授为公司的独家技术顾问，定期到公司进行技术交流及培训，并同思嘉合作研发多个新产品项目。行业资深专家的加盟，紧密的高校产学研合作为思嘉技术中心注入新的活力，引领思嘉探索行业前沿技术，敏锐挖掘市场需求，迅速开发出新产品并占领市场。[①]

三、人才引进多渠道，严格把关

在制造业普遍用工荒、招人难的情况下，思嘉的人事人员相对比较轻松，得益于思嘉拓宽了招聘渠道。目前常用的渠道包括内部推荐、网络招聘、校园招聘、社会招聘会及通过"猎头"等方式引进高级管理技术人才等，其中，内部推荐的招聘政策为思嘉在招人、用人及留人上提供了非常大的便利及效益。

思嘉在生产线员工招聘上，一直遵循家属优先、内部推荐优先的原则，这种内部推荐方式，一方面解决了职工家属就业问题，提高了员工生活质量；另一方面又有效地控制了人员的流动。例如，员工推荐进来的人员一般是自己的亲朋、好友或老乡，员工会提前将公司的真实情况告知给对方，使其对公司和所应聘岗位的优点和缺点预先有一个比较清晰的认识。同时，员工在推荐人的时候也会先把下关，看其能否适应。因此，进

---

① 详细阐述请参见本书第七章第五节有关内容。

来的人员相对素质及稳定性都比较高。

另外，对办公室人员或中高层管理人员的准入条件相对较高。所有人员进入思嘉前都要进行笔试、职业测评、面试、背景调查等多轮审查环节，且入职公司的一周内，还会通过 OJE 岗位测评法对应聘者进行评估。即应聘者到办公室工作的前一周，会通过 360 度评估法对应聘者进行评估，然后做出是否录用的决策。这种方法有效地提高了甄选的质量，让管理者有充分的时间观察应聘者的实际工作表现，较好地避免一些面试中常犯的错误。

四、劳资风险规避有道

2008 年，《新劳动合同法》实施以来，为了进一步规避劳资风险，思嘉同律师事务所合作，并聘请法律顾问进行指导，调整了多项人事政策，具体如下。

（1）制度合理合法性风险。对于涉及劳动报酬、工作时间、休息休假、劳动安全卫生、保险福利、职工培训、劳动纪律以及劳动定额管理等直接涉及劳动者切身利益的规章制度以公司工会名义召开全体员工大会，严格员工签到，而后公示发布；基础的规章制度及员工行为守则作为劳动合同附件，要求员工签字确认。

（2）招聘环节风险。所有员工必须携带二代身份证才允许入厂，购置身份证读卡器并同公安系统衔接，能够立刻读取并辨别是否有犯罪记录；要求应聘员工必须资料齐全，特别是上个单位的离职证明，并做详细的背景调查；特殊工种，要求员工做全面的体检，对身体有问题的员工公司承担全部体检费；员工经过录用，就立即签订劳动合同及保密协议并签署入职声明书。

（3）劳动合同风险。劳动合同签订、变更、续签解除注意事项：

1）员工确定录用后，报到当天须同员工签订劳动合同，并做好合同保管。合同条款中，增加文书送达条款、不能胜任工作下的岗变薪变条款、联系障碍下的委托条款设计、工作交接条款。劳动合同中的条款通过公司规章制度公示。

2）完善员工档案，员工的详细信息都要准确无误地录入人力资源系统软件。设置劳动合同到期提前一个月自动提醒预警功能。

3）若遇需变更劳动合同的，一定要以书面的形式变更劳动合同，并双方签字确认。

4）续签或解除劳动合同，需提前 30 天向员工发出书面的《劳动合同续签意向书》或《劳动关系解除通知书》，如若员工不续签，则由员工自行提出辞职，则按照正规辞职手续办理。

5）通知员工解除劳动合同，人事尽量避开员工个人重要的纪念日，并尊重员工情绪，为被解职的同事进行保密。原则上人事人员须同员工进行较好的沟通，鼓励员工自愿提出辞职。人事人员需帮助解除劳动员工的同事及辞职同事开具离职证明，并协助员工在 15 日内办理社保关系的转移，若是需要支付经济补偿的，员工当月工资结算时一同算清。

6）人事人员对已经解除或终止的劳动合同文本，需要保存两年备查。

（4）职业保护管理具体操作中需注意的事项：

1）特殊岗位，入职时需做有针对性的体检，排除带伤、带病入职的情况。

2）定期进行职业保护，职业安全培训，培训时必须做好签到工作，同时，每月发放的劳动保护用品要做好入库、领用登记及签收登记。

3）生产车间"工业虎口"要做好警示标志，执行安全生产责任制，对于安全生产的班组及个人发放安全奖。

4）每年组织特殊岗位的员工进行体检，并建立员工健康档案，对有患病迹象的员工及时调岗或调休，以保证员工身心健康。

（5）培训环节需规避的事项：

1）对于试用期员工，公司不进行需支付费用的培训。

2）对于参加公司出费的资格认证培训、脱产学历晋升、MBA 及国外考察等外训项目时，人事人员需同外训人员签订培训协议，告知培训的相关费用，并签字确认。

3）培训协议的服务期限若是超过员工劳动合同的期限时，人事需及时同员工延长劳动合同期限。

新《劳动法》的颁布，让很多企业的人力资源成本大幅增加，思嘉这些人事政策的调整，使得思嘉的人力资源管理制度及实施更有活力，对企业的健康持续发展及建立和谐的员工关系具有非常重要的意义。

第三节 员工培训规划与实施

思嘉从建厂至今，高度重视培训工作，培训内容丰富，方式多样。董事局主席林生雄多次提倡要终身学习，将思嘉集团建设成学习型的组织，将培训工作提升到战略高度。

建厂初期，公司的规模较小，主要以生产为主，培训的内容主要是员工操作训练、设备安全规程、产品专业知识等专业技术培训，内容相对单一，培训组织较无序，主要由董事长组织，全员参加，利用下班时间、周末休息时间进行。

2007年，随着公司引进越来越多的设备，工序越来越复杂，员工越来越多，较为单一的培训无法满足员工需求。因此，林生雄亲自带头，组织生产、技术主管编纂了思嘉第一本《员工培训教材》，包括基础的规章制度、压延机、涂层机操作规范、品质控制等内容，作为一线员工及技术品管部门成员必修的课程。

2008年，随着贴合机的引进，林生雄再次组织进行编纂了第二本《思嘉培训教材》，将贴合机的操作规范、ISO 9000质量管理体系内容涵盖在教材中，作为公司全员必修的课程。与此同时，逐渐梳理并规范培训体系，制定了相应的培训记录表单并运用。

2010年，随着公司上市，生产规模急速扩大，生产的产品类别更为丰富，为了让营销、技术及主管等人员熟悉产品专业知识及生产工艺，林董组织编制了第三本培训教材，内容以产品专业知识为主。同时，建立并不断健全培训体系，培训内容丰富化、培训形式多元化，培训效果进行考核及追踪，培养内部培训师等。这些多渠道多形式的职工培训，进一步提升了全体职工素质，为公司快速扩大化发展提供了人才保障。2010年，集团制定发布了《思嘉员工培训管理办法》，详细阐述了培训的流程、管理权限及职责、纪律及考核方式等内容。

一、培训实施系统化

（1）思嘉的培训流程在HR系统软件建设中进一步强化，将培训计划导入系统，生成培训实施任务，培训执行通过培训考勤记录及考评结果进行跟踪。

（2）HR系统能够详细记录培训历史，可提供培训达成情况、考试成绩等查询，可以导出各类培训报表，并与工档案信息进行了集成。员工的培训情况将列入个人年度评优考核，且设有专项奖励。

二、培训内容丰富化

（1）新进员工培训。针对办公室新近员工，公司将安排职业意志、企业认知、职业规划、职业心态、有效沟通、团队建设，必修产品专业知识等内容的培训；针对生产线新近员工，公司将安排进行企业认知、安全操作规程、生产操作训练等内容的培训，以期新进员工能够更快了解并适应企业，有归属感，且有明确的学习及发展方向。

（2）岗位技能提升系列培训。

1）高层管理人员：进行经营战略、领导艺术等内容的培训，使高层管理人员掌握经营环境的变化、行业发展趋势以及进行决策的程序和方法，提高洞察能力、思维能力、决策能力、领导能力，以确保决策人正确地履行职责。

2）中层管理人员：进行管理技能、业务知识、工作改进等内容的培训，使中层管理人员更好地理解和执行高层管理人员的决策方针，具备多方面的才干和更高水平的管理能力，改善管理工作绩效、提高管理水平和管理质量。

3）办公室职员：进行岗位职责、专业技能、业务流程等内容的培训，提高员工的专业技术水平和业务能力，掌握新知识，胜任本职工作并有所提升。

4）基层管理人员：组织班长特训班，进行操作技能提升、管理技能提升、安全生产、技术工艺管理、质量管理、环保管理、"7S"管理等内容的培训，提高班长的团队管理水平及专业技术水平。

（3）文化培训。主要是宣导及落实嘉文化及49种品格内容，进一步提升员工的思想道德水平，形成积极、创新的企业氛围。

三、培训渠道多元化

随着培训内容的不断丰富，思嘉培训的渠道也不断地拓展，具体包括：

（1）企业内训强化在线学习及考试。内训在思嘉是最常实施的培训方式，一般由内部的培训师担任讲师，内容主要以岗位技能提升相关内容为主。自从思嘉引进 OA，自行设计 HR 系统软件后，岗位职责、业务流程、专业知识等项目的培训都通过在线学习及考试完成。内部推行的班长特训班则由生产、技术主管讨论编制教材并实施培训。而 49 种品格训练则鼓励员工全员参与，人人充当内训师。

（2）与高校合作，外聘专家辅导或脱产、半脱产学习。2008 年，思嘉同福州大学正式建立合作，成立高强工业聚酯纤维复合材料研发中心，定期派技术人员到福州大学新材料学院进行半脱产学习及研究。

2010 年，思嘉聘请天津工业大学顾振亚教授、四川大学王贵恒教授为公司的技术顾问，每半年要求两位教授到思嘉，给生产、技术人员的专业知识，特别是新产品知识培训，并与技术、生产等部门进行交流，为我们提出相关整改建议。2007 年起，与天津工业大学、三明职业技术学院建立紧密的合作关系，组团考取两个学校的成人继续大专及本科证书。2011 年，与福建省邮电学校合作，组织生产一线员工参加技能班培训。2012 年，选派两名技术工程师考取福州大学材料工程专业在职硕士研究生，进入福州大学继续深造，进一步提升技术人员的专业水平。

（3）聘请专业机构。聘请专业机构培训，进行主要针对专项知识、技术或技能类的培训，如针对质量管理、环境管理、职业健康安全管理体系认证，公司聘请 CQC 专业的老师给各部门员工进行培训；再如，公司每年的年中及年末都会通过专业机构聘请资深培训师，为全国各地的办事处人员上营销网络建设、大客户管理、渠道管理等营销管理类课程；同时，公司与聚成、健峰、华商等培训机构建立了较为长期的合作关系，持续地参加他们组织的管理类培训。

（4）参加工商管理硕士学位班。组织中高层管理人员有计划地参加工商管理硕士学位的学习。

（5）组织高层人员到台湾同行或国际同行考察，调研行业最新发展趋势。

（6）外送专业机构进行特殊技能培训、资格认证等培训。针对特殊的工种，公司每年都会派部分员工参加专业技能、资格认证等的培训，如特种设备的工种，包括锅炉工、叉车工、压力容器操作工等，每年都会派出工务、生产人员参加福州市质量技术监督局组织的培训及考证；再如，

ISO 9001、ISO 14001、OHSAS 18001 体系内审员培训也会安排相关部门的主要作业人员到 CQC 认证机构培训并考证。

专栏 13-1

2015 年 2 月，思嘉新增 6 位经济师、2 名中级工程师、2 名助理工程师以及 2 名助理经济师。

思嘉员工杨梅芳、谢小梅顺利通过化工中级工程师评审，黄洪艺通过机电助理工程师评审，陈翠婷获评电子助理工程师。

工程师的称谓，通常只用于在工程学其中一个范畴持有专业性学位或相等工作经验的人士。像水电、机械、化工类工程师，在学习和掌握更多知识和技能的过程中，对员工在系统操作、设计、管理、评估能力、解决技术问题等方面的提升有着非常大的助力，间接提升公司整体技术实力。

据悉，中级职称申报要求大学本科毕业的申报人员必须从事专业技术工作五年以上，并担任助理职务四年以上。

此前，思嘉集团总裁张宏旺、副总裁赖德荣、采购中心课长郑丽娟、人事课课长苏凤兰获通过经济师职称评审，总裁助理方晓艺、人事专员邓斌滨通过助理经济师评审。

为了打破长期束缚非公经济发展的人才"瓶颈"，创造更大的社会和经济效益，福建省人事厅、省工商联于 2005 年先后联合出台《关于进一步加强和完善非公有制企业专业技术职务任职资格评价工作的实施意见（试行)》和《关于做好 2005 年度非公有制企业人员专业技术职务任职资格评价工作的通知》，对民营企业专业技术人员的职称评定进行改革与创新。这一政策让福建省内的非公有制企业可以申报，省外福建商会闽籍人员中直接从事经济管理、工程、工艺美术等专业技术岗位的从业人员也可以申报职称，提升了企业员工的专业技能含金量。

近年来，公司通过内外培训、成人高考报考、专升本、高职专业合作班学习等各种形式，积极促进员工的专业技能学习和学历深造，鼓励专业认证和职称申报，努力让员工往更高阶的专业方向前进。2 月公布的评审结果在集团内部鼓舞了更多想要进行在职深造计划的思嘉人。

资料来源：摘自第 78 期《思嘉慧报》第二版。

四、专项培训——班长特训班

班长在思嘉属于最前线的管理干部,承担着现场管理和制造过程控制的重任,他们的管理及技能水平直接关系到班组的绩效,更影响到公司生产目标达成与否。思嘉开展的班长特训班,在内容及组织上颇具特色。

(1)内训为主,外训为辅。思嘉班长内训主要是借鉴健峰3天2夜班长特训的理念及模式,并上升到更为综合、全面的层次,面向所有生产干部。内容丰富且严谨,与生产现场管理、质量管理、技术管理、团队管理等内容面面俱到。

思嘉每年也会分批次外派班长到健峰参加外训,如2012年7~8月分两个批次派出近20名班长到健峰余姚培训基地参加。基地环境及学习氛围更能激发参训班长的竞争、主动意识,使他们认识到班长提升的重要性。

这些参加外训的班长回来之后成为思嘉班长内训班推动的主要力量,他们能够带头参与并主动上台分享,充分带动本班成员学习及改善。

(2)考核为操作训练与考试相结合。思嘉班长内训,一个月两次,这周培训的内容,将在下周内进行考试(笔试或面试)及现场操作考评,考评成绩记入个人年度评优、评劳模及晋升等的考核,让全体员工高度重视。如《关于压延机升降温操作流程及规定》培训的考核,采取"面试+现场操作"考核的方式。其中,面试由总经理、厂长、技术总工、设备工程师、值班课长5人组成考评组,分别对每位压延机的主操及班长从现场管理、技术工艺、设备操作等不同角度、多维度进行提问,不局限于培训的内容,更多的是针对现场管理及平时的经验积累,并根据面试人员的回答进行评分。面试结束后,考评组将分别到现场对主操及班长的现场操作进行考评,并综合面试及现场操作考评的情况,将成绩反馈给人事人员。同时,考评时,主操及班长薄弱的内容将作为下次培训的重点内容。

(3)班长言传身教,影响深远。思嘉班长内训有一大特色就是,厂长或技术总工等高层培训完后,将由班长再次给班组成员进行同样内容的课程,温习前次学习内容并锻炼班长的演讲能力。鼓励班长总结现场经验,上台与员工分享,并在日常工作中进行指导。不仅提高了班长的积极性,加强了班组团队的建设,更带来了生产现场管理的改善,给公司带来了较大的效益。

五、专项培训——49 种品格训练

品格教育缘起于美国，旨在强调公认的价值观，通过示范和传授良好的品格以培养有道德感、责任心和爱心的年轻人。思嘉从 2010 年起开始接触 49 种品格教育，品格教育强调好品格是使人在任何场所都按最高行为标准做正确事的内在动机，指引我们在不同情况下具有正确的言语、行为和态度。其宗旨及理念同与思嘉所要倡导的企业文化不谋而合。于是，集团主席林生雄亲自带头，要求在全集团内倡导及推动"品格第一"文化，全员参与 49 种品格训练。

（1）全员参与，部门认领同部门工作精神相关的品格。思嘉 49 种品格训练组织较为灵活，每个月推动一项，从培训计划、准备、实施、考核等都充分感受到品格特色。首先，培训不做硬性要求，而且鼓励每个部门根据本部门工作职责及精神或兴趣爱好主动向人事课认领 4 项品格，并负责该 4 项品格的推广。其次，培训授课由推动部门成员自发或邀请其他部门成员上台分享。同时，培训课件全部由授课者自行收集资料完成，并且在课后及时组织大家进行品格分享。

（2）品格定义作为每日早会的口号，推动一个月，早会上要连续喊一个月该项品格的口号，让大家形成记忆习惯，只要一讲到这个品格词语，随口都可以说出相应的定义。

（3）强化品格课堂的纪律，要求：①所有人员的手机必须调整成静音或震动；②上课过程中不能玩手机；③课后必须将椅子归位；④若违反了以上的任一条规定，违反者必须上台，全体起立，由他带领全体人员讲三遍"守时"（在正确的时间做正确的事，表明自己重视别人）的定义。当然，刚开始的两周内，仍然会存在有人忘记把手机调成震动或静音状态，但是，到了第三周、第四周，就没再发现有人违规了。虽然不是负奖励的处罚，但是，这样的负奖励方式，却收到了良好的效果，因为大家都要面子，大家都不想因为自己的失误，让别人一起承担责任，更不想让大家都觉得自己不尊重别人。

（4）品格培训考核侧重品格行为，处罚通过以上台分享的形式。考核项为培训考勤及心得分享，每月排名最后 5 名的人员在次月的品格培训中必须上台授课或分享。这样的处罚比扣钱还更能够影响到大家，不仅让大家重视品格课堂，准时参与，同时，还充分调动大家分享的积极性。

（5）品格更重要的是渗透到日常工作生活中，有效地为员工所接受，成为员工的自觉行为。因此，在品格课堂中，所讲授的内容都是与大家工作、生活息息相关的细节，并引导大家自发自觉做到。例如，2013 年 8 月，推广了"主动"品格，宣导的内容甚至细化到要主动弯腰拾起烟头、主动关灯、关空调，主动发现身边好人好事，主动多学多问，主动帮助身边的同事等。

就如同幼儿教育一般，对于一个员工来说，完善品格，要求超乎工作预期和原有需要层级的努力，需要持续时间的宣导、引导及训练。思嘉如此重视品格训练，若能持续有效地开展，必能助力全员素质的不断提升。

第四节　员工职业生涯规划

最大限度利用员工的能力，并且为每一位员工提供一个不断成长、挖掘个人潜能和建立职业成功的机会，不仅可以提高员工的满意度，降低员工流动率，同时，可以优化组织人力资源配置，提高人力资源利用效率，以实现公司与个人共同发展、成长。思嘉充分认识到职业生涯规范在人力资源管理中的重要性，因此在人才培养及储备方面做了充分的工作。

一、人才理念

思嘉人才理念：真诚相待，共同发展。

思嘉人才标准：品德、能力、知识、业绩相结合。

思嘉人才平台：勤奋的人有机会，能干的人有舞台，有业绩的人有地位。

"真诚相待，共同发展"是思嘉始终秉承的人才培育理念，是构成"嘉文化"的重要内容。公司推进人性化、透明化管理，致力于与员工和谐共享，帮助员工实现个人价值，实现企业与员工共同成长。

二、完善岗位职级系统，设计晋升通道

为了让员工更为清晰地了解自己在公司所处的岗位、晋升的方向及空间，2011 年，在总经理的带领下，梳理了岗位职级系统。思嘉的职级系

统是思嘉员工职业发展规划的重要基础，它根据岗位性质的不同，把岗位进行分类并设定对应的发展等级序列，同时针对具体岗位设定了等级发展区间。

（1）岗位分类。思嘉按照职业发展规划将所有岗位分成五类：管理类、营销类、技术类、行政类和生产类。

1）管理类岗位指集团总部及子公司具有行政管理职责的各级岗位，包括总裁、副总裁、总经理、副总经理、各部门课长、副课长。

2）营销类岗位指国际业务课、市场开发课、营运管理课及办事处的业务及客服岗位。

3）技术类岗位指技术中心（含技术课、品管课）、设备中心（工务课课长级以上工程师）、设计课、信息课技术及开发岗位。

4）行政类岗位包括公司的人事课、行政课、会计核算课、财务管理课、采购课、生管课、仓储课等部门的普通员工岗位，还包括其他部门的文员岗位。具体又可分为三类：财务类、人事行政类、业务支持类。

5）生产类岗位指生产中心一线人员岗位。

（2）职等设定。思嘉将所有岗位分为1~8等，具体对应的职务如下：

1）8等：集团总裁、副总裁。

2）7等：子公司总经理、副总经理、集团职能部门总监、副总监。

3）6等：子公司部门经理/总监、集团职能部门课长、副课长。

4）5等：子公司部门课长、副课长。

5）4等：集团各部门助理级别人员，技术类部门专员。

6）3等：各行政类部门专员，营销类业务及客服专员。

7）2等：生产一线员工，各部门文员。

8）1等：后勤类员工，包括保安、司机、保洁、食堂工作人员、宿舍管理人员。

每个职位等分1~8职级不等，其中，7~8等设5职级；3~6等设8职级；1~2等设3职级。每个职级还根据工作责任大小、工作复杂性与难度及个人综合能力设有不同的薪资等。级别越高，薪资越高。给予员工明确的纵向晋升方向。

（3）设计晋升通道。真诚相待，尊重员工选择的发展方向，充分挖掘员工潜能，实现公司和员工的共同发展，是思嘉人力资源发展恪守的信条。思嘉为员工设计了纵向发展、横向发展的职业发展通道，使得员工的满足感不仅来自传统的职务晋升，而且还来自职级的上升（伴随薪资的上调）、技术水平的提高、专业水平的提高、管理技能的提高等多个方面。

1）纵向发展。纵向发展指的是职务及职级的晋升，公司每年都会进行工作评估，表现突出的员工经部门主管提报，可以获得职级的晋升。同时，公司鼓励员工努力工作，在管理类岗位出现职位空缺的前提下，工作勤奋、表现出色、能力出众的员工将获得优先晋升和发展机会，公司执行竞争上岗、择优录用的制度。

2）横向发展。横向发展路径分为两种方式：部门内部轮岗、跨部门同类别岗位调整。岗位的调整，往往也伴随着责任的加大、工作任务的丰富化。思嘉鼓励员工针对自己特长提出的横向发展要求，也鼓励员工发展自己的多重技能。在新的岗位上，员工将在专业知识上有新的提高，同时工作任务会更加丰富，从而通过多岗位锻炼成为一专多能的人才。

公司采取内部招聘的方式向员工提供换岗的机会，公司所有招聘信息会在办公信息平台上优先向内部员工发布。同时，如果员工本人有在其他工作领域发展的兴趣，也可以向人力资源部提出申请，在结合个人兴趣与公司工作需要的基础上，可以参照内部招聘流程进行操作，向员工提供步入新的工作岗位的机会。

公司会结合个人发展的需要，每年安排部分员工在本部门或跨部门轮岗，使员工充分了解其他部门的实际业务运作，有利于加强员工对公司整体业务的了解，从而提高整个公司的内部沟通与整体运作。

通过纵向和横向的发展，公司丰富了员工职业发展的通道，使员工获得了更多的发展机会，鼓励员工积极上进，努力工作，朝自己理想的职业目标发展。

三、骨干人才培养计划

为了满足公司持续发展的人才需求，稳定核心人才，思嘉于 2011 年制订了《骨干人才培养计划》。思嘉倡导内部培养人才，重视对员工的认同感和忠诚度的培养，此方案主要针对的是关键岗位继任者及后备人才的培养，一出台就犹如久旱逢甘露，让很多员工兴奋不已。

（1）骨干人才培养体系。

1）储备干部：通过对有上进心、乐于学习、积极进取的新入职大学生的培养，使其逐步成长为部门技术骨干、业务骨干。

2）后备中层管理/技术人才：通过对公司现有的有两年以上工作经验的、有进一步培养潜质的普通员工进行培养，使其逐步成长为各职能部门的负责人及技术工程师。

3）后备高层管理/技术人才：该计划旨在通过对公司有进一步培养潜质的中层管理干部进行培养，使其逐步成长为公司能够独当一面的人才，为公司副总、总监、总工程师一级的岗位储备人才。

（2）骨干人才的培养模式。为了适应不同岗位的需要，结合员工的职业生涯发展规划，公司对骨干人才培养模式如下。

1）针对复合型经营管理人才，公司采取宽口径培养模式，即采用轮岗工作（不同系统）+ 挂职锻炼（不同部门）+ 新项目工作 + 继续教育多种培养方式相结合的方式进行培养。

2）针对业务/管理型专才，需在业务线和管理线上深度培养。公司采用业务或专业领域内轮岗 + 项目工作 + 继续教育 + 内部指导人培养等多种培养方式进行培养。

思嘉通过骨干培养计划在短短的两年时间内，培养了多位部门主管、技术骨干、业务骨干，虽然花费的时间会较长，但这些人员都是从大学一毕业就扎根思嘉发展，具有非常高的企业认同感及忠诚度，在公司的集体活动、重大项目中发挥了非常关键的作用。

第五节　激励制度

激发员工热情、培养员工责任感和敬业精神，发掘员工的创造力与潜能，创造卓越的效益是思嘉人力资源管理的核心工作。思嘉集团在充分考虑员工个体差异的基础上，依据差别激励的原则，在物质、成就、能力、环境等方面对人员进行了多角度、多层次的激励。大部分激励针对集团核心骨干进行的。

一、奖金激励

奖金激励是最普通的和最为人熟知的一种激励方式，思嘉集团奖金激励主要分为两大项，一是绩效奖金，二是专项奖金。

（1）绩效奖金。在思嘉，绩效考核针对不同层次，不同类别的员工有较大的区别，具体如，高层人员采用年度绩效考核，他们的绩效奖金同集团的年度经营效益挂钩；以外的其他人员采用月度考核，其中，生产基层一线主要根据产量、合格率、浪费、安全作业等量化的指标或计件考核；营销人员主要根据销售目标达成情况，货款回笼情况等要素进行考核；而办公室职能部门则采用部门 KPI 指标进行考核。集团旗下各子公司的考核方案根据各子公司实际，由各子公司管理层讨论制定，由子公司总经理制定后呈集团总裁审批。

（2）专项奖金。思嘉设有专项奖金，包括：安全奖金、专项改善奖励基金、合理化建议奖励金、劳模奖金、优秀员工奖金、优秀团队奖金等。例如，思嘉集团对兢兢业业、高度敬业及责任感，为公司经营带来巨大效益的主管及员工给予劳模奖；对在整个年度中品质管控突出的班组和人员给予品质奖；对进行管理创新、技术改造、降耗减排等方面做出贡献的团队给予贡献奖；对承接省、市科技计划项目，取得科技成果重大创新的给予特殊奖励。

二、成就激励

在人的需求层次中，成就需要是人的一个相对较多的需求层次。成就激励的基本出发点是随着社会的发展、人们的生活水平逐渐提高，越来越多的人在选择工作时不仅仅是为了生存，更多的是为了获得一种成就感，从实际意义上来说，成就激励是员工激励中一类非常重要的内容。在思嘉，成就激励主要体现在以下几方面。

（1）良好的晋升通道。思嘉集团员工职业发展的晋升通道，包括纵向职级晋升和横向跨通道发展。纵向发展主要指公司内部职级的晋升路径，在上级职位出现空缺或员工个人能力得到较大提升时，公司依据职位体系，结合任职需求及员工个人能力特点，帮助员工规划个人的发展方向。专业技术人才可以沿技术通道发展或管理通道发展。横向发展主要指员工除了在本岗位系列内按照岗位层级的要求晋升外，对于其他系列的岗位，考虑到员工的不同发展意愿，公司也提供跨类别发展的机会，主要以内部调配或内部竞聘的方式进行晋升或调岗。通过纵横向发展，为员工提供更多晋升空间和发展机会。

（2）榜样激励。在思嘉，榜样激励除了表扬、表彰立刻上榜，奖金立刻兑现，会议培训现场屡次表彰外，更重要的是在文化宣传中持续的倡导及延展。倡导每位员工要创先争优，特别是管理者。"榜样"必须示范如下理念：

1）管理者是下属的"镜子"，要让员工充满激情的去工作，管理者必须起到表率的作用。

2）要让下属高效，自己不能低效。

3）塑造起自己精明强干的形象。

4）用自己的热情引燃员工的热情。

5）你们干不了的，让我来。

6）把手"弄脏"，可以激励每一个员工。

（3）荣誉激励。荣誉可以成为不断鞭策荣誉获得者保持和发扬成绩的力量，还可以对其他人产生感召力，激发比、学、赶、超的动力，从而产生较好的激励效果。思嘉尊重每一位员工，任何一位员工的工作成绩都与晋级、提升、选模范、评先进联系起来，奖励的方式有：①评比结果对外公示，优秀者照片及优秀事迹将长期贴于公司荣誉墙上；②优秀员工及团队不仅享受专项奖金，同时会颁发荣誉证书及奖牌；③优秀员工，可以享受免费携带两位家属进行国内外旅游，所有费用公司支付；④征集的管理标语及刊物上，署上参与的员工名字；⑤优秀员工将会被刊登在思嘉慧报及公司网站上，并组织全体员工向其学习。

三、能力激励

成长及提升，是每位员工在职场中的一项重要追求，在思嘉，通过培训激励及工作内容激励可以不断提升员工的个人能力。培训激励，如针对核心骨干，公司除了内部会组织各类提升培训外，还会安排核心骨干参加外训，海外交流考察及 MBA 进修等培训，为其承担更大的责任、更高挑战性的工作以及提升到更重要的岗位创造条件。工作内容激励。如结合员工的兴趣爱好，让员工干其最喜欢的工作或由员工自主选择自己的工作；电商平台开放给员工参与；鼓励员工投资及参与公司在建或运行的其他项目等。

四、环境激励

思嘉倡导以人为本，营造"嘉文化"，公司的政策始终贯彻这个理念并执行。同时，为了给员工创造良好的工作环境、舒适的生活环境，公司分别在员工购车、购房、子女就学等方面给予如下激励制度。

（1）核心骨干购车补贴。思嘉集团于 2011 年 1 月出台《关于福建思嘉核心骨干购车补贴管理办法》，对于福建思嘉环保材料科技有限公司入职满 5 年副课长级别以上的员工可以享受 5 万元购车款及每月 600 元油费补贴。2013 年 1 月出台《关于福建思嘉核心班长购车补贴管理办法》，对于福建思嘉环保材料科技有限公司任职班长满三年以上的员工享受 3 万元购车款的补贴。思嘉购车补贴政策，旨在提高员工的生活品质，方便员工日常上下班及出行。为核心骨干安心生活提供了一定的保障，大大地激励了班长及副课长级别以上人员。

（2）核心骨干买房贷款福利。思嘉集团于 2012 年 1 月出台《核心骨干买房贷款福利管理办法》，对任职满五年的副课长级别以上人员；任职满八年的班长；任职满三年双职副课长级别以上人员；双职工，一方为副课长级别以上人员，另一方任职满五年等人员提供了购首套房贷款 10 万~20 万元福利。

思嘉 30 岁以上的员工占大多数，买房贷款福利对还未买房的员工、夫妻工具有极大的吸引力，减轻了核心员工买房的经济负担。

（3）思嘉人才培养计划。思嘉集团坚持"关爱员工及家庭，关注嘉人下一代"的理念，倡导员工重视教育、尊重人才，启动"思嘉人才培养"计划，持续为嘉人及嘉人下一代提供在岗深造的机会及助学奖励。

1）鼓励员工"在岗再深造"。鼓励员工参加高起专及专升本的成人教育，并同天津工业大学和三明职业技术学院建立紧密的合作关系，每年 8~9 月统一组织并协助参加的员工进行报名，对于成人高考通过的员工，学费先由公司承担一半，且享受带薪外训及考试；若员工获得毕业证书后，仍在公司上班，公司将会全部承担学费，将原来个人缴纳的一半学费退还给员工。

2）员工子女高等院校录取奖励与表彰。对于思嘉集团及旗下各子公司的员工子女考上第二本科以上院校者给予 2000~10000 元不等的奖励，减轻员工的教育负担。

3）协助员工子女就读宕溪中小学手续办理。达到学龄的员工子女，只要员工提交相应的证明资料，会由人事专门的人员协同区教育局及宕溪中小学进行手续办理，无须员工自行办理。

（4）斥资千万元建设员工嘉园、生态农场。为了让员工有更好的生活环境，思嘉集团于2010年投资建设了新生活区及生态农场。生活区内，全新的宿舍楼每间都配备独立卫生间、热水器、冷暖空调等设施；设有超市、KTV、球类娱乐场所，丰富员工的业余文化生活；食堂菜色丰富，同其他企业相比，思嘉有一大特色——绝大部分青菜、肉类全部由自己经营的生态农场提供，这些蔬菜瓜果都是有机的，皆由思嘉员工精心种植。同时，还建设了鱼池，圈养了猪、鸡、鸭。新鲜健康的绿色蔬果及肉制品，不仅丰富了员工们的业余生活，又为公司关怀员工提供了实际的、有效的新方式。

（5）不断进行技术改造，提高机械自动化，减轻员工劳动强度，改善工作环境。践行"创新"的经理理念，以副总裁黄万能为领导的专业团队，专项负责生产设备及环境的技术改造工作，该专项工作改善的成效，在思嘉员工中广为传颂，不仅提供了更为安全、清洁、环保的工作环境，同时减轻了员工的工作强度。[1]

需要是员工努力工作的源泉，思嘉所实行激励制度，在一定程度上，能够较好地调动员工的积极性及创造性。

第六节　人力资源信息化建设

思嘉集团一直倡导"创新"，通过一系列创新活动推动管理流程变革、设备技术改造、技术变革以及新产品研发等，以期实现工作高效，自动化水平高，技术达国内外领先等战略目标，其中，人力资源信息化建设就是在此经营理念及战略目标的引导下逐步推进的。人力资源信息化系统建设由副总裁赖德荣主导，组建专门的项目组，总部及各子公司人事课全体成员配合，保证基础数据准确，业务流程规范，取得了很好的成效，明显提高了工作效率。

---

① 具体详情参见本书第四章第二节的有关内容。

一、人力资源信息化改革历程

2002~2007 年，由于公司规模比较小，员工人数也比较少，思嘉所有人事数据及流程都通过人工手动完成，因数据多，表单杂，工作效率相对较低，因此，人事成员在人事流程、表单传递及数据统计等方面不断地进行调整及规范。

2007~2010 年，公司为了规范供应链流程，引进了金蝶 ERP，其中包括了人事业务部分模块。虽然 ERP 系统中的人事模块由于操作比较复杂，且不够灵活，未能得到启用，但是，人事成员吸收了信息化建设的理念，并对考勤、薪资、档案等作业流程进行重新梳理。

2010 年 4 月 29 日，思嘉集团在香港主板成功上市。上市集团对公司人力资源管理提出了更高的要求，同时，集团迅速壮大，子公司及员工人数不断增加，但伴随而来的是人数数据分散且更新不及时，每月薪资、福利、保险、报表等琐碎的事务性工作大量增加等问题，人事成员需花费大量的时间在这些事务性工作上，且整个集团的动态管理和信息交流较弱，信息未能共享，造成总部及各子公司，各部门以及上下级等工作衔接及沟通不畅。因此，公司于 2011 年 6 月引进金和 C6 OA 办公室自动化系统。OA 系统能够在很大程度上解决集团信息共享的问题，公司新闻、规章制度、问题收集等都可以在总部及子公司内较好地传递。

2011 年 9 月，由于金和 C6 OA 办公系统的模块更多的是服务于办公室人员，对生产线人员的影响较弱，而集团生产一线的员工占大多数，因此，未能从缓解人事数据统计难、业务流程繁杂等问题，于是，集团高层通过会议讨论决定，外聘资深程序开发人员，同内部人事课、信息课组成人力资源软件开发项目组，自行开发符合思嘉实际的人力资源系统软件（HR 系统）。经过一年的时间的开发及调试，于 2012 年 9 月起，HR 系统正式投入使用，大大地提高了人事人员的工作效率，缩短了人事流程审批时间，集团人事信息资源充分共享，沟通更为及时，为公司各项决策提供了良好的信息支持。

二、人力资源信息化系统涵盖功能

思嘉 HR 系统引用国内外先进的人力资源管理理念，并结合集团实际，截至目前，已经开发设计成以岗位为基础，涵盖组织架构管理、档案管理、考勤管理、薪资管理、培训管理、报表管理六大模块的人力资源管理信息平台，各模块功能具有实用性、人性化的特点。

（一）组织架构管理

（1）系统提供多种组织结构设计模式，可输出图形化的工具，直观反映企业的组织结构和动态发展。

（2）可以灵活设置各级组织机构、职级、岗位，灵活定义各机构之间的上下级关系，灵活调整和管理各岗位职级、岗位职责、任职资格、岗位编制等信息。

（3）在工作分析的基础上，对企业设定的职位进行全面管理。

（4）支持虚拟组织的建立，自动记载机构的变动记录，且针对已撤销或删除的机构可以恢复。

（二）档案管理

（1）档案管理主要是对员工基础数据的采集、维护、分析和统计，是其他业务模块正常运行的基础。可以根据需要增加、修改人员管理指标项，实现对人员信息全面、准确的管理。

（2）可分类或在同一界面查看员工在企业工作期间的所有信息，包括各类基本信息，如姓名、年龄、联系方式、员工照等，以及记录员工的教育培训经历，奖惩、合同、休假、绩效考核、薪资福利、家庭情况等其他信息。

（3）进行人事日常业务流程审批，包括人员转正审批、奖惩审批、调动审批等，跟踪管理员工从进入企业到离职全过程的历史记录，包括薪资变动、职位变动、奖惩情况等。

（4）可以自定义员工档案项目，可挂接与员工相关的各类文档，如Word文件、Excel文件、扫描文件等。

（5）系统自动提示员工生日、试用期满、合同期满，灵活处理人员的转正、离职等。

（6）提供方便灵活的人员查询管理，在HR系统中所有的指标项和代码项以及自己设置的其他条件都可以作为查询条件，并可以保存成查询方案，并且多人共用的查询方案可以设置为公共查询方案，且强大的定位查询及模糊查询功能，能快速方便地从众多数据中定位某一员工。

（7）可灵活定义各种员工登记表和花名册，实现输出形式的个性化和多样化，而且，可以构建数据分析模型为企业战略提供数据支持。

（8）和 Excel 无缝集成，Excel 可以灵活地导入、导出。能够批量处理，在软件中可以进行多人查询，以及批量增加、修改、导入相关数据，提高工作效率。

（三）考勤管理

（1）HR 系统可以与企业现有考勤机结合，实现班次定义、员工排班、智能抓班、考勤汇总计算等功能。

（2）系统支持请假、出差、加班等考勤业务处理。

（3）薪酬模块可以直接引用月考勤结果进行相关计算。

（4）考勤数据支持分部门管理，各子公司或部门可以独立管理本部的考勤。

（5）HR 系统提供常用的考勤数据报表。

（四）薪资管理

（1）建立符合本企业需要的工资结构体系，可以灵活定义工资类别、计算公式和工资标准等。通过标准表设置不同的薪资标准，通过公式表述薪资所有关联项目之间的关系，并且引入了月份，实现薪资在不同月份发放不同比例，通过账套关联不同的公式和发放项目以及发放人员。

（2）当员工入职、转正、转岗、升职时，系统可自动完成工资调整业务，并自动记录员工的历次工资变动情况，提供工资补发补扣自动处理机制，变动情况可以归档备查。

（3）可以把薪资关联项目的数据录入权限分配给相应部门的不同人员，然后在规定时间内相应的数据到人力资源部汇总，减少人力资源部工作量，提高整体的工作效率。

（4）数据以与银行自动转账系统相容的数据格式输出，并储存于磁盘，方便向银行报盘。

（5）提供薪资审核、复核、财务审批等多项流程。

（6）提供强大的工资分析功能，为制定薪资制度与调整薪资结构提供依据。

（7）提供了集团薪资管控的功能，可以设定薪资计划、审批等，各下属单位的薪资发放汇总情况，并可以监控各下属单位账套变化情况等。

（五）培训管理

（1）HR系统可以进行在线培训、在线考试、在线阅卷、培训调查。

（2）对于临时的培训及分享，人事人员可以将培训计划在HR系统中生成培训的实施任务，培训考勤通过打考勤卡进行记录，培训记录自动记入员工档案。同时，记录员工每次培训评价及成绩。

（3）系统中详细记录了员工的培训历史，并与员工档案信息进行了集成。实现培训总结的管理，对于每次培训活动效果的分析，通过自动分摊培训成本，实现人均培训成本的统计分析。

（4）系统可提供培训达成情况、考试成绩等查询，可以导出各类培训报表，包括各部门培训计划表、各部门培训实施人数统计表、各部门培训实施费用明细表等。

（5）培训数据支持分部门管理，各子公司或部门可以独立管理本部的培训。系统所涉及的子公司信息、部门信息和人员信息均来源于系统的基础数据，无须额外操作，并且产生的数据，如考试成绩等，又可以共享给人力资源系统其他模块，如薪酬管理。

（六）报表管理

（1）可以根据公司需求，灵活设计各类常用报表，并可设置每张报表在系统中的应用范围。

（2）可实现报表的自动生成，也可实现在线填报。提供反查和校验功能，提高报表排错效率。

（3）提供按月、季、半年、年或不定期报表的归档功能，并对报表历史数据进行纵向分析。

（4）提供综合汇总功能，可由基层报表派生出各类综合分析报表，便于领导分析决策，实现报表的横向分析。

三、人力资源信息化系统效用及改进方向

至今，思嘉HR系统已经运行了近三年时间，为人事工作带来了极大的便利。目前已有的六大模块功能根据日常运营需要不断完善，同时，也已经制定了下一阶段思嘉HR系统增加的模块及改进的方向。

（一）HR 系统的效用

（1）整合集团人力资源信息，打造一个信息共享的网络平台。利用 HR 系统构建集团人力资源信息数据库，按照各子公司的组织层级，授予相应的权限，对人员的基本信息进行全方位、深层次、多角度的查询与分析，相关领导能够对整个集团的人力资源状况和人力资本的分配、使用情况更加准确地掌控，从而挖掘本企业人力资源潜力，进一步从整体上进行组织结构与人员配置的优化，将合适的人安排到合适的岗位上。同时，包括集团高层、各子公司总经理、人事课课长及各部门主管等都能够从这个平台上获取自己所需要的相关信息，促使全体员工都参与到集团人力资源管理当中，在很大程度上减轻了人事课在事务性工作上所花费的时间和精力。

（2）业务流程电子化，摒弃以往繁杂的纸质表单传递，提供人事工作效率，同时，集团总部及各子公司的业务流程通过信息化平台管理衔接起来，业务办理不受时间地点的限制。在制定及实施 HR 系统业务流程时，进一步优化了以往业务流程不合理的地方，使得流程更为严谨及规范。

（3）运用培训系统，有效地管理和最大化地使用培训资源。所有的培训课程及记录都可以由集团人力资源部进行统一规划及管理，统筹规划一个开放式的培训平台，将所有的培训资源、培训计划、培训教材、培训教师、培训场所进行统一管理。培训方式增加了在线学习方式，培训资源也可以提前发布到信息平台，集团全员共享。同时，员工的培训记录、评估结果可以反馈到系统中，实现培训资源在全集团范围内的共享，有效地解决了传统培训的诸多弊端，满足随时、随地、不同群体的培训需求。

（4）运用薪酬系统，摆脱繁重的薪酬调整、核算、统计、发放等事务性工作，保证薪酬核算的准确性、薪资发放的及时性。同时，集团自动全面掌握子公司薪酬数据，并可以对集团薪酬情况按照相应的统计规则进行统一的分析处理，生成各类工资分析报表，对人力成本报表和人员薪资数据进行自动审核，实现对成员企业工资总额的全过程监控管理。员工可以在自助平台上查看自己的薪酬表，结合自己的出勤情况与绩效考核结果，核对自己的薪酬，如此，大大减轻了人力资源管理人员的工作量，子公司在自己的管理范围内独立处理业务。

（5）多角度分析应用、辅助决策、支持企业战略。HR 系统可实现对人力资源管理信息的全局把控、帮助企业快速准确地完成各种人力资源状况的静态结构分析和动态趋势分析。例如：人工成本的构成情况、人工成本的变动趋势、人员岗位结构比率、人岗匹配率、关键人才到岗率/流失率、人均产出/费用率等，为人力资源战略的制定提供翔实、客观的分析数据。

（二）改进方向

目前 HR 系统的六大模块主要是完善人力资源的基础管理，接下来思嘉将进一步开发设计招聘模块、绩效管理模块、自主服务平台模块及人力资源规划模块，使得人力资源管理各功能模块、人才的选、用、育、留等关键环节相互衔接。

1. 招聘管理模块

（1）通过 HR 系统将集团各部门及子公司的用工需求进行汇总、审核，对于有些需求，可以直接从集团内部人才库中寻找合适的人选，为员工提供新的发展空间，避免了人才的流失和盲目外聘所带来的成本，同时解决了由于组织人员过剩产生的一系列问题。

（2）对于确实需要从外部招聘的，通过信息平台，将招聘信息发布出去，应聘者在网上填报申请信息，通过系统设置的过滤条件，将符合条件的应聘人员自动下载到系统的应聘人员库中，并自动进行人岗匹配，将符合条件的应聘者自动提取出来，免除了人力资源部人工筛选简历的麻烦和工作失误带来的严重后果。

（3）实现工作流程自动化，招聘的全过程都能在系统中进行及管理。

2. 绩效管理模块

（1）绩效考核同薪资核算衔接，考核数据核算薪资时直接抓取。

（2）在系统中设置考核的要素，并对绩效指标的分类分层管理。各职能部门的绩效考核，运用 HR 系统，自动进行职能核算，也可以在线完成对绩效考核的打分。

（3）智能的对考核结果进行对比分析。

（4）通过员工自助平台，员工还可以在线查询个人的绩效考核结果，员工的每一次考核结果都会记录在系统里。

（5）系统后台的各项参数设置可以有效地控制"老好人"、"泄私愤"等人为因素的干扰，使考核结果更加公平与公正。

3. 自助服务平台模块

（1）以门户的方式打造自助平台，集成了通知通告、公司新闻、人事制度、论坛中心、在线消息、政策法规、在线学习等多种功能并可以和企业的 OA、CRM 等多种应用系统无缝集成。

（2）按照角色分为四级构建，普通员工、部门经理、分支机构领导、集团领导，并且根据角色的不同，设定不同的权限，提高工作效率，实现各层级人员的工作协同性。

（3）经过授权，员工可查询个人信息如薪资、保险、培训、考核等。同时员工还可以参与到具体的人力资源业务，如员工可通过培训自助查看培训班的信息，并且可以在线报名、在线学习、在线考试；通过绩效考核自助，可以参与对个人或者他人的考评打分等。

（4）部门经理在授权范围内，可在线查看所管辖员工的人力资源信息，对所管辖员工进行统计分析和查询浏览，了解人力资源配置状况，同时还可以参与到人力资源的管理，例如各种流程的审批、部门招聘需求、针对下属的绩效考核等。

（5）自助平台和在线学习系统实现无缝集成，支持多种课件格式，员工可通过在线学习系统，实现网上报名、自主学习、网上考试等，系统可自动跟踪员工的学习进度、对学习效果的评价汇总，同时提供调查问卷，可方便企业做各种类似的问卷调查，系统会自动统计调查的结果。

4. 人力资源规划模块

（1）在月度、年度人力资源数据及基本经营数据等基础上生成季度、年度规划。

（2）根据企业历史数据及战略发展生成三年、五年中长期规划及人员结构等素质规划。

（3）对企业现有人力资源状况进行分析，优化各岗位人力资源配置，且可输出历史人力资源配置状况以及人力资源成本的发展趋势报告。

（4）对空缺职位进行管理，可作为招聘计划的重要参考依据等。

思嘉 HR 系统的进一步完善，将使思嘉人力资源管理水平上一个台阶，建立有效的招聘、选拔、考核、激励、任免等机制，实现人才的梯队建设，不断在文化方面、人才环境方面、人力开发方面增强企业竞争力。

第十四章　品牌建设与管理

思嘉从创办之日起就一直重视品牌建设，强调塑造"思嘉"的市场形象和影响力。但是真正借助专业管理咨询公司的研究与指导，根据产品与市场分析，系统地对品牌进行设计，然后按照一套经科学论证、比较后确定的品牌战略实施目的明确、手段先进、效果显著的品牌运营与推广，还是企业在香港上市以后开始的。目前，"思嘉"品牌在国内新材料市场上已经脱颖而出、小有名气，在国际市场上虽刚刚崭露头角，但已显示出蒸蒸日上的良好态势。本章针对思嘉集团在品牌建设与管理方面的具体实践展开阐述。

第一节　品牌战略定位

从 2002 年建厂初始至今，思嘉经历了公司名称变革的过程，从原来的"福建思嘉塑胶有限公司"，到 2006 年的"福建思嘉环保材料科技有限公司"；2010 年上市，有了"福建思嘉集团有限公司"的名称。同时，随着产品市场的开垦与拓展，集团旗下系列产品市场份额超过 50%。虽然在市场的份额不断增大，但由于品牌定位不清晰，让公司品牌在市场上无法进一步打响，有的客户企业较为熟悉，知道思嘉制造什么类型的产品，可是还有很多客户以为思嘉是做电子产品。如何推广品牌成为思嘉上市后的一个重要议题。

公司上市后，进行了系列的品牌建设与管理措施，包括邀请中国顶尖的品牌及营销策划咨询公司——北京赞伯营销管理咨询有限公司为思嘉进行品牌战略定位指导，通过媒体进行品牌宣传，为企业 Logo 及 VI 体系升级等，实现了品牌管理的一次大整理。

2010 年下半年起，思嘉品牌建设与规划是建立在以塑造"思嘉 SIJIA"品牌为核心的战略基础上，将品牌建设提升至集团运营的战略高度。这一战略核心与平时的品牌识别、产品品牌推广不同，主要为设立思嘉整体的品牌目标、方向、策略方面，为日后的具体品牌管理与实施提供战术指导。

与赞伯合作

2010 年初，思嘉集团董事会主席林生雄在清华参加总裁课程时认识了北京赞伯营销管理咨询有限公司董事长路长全教授，通过一段时间的认识，了解到赞伯团队由 100 多位资深营销专家和管理专家组成，其领军人物路长全教授为中国极具营销影响力的营销实战专家，赞伯为企业提供务实的营销策划和管理咨询服务。

林主席回到公司后，迅速召开高管团队进行会议讨论，最终确定邀请赞伯为公司进行品牌定位规划，对思嘉上下游产品的市场进行调研，重新定义思嘉产品的诉求，对思嘉集团品牌进行一次全面的品牌整合。

通过两个月的考察，赞伯提出了诊断意见：材料企业处在上游供应商与下游制造商的夹缝中，被动生存。思嘉企业如何改变这种困境？

高度突破：全球软体强化材料基地。全新的品牌定位，把思嘉从隐性冠军，彻底推向显性冠军，增强品牌影响力。

角度突破："9A 强化品质"构建行业标准。在鱼龙混杂的材料行业，思嘉第一次倡导行业优质标准，第一标准支撑品牌第一高度。第一高度，第一角度，构建思嘉第一核心竞争力。

（一）市场行业态势分析

基于思嘉新材的客观现实，赞伯提出三种可能实现的发展战略。

（1）战略方向一：专注材料品牌，成为强化材料中的"杜邦"。

1）思嘉只专注于材料发展，而不延伸下游产业的产业制造、营销和品牌塑造。

2）思嘉除了不断对材料本身开发和研究之外，还要对下游产业技术和发展进行研发。

3）思嘉不断用新材料和新技术支持战略合作伙伴，发展其下游产业。

4）思嘉不直接介入下游产业的发展，是为了不与下游企业形成产业竞争关系，使下游企业能够信赖和依赖思嘉。

（万平方米）

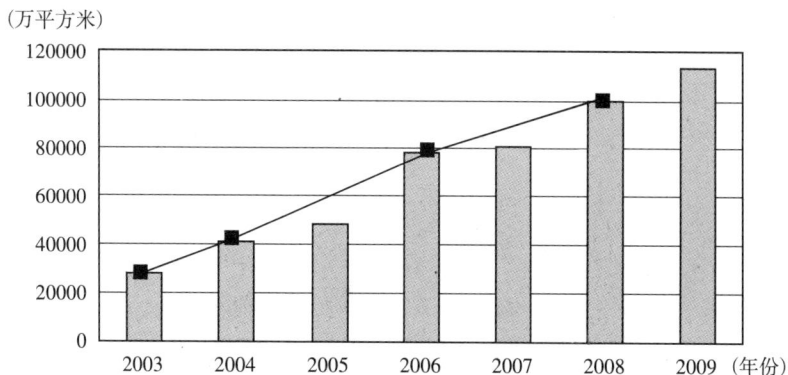

图 14-1 中国强化材料市场增长态势

注：在中国发展强化材料的十年之中，产能在以每两年出现一次接近 30% 的递增为规律高速发展。中国强化材料呈高速发展态势，是新兴朝阳行业。

时间	项目 国内产量（万平方米）	出口总量（吨）
2005	48575	13156
2006	78316	22913
2007	81153	30320
2008	99535	22555

原料供应少 → 转化应用少 → 消费认知弱

图 14-2 中国强化材料应用分析

注：中国强化材料十年中一直保持着 30% 左右的出口比例，有限的产能根本无法在国内实现大规模的产品转化，更不能完成对国内传统材料的快速替代。中国强化材料应用不广泛，消费认知度不高。

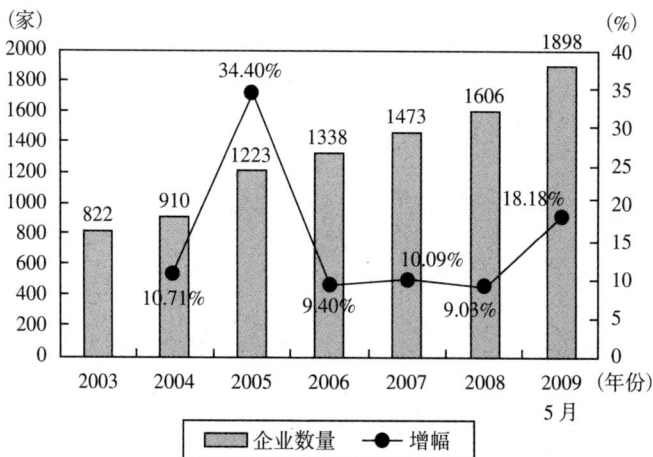

图 14-3 2003~2009 年 5 月强化材料行业企业数量发展状况

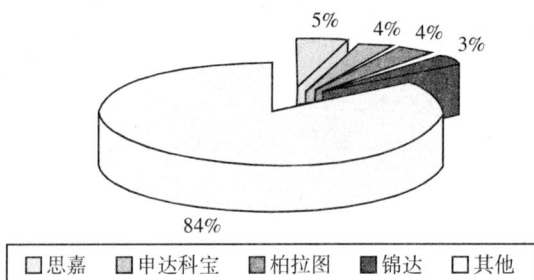

2009 年强化材料前四名企业市场占有率

图 14-4　中国强化材料竞争分析

中国 1898 家（2009 年）强化材料生产企业中，思嘉以 5% 的市场份额占据着领先的市场地位。这说明，强化材料行业还停留在初级竞争阶段，产业集中度不高，没有大品牌诞生。中国强化材料处于成长初期，呼唤大品牌诞生。

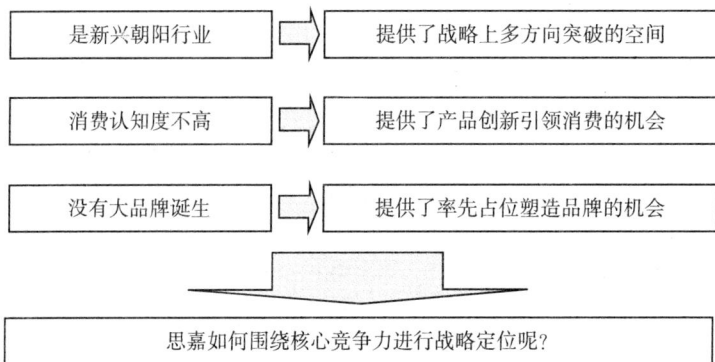

图 14-5　定位选择

5）思嘉营销模式相对简单，只需要和下游企业建立战略合作联盟。如 Intel 不需要去销售电脑一样，只需要把它的芯片卖给电脑企业，让所有电脑企业在下游竞争。

6）思嘉需要构建强大的材料成分品牌。

（2）战略方向二：以材料创新为核心，辐射运作所有下游产业。

1）思嘉需要构建全面的技术和生产产业链，需要强大的研发和生产团队。

2）思嘉需要强大的营销团队，构建全方位的营销网络和品牌体系。

3）思嘉将与所有其他下游企业构成直接竞争关系。

4）下游产业中的企业对思嘉不会产生强有力的信任关系，就不会对思嘉材料品牌的建立做努力。

5）思嘉将全方位遭遇竞争对手的竞争，营销投入巨大。

（3）战略方向三：专注构建材料品牌，有限度介入下游产业。

1）思嘉的主要工作用于构建材料成分品牌，逐步实现思嘉成为强化材料中的强势品牌，使得思嘉成为下游企业和消费者的首选成分材料。

2）在下游产业链通过广泛的企业联盟实现销售，思嘉通过支持下游企业的发展而获得自身的发展。

3）在一些规模较大、竞争初级下游产业，思嘉以其他独立品牌的形式介入。这样既能实现思嘉规模的发展，同时又不引起下游企业的信任危机。

4）凡是思嘉介入的下游产业，一定要走中高端品牌路线，以将下游产业引导向健康方向发展，使思嘉材料能有良好的竞争环境。如果思嘉介入的下游产业，走低端价格竞争策略，就会将这个下游产业引向恶性价格竞争，结果一定是反过来殃及思嘉的上游材料产业的良性发展。

（二）思嘉科技战略方向设定

思嘉材料属于半成品，需要二次深加工后，最后才会到终端客户手里，思嘉跨13个行业，每一个行业都可以组建一个公司，打造一个品牌，如充气艇产品、气模玩具产品、下水裤产品、篷房产品、膜结构产品等，思嘉的核心竞争力是材料，优势在于材料的研发。如果无限度地延伸到下游产业链，最终会形成企业分割材料客户的市场，造成材料客户放弃思嘉的材料，对材料会造成巨大的影响，所以公司应当选择性做一部分产品，重点扶持大客户扩大规模，占领市场份额。

（1）思嘉要做行业孵化者，不做行业通吃者。软体强化材料尽管在国外有多年历史，但在中国的发展实际上处于成长期，其技术和规模还需要较长时间发展。思嘉有责任通过材料创新，引导下游企业开发新产品促进行业的不断发展和扩大。

（2）思嘉要做品牌建设者，而非市场投机者。鉴于下游产业的制造和营销能力相对比较薄弱，的确存在各种各样的市场利润博取机会，但作为行业材料的创新者，思嘉不能以投机者介入所有行业，而是挑选能够做成品牌的子行业介入，抓住机遇打造多个品牌，增强企业的竞争力和规模化发展。

（三）思嘉下游产业延伸三大原则

（1）民基性产业——品牌能建立。针对普通消费者日常使用的产业，能够通过终端品牌的创建，扩大思嘉的品牌社会影响力，强化思嘉不可替代的竞争优势。

（2）政策性产业——品牌做得快。国家政策扶持性产业，能够获得国家的支持，在提高思嘉政府层面的品牌影响力同时，进一步借势国家资源快速推进品牌发展和市场规模。

（3）持续性产业——品牌做得久。行业发展稳定，消费需求稳定，呈现线性发展，而非点式发展，思嘉市场运作能够实现品牌的持续性积累，不断增强思想市场竞争力。

（四）中国劳保防护服市场分析

（1）中国劳保防护服具有 200 亿元的市场规模并且在较高速度增长。强化材料在该领域广泛应用，以雨衣、雨鞋、下水裤为代表。

（2）我国涉水防护服产量近几年持续增长，2003~2008 年，平均增长速度为 12.4%。到 2008 年行业产品产量已经超过 800 万件。

（3）国家近年来对三农政策持续重点关注，根据目前行业生产规模及产能现状，预计未来几年涉水防护服产品市场仍将继续保持较快的增长速度。

（五）中国沼气池市场分析

（1）由于沼气是再生能源，中国政府鼓励沼气产业发展，补贴每个沼气工程。

（2）2008 年，中国沼气工程的投资增加了 106 亿元，估计 2014 年增长到 230 亿元，2008~2014 年增长率为 13.8%。

（3）软体沼气池终端产品市场收入预计从 2008 年的 0.9 亿元增加到 2014 年的 9.4 亿元，增长率为 47.9%。

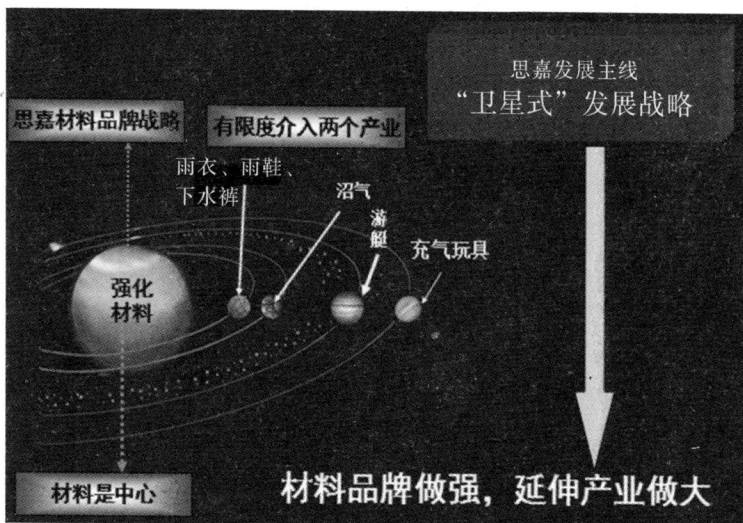

图 14-6　发展战略

第二节　定义品牌

在与思嘉进行了几个月的讨论后，赞伯提交了部分方案的策划，内容从营销调研到品牌整合、品牌形象设计、产品营销整合、包装设计、整合传播到渠道操作、销售管理等所有品牌及营销环节，为思嘉提供一套量身定做的营销整合方案。具体内容包括：提供全方位的营销调研，提供一流的品牌整合及传播方案，提供一流的企业形象设计方案，提供一流的营销整合方案，提供与竞争相匹配的产品上市方案，提供一流的渠道分销方案，提供行之有效的促销及推广方案，提供与企业资源相匹配的营销管理方案，提供一流的产品包装设计、平面广告及推广要件设计，提供有竞争力的影视广告创意、制作及媒体投放。

一、思嘉品牌系统诊断及全面整合

（一）关于思嘉的企业名称建议

1）企业名称回答"企业是谁"的问题，一个恰当的名称能够直接反映企业的属性和特征，更能够在消费者识别的过程中传达出品牌信息。目前，思嘉在企业名称方面略显不足。

2）科技概念过于宽泛，难以清晰地指明思嘉的行业属性与核心主业，思嘉科技在传播过程中容易误导消费者，易产生 IT 行业的联想。

3）企业名称由"思嘉科技"改成"思嘉新材"，"新材"指新型材料，充分凸显思嘉的材料创新能力，"新材料"是国家未来产业振兴的重点支持方向，无论从资本市场还是从消费趋势，新材料代表着尖端科技，与泛泛的科技概念有着完全不同的区分，代表着未来的发展方向，更加契合思嘉的产业属性特征。

（二）思嘉核心产品的品类定义

（1）思嘉核心产品=思嘉强化材料。

（2）强化材料可以是橡胶，可以是塑钢，更多是一种传统材料的联想。"强化材料"品类概念掩埋了思嘉创新强化材料的核心创新价值。"强化材料"难以让思嘉成为行业的创新推动者和领导者的角色。

（3）思嘉的强化材料适用于：气密、充气、沼气池、运动地板、窗帘、雪鞋、篷盖、特种箱包、涉水防护服、劳保工业防护服、医疗、TPU、膜结构、PTFE 透湿透气等各个领域；思嘉强化材料应用到各个领域所呈现出的典型物理可感知特征——软中带钢。

（4）材料特性为：软体强化材料，软材料硬品质。

（三）思嘉新材的品牌战略定位

（1）中国的强化材料行业目前还没有形成较高的产业集中度，品牌竞争相对混乱，没有大的品牌存在。思嘉必须抓住机遇，领先占位，做中国软体强化材料第一品牌。

（2）为思嘉新材的品牌战略定位寻找一句可以传播的定位语。

（3）思嘉新材的品牌诉求："软材料"硬品质。一软一硬的天然戏剧

思嘉新材
全球软体强化材料基地

图 14-7 定位语

性反差使诉求易于传播，利于记忆。一软一硬对产品属性和特征的表达指向清晰，直接准确。

（4）思嘉新材的品牌情感诉求。

摒弃了笨重的感觉，雨天也可以轻松自如

没有场地，没有时间的限制，旅游也可以随时随地

抛开橡胶的沉重，收获也是一种轻松的喜悦

砍柴烧火，已经是过去式。清洁能源，更实惠、更环保

思嘉，让生活各个角落都发生着惊喜的转变

思嘉新材，创新生活

● 通过对思嘉软件强化材料的系统分析，总结出9大产品特殊属性。

■ 抗拉伸 Anti-stretch	■ 抗撕裂 Anti-laceration	■ 抗漏气 Anti-blowing
■ 抗腐蚀 Anti-corrosion	■ 抗剥离 Anti-stripping	■ 抗严寒 Anti-chilliness
■ 抗曝晒 Anti-insolation	■ 抗燃烧 Anti-fire	■ 抗老化 Anti-aging

思嘉新材 "9A" 强化品质

图 14-8 品牌诉求

（5）思嘉软体强化材料的品质标准；"9A"强化品质整合软体强化材料的特点，并且转化为卖点。

"9A"强化品质作为品质标准的表达，象征着高端产品品质。"9A"强化品质作为品质证言，以品牌标记的方式附着产品。

图14-9 "9A"强化品质

（6）思嘉新材的品牌形象。

1）专业的、创新的、国际化的；

2）思嘉专注软体强化材料的发展，专业性强；

3）思嘉在软体强化材料领域不断突破，研发新的产品，引领行业进步；

4）思嘉产品出口多个国家，而且已经在香港上市，国际上享有盛誉；

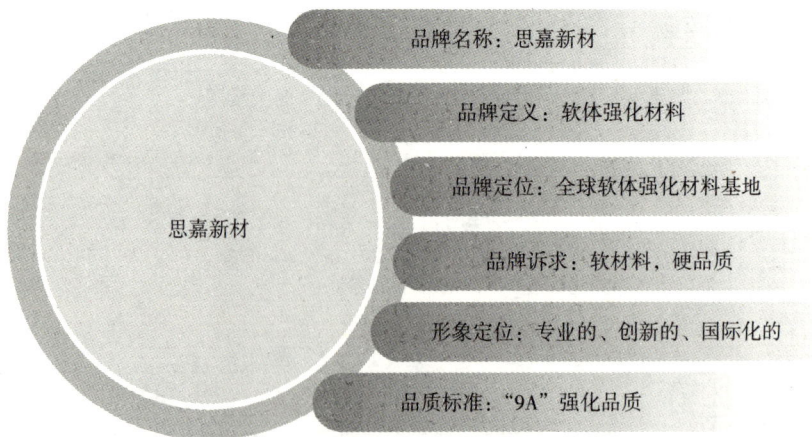

品牌名称：思嘉新材

品牌定义：软体强化材料

品牌定位：全球软体强化材料基地

品牌诉求：软材料，硬品质

形象定位：专业的、创新的、国际化的

品质标准："9A"强化品质

思嘉新材

图14-10 品牌形象

（7）思嘉新材形象整合。

图 14-11　形象整合

二、思嘉系列产品品牌的系统塑造

1. 思嘉系列产品品牌的系统打造（之一）姜太公牌水具系列（雨衣、雨鞋、下水裤）

（1）在"姜太公"品牌序列中，下水裤具有独特的使用特征，两大使用特征构成了品牌诉求基点。

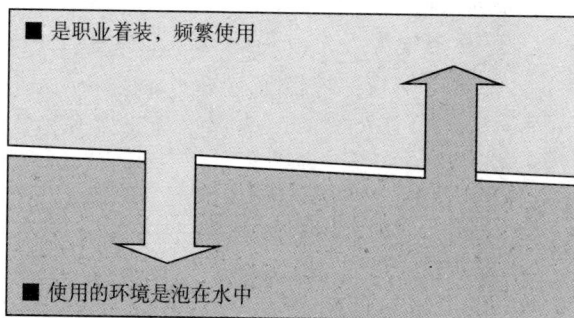

图 14-12　下水裤使用特征

（2）姜太公下水裤功能诉求：姜太公下水裤，365 天不怕泡。

（3）姜太公下水裤情感诉求：姜太公下水裤，穿了都说好！姜太公下水裤，渔民致富裤。

（4）品质的诉求。

1）材料好——采用"9A"强化材料制作而成；

2）工艺好——人性化的剪裁设计，保证穿着舒适；

3）品质好——用第一手料做成，拒绝回收料加工，经久耐用；

4）搓一搓，不起皱；

5）拉一拉，不变形；

6）折一折，不留痕。

（5）"姜太公"形象整合。

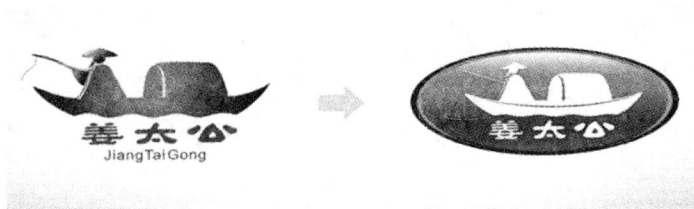

图 14-13　形象整合

1）将原标志加以外形重新归纳，将图形品质质感提升：完整、饱满，便于延展应用；

2）细节调整：手部、鱼竿、船两头……都做调整，更加简洁、形象，提升品牌品质感。

2. 思嘉系列产品品牌的系统打造（之二）沼气系列

（1）思嘉沼气品牌名称确定。

1）从视觉上，思嘉沼气像一个红色的气球，颜色鲜艳夺目。

2）从感觉上，思嘉沼气与传统沼气有着明显的本质差异点。

在沼气调研的过程中，我们发现，农民最为恐惧和担忧的问题是沼气危险状况频出，许多农村弃用沼气池。

（2）思嘉红囊沼气品牌定位。思嘉红囊沼气新一代安全沼气。

（3）思嘉沼气品牌功能诉求。

（4）思嘉红囊沼气池形象整合。

思嘉红囊沼气池形象载体：①一团火的可爱造型象征沼气能源，飞行

图 14-14　示例

图 14-15　名称确定

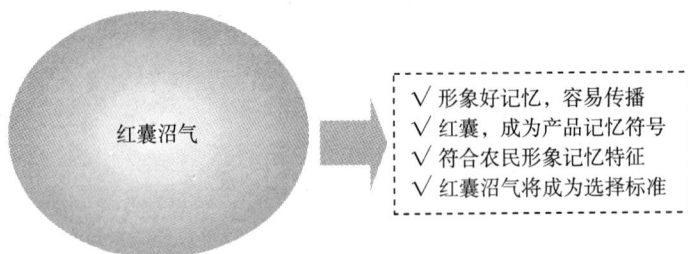

红囊沼气

√ 形象好记忆，容易传播
√ 红囊，成为产品记忆符号
√ 符合农民形象记忆特征
√ 红囊沼气将成为选择标准

图 14-16 特点

思嘉红囊沼气

● 吸热性好
● 气密性好
● 耐盐
● 耐酸碱

更安全

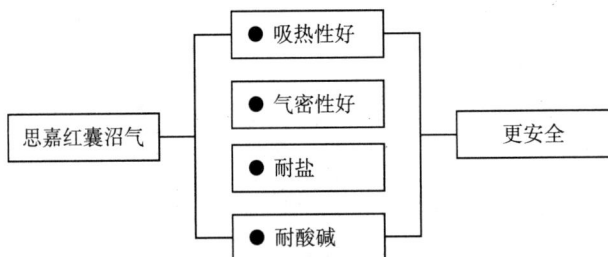

图 14-17 沼气特点

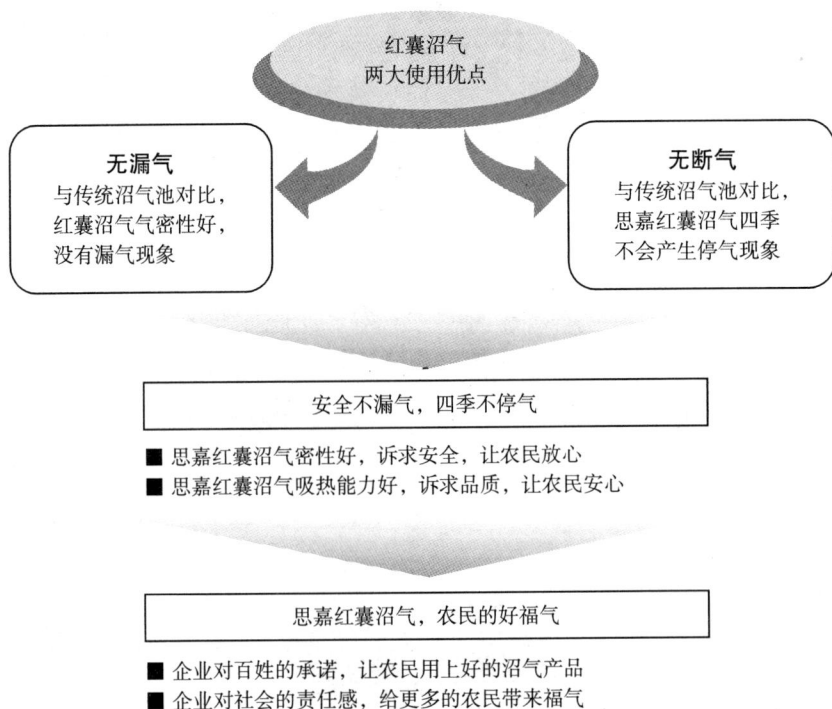

红囊沼气
两大使用优点

无漏气
与传统沼气池对比，
红囊沼气气密性好，
没有漏气现象

无断气
与传统沼气池对比，
思嘉红囊沼气四季
不会产生停气现象

安全不漏气，四季不停气

■ 思嘉红囊沼气密性好，诉求安全，让农民放心
■ 思嘉红囊沼气吸热能力好，诉求品质，让农民安心

思嘉红囊沼气，农民的好福气

■ 企业对百姓的承诺，让农民用上好的沼气产品
■ 企业对社会的责任感，给更多的农民带来福气

图 14-18 功能诉求

图 14-19　示例

的动作表达快捷、能量充裕；②以卡通形象作为形象载体，生动、可爱、记忆点深刻，能源农民用户产生良好的形象沟通。

三、思嘉媒介传播策略及广告创意

1. 思嘉新材及红囊沼气传播策略

（1）"三维传播"。对政府：获得政府的好感及认可；对下游企业：树

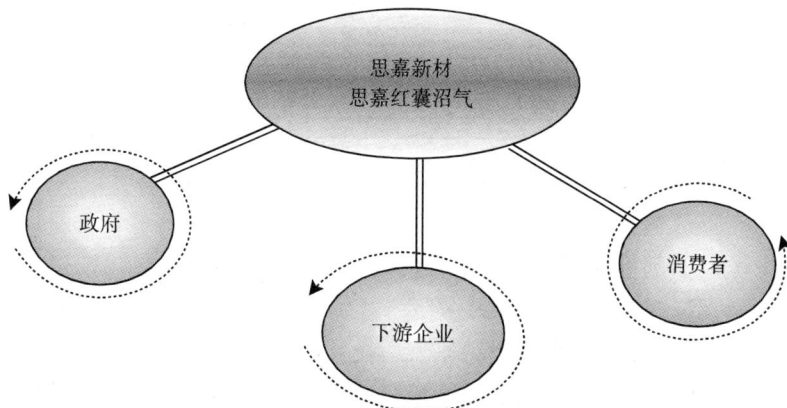

图 14-20　传播策略

立行业老大地位；对消费者：提高知名度、美誉度。

（2）顶天立地。央视高举高打+县级深度传播。占领央视绝对高度，树立思嘉新材行业老大地位；覆盖目标消费者终端接触点，有针对性深度传播。高度："中央七套"+《光明日报》。深度：县城环岛、跨街路牌+农村墙体。

2. 思嘉整体市场布局及渠道策略

（1）思嘉新材销售运作三大核心问题。

1）客户合作松散：思嘉材料目前与下游客户合作较为松散，只是初级"卖货"形式，因此造成对客户依赖性较强；

2）缺乏客户管理：对合作客户分级管理较弱，导致优质客户数量难保证；

3）"上下挤压"较被动：因为缺乏优质客户群，思嘉目前受到"台塑"等高端品牌挤压，和"远见"等低端品牌低价侵袭，市场运作比较被动。

（2）思嘉新材销售运作十二字战略方针：深度战略联盟，持久共赢发展。

1）思嘉新材战略联盟规划。

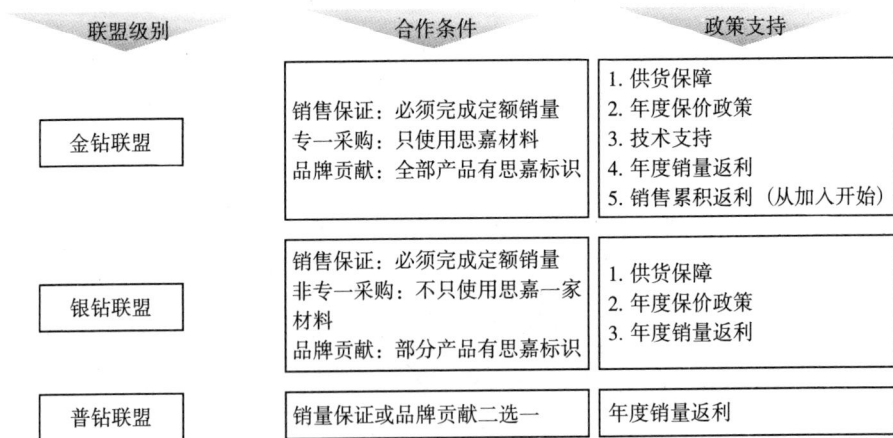

联盟级别	合作条件	政策支持
金钻联盟	销售保证：必须完成定额销量 专一采购：只使用思嘉材料 品牌贡献：全部产品有思嘉标识	1. 供货保障 2. 年度保价政策 3. 技术支持 4. 年度销量返利 5. 销售累积返利（从加入开始）
银钻联盟	销售保证：必须完成定额销量 非专一采购：不只使用思嘉一家材料 品牌贡献：部分产品有思嘉标识	1. 供货保障 2. 年度保价政策 3. 年度销量返利
普钻联盟	销量保证或品牌贡献二选一	年度销量返利

图 14-21　战略联盟规划

注：销量保证的级别划分，根据目前合作客户对思嘉销量贡献和潜力而定。

2）思嘉新材战略联盟政策诠释。

3）思嘉新材战略联盟政策特别诠释。

4）思嘉新材战略联盟三大市场意义：①强化客户合作：通过联盟政策，全面强化思嘉和下游客户合作关系，从而改变对客户过分依赖的现状；

供货保障政策	优先、优质、足量供货
年度保价政策	年度内供货价格不受上游材料等客观因素干扰，保证全年同一供货价
技术支持政策	思嘉新技术，新材料，优先推广支持
年度销量返利	根据客户年度销量等级，给予相应比例的返点奖励

图 14-22　政策诠释

销售累积返利	每年度末，对客户从联盟开始，到本年度末的所有业绩，进行累积奖励，可以是万分比为单位（具体比例商讨定），客户联盟 N 年，可以享受 N-1 次累积奖励

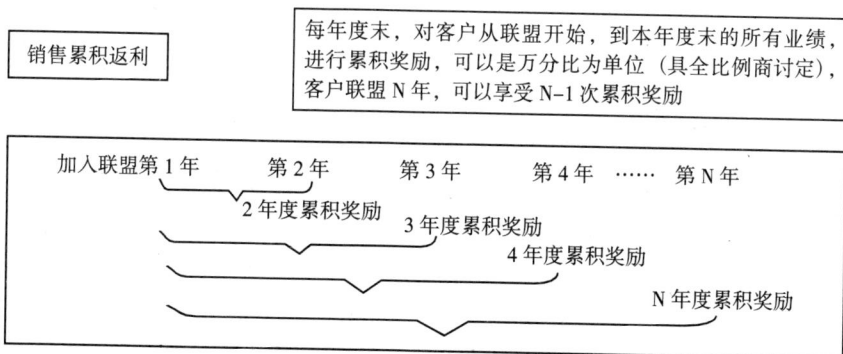

一次联盟，持久奖励，彻底"捆绑"优质客户，使其不忍、不能脱离思嘉组织

图 14-23　特别诠释

②"捆绑"黄金客户：通过分级别管理客户，彻底"捆绑"优质客户，提升思嘉核心竞争力，从而稳步提升业绩；③传播思嘉品牌：下游企业通过联盟政策全面落实思嘉"品牌贡献"行为，从而大力提升思嘉品牌影响力。

（3）思嘉雨具销售运作三大核心问题。

1）雨具销售存在的问题。城市经销商多品牌运作：难以集中资源运作思嘉产品；城市经销商以坐商为主：不能主动开发和服务下游客户；办事处直营到县和乡镇：短期内提升了销量，但挫伤了城市经销商的信心。

2）雨具渠道运作 12 字方针。

表 14-1　12 字方针

类　目	内　容
一级配送	以城市为一级经销商，负责二级经销商及直营终端的配货和回款 办事处负责二级经销商及直营终端的开发和维护，快速增量的同时，激发一级经销商的信心

类　目	内　容
二级激活	办事处人员负责城市、县、乡镇二级批发商和大型零售终端的开发、管理和服务，并根据销量进行阶段性订货奖励，使二级经销商经营思嘉产品的比例大幅提升
决胜终端	通过二级客户的开发、管理、服务和激励，提升思嘉产品终端铺货率

（4）12字方针执行流程及意义。

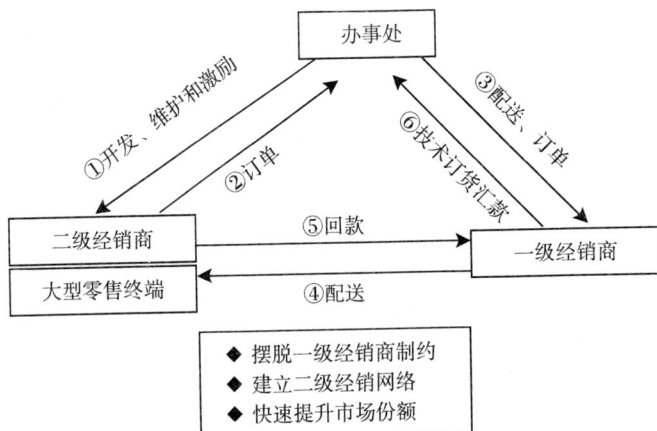

图 14-24　12 字方针执行流程及意义

（5）雨具根据地规划。

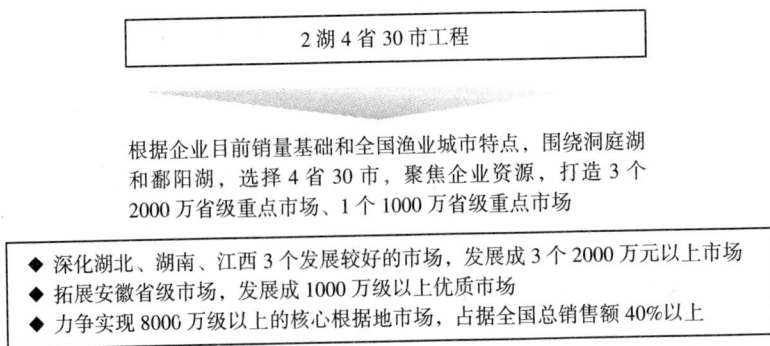

图 14-25　雨具根据地规划

（6）2湖4省30市工程五大意义。

表 14-2 五大意义

类　　目	内　　容
明确重点	明确公司市场运作重心，实现在几个区域市场良好的投入产出效益
资源倾斜	公司资源有效倾斜，使得人力、物力、促销等投入聚焦
渠道具体	将复杂渠道运作工作具体化，有利于将各项渠道工作落到实处
责任对接	有利于目标与责任人的对接，使得各项工作不再盲目
奠定基础	2 湖 4 省 30 市获得突破之后，为下一年全国性市场运作，实现销售的全面提升打下基础

第三节　品牌建设实践

品牌有着无形价值，同时也是企业最重要的资产，拥有较高的认知品质和更好的溢价功能。现在的企业竞争已经从单纯的价格、质量和服务竞争转化为具有深厚文化内涵的品牌竞争；通过品牌背后富含社会责任的企业文化，赢得消费者和公众对品牌的认同，已成为一种深层次、高水平和智慧型的竞争选择。为了进一步发挥思嘉品牌的竞争力，利用其不可替代的差异化能力、延展力和构建竞争壁垒能力，从而使思嘉扩展自身潜力，持续获取盈利。

在 2010 年赞伯进行的配套品牌定位为规划阶段后，2011~2013 年，公司根据不同阶段的产品及市场特征及企业自身发展情况、内外部环境，选择不同的品牌策略，制定品牌战略，并进行了符合企业实际运营的品牌推广形式。

一、采用赞伯推荐部分方案

赞伯制定材料品牌宣传方案，对于材料来说，材料本身的定性是属于工业品，没有直接销售给终端客户。因此，经过多次的讨论决定，公司采取了一部分品牌宣传方案：

（一）Logo 整合

公司采用了赞伯对公司的 Logo 统一整合方案，所有的名片、宣传画

图 14-26　Logo 整合

册、样品册、展会的广告牌、公司便签、礼品袋、礼品、台历等，这次 Logo 的整合，进一步提升了公司的品牌效果。

（1）原先的 Logo：①外形轮廓不够严谨；②取现稍显生硬不够流畅；③高光效果过于复杂，缩小应用时会显凌乱。

（2）调整后的 Logo：①将上部分连接成一体，避免笔画太零散，造型更加整体；②将外形与曲线重新规范，外轮廓以正圆为标准，造型细节更加流畅、严谨；③高光效果予以简化，去掉过多的高光点，以一个高光为主体，视觉上更加简约；④将名称调整为"思嘉新材"；⑤字体沿用原有字体稍加调整，将过硬的棱角调整得更自然，与标致更为协调。

（二）广告制作

在当下这个"信息爆炸"的时代，下一秒谁都不会知道从社会的某处将传递出数以万计的信息，当然这其中更是以商业广告信息居多。平面的、电视的、广播的、网络的、户外的，随着需求的增加和模式的演变，只要是有人活动的地方都能出现意想不到的广告信息载体。为了加强公司品牌识别力度，提升企业知名度，思嘉选择了机场、火车站及公路作为广告载体，投入公众广告的宣传中。

但是，在一年后的广告宣传分析检讨会议上，根据市场反馈的效果来看，由于材料的特性本身属于工业品，该种形式的产品宣传没有直接影响到消费者，这种广告宣传收益甚微，所以最终取缔了这种户外广告宣传。

（1）福州机场的高速公路上、森林公园路口/福州火车站出站口分别制作广告路牌，加大思嘉品牌宣传力度。

（2）在福州部分公交车做车体广告宣传。2010 年 11 月，公司与福州市公共交通集团有限责任公司合作，选择了 75 路和 93 路两条福州市绕城公交车线路进行"思嘉新材"这一品牌的宣传。通过公交车在城市里往返

图 14-27　广告路牌

穿梭，公司旗下膜结构、充气玩具、汽艇、沼气池、防水卷材材料等系列
产品不断为大众所知悉。进而不仅在广大市民中再一次树立公司品牌形
象，同时极大地展示团队理念与产品信息。往复流动、视觉上的强制性信
息接触、大范围覆盖以及强烈的色彩冲击，这些显而易见的宣传特色使得
公司的品牌宣传得以进一步的推广。

图 14-28　车体广告

（三）接受媒体采访与报道

（1）2010 年 9 月 30 日，CCTV4《中国新闻》中国最大的沼气项目在福
建思嘉投入使用。

　　目前，中国最大、最新的软体沼气池项目在福建思嘉工业生态园正
式投入使用，思嘉新材生产这种新型软体沼气设备与传统的沼气池相

比，具有抗震性能强、池体密封好不易破漏并可移动等特点。

（2）2010年9月30日，央视《聚焦三农》报道思嘉沼气池示范工程，软体沼气池落户新农村。

日前，我国最大的新型软体沼气池在福建思嘉工业生态园正式投入使用。在当前我国能源供应不足，农村煤炭粗放型使用的情况下，沼气新能源技术的推广，成为一项节能减排的惠民工程，根据相关补贴政策规定，农民新建一座沼气池生态能源系统，国家将给予80%的财政补贴，农民成为直接受益者。"传统沼气池存在两个弊端，一是冬天气温低的时候不产气，二是受地质灾害变化影响会漏气，新型的软体沼气池就解决了这两大问题"。目前，这种新型软体沼气池设备已经在新疆、四川、贵州等地推广使用，今年年底前，全国将有近500万农户用上沼气系统。

（3）2010年11月8日，CCTV新闻联播：思嘉集团 回眸"十一五"，展望"十二五"。

"十一五"是实施国家中长期科学和技术发展规划纲要2006~2020年的开局阶段，是我国全面落实科学发展观，加快经济增长方式转变，推进产业结构优化升级的关键时期。为破解区域发展不平衡，"十一五"期间，国家引导产业大转移，中西部及东北地区的经济发展速度明显加快。

变化变出了优势，中西部交通更为便捷，物流业更为完善与发达，公司从近几年的经营与运作中惊喜地发现，中西部的运送成本下降了。例如，从成都送货到欧洲，比东部便宜至少10%，中西部招工比东部更容易。

账算明白后，公司西进的计划开始了，不仅增设中西部办事处、西南办事处，而且开始在着力打造西部市场。林生雄董事长表示："我们已经开始在四川成都、湖北汉川建立了两家工厂。计划在今年到明年，准备在西部继续扩建至十个工厂。"

思嘉在区域发展的大步伐中抓住机遇，迎接挑战，努力使自身发展得更快、更好，加快生产销售的步伐，不断增强市场竞争力；因地制宜，分类指导，做到生态效益和经济效益相统一，从而立足中西部市场、扎根中西部市场、拓展中西部市场。

（4）2010年11月19日，《海峡都市报》：宦溪村民享受思嘉"袋装沼气"。

图14-29 报纸报道

本报讯 昨天下午5时许，福州晋安区宦溪镇核铀村，村民何依伯从养猪场出来后，径直来到厨房点燃两个沼气炉准备晚饭。在跳跃的蓝色火苗中，不远处的电磁炉和液化气罐已落了一层灰。"沼气做饭又快又方便，我们都过上低碳生活了。"让何依伯更得意的是，多数农村使用的沼气来自地下沼气池，而他们村的沼气却是从"红气桶"里出来的。

新型沼气袋子 没有一点臭味

何依伯所说的"红气桶"，真名叫作红泥软体沼气池，简单来说，就是一种用新技术、新材料制作而成的沼气袋。昨天下午，记者来到何依伯家后院看见，四五个红色沼气袋躺在空地上，有的为圆柱体，有的为长方体，此时气袋被沼气塞得鼓鼓的，用手按下去也看不出凹凸。

在几位村民指引下，记者参观了沼气的产生过程。只见几根盆口粗的白色管道，从一猪圈延伸至一台用于固液分离的机器内，猪粪便固体当即分离出来，而后经加工变成有机肥料，液体则先后流入酸化调节池和发酵袋，随之产生沼气并储存进沼气袋。"买根直径1.5厘米的管子连接沼气袋和厨房，就可以做饭了。"一位大姐乐呵呵地说，目前生产沼气袋的公司免费向他们提供沼气，村民只要自己花钱买根管子就行了，不仅经济好用，还省了不少电费、液化气费呢。大姐还说，以前她见过的普通沼气池，是在地上挖个大坑并建成水泥池子，猪粪便流入大坑后产生沼气，尽管池子有盖，臭味还是会从缝隙里飘出，"太臭了，觉得恶心"。而这种沼气袋密封性很好，既无臭味又不浪费沼气。

这种新沼气还能装车运到外地。

在村民眼中，干净、成本低、火力大是最大的好处，而研发和生产该沼气袋的公司技术人员则说得更专业。"沼气袋可以折叠、可以移动，如果其他村庄亲戚朋友需要，还可以装满沼气后用车子送过去。"一技术人员说，一般而言，四头猪的粪便所产生的沼气，即可满足一家人一日三餐的做饭需要。普通沼气池的成本为上千元，使用寿命为三四年，而6立方米的沼气袋却只需500多元，可使用15年左右。

对于安全方面，该公司负责人表示，沼气袋使用专业技术制作而成，一般不会出现泄漏等现象。该公司负责人还表示，目前他们已给核铀村100户村民提供免费沼气，这让宦溪镇核铀村村民在全省率先使用了囊沼气，他们力争年底前建成1000座，其中福州各县市区数量超过100座。

(5) 2010年10月22日，新浪网：思嘉打造生态科技新农村-hk1863①。

农村沼气的确改变了农民的生活和农村的面貌。现在到使用沼气的村落，你都会惊喜地发现，家家户户乱堆柴火的现象没有了，村里大变样，环境更优美、空气更清新了。村民用柴草烧饭的日子已成为过去，人们从繁重的劳动中解脱出来，更多的精力投入到文化生活中去，这样的变化将整个村庄步入新农村的轨道上来。

谁引发了农村沼气设备"第三次变革"

国家对发展农村沼气建设非常重视，2008年中国农业部表示，我国为发展农村沼气建设先后投入105亿元国债。2010年温家宝讲话，今年要再增加500万农村沼气用户，但目前农村沼气建设面临的主要问题是沼气设备存在安全性较低、便捷性差等弊端，若要发展农村沼气建设必须开发一种更新的替代性材料。

2008年福建思嘉环保材料科技有限公司，中国国内最大强化材料制造商和供应商之一，专注于高端新型材料的研发与制造，致力成为国际知晓的一流企业，就抓住了这次时机遇，当时思嘉集团早就已意识到沼

---

①新浪网，http://fj.sina.com.cn/business/2010-10-18/0957305.html。

气池安全性是一大问题，决心研发出一种安全、便捷的沼气设备，思嘉研发团队经过 2 年不断的实验、研讨、材料分析等工作，最终研发出一种安全性高、可折叠、易存放的软体沼气池——思嘉沼气囊，思嘉红囊沼气获得国家多项专利技术和"9A"安全认证，安全程度远远大于沼气池。

农村沼气的发展，从第一代建造耗时长、安全性较低的沼气池，到第二代笨重、运输复杂的玻璃钢沼气池，再到第三代简易又非常安全的软体沼气池——思嘉沼气囊，这已经是农村沼气池的"第三次变革"了。

思嘉沼气　走在农村生态科技的最前沿

思嘉红囊沼气的研发成功，标志农村沼气已经步入囊沼气的时代，更安全、更便捷、更高效的沼气设备，将造福给更多更广大的农民朋友。思嘉红囊沼气已经在很多方面超越了传统的沼气池，与砌筑的沼气池相比，思嘉沼气囊使用更安全、安装更快捷，与玻璃钢沼气池相比，思嘉沼气囊运输更轻巧、更方便。思嘉沼气囊最大的优点在于材质的特殊性，气囊完全采用由高强化材料制成，具有超强的抗拉伸、抗撕裂、抗剥离、抗漏气、抗腐蚀、抗老化、抗严寒、抗曝晒、抗燃烧的效果，最大限度地保证了农民的人身安全，据有关部门统计思嘉沼气囊从生产研发再到投入农村市场应用，5 年来思嘉沼气没有发生一起安全事故，安全指数几乎达到 100%。

思嘉　只为八亿农民的欢笑

"是党的政策好，让我们用上这么好的东西，感谢政府，感谢思嘉。"一位刚安装完沼气囊的农民兴奋地说，这些质朴的话道出了实施农村沼气建设后所有农民的心声。

思嘉沼气囊的应用为农民解决了相当一部分家庭开支问题，不仅摆脱了长年砍柴的辛劳，又节省了劳力、节省了燃煤费，而且沼气池生产的腐熟粪肥肥效提高，使用发酵的有机肥，农作物病虫害大大减少。同时减少了化肥和农药的使用，促进了无公害农产品的生产，未来将有更多的农户认可思嘉沼气。

（6）2010 年 10 月 22 日，《福建日报》：全国最大沼气示范工程在福州晋安投用①。

---

① 《福建日报》[2010 年 10 月 18 日星期一]——五大战役进行时。

全国最大沼气示范工程在福州晋安思嘉工业园投用

图14-30　沼气示范工程

17日，全国最大的沼气示范工程——大型红泥软体沼气池在福州晋安区宦溪镇竣工并投入使用。这让宦溪镇核铀村的100户村民在全省率先步入囊沼气时代。红泥软体沼气池是利用新技术新材料制成的可折叠沼气池，使用年限可达15年左右。

（四）与专业杂志合作

通过与公司产品相关的行业专业杂志上做广告宣传的形式，扩大企业知名度，如《中国沼气杂志》、《防水材料杂志》、《中国钢结构杂志》。

二、终端产品市场定位和品牌推广实施

（1）以省级经销商为主，选择江西省作为一个示范区域市场，公司办事处负责二级、三级市场的开发，省级经销商负责产品的配送和货款回笼。

但是运营到3个月后，省级经销商提出更高的返利要求，并以货款方式要求公司满足省级经销商的要求。因此最终放弃掉省级经销商的销售模式，选择以销售办事处为区域市场的总部，逐级差价分销代理，保证各级经销商有利润，避免所有的市场被动化。

（2）为符合条件的经销商，统一店招，以公司VI设计客户的内容，同时体现公司产品的品牌，对于销售达到50万元以上，免费提供店招制作，提高产品在二级、三级市场的曝光率。

（3）按照赞伯设计的产品宣传方案，批量印刷成产品海报，分发到各个经销商，并要求经销商贴在墙上，加大宣传力度。

三、品牌维护

在现代社会，消费者对商品的需求已不仅仅注重质量、外观等，而且讲究品位、魅力和时尚。商标凝聚着文化、品位、时尚，代表着一定的身份和地位。因此，在科技日益发达、知识和信息不断膨胀、生活水平不断提高的今天，公司越发重视商标本身蕴藏着巨大的无形资产，争创中国驰名商标，成为消费者心中优质的"名牌"。

（一）保持"福建省著名商标"荣誉

自 2009 年获评"福建著名商标"起，思嘉不断自查、自检，建立并维护商标使用、管理和保护制度，并逐年不断健全管理制度，提高思嘉新材系列产品质量，维护思嘉品牌及福建省著名商标的信誉。

思嘉在申报续评后按照要求配合审查工作，接受工商局组织专家组的走访调研，专家组认真进行实地考察评估，客观填报《考察评估表》。由于公司商标为注册商标，且商标权属无争议，公司连续几年无任何商标侵权行为。此外，续评申报商标实际使用已满三年，为相关公众所知晓，思嘉的商标商品质量优良、稳定，符合国家和福建省有关标准，具有良好市场信誉，所以福建省著名商标认定工作评审小组推荐并认定思嘉"福建省著名商标"的续评，认可思嘉商标是市场上享有较高声誉、为相关公众所知晓的商标，是福建省著名商标。

据悉，"福建省著名商标"续评工作是由各级工商局按照《福建省工商局关于进一步加强驰著名商标培育管理保护工作的通知》（闽工商标〔2011〕163 号）精神，坚持高标准进行申报的，主要培养突出农业、海洋渔业、传统优势产业、区域经济支柱产业、战略性新兴产业、现代服务业和特色产业，加强对申请认定福建省著名商标企业的培育和指导。同时，续评的申报条件较为严格，企业信用评价等级 B 级及以下的企业，不得推荐参加福建省著名商标认定。

（二）多次获得"福建名牌产品"称号

从 2008 年第一次获得"福建名牌产品"荣誉起，思嘉一直在为获得这项荣誉而努力。2012 年 4 月 18 日，福建省质监局召开的福建省学习宣贯《质量发展纲要》暨 2011 年福建名牌产品颁奖大会，根据《福建名牌产品管理办法》，经企业申报、各设区市审核推荐，福建省名牌产品评定工作委员会办公室组织申报产品主要经济指标公示、社会满意度测评、产品质量监督抽检、专家评审和福建省名牌产品评定工作委员会审议，授予福建思嘉环保材料科技有限公司的高强工业聚酯夹网布等 555 项产品为 2011 年福建名牌产品。

名牌指具有较高知名度和市场竞争力的商标、产品，是企业科技水平、管理水平和核心竞争力的综合体现，名牌是一个公司技术实力和市场竞争力的重要标志，有利于树立公司的品牌形象，提高公司产品质量总体水平、企业开拓市场能力和产业整体素质。随着经济全球化的进一步加快，在更加开放的环境下进行市场运作，进一步强化竞争意识和品牌意识，具有十分紧迫和重要的意义。

据省质监局有关负责人介绍，申报 2011 年福建名牌产品的企业重视质量管理、标准化、计量、认证等质量基础工作，不断加大新产品开发和技术创新工作，努力提升企业的竞争力。

思嘉实施名牌带动发展的战略，以提高公司整体实力和竞争力为目标，以提高自主创新能力和品牌意识为着力点，通过综合运用经济、法律、行政、市场等手段，带动集团的质量水平、技术创新能力和管理水平的全面提高，促进产品结构和公司组织结构优化，提高全体员工素质和竞争力，推动公司新的发展。

(三) 争创驰名商标

中国驰名商标（Famous Trademark of China）既具有一般商标的区别作用，又有很强的竞争力，知名度高，影响范围广，已经被消费者、经营者所熟知和信赖，具有相关的商业价值。公司申请认定中国驰名商标的目的，主要考虑到以下方面。

（1）进一步提升品牌知名度。中国驰名商标是品牌知名度与美誉度的结合，商标获得中国驰名商标认定，则意味着该品牌已被权威部门认定为优质产品，在消费者心中是货真价实而非自我标榜的"名牌"。

（2）对"思嘉"这一品牌的维护。如果商标成为中国驰名商标，则该商标可受到扩大的法律保护：保护范围扩大、保护力度加大、保护的领域增加。

（3）企业无形资产大幅度增值。"中国驰名商标"是中国商标领域的最高荣誉。获得"中国驰名商标"认定，可以进一步提升企业的品牌形象，使企业的无形资产大大增值。

通过三年的努力，思嘉终于正式将品牌建设和管理纳入企业运营的轨道。

实施品牌形象战略有利于公司科技创新和技术进步，有利于资源的优化配置，有利于产品结构的优化升级，有利于综合竞争力的提升。思嘉将继续把培育品牌作为战略性的发展资源来抓，走品牌创新发展之路，以品牌推动企业做大、做强，以品牌提升经济运行质量效益，以品牌提升企业的竞争力。

2014年1月初，国家工商总局商标局、商标评审委员会认定思嘉集团商标为"中国驰名商标"，这是公司继"国家火炬计划重点高新技术企业"、"国家守合同重信用企业"等多项荣誉后的又一项国家级荣誉。

中国驰名商标是根据《中华人民共和国商标法》以及依据该法制定的《商标法实施细则》和国家工商总局《驰名商标认定和保护规定》来认定的。它是一个法律概念和法律保护手段，而不仅仅是由民间团体或有关行业管理部门评定产生、授予企业的一种荣誉，它的产生需要经过严格的法律程序。

驰名商标是一种无形财富，思嘉集团旗下品牌获"中国驰名商标"认证后，集团可以据此制定商标知识产权战略，增强企业的市场竞争力，并且可以得到大于普通商标的保护。由于互联网的蓬勃发展，对驰名商标的保护已延伸到了这个虚拟空间中，驰名认证可以保护思嘉对抗其他人的恶意抢注；其他公司不得以该驰名商标作为域名注册、公司名称注册，在电子商务中避免域名注册问题；避免在国外受到抢注或侵权等。此外，"中国驰名商标"可以吸引并增加政府和公众对思嘉的认同程度，集团在投资、信贷等其他领域将得到更多的优惠和支持。

这项荣誉是思嘉崭新的经济名片，也是思嘉人创造神奇的新动力。它充分证明了在市场竞争日益激烈的今天，思嘉依然保持优良的产品品质和企业信誉度，充分考虑客户及市场的产品需求、材料技术发展趋势和购买习惯，并且逐步增强市场占有率，提高创业能力及实力。"中国驰名商标"的认证不仅增加品牌的含金量，升值企业的无形资产，而且有利于扩大思嘉的知名度。

专栏 14-1 《农民日报》报道：思嘉环保新材料引领农村沼气池新变革

最近，福建省福州市晋安区宦溪工业园边上的何金国等几位养猪户可高兴了，一个环保科技公司利用他们圈养的 1000 多头猪排出的粪便，运用环保新材料——"思嘉红泥沼气囊"，建成沼气示范工程，彻底消除了猪场对周边环境的污染，避免了猪场被关闭下场。

福建省发改委的吴涛向记者介绍说，何金国所说的沼气示范工程其实很简单，核心技术集中体现在"思嘉红泥沼气囊"。该沼气囊由福建思嘉环保材料科技有限公司生产。在由中国农村能源行业协会、中国沼气学会牵头，日前在福州成立的"软体沼气池专业组"大会上，与会的专家们对"思嘉红泥沼气囊"的吸热性和保温性给予了高度评价。何金国告诉记者，这个投资小的沼气池，不仅环保，还可免费给他们提供照明、烧水做饭和猪崽保温等所需的沼气能，剩余的沼渣还可作为肥料再次利用，实现零排放。

资料来源：《农民日报》2011 年 7 月 30 日第二版。

专栏 14-2 《陕西日报》：思嘉红囊沼气 创新为民造福气

从一家自主创业的民营企业，到国内最大的强化材料制造商、最大的气密性材料制造商、最大的充气材料制造商、国内唯一生产高强聚酯红泥沼气池气密材料产品的制造商及终端产品制造商……近年来，思嘉集团发展迅猛，一项又一项的"中国之最"引人注目：公司已于 2010 年 4 月 29 日在香港主板成功上市，筹集 8 亿港元。

思嘉集团一步一个脚印，不断进取。依靠产品、技术及工艺的持续创新，确立了沼气行业的龙头地位，并负责起草软体沼气池材料的国家标准。

（一）以创新为基石，不断攀登

思嘉，一个以创新为驱动的新型材料公司，在软体强化材料的研发、技术设备、工艺制造等方面引领着行业的变革。经过多年艰苦卓绝的努力，思嘉共申请专利 70 件，注册商标 121 个。用科技的力量，突破了一个又一个的行业难题。

肩负社会责任，不断引领创新，是思嘉的使命。为了响应国家低碳经济的号召，思嘉在沼气池的研发中锐意进取。引进欧美等国家先进沼气池生产工艺，组织国内一流的专家队伍进行技术改革，成功研发出适用于各种特殊气候环境的"高强聚酯红泥沼气池气密材料"。凭借世界领先的沼气池加工工艺，同时又克服了膜结构沼气工程的应用难题，思嘉的红囊沼气被广泛应用于国内外各大中型沼气工程中，实现其具有耐严寒、不易变形、气密性高等特点，受到各界高度赞誉，并获得福建省优秀新产品、福州市科技进步奖等多项荣誉。

思嘉集团的技术发展与实践紧密结合，在沼气新能源领域不断挑战难题，追求创新。

（二）以百姓为根本，奉献社会

让沼气更安全，让百姓用得起！是思嘉始终坚持的原则。

思嘉红囊沼气在研发时始终坚持这一原则，具有其他产品无可比拟的优点：

第一，造价成本低，经济实惠。煤气太贵，砍柴太累，市场上一罐煤气的价格动辄上百元，普通老百姓家里很难承受得起。而地处山区的农民上山砍柴烧火，既辛苦又不方便使用。使用思嘉红囊沼气，就可以用最经济实惠，又省时省力的方法，煮上一顿香喷喷的米饭了。而与传统沼气池相比，思嘉的软体沼气池造价至少要便宜1000元，是真正看得见的实惠。

第二，安全性好，对人体无害。思嘉红囊沼气袋密封性能好，采用高科技膜结构材料，不漏气、不易爆，不伤人。特别是在清池的时候，有着明显的优势：传统沼气池清池时危害很大，如果不小心掉到沼气池中，就会有生命危险；思嘉红囊沼气解除了这一后顾之忧，封闭式的沼气存储，强化的软体材料，清池方便，真正让老百姓用得放心。

第三，使用时间长，性价比高。思嘉红囊沼气，采用特殊涂层材料，耐酸碱、耐腐蚀、耐穿刺、耐低温、耐高温、耐老化，六大强化功效融为一体，保障红囊沼气高质量，也延长了使用寿命，实惠耐用，给老百姓最佳的性价比。

第四，材料环保，低碳先行。近年来，中国先后签署、批准了《联合国气候变化框架公约》和《京都议定书》。以致力于发展节能环保、经济友好的低碳技术，这也是我国实现新能源转型的必由之路。思嘉集团响应政府号召，始终坚持以技术创新推动低碳经济，致力于环境保护与环境资源的可持续发展，不断研发清洁能源技术，并不断运用到产品中。

思嘉集团秉承"厚德兴业、诚信经营、追求卓越、携手共赢"的经营理念，立志于打造中国民族性标杆企业，为百姓造福，为社会造福。

资料来源：《陕西日报》2008年11月4日第一版。

专栏14-3 《光明日报》：思嘉新一代红囊沼气 温暖雪域高原

（一）冬天不产气，传统沼气遭遇世界难题

经过多年推广，我国沼气能源开发与建设取得了丰硕成果，据农业部统计，截至2008年底，全国已有近1亿多农民用上户用沼气，不仅为广大农牧民提供了清洁方便的能源，同时还优化和保护了农村生态环境，是一件利国利民的大好事。

然而在青藏高原等高海拔地区，以及广大北方地区的寒冬季节，也是群众对能源需求最旺盛的时节，由于气温低，普遍存在着沼气池启动难、产气难等问题，无法满足群众的能源需求。

沼气池冬天停气的现象在世界范围内广泛存在，一直以来都是一个世界性难题，而这一难题，也在很大程度上制约了我国沼气能源的进一步开发和利用。

（二）思嘉红囊沼气——材料科技创造奇迹

这一世界性难题也引起了我国新型强化材料领军企业——中国思嘉集团的关注。作为亚洲最大的新型强化材料研发与生产企业之一，思嘉集团的上百种各具特点的创新型强化材料产品长期出口多个欧美国家，在建筑业、交通运输业、制造业、户外娱乐业等众多领域发挥着不可或缺的作用。

为了积极配合国家"开发清洁能源，发展低碳经济"这一世纪大战略的实施，也为了解决传统沼气池固有的多种缺陷，为国家的沼气建设与开发做出贡献，从2006年开始，思嘉集团特别投入大量人力、物力，并联合国内外多家科研院所协同攻关，经过不懈努力，终于成功研制出一种具有全新理化特性的保温型软体强化材料——"高强工业聚酯红泥

复合料"。

用这种新型软体保温型强化材料制成的红囊沼气池，最大的特点就是比一般沼气池保温效果高 5~10℃以上，再加上干草覆盖等十分简易的保温处置，就可以保证即便在严寒的冬天，也能稳定地产出沼气，一举突破了沼气池冬天停气的世界性难题。

（三）四个"不能比"，农民更满意

除了在寒冷的冬天也能用，传统沼气池不能比之外，思嘉红囊沼气池相比传统沼气池，还有另外三个实实在在的"不能比"，让农民真正得到了实惠：

维护简单超安全：传统沼气池出现故障之后，监测复杂，维修困难，非技术人员进行监测维修，存在较多安全隐患，而思嘉红囊沼气池不但很少发生故障，而且池内"液、渣、气"可快速排空，拆卸维修简单易控，几乎不存在任何安全隐患，传统沼气不能比！

设备简单成本低：思嘉红囊沼气池不需要压水箱和出料阀以及提粪装置，设自动排液管和出料装置，建造成本比传统沼气池节省 50%，除一次性购置费用外，后期投资几乎为零，传统沼气不能比！

防渗防漏故障低：思嘉红囊沼气池，采用新型材料，以独特的高温焊接工艺制成，可经受高达 25 千帕的高压，也不会遇到渗水、停气，漏气走气等传统沼气池常见的故障，传统沼气不能比！

思嘉沼气能过冬，藏民直赞"呀咕朵！"

西藏地区，冬季漫长而寒冷，燃料供应紧张。在党和政府的号召和支持下，2010 年 1 月 28 日，思嘉集团组织技术骨干，顶着寒风，不顾高原反应，赶在节前将一批特别为藏区设计生产的红囊沼气送上高原，帮助群众安装调试好，实现 100% 成功产气。

亲自体验过之后，拉萨市蔡公堂乡农户次仁多吉等群众带着记者参观自家能过冬的思嘉红囊沼气时，说得最多的就是——"呀咕朵！呀咕朵！"（藏语：非常好！非常好）。

据当地政府工作人员介绍，这一技术成果的应用，不仅能够从根本上解决西藏高寒地区沼气池不能"过冬"的技术"瓶颈"问题，让西藏群众用上方便清洁的生态能源，同时能够大大减轻西藏地区生态系统负担，产生显著的经济和社会效益，惠及西藏牧区百万群众。

资料来源：《光明日报》2006 年 9 月 29 日第二版。

第十五章 企业社会责任

企业是在一定的社会环境中发展和运营的，企业承担社会责任是社会发展的必然趋势和要求。现代企业重视社会责任，是现代社会进步的结果，是当代人类文明的表现。企业社会责任是现代企业法律责任与道德责任的统一，履行社会责任是企业在谋求股东利益最大化之外适应法律责任和道德责任的要求而采取的行动。对迅速崛起的中国而言，企业的社会公德和责任意识对于可持续发展、和谐社会构建、"中国梦"的最终实现具有重要意义。

思嘉集团是在中国实行改革开放后市场经济大潮中诞生和成长起来的民营企业，企业快速发展的过程，是思嘉集团逐步认识和理解其社会责任，强化社会责任意识，并致力于探索体现自身特色的社会责任实践的过程。如何实现企业绩效与社会责任的统一，如何使企业发展的战略目标与履行社会责任的要求相适应，是思嘉集团管理层一直思考的两个重要问题。在企业运营实践中，思嘉在回答这两个问题、处理这两重关系方面已经做出了巨大的努力，开展了有益的尝试，初步形成了自己的责任理念、行为导向和运作方式，并积累起一定的经验。目前看来，思嘉集团在履行社会责任方面的一系列实践，虽然还只具有探索性、试验性，但已经得到了股东的一致肯定、员工的普遍欢迎、同行的高度赞许和社会的基本认可。

从企业发展和运营的视角看，企业社会责任应当是一个动态的概念。一方面，企业面对的是不同时期变化的社会环境和外部要求；另一方面，企业在不同发展阶段，面对所拥有的资源和能力条件的不同，所确定的基本战略不同，因此，企业履行社会责任的方式、内容和能量也不同。思嘉集团目前仍处于一个快速扩张的发展阶段，按照集团的战略设想，目标是打造一个具有独特创新能力和可持续发展能力，在软体高新材料领域国内领先、国际一流的综合集成型企业。那么，思嘉集团根据这一战略设想如何处理好相应发展阶段的社会责任，仍然是一个有待探讨的实践性话题。

第一节 基本理念

很多企业认为，在按照规章制度完成纳税，就完成了企业对社会的责任，其他的社会义务不该由他们去主动承担，担心承担太多的社会责任，会增加企业成本，影响企业效益，使企业在发展过程中被沉重的社会责任所拖累，甚至被拖垮。因此，在很大程度上，这些企业更偏向于发展自身，然后再考虑是否有余力或精力去承担更多的社会责任以及经营企业的"社会形象"。

对于任何一个具有独立法人地位的企业而言，其首要任务是生产和创新，创造新的价值和就业岗位，获得利润并依法纳税，否则就失去了存在的基本意义和价值。因此，思嘉集团狠抓生产，推进产学研合作不断创新，并将科技成果成功转化为生产力，创造出巨大的产品价值和市场效益，争取为社会提供更多的就业和税收，实现企业对社会的经济责任。这些都充分说明，作为社会物质财富和物质文明的创造者，企业的基本社会职责已经完成。但对于思嘉集团而言，不仅仅是如此。企业发展起来了，如何去更好地保障员工的权利和福利，是否考虑投身环境保护、社会弱势群体援助和自然灾害救助等公益事业，怎样才能不辜负股东的全面期待？这些对企业有更高要求、更为体现社会"精神"层面和基本导向的社会责任，同时也成为思嘉集团需要认真考虑的重大问题。

现代企业是现代社会的有机组成部分，企业承担社会责任是社会发展的必然要求，也是企业获得可持续发展的必然选择。必须认识到，"精神"层面和基本导向的社会责任要求，不仅保障企业内部的正常运营甚至快速发展，更能推动企业外部的稳定发展。因此，企业在实现其经济责任的前提下，应当积极、主动地承担和履行相应的社会责任。中国从计划经济体制向市场经济体制转变的时间还很短暂，相对西方发达国家的企业，中国企业虽然在认识、承担社会责任方面起步较晚，但并非无所作为，在不同的行业中都有一些优秀企业的社会责任实践成为他人学习的榜样。上市公司历来是中国众多企业中的佼佼者，无论是在环境保护、投资者回报以及社区建设等方面都应当成为行业的"排头兵"。作为一个集新型环保材料研发、生产制造、销售为一体的上市公司，思嘉集团已经确立了自己的使命："致力于新材料、新能源的研发创新，以技术创新推动低碳经济，推动环境保护与环境资源的可持续发展"，而"追求卓越，携手共赢"则是嘉文化的核心内涵之一。这一使命和企业文化内涵，正是思嘉集团将长期秉承的经营理念及企业社会责任理念的根本依据。

也就是说，思嘉集团希望以这一使命和文化内涵为出发点及归宿点，通过不懈努力，持续经营，对股东会负责、对企业员工负责、对行业负责、对消费者负责、对竞争对手负责、对社区负责、对政府负责、对社会特殊群体负责，为消费者营造品质绿色的环保生活，为社会公益事业贡献力量，促进社会文明进步与和谐发展，与全国人民共同打造"中国梦"。为此，思嘉集团在企业发展实践中，逐步确定了自己在各个不同层面的社会责任理念。

（1）对股东负责：推广集团品牌，拓展产品和服务市场，提高企业盈利，促进证券价格上升和股息分配。

（2）对员工负责：保证企业的稳定发展，带给员工相当的收入水平、良好的工作环境、有成长空间的工作岗位和晋升机会。

（3）对消费者负责：保证商品的品质和价值，提升售前售后服务质量，为消费者提供高品质的产品及服务，满足消费者对优质生活的追求。

（4）对行业及竞争对手负责：参与行业活动，促进行业标准制定与推广；进行公平的市场竞争，加快市场业绩增长速度，从产品、技术方面不断创新。

（5）对社区负责：最大限度地降低自身的环境影响，实践环保减排；按要求纳税，对社会公益事业做出贡献，提升公众的环保节能意识，共建资源节约、环境友好、安全保障型社会。

（6）对政府负责：遵守国家各项法律法规，响应政府号召，支持政府政策。

（7）对特殊群体负责：为人才提供平等的就业机会，支持城市建设工作；关爱弱势群体，对妇女、儿童、残疾及其他弱势群体给予帮助与贡献，促进社会文明进步与和谐发展。

第二节　具体实践

思嘉集团认为，在企业经营和管理的过程中，不应当只是简单、孤立、片面地理解企业社会责任，将其仅只是等同于社会公益或视为某种"形象工程"，这样的认识是肤浅的，会使集团真正的社会责任工作无法有效推进。因此，以社会责任理念为指导，在具体实践社会责任的过程中，思嘉集团注重正确树立企业形象，在以"追求卓越，携手共赢"为主题的企业文化氛围下，探索并推行具有思嘉特色的履行企业社会责任方式，将履行企业社会责任有机地融入企业的文化建设、战略决策和日常管理运营过程中。

一、对股东负责：树立集团品牌形象，拓展产品和服务市场，提高企业盈利，促进证券价格上升和股息分配

在香港证交所上市后，思嘉集团的发展迈上一个新的台阶，并于上市当年凭借 2010 年突破性的业绩增长、重视研发保持强化材料供应商领导优势地位以及强大的企业综合实力首次荣获"2010 年香港杰出企业奖"。2012 年 1 月 4 日，《福布斯》中文版发布 2012 年度首份榜单——"中国潜力企业榜"，这是《福布斯》第八次对中国中小企业进行全面、独立调研，并首次将上市公司与非上市公司分开评选、排名，分别呈现了"中国最具潜力上市企业"与"中国最具潜力非上市企业"两张榜单。思嘉集团位列"2012 中国最具潜力上市公司"第 24 位。2013 年 9 月 13 日，根据闽科政〔2013〕9 号《关于发布第四批省级创新型企业名单及对部分创新型企业奖励的通知》文件确认，思嘉被福建省科技厅、经贸委、国资委、总工会四部门联合命名为第四批省级创新型企业，同时被评为"优秀创新型企业"。集团旗下多个项目入选"国家火炬计划"，湖北、上海、江苏生产基地陆续正式投产，电子商务平台成功运营……这些事例无不在彰显思嘉集团各项事业的不断进步和飞速发展。

中国经济快速发展，人民生活水平提高，带动不少产品的新需求，这意味着强化材料应用越来越广泛，相关终端产品在内地市场处于发展阶

段，且发展潜力巨大。思嘉集团旗下强化材料应用范围广泛，随着国家"十二五"规划鼓励战略性新兴产业的发展，预期市场需求可大幅上升。作为内地创新能力最强的强化材料生产商，思嘉在拓展市场上越来越占有领先优势。全球最大的软体强化材料生产商，内地领先 TPU、膜结构、防水卷材生产商之一，知名度、竞争力不断加强的上市公司，政府重点支持的沼气产业相关产品制造商……近年来思嘉获得的这些荣誉不仅引起业内高度关注，也是市场不断扩展、股东不断收益的保障。在未来数年内，以思嘉新材为代表的国内新材料行业无疑是最具增长活力与投资机会的领域之一。

2012 年 10 月 8~9 日，以香港瑞信公司为领队的投资者考察团走进思嘉集团，来自中国香港及台湾地区的多位投资者重点对福州思嘉工业园、上海思嘉工业园进行了实地考察、调研，听取集团发展情况、市场前景、财务状况等方面的汇报。集团董事会主席林生雄、董事会秘书兼财务总监陈永恒、财务副总监伍永贵等接待并陪同调研。来自中国香港及台湾地区的多位投资者对此行格外重视，他们深入生产和经营现场，了解思嘉旗下几大生产基地的生产规模、生产工艺、产品结构、应用领域及销售格局等内容，并就集团的经营情况、行业地位、未来发展规划等同集团接待人员进行了面对面的提问式交流。虽然调研的时间是短暂的，但投资者们纷纷表示看好新材料行业的发展前景，他们对思嘉集团未来的发展充满信心，希望拓展、完善资本运营与管理模式，提升公司投资价值，为后续合作、进一步打造知名企业做好准备。

自从思嘉集团上市成功后，类似这样的调研、考察活动就经常在集团总部以及各生产园区、加工基地开展。思嘉集团董事会谨记对全体股东负责的宗旨，并将这个观念体现在公司的重大决策及日常经营管理中，依法按规定定期披露企业的有关信息。同时，牢固树立遵章守法、依法规范运作的观念，坚决按照《公司法》、香港上市公司规则和公司章程所载条款从事生产经营活动，使各项相关法规成为全体股东和公司董事、监事和高级管理人员的行为准则。

展望未来，思嘉集团将继续强化核心能力，专注于高端新型材料的研发与制造，不断完善销售网络及服务体系，推动业务持续增长，以产品创新、功能广泛、优质服务引领行业发展，致力于打造国际知晓的一流企业。

专栏 15-1   思嘉集团被认定为"国家火炬计划"
重点高新技术企业

根据"国家科技部火炬中心"发布的国科火字〔2012〕245 号《关于发布 2012 年国家火炬计划重点高新技术企业评选结果的通知》结果显示，思嘉集团被评为"2012 年国家火炬计划重点高新技术企业"。

本次国家重点高新技术企业审核认定工作对全国企业的经营业绩、科技研发投入比例、科研管理水平、核心自主知识产权、科技成果转化能力及科研团队实力与人员比例等多个方面提出了高要求。而思嘉集团这几年来通过不断的努力，主持并参与多次制定过国内、国际行业技术标准会议与活动，拥有核心技术，承担"国家火炬计划"及其成果转化项目，因此，在此次评审中，以稳健增长的企业业绩、不断掌握核心技术的科研实力、优秀科技及管理人才培养、引领国内新材料行业技术与研发方向等优势，顺利被评选为"2012 年国家火炬计划重点高新技术企业"。

此前，思嘉集团项目防污抗菌高强聚酯纤维复合材料产品、高韧性多功能膜结构材料产品曾入选"国家火炬计划"名单。"火炬计划"项目是经国务院批准，由科技部组织实施，以国内外市场需求为导向，以发展高新技术产品、形成产业为目标，择优评选并组织开发的具有先进水平和广阔国内外市场及较好经济效益的高科技项目。其根据《国家科技计划管理暂行规定》和《国家科技计划项目管理暂行办法》的有关规定，必须经各地方科技厅（委、局）和国务院各有关部委科技司（局）专家组严格评审认定。"火炬计划"的重点发展领域是：电子与信息、生物技术、新材料、光机电一体化、新能源、高效节能与环保。

行业专家认为，"国家火炬计划"重点高新技术企业资格经常成为政府采购、重大商业项目采购招标等项目的准入门槛，思嘉获得"国家火炬计划重点高新技术企业"称号不仅是公司实力的最好证明，更将在未来中对思嘉新材系列产品的销售起到十分积极的促进作用。

据悉，"国家科技部火炬"中心将在"火炬高新技术产业化及环境建设体系"中对"国家火炬计划"重点高新技术企业在信息、宣传、人才、市场、资金等方面采取有针对性的帮扶措施，予以重点支持。相应地，地方科技部门应对"国家火炬计划"重点高新技术企业给予重点扶持，有条件的地方可会同相关部门建立"国家火炬计划"重点高新技术企业专项扶持资金。

　　资料来源：摘编自 2012 年 11 月 8 日思嘉网站同名文章。

二、对员工负责：保证企业的稳定发展，赋予员工相当的收入水平、良好的工作环境、有成长空间的工作岗位和晋升机会

　　如果说企业是船，那么员工就是与公司一起载着船行驶的水。企业和员工的关系相辅相成，企业是员工职业发展的依托和基础，是他们成就事业、展示自我的舞台；而员工是企业成长的血脉、发展的基石。员工奉献企业，企业自然要对员工负责。思嘉集团人才机制就具体体现了这一观念。[①]

　　以嘉文化的内涵和人才理念为基础，思嘉集团努力为全体员工的发展搭建大平台，通过制度化的培训让每一名员工都有综合成长的机会，通过文化体育活动加强对员工身心健康的关怀，设计更加美好、更为合理的员工福利，完善员工与企业的互动平台，实现企业、员工、客户、供应商的多方利益共同增长。

（一）员工职业发展

　　思嘉在企业文化建设过程中，倡导员工学习 49 种品格，做有担当、有品德、有价值的人。由此，在企业培训体系上，思嘉围绕岗位、个人、综合能力、安全教育等几个方面的内容进行全面统筹和规划，建立较为全面、规范的人才发展平台。同时，集团还要求各分公司、各部门，在部门员工原有岗位业务扎实、经验丰富的情况下，提供轮岗、兼职岗位的机会，让更多的人掌握更多的专业知识与技能。除了专门的培训课程外，通过 OA 平台建立的远程培训体系将培训平台延伸至办公桌面和员工宿舍，在线学习成为更多办公人员和一线员工的另一种学习途径。

　　最能体现思嘉集团关怀员工职业发展的是对安全的高度重视。鉴于思嘉为生产制造型企业，集团对安全生产尤其重视，对旗下各个工业园和生产基地的员工在安全意识方面的培训力度一向较大。以每年的安全生产月为例，思嘉为响应国家关于安全生产的号召，同时进一步宣导安全规范管

　　[①] 具体内容详见本书第十二章及第十三章第四节相关内容。

理制度，强化全体员工的安全责任意识，每年会持续开展系列活动，加强普及各类安全知识，要求员工坚定安全职业习惯的养成，提高全员自我保护的能力，提倡预防为主，有效遏制各类事故的发生，保障员工的健康安全。

每年6月是思嘉集团安全月。这个月，在精心策划、细致组织下，集团从上到下都要开展形式多样的安全生产宣传、教育、咨询、文化、演练和检查活动，强化安全工作和员工的安全意识。安全月只是思嘉生产安全行动中的一个重要环节，集团要求全体员工要高度重视，把"安全生产月"活动作为实现公司安全生产目标的一项重要措施来抓。实际上，除了6月高密度开展安全生产活动之外，平时也并不放松对安全的重视，时时刻刻要求全体员工提升个人安全意识及自我保护能力。同时，进一步宣导员工爱护公司各项设施，规范操作，并及时进行生产设备、电梯、运输设施等的维护保养；加强生产现场的各项安全管理工作，切实将安全管理工作落到实处，各项防护设施到位，为员工创造一个安全、可靠的工作环境；加大安全监督、检查力度。对违章指挥、违章操作、违反劳动纪律的"三违"行为和各类隐患要采取有效控制措施，确保安全生产处于受控状态，并平稳、健康发展。

专栏 15-2　安全生产月活动

2013年6月，思嘉集团旗下的福州生产基地按照详细的活动宣传和周密的计划安排，开展安全生产月活动。

第一，在安全生产事故警示教育周活动（6月3~8日），公司组织生产班组进行操作规范培训，强化安全操作知识；集中组织观看《消防安全全民必学》、《生产安全事故典型案例盘点》等警示教育电视片，结合工厂发生的安全事故实例，分析原因，吸取教训。

第二，特别设立安全生产宣传咨询日活动（6月9日），通过观影、培训，为员工家属普及用电、用火、用气、交通等方面的安全知识；结合工厂工作及生活实际，编纂、整理《思嘉人工作生活安全指南》，分发给全体员工。

第三，安全文化周活动（6月10~16日），开展"安全电影，情系基层"巡回放映活动，播放《安监局长》、《零的神话》等电影；组织"安全百题有奖竞答"活动；开展安全生产文化征文及安防合理化建议征集；充分利用手机传播快、受众广的特点，通过短信平台，向全体员工发布安全知识，加强安全生产宣传力度；开展安全生产宣传教育活动，宣传内容结合员工实际，突出安全用电、安全用气、安全行车、消防安全和应急逃生等方面的知识。

第四，公司安排的是安全生产应急预案演练周（6月17~23日），组织进行停电/防雷击水淹/消防等突发事故应急培训和演练；组织模拟实战的消防演练、观摩。

第五，实地安全检查和隐患排查活动（6月24~30日），公司对安全情况进行全面核查，安全领导小组深入开展反"三违"的安全监督活动，对发现违章、违规、违反劳动纪律等"三违"现象，将从重、从严处理，领导小组针对大家提交及检查出来的安全问题提出综合整治方案。

资料来源：摘编自2013年6月10日思嘉网站文章，标题有改动。

（二）员工活动

思嘉集团关注员工的全面发展，除了为员工提供职业技能培训、职业生涯设计等以提高职业素质和增强工作能力为导向的人力资源开发活动外，还常年组织员工开展以丰富业余生活和改善生活质量为导向的文化体育活动。各工业园区的工会定期、不定期地举办内容多样的文体活动，如按季度甚至按月组织的桌球、象棋、围棋、竞走、健康跑等小型比赛，按年度组织的书法、摄影、歌咏比赛，目前已经发展为层次丰富的"思嘉杯"系列赛事。每年年底举行的年终趣味运动会和年终评优表彰活动，更是公司对思嘉人一年工作的肯定，是全体员工的期盼。还有读书分享心得、《思嘉慧报》专栏员工语录评选、团队旅游等。企业不断以开展各种形式文体活动的方式丰富员工的业余生活，增强团队凝聚力，进一步充实嘉文化的表现形式和内容，构建和谐思嘉。具有特色的"思嘉杯"系列赛事的开展，定期、不定期地组织员工开展各项体育赛事、员工团队活动，以此活跃企业文化氛围，锻炼员工体质，努力增进全体员工的相互了解与协作。同时，也提升了企业活力，为员工提供放松心情、舒缓压力的机会，使员工能以更好的精神状态投入之后的工作中。

专栏 15-3　思嘉印记　2012 年红火　2013 年终聚首
——2012 年终优秀表彰颁奖大会

2013 年 1 月 2 日，全体思嘉人都站在崭新的起跑线上。

在年终表彰的大奖闪亮登场前，回首刚刚过去的 2012 年，全体思嘉人为自己的成长鼓掌，展望即将来临的 2013 年，为自己的奋斗鼓掌。掌声响亮，欢笑荡漾，表明思嘉人对未来充满信心，预示着 2013 年的红红火火。在这种红红的希望中，颁奖仪式正式开启。

集团主席林生雄为全体同仁总结 2012 年、规划 2013 年，为公司指引新的目标与奋斗方向，鼓励所有同仁在这新的一年里，更加珍惜工作岗位和发展机遇。

优秀团队的颁奖让许多部门倍感自豪，因为他们知道，一个有为的团队，一支勤奋的队伍，一颗进取的心，是他们之所以优秀的原因。他们的每一次前进总是带动身边人员的勤奋，他们的每一次出场总是默默彰显无穷的力量。他们以淳朴的风格和坚毅的脚步，走出了自己的节奏与特色。

获得各项优秀团体表彰的团队

1. 品质最优班组

压延 3 号机 A 班（班长/熊玉良）、贴合 5 号机 A 班（班长/吕威）、涂层 D 班（班长/潘洪亮）。

颁奖词：他们大力强化工艺改进、健全管理、降低成本，以品质对照付出的汗水，在过去的一年圆满完成任务，取得了优异的成绩。

2. 产量最高班组

压延 2 号机 A 班（班长/周学军）、贴合 1 号机 B 班（班长/邓飞）、涂层 C 班（班长/陈志勇）。

颁奖词：这是一个勤奋的团队，全年产值遥遥领先；这是一个团结的集体，他们的勤奋和团结可以传递和感染我们所有的思嘉人！

3. 余料余糊管控最佳班组

压延 3 号机 B 班（班长/张军朝）、贴合 4 号机 B 班（班长/赵志红）。

颁奖词：不断创新预算工作，使余料余糊管控更加标准化，降低了成本，促进了预算、采购、仓库之间的沟通交流。

在思嘉，不仅有着优秀的团队，更有着很多无私奉献的同仁。他们没有豪言壮语或者丰功伟绩，但他们用行动，打造着思嘉主人翁精神。

其中，有这么一些人，他们发挥表率作用，闪耀着"螺丝钉"的光辉；任劳任怨，不辞劳苦，不计得失，以实际行动证实了是金子到哪里都会发光的哲理。

获得各项优秀个人表彰的人员

1. 安全管控最佳班长：贴合3号机B班/王吉松

颁奖词：脚踏实地，出色地完成工作任务，始终把责任放在第一；勇于任事，敢于担当，具有较强的协作精神和团队意识，带领班组安全生产745天。

2. 业务标兵：外贸中心谭正兴、内贸中心张孝清

颁奖词：一切为了销售，业绩就是最强有力的话语。战场上的胜利者永远属于坚持到最后的人，他们积极开拓市场，攻克了一个又一个的难关，用辛劳和汗水不断擦拭、改写着"任务完成率"，是当之无愧的业务标兵。

3. 思嘉职工劳模：压延2号机A班高世海、贴合5号机B班杨井秀、压延1号机B班刘军、工务课胡裕焱、贴合5号机A班韦祥久、仓储课陈玉春、信息课郭齐坤

颁奖词：在职期间，他们工作非常出色，认真、仔细、负责，兢兢业业，乐于帮助同事，和同事相处融洽，不但执行力强，配合度也好；他们把笑容写在脸上，把委屈埋在心底，用笑容和耐心收获了同事的友谊和赞许。

4. 主管劳动模范：集团副总裁兼总工程师黄万能

颁奖词：认真一天不难，难的是一年甚至几年始终如一的认真，但是他做到了；忠诚、宽容、善待同事，不计较、不埋怨，对外展示了思嘉人的风采，成为思嘉最感人的风景。

风风雨雨又十年。当年的思嘉如同一颗种子，种进了新材料的土壤中；今天，思嘉慢慢成了一棵参天大树。预祝全体思嘉人在2013年里，能够兢兢业业、扎实苦干，为自己在思嘉撑起一片新天地，为思嘉在新材料市场撑起一片新天地！

资料来源：摘编自第55期《思嘉慧报》第三版同名文章。

(三) 员工福利保障

思嘉集团关心并支持每一位员工的全面成长，设身处地为员工们着想。在集团经济效益不断提升的同时不断改善员工福利，将员工关怀放在重要位置，悉心照顾员工工作和生活的每个细节，制定《思嘉员工生活、工作服务指南》，办理五险一金，给予员工多重福利保障。同时，思嘉坚持"关爱员工及家庭，关注嘉人下一代"的理念，倡导员工重视教育、尊重人才，特别设立了《职工子女考入高等院校奖励办法》。根据新增设的奖励办法，集团及各子公司所有转正员工子女考上第二批本科及以上院校的，将给予相应奖励：考取国际知名学府及国家"985"工程院校的，奖励 10000 元；考取国家"211"工程院校的，奖励 6000 元；考取第一批本科学校的，奖励 4000 元；考取第二批本科学校的，奖励 2000 元。每年 8 月底至 9 月初，有子女参加高考并被录取的员工，可以凭借学校录取通知单原件、子女身份证原件（或户口簿原件）到所在公司人事课登记备案，公司将于当年 9 月 15 日前，组织现场表彰及奖励。《奖励办法》旨在增强企业凝聚力，营造积极向上的企业文化，激励公司职工子女努力学习、奋发向上，切实关心员工生活，为员工家庭培养子女创造良好的教育环境集团历来重视为职工营造良好的工作和生活环境。在福州思嘉工业园生活区，按照规划，2012 年起，陆续建成 5 栋员工宿舍楼。全新的宿舍楼中每个房间都配备了独立卫生间、热水器、灶具等。除为员工提供宽敞明亮、生活设施配套的宿舍外，还耗资 32 万元为宿舍安装了 135 台空调。员工宿舍内，夏季的凉爽惬意与室外的高温酷热，冬季的温暖舒适与室外的低温寒冷，形成了鲜明的对比。"有空调的寝室就是超级舒服啊！"走进思嘉工业园员工宿舍，问起安装空调后的感受，很多员工都表示公司这一关怀措施相当给力："中午和晚上休息好了，上班的时候精神就明显好很多，工作效率也提高了。"员工宿舍装空调看上去不过是一件小事，却体现出企业对员工无微不至的关怀。

新生活区的建立，不但逐步完善了新的员工宿舍和食堂，让员工的住宿环境和伙食条件得到改善，而且新的业余文化生活的丰富也让员工们逐渐受益于公司的工作与生活环境。新建成的员工活动中心提供了更为丰富的娱乐设施与文体项目。下班后去 KTV 唱唱歌、到超市逛一逛，闲暇时打打桌球、乒乓球或者篮球，业余时到员工农场照管一下绿色生态小农田，思嘉员工的生活惬意、美好。

专栏 15-4　小小绿豆汤　碗碗思嘉情

进入 8 月后，福州市气温不断攀升，高温天气延续不断，甚至连日出现 40℃ 的酷暑天气。持续的高温天气使空气闷热，令人喘不过气来，考虑到职工的切身利益及身体健康，为确保员工的身心健康，让他们保持愉悦的心情安全地工作，公司食堂在原来午餐、晚餐免费提供例汤的基础上，增加绿豆汤的供应；生产车间也定时为一线员工送上消热解暑的绿豆汤。

为完成订单，正处于紧张的生产阶段，一线员工任务之重、工作量之大不言而喻，生产车间内一派热火朝天、紧张忙碌的场景。公司职工食堂每天定时熬制绿豆汤，加入白糖，放凉后倒入保温桶内，并送到每个生产车间，送到生产岗位上一线员工们的身边。

在酷暑季节工作的车间里，一碗由公司送来的绿豆汤，缓解员工工作后的疲劳，大家朴实无华的脸上露出舒心的笑容，车间里不断洋溢着员工们开怀的笑声。

绿豆汤是我国民间传统的解暑佳品，消暑益气、清热解毒、润喉止渴，公司配送的绿豆汤，给员工们送上夏日的一份清凉与关怀，为员工防暑降温提供了良好的服务，不仅调节了员工的身心疲劳，更是给他们的工作心情带来了一份"清凉"，达到了防暑降温的效果。

资料来源：2013 年 8 月 10 日思嘉网站同名文章。

三、对消费者负责：保证商品的品质和价值，提升售前、售后服务质量

企业对消费者的责任集中体现为诚信：为消费者提供优质的产品、为消费者提供到位的服务。这是社会公众看得见、感受最明显的一项社会责任。消费者与企业之间的相互信任，有利于企业发展和开拓市场，更加促进消费，有益于社会的和谐发展。

消费者购买思嘉系列产品，除了各种期望和喜爱之外，最重要的还是看重其产品质量及产品安全，他们要求购买的产品保质保量、货真价实。在实际使用过程中，如果消费者不能安全消费、安心消费，造成消费积极

性不高的局面，企业会遭受很大的损失。因此，思嘉严格遵守国家相关法律，确保产品及服务符合要求；遵守行业标准，确保产品使用让消费者觉得安全可靠；进一步提高服务水平，认真处理消费者建议和投诉；充分考虑消费者的心理感受，推行切实可行的营销活动，注重企业与消费者的共赢。除了生产优质产品、提供优质服务外，思嘉也不忘维护"思嘉"品牌商标，通过不断自查、自检，建立并维护商标使用、管理和保护制度，逐年不断健全管理制度，提高思嘉新材系列产品质量，维护思嘉品牌及福建省著名商标的信誉。自建厂以来，公司无任何对他人商标的侵权行为，"思嘉"品牌逐步为相关消费者和公众所知晓，商品和服务质量保持优良、稳定，符合国家有关标准。

在这一系列保护消费者利益的过程中，思嘉集团深刻理解质量信誉的重要意义，承诺诚实守信、珍视信誉，承诺对产品全生命周期质量承担责任，对持续改进产品质量和质量管理，坚持技术进步和产品创新的承诺；并且自觉履行质量责任的承诺，持续改进产品质量和质量管理，追求卓越经营，加快实现转型升级，提高竞争力。思嘉一贯坚持"质量先行"的方针得到了市场及社会的认可，并于2012年12月28日被福建省经济贸易委员会确定为2012年首批福建省工业企业质量信誉承诺企业，2013年5月17日被续评为"福建省著名商标"。

作为一个负责任的企业，思嘉在企业研发、生产、运营、管理和服务的过程中，时刻注重履行社会责任，追求高尚的企业良知与良好的企业行为，以求实创新的态度和实践促进行业、社会的和谐发展。

四、对行业及竞争对手负责：参与行业活动，促进行业标准制定与推广；进行公平的市场竞争，加快市场业绩增长速度，从产品、技术方面不断创新

随着国内工业市场的更新换代，软体高分子材料市场不断分化、调整，呈现大型化、规模化、多元化和多层化的发展态势，生产逐渐走向集约型增长和技术设备大规模更新的局面。与此同时，客户、消费者的选择性要求越来越高。随着经济全球化的加速、国际金融危机的演化，出口产品所面临的各种关税和非关税壁垒更加高企。这些都在要求行业内所有企业不断调整自己的步伐，跟上国内外环境变化的形势，以便赢得市场。

为了抢先赢得商机，及时适应市场需求及创造新市场，集团管理团队

及技术团队紧密跟踪国际先进新材料的资讯与动态，第一时间接收包括新材料产品性能、质量、成本、价格等信息，通过积极地参加各类展会、拜访客户，掌握产品使用、服务及竞争力方面的信息，根据所收集的信息分析市场走向和竞争态势，策划新一轮的技术研发、产品创新和生产制造活动，使思嘉9A系列材料在品种上更加丰富、质量上不断升华、服务上日益完善，以应对由于科技突飞猛进、市场瞬息万变使得新材料产品的生命周期不断被压缩的局面。通过将新技术成功引入生产体系，紧紧依靠科技进步和技术创新，着力加强企业的科技管理，实践以技术创新引领思嘉发展。

此外，思嘉集团致力于参与并引导行业内多种产品的标准制定，力图在规范市场、规范产品的大环境中，共同开发高端产品，满足用户的需求。

在思嘉的营销原则中，在制定营销方案并实施营销活动时，不仅考虑产品及营销方案对消费者及社会其他群体的影响，还特别注意分析这些方案在消费者或其他利益团体的可接受性。同时，也不忘顾及分析对其他相关竞争企业的可能影响和可接受程度，绝不在市场竞争中，采取非法的或者有悖于公认商业道德的手段和方式与同行企业相竞争。在进行公平市场竞争的基础上，公司持续改善现有产品，维持现有市场的稳定；把握国家鼓励"具有竞争优势"产品的政策，利用原有思嘉新材产品，大力开发细分市场。成为上市公司后，更是注重加强产品品质改善、创新科研合作，进一步提高集团旗下思嘉新材系列产品及服务的品质，受到社会各界的肯定、赞誉。

无论从国际还是从国内市场来看，新材料产业目前处于历史上最好的发展时期。国家对先进高分子材料、高性能复合材料的重视，给思嘉集团提供了最佳的发展机遇；国家、省、市对最具竞争优势产品的扶持与鼓励政策，为思嘉集团提供了良好的发展环境。集团旗下各项产品项目牢牢抓住这个飞跃良机，对各类材料进行合理规划与计划，并加大力度进行TPU材料、篷房材料、膜结构材料及其新材料产品的开发。对于思嘉新材系列比较成熟的产品，进行升级改良，利用其优势不断开创新市场、拓宽市场前景。

专栏15-5　"思嘉SIJIA"入选福建省重点培育和发展的国际知名品牌名单

福建省重点培育和发展的国际知名品牌评审工作小组公布了2014~2016年"福建省重点培育和发展的国际知名品牌"初选名单，"思嘉SI-

JIA"成功入选。

思嘉在发展的过程中一直十分重视品牌建设，以创新意识创新产品技术、工艺、用途，让"思嘉SIJIA"走遍国内，走向国外，并在国内外市场打响品牌。

据悉，此次福建省商务厅组织开展的2014~2016年"福建省重点培育和发展的国际知名品牌"评选工作，是为了加快外贸转型升级，提升出口商品国际竞争力。"福建省重点培育和发展的国际知名品牌"是省经贸厅为进一步推进福建省自主出口品牌建设，加快转变外贸发展方式而开展的评选工作，各企业必须根据相关规定申报参选。其中，申报企业必须同时具备以下资质：在福建省依法注册，具有企业法人资格；拥有对外贸易经营资质；经营状况良好；评选年度前连续三年有自营出口业绩，且评选年度前一年自营出口额不低于500万美元（食品土畜类不低于300万美元）；通过国际通行的管理体系认证；近三年无严重违法违规行为。

资料来源：转引自2014年12月1日思嘉网站同名文章。

五、对社区负责：实践环保减排，按要求纳税，对社会公益事业做出贡献

企业的运营是在特定的地理空间上完成的，企业的发展不可能离开来自企业周边社区的理解与支持。作为社区中的一员，思嘉必须通过一些恰当的方式对所在的社区及社会群体进行回馈，运用企业的资金、人力、产品及服务为社区提供力所能及的帮助，积极主动地参与社区的各项建设事业，利用自身的产品优势扶持社会公益事业。

2010年6月29日，福州市慈善艺术团成立仪式暨首场赈灾义演晚会在宝龙城市广场举行，思嘉集团作为受邀企业中捐款最多的企业上台，同时捐赠了慈善艺术团专用款。晚会上，福州市慈善总会为艺术团授牌。福建电视台、福州电视台、福建音乐广播、福建交通频道、《福州日报》、《福州晚报》、《东南快报》、《海西慈善杂志》、福州新闻网、福州慈善网、福州摄影家协会等众多媒体对本次活动进行了跟踪报道。

2010年6月26日南平发生水灾，思嘉向南平同胞捐赠了900条特制下水裤。这是公司自行开发生产的针织连胸型下水裤，具有良好的防水透

气功能，使用方便，实用性高，平时是水产养殖户、钓鱼爱好者等亲水人士的好伙伴。这些下水裤帮助南平同胞在救灾过程中和出行时，有效地摆脱路面积水和泥浆的困扰。

2010年4月，"情系玉树，思嘉献爱心"的横幅早已高挂，募捐箱也已摆在面前，福州工业园每位思嘉员工轮流上台，安静地经过募捐箱，轻轻地把自己的一点心意和深深的祝福放了进去。其中，董事长林生雄、总经理张宏旺、采购课课长郑丽娟以及市场开发课课长刘俊都将自己当月的工资全额捐出，为大家做出了表率。其实大家心里都知道，自己现在所捐赠的对于灾区人们来说只是杯水车薪，但这毕竟是思嘉人的一片爱心。

2013年4月20日，四川省雅安市芦山县发生7.0级地震。思嘉员工纷纷在第一时间询问身边的四川籍同事、西南地区办事处同事、分公司同事的亲人及家庭财产的安全，了解身边同事家里的实际情况，并向灾区的合作伙伴、客户们发去慰问信息，给公司大家庭的伙伴、合作伙伴们提供强有力的心灵支援与安慰。在获知地震灾情后，思嘉应急预案迅速启动，根据对灾情的了解及灾区的需求，林生雄董事长第一时间与公司管理层讨论制定具体赈灾援助方案，并亲自与西南办事处进行救援物资输送方案研讨与确认。方案一经确定，集团即刻安排西南办事处员工加班加点，将集团旗下5000套作为赈灾物资的安全防护产品（包括雨鞋、防水服、防水材料等）送上赶往赈灾第一线的救助车。在第一批价值50万元的赈灾物资发出后，公司领导层立即着手制定后续行动方案，继续以实际行动支援雅安同胞。此外，震后的灾情时刻牵动思嘉人的心，企业对灾情的关注点也更加实际地转化为进一步注重实际的救援活动。在得知由于号称"天漏"或"雨城"的雅安地理位置、气象条件特殊，雨日多，雨量大，夜雨多，震后降雨更是频繁的情况，集团紧急调集上海分公司的高端防水材料及相应产品火速送往雅安，尽最大努力为灾区救援提供支持与帮助，为灾区同胞撑起一片片安心的聚集区。

为表彰思嘉集团踊跃参与红十字会的爱心公益捐赠活动，根据《福建省红十字人道救助失业表彰暂行办法》规定，2009年及2011年，福建省红十字会两次授予思嘉集团"红十字人道荣誉奖"。

2012年6月14日，福州市晋安区成立企业诚信促进会，思嘉集团获任副会长单位。晋安区诚信促进会是晋安区全区性的研究、宣传、监督和促进社会诚信体系建立的社会团体，由晋安区各行各业、各个阶层有识之士自愿结成的、非营利性的民间组织。该促进会接受社会对失信行为的反映和投诉，转请并督促相关部门依法处理。诚信促进会将对失信行为进行社会监督，表彰诚实守信的单位与个人，披露、批评诚信缺失行为。作为有社会良知与责任心的企业，思嘉集团积极参与并推动促进会开展诚信理论研究与探讨、诚信宣传和舆论监督、诚信社会评价与评比、诚信人才培训与教育、社会诚信维权等各种以"诚信"为主题的活动，并参与国内外同行、专家、学者的相互联系、交流和合作。

长期以来，思嘉积极投身各类社会公益事业，从西南地区旱灾到青海玉树地震，从闽西北洪灾到甘肃舟曲泥石流，从岭南冰雪灾害到台风"菲特"肆虐，在历次抗灾救灾、济危救困中，都能看到思嘉企业及思嘉人向社会捐赠资金的身影，发现代表思嘉人爱心的抗灾物品的痕迹。

在未来的企业发展中，思嘉集团将珍惜荣誉，再接再厉，努力增强社会责任感和使命感，一如既往、竭尽所能回报社会和支持各项公益事业，更好地为建设和谐社会服务，为推动科学发展、跨越式发展不断做出新的贡献。

六、对政府负责：遵守国家各项法律法规，响应政府号召，支持政府政策

思嘉集团认为，企业社会责任不能光靠某个企业通过制定某种责任规范来达成，需要强大的客观约束和监督力量，政府在其中是绝对主导的力量。事实上，作为企业社会责任的引导者，各级政府积极组织培训，让思嘉经营者、管理者理解企业社会责任对企业发展的重要意义，不断推进企业社会责任规范化，要求公司必须达到标准，帮助企业更好地履行社会责任。

除了出台各类扶持政策外，政府各部门还在人力资源开发、科技项目开发资助方面给予思嘉集团非常大力度的支持与帮助，开展关于新材料企业的人事专员及职业技能培训，提供"国家火炬计划"科技项目资助，定期对企业进行调研与考察，切实解决思嘉在发展中遇到的各种问题。例如，福建省工商局对信息、医药、生物、新材料、环保等行业企业以及当地农业产业化龙头企业和重点骨干企业予以重点培育，思嘉集团作为重点培育对象之一，在法规认识、政策理解、产业指导、扶持政策分享、规范经营等方面受益匪浅。

相应地，思嘉集团对于遵守国家各项法律法规，响应政府号召，支持

政府政策也谨记在心。在受益于这些扶持政策与政府帮助与支持的基础上，思嘉集团尤其重视合同管理工作，合同信用管理制度完善，合同信用管理体系健全，合同行为规范，合同履约状况好。而经过持续的、艰苦的努力，在新材料领域，思嘉企业及思嘉新材品牌开始积累起一定的社会形象和影响力，产品销售区域广，企业管理水平较高，信息化程度高，知识产权保护法律意识强，经营效益达到较高水平，履行社会责任，社会信誉好，得到各级政府相关部门的肯定，相关社会荣誉也接踵而来，在同行业中和相关市场上具有了较高的知名度、信誉度。

自企业创始至今仅仅经历了短暂的 11 年时间，但由于在合同的订立、履行、变更、终止等活动中，严格执行合同法律法规，树立了良好的诚信形象，因此连续多年获得"福建省守合同重信用企业"称号，2013 年更是成为全国 3936 家、福建省 149 家的公示单位之一的"国家守合同重信用企业"。

思嘉集团在守法经营、诚信经营方面取得了一定成绩，受到包括政府在内的社会各界的广泛肯定与赞扬，但是思嘉清醒地意识到，这只是万里长征刚走完第一步，今后的路还很长，在追求思嘉远大目标的征程上，没有任何理由骄傲自满、故步自封。思嘉集团要始终坚持秉承"诚信经营"的理念，重视企业信誉和合同管理工作，建立企业合同管理的自我约束机制，坚持在合同的订立和履行过程中遵纪守法、诚实守信，提高经营管理水平和经济效益，增强思嘉的市场竞争能力，弘扬诚实守信精神，并以此为契机，积极投身市场竞争，努力成就思嘉品牌，努力推进新材料行业的持续健康和谐发展。

专栏 15-6　上海思嘉全员学习新《环境保护法》，巩固《突发环境污染事故应急处置预案》

2014 年 6 月中旬，新的《环境保护法》修订草案在破例进行了第四次审议后通过，这是我国环保领域迄今为止最严格的法律条文，对政府、排污企业、治污企业以及公众所承担的责任都有着不同的、明确的严格规定。

上海思嘉所处的化学工业区规划面积 29.4 平方公里，是以石油化工为主的专业开发区，是"十五"期间中国投资规模最大的工业项目之一，中国改革开放以来第一个以石油和精细化工为主的专业开发区，同时也是上海四大产业基地的南块中心。7月7日，上海思嘉借着此次上海市对新《环境保护法》修订草案的学习和大力宣传活动之际停产一天，对厂区及办公楼环境的"7S"整顿工作进行抽查，根据每月的安全计划排查安全隐患，并组织员工参与环保内容的培训，学习新《环境保护法》，加强全员对公司《突发环境污染事故应急处置预案》内容的掌握。

其实从2013年起，上海思嘉就已经开始不断改进、优化各项目的环评方案及环保措施，严格控制排放标准，主动承担良心企业的环境保护义务和责任；同时，不忘定期组织突发环境事件应急小组进行训练和演习，通过训练和演习可以验证事故应急预案的合理性，发现与实际不符合的情况，及时进行修订和完善，并于当年6月中旬完成了公司《突发环境污染事故应急处置预案》的改善、升级，进一步明确指挥结构和成员的职责及分工。

根据思嘉集团培训安排，接下来将安排各个生产基地学习新《环境保护法》，加强全员环保意识的培训和宣传工作，对各分公司各项目突发环境污染事故应急小组操作人员、各应急救援专业队、全体员工提出分类要求，应掌握各自所需学习的知识，具备突发环境污染事故基本的应对能力和反馈意识。

新《环保法》的出台，促进水资源从预防到治理的双管齐下。对于企业而言，意味着要学会如何迅速与国际先进技术和理念接轨，并且需要将环保责任制更加严格地落实到公司实际运作中。

资料来源：摘编自2014年7月8日思嘉网站同名文章。

七、对特殊群体负责：为人才提供平等的就业机会，支持城市建设工作，对妇女、儿童、残疾及其他弱势群体给予援助与奉献

思嘉集团在重视自身人才培养的同时，也极为关注祖国的教育事业，通过不断加强校企合作，为各类学校提供实习课堂、实训基地，为学生提供有利的学习环境与条件。此外，重视社会特殊群体的诉求和利益，视公益为己任，尽力为这些群体提供援助。

2011年3月18日，思嘉集团同福建省教育厅机关工委一起开展"捐书助学献爱心"活动，分别向宦溪初级中、小学捐赠大批图书。

自 2010 年起，思嘉集团与三明职业技术学院合作，共建沙盘模拟实训室，旨在通过模拟实训，激发学生的创意、创新灵感，以及对商业机会的把握，从而实现由创意到创业的过程，让学生充分体验创新创业教育的核心理念，掌握创办、管理自己企业的经营知识与操作技能，进而对其职业生涯设计、价值取向、实践思维、理想抱负产生深刻影响，并有力促进学生综合素质与科学世界观的形成。这一实训室建立至今，运行良好，效果显著，受到学院师生的普遍欢迎，短短两年多，先后有 400 余名师生到这里参加实训。2011 年 7 月，该学院组队参加第七届全国职业院校"用友杯"沙盘模拟经营大赛，赢得全国总决赛一等奖。这是三明职业技术学院与思嘉集团"校企合作"，共创体验教育新形式，共同培养高素质技能型人才所取得的重要成果。

2011 年 5 月，思嘉集团为福建农林大学"大学生创业园"——"派尼尔兔园"提供红泥软体沼气池，在农林大学设立"思嘉集团——现代绿色生态循环产业教学示范基地"，通过这个绿色循环产业的展示窗口，为农业大学的学子、众多的农业畜牧专家展示出新兴科技，让学生形象地感受行业发展中的主导产品和关键环节。

2011 年，思嘉集团继与福建省农业区划研究所合作开发屋顶农业示范基地后，再次与福州大学以合作形式建立项目示范基地，推进产、学、研三者之间的紧密结合，充分发挥高校及科研机构的人才、技术与科研设备优势，促进公司产业技术升级，加快科技成果转化，提高公司自主创新能力，增强市场竞争力。

2012 年，思嘉集团因"踊跃承担见习任务，管理规范，工作成效明显，为就业见习计划的顺利实施提供了有力保障"，成为全国 100 家"首批高校毕业生就业见习国家级示范单位"之一。作为高校毕业生就业见习国家级示范单位，公司每年接受高校毕业见习的人数都在 100 人以上，提供的见习岗位适合高校毕业生的专业特点和能力水平，具备一定的技术含量和业务内容，以确保见习生提高技能水平和工作能力。见习期满后，公司见习生留用率高于 50%，并对未留用的高校毕业生在就业上给予积极联系和推荐。

和谐社会崇尚以人为本，这不仅是社会对于企业的要求，更是企业对自己的要求。如何保障特殊群体及关注的团体享受同等待遇甚至是特殊照顾，已成为衡量一个企业是否有社会责任感的重要方面。

专栏 15-7 关爱多一点 快乐多一点

干旱、地震……在自然灾害接踵而至的时刻，总是能激发人们对于生命的感悟和珍惜。思嘉集团在继"情系玉树，我为灾区献爱心"活动之后，再次行动，于"五一"期间与自由人休闲山庄、福州百家乐企业管理有限公司联手开展了三天以"关爱多一点，快乐多一点"为主题的关爱孤残儿童的公益活动。

5月1日，随着公司的"老虎滑梯"、"羊羊城堡"、水池等充气玩具在"自由人烧烤吧"前站立起来，活动拉开了序幕。很快，就有热心游客首先向募捐箱中投入了100元，为公司此次公益募捐开了个好头。在接下来的3天里，公司持续开展活动，为争取更多的善款努力着。2日，邀请福利院的老师及部分儿童来到募捐现场。孩子们首先被请进了休闲山庄的休息室。志愿者们给孩子们准备了水果和零食，还有许多泡泡液供孩子们玩耍。孩子们玩累了，还能欣赏到志愿者表演的节目。舞蹈《热情的沙漠》真是热情动人，孩子们看着台上表演节目的哥哥姐姐，也兴奋地站起来手舞足蹈。节目过后，由老师和志愿带领，孩子们飞快地扑向了各种玩具。看他们在高高的"老虎滑梯"顶端蹦蹦跳跳，然后"嗖"地就滑了下来，刚一停就立刻爬上通道向高处爬去，一遍一遍不亦乐乎。而在水池里玩耍的孩子们也一样的开心。透明水球里他们不停地翻滚着、叫喊着，心里盛开的花朵在阳光下无比灿烂。无论是志愿者还是路人，都被他们那快乐、童稚的气息所感染。

以快乐换取快乐，这正是公司举办此次活动的目的所在。在活动中，公司提供了众多充气游乐玩具，只要游人任意募捐，就可以获得一张门票，凭票可以选择任意项目，不限时、不限量，募捐者开心是活动的重要目的。对于所募得的所有捐款，公司也在第三日活动结束前当场全额捐赠给福利院，希望思嘉人的微薄之力可以使孤残儿童们感受到社会的关爱，帮助他们更加快乐地成长。

资料来源：2010年5月4日思嘉网站文章《关爱多一点，快乐多一点》。

八、对资源环境和可持续发展负责

思嘉集团的新材料业务受多项环境法律的约束及法规的管理，包括《中华人民共和国环境保护法》、《建设项目环境保护管理条例》及《中华人民共和国大气污染防治法》。在相关法规面前，集团始终保持敬畏的姿态。任何一个新的投资项目，思嘉都会同相关部门进行环境可行性研究，确保所有生产设施的生产程序符合国家环境规定。虽然公司所采用的先进技术保证各生产工序只会产生少量的工业废料，但最终产品的制造过程仍不可避免会残留若干塑料碎片，公司对此也不放过，坚持无条件将任何残留废料予以回收，作为原料循环利用，既节省成本又环保。同时确保生产过程不产生废水，至于产生的少量废气，一向以符合有关政府部门规定的排放速率通过高空排气筒排放。

集团严格遵守《中华人民共和国安全生产法》的规定，遵守国家或行业安全生产标准，根据安全法律及法规在所有工业园和生产基地推行零安全事故管理。具体而言，公司建立并不断完善安全生产责任制，采用明确规定及营运程序，确保有效执行安全生产体制；定时监察安全措施的执行情况，及时消除任何潜在安全隐患，建立工伤事故应急方案；实施各种内部政策并采取保护措施预防健康及安全危害；制订并实施若干应急程序及意外计划，例如《工伤事故应急预案》、《安全事故应急预案》等。此外，公司不间断地定期为员工提供安全生产培训，确保熟悉安全生产必备知识、法规以及营运程序及安全作业所需的任何特定技术。

2012年初，福建省林学会、福建省水土保持学会与福建省海峡非营利组织研究院联合开展"关爱自然、保护生态"的倡议活动，作为环保企业的思嘉集团，更是责无旁贷地积极参与到此次活动中，还荣获此次活动的示范单位称号。公司在乐心捐助活动之余，更是在公司内部不断加大生态环境保护宣传力度，加强宣传保护生态的重要意义，为"五大战役"贡献生态力量，提倡全体思嘉人多植树、种草、养花，保护绿地和湿地，制止环境污染，为社会创造良好的生存、生活的空间和生态环境，让人类与动植物共享大自然。

公司每年参与"地球一小时"的全球性环保活动，除了号召在特定的时间段内熄灯一小时外，思嘉集团也希望全体思嘉人在工作中充分发挥自己的聪明才智，通过关注并改善日常的成本意识、环保意识，促进环保行动的落实与自我素质、修养的提升，共同携手为全球未来环境的改善贡献力量；郑重签下环境组织的环保承诺，承诺将加强新能源、新材料的研发与推广，积极承诺将推动自身的可持续发展与环境保护性企业的发展，坚持以高新技术为导向，研发环保新材料，通过科技创新、节能减排，为客户与社会各界人士提供环保新材料与相关产品，为社会创造更为舒适、健康的新生活环境。

第十六章　党政与行政管理

　　行政管理体系是指为了企业的生存与发展而依靠一定的法律、制度、原则及方法对企业进行职能性管理的总和，是企业的中枢神经系统，推动和保证着企业的生产、资金、经营等业务的顺利、有效进行和相互之间的协调。思嘉从单一企业，在短短十三年时间里，发展成8个子公司规模的集团控股公司，其行政管理体系的改革及管理工作的开展，使集团的组织运行更加高效，管理控制更加科学成熟。

第一节　行政机构设置及演进

　　思嘉成立于2002年，组织机构先后经历过三次重大变革，主要是为了不断适应企业发展战略及市场情况的变化。组织机构的适时变革，为公司的发展带来了新的活力。①

一、第一阶段：直线型（2002~2004年）

　　思嘉是一家集研发、生产、销售为一体的高新技术企业，2002年由长期从事新材料行业的林生雄董事长通过原始资金积累创立。2002~2004年，总共引进两条压延、两条涂层生产线，员工人数60人左右，除生产部门的架构较清晰外，没有设立其他的部门，由高层林生雄董事长、张宏旺总经理、黄万能副总经理三人进行分工管理，所有的工作向董事长汇报。这一阶段，企业的组织结构为典型的直线型组织结构。

　　由于这一阶段，企业的员工人数少，生产的产品品种少且单一，采用

---

　　① 本节内容也可参考本书第二章的相关内容。

直线型组织结构在思嘉创业期，具有明显的优点：首先，管理模式简单，董事长对员工施行垂直领导，一切工作由董事长直接安排，员工只有服从领导的指示并完成，工作效率高。其次，员工人数少，所有的工作大家一同配合完成，沟通顺畅且关系和睦，大家一同向着共同的目标奋斗，积极性高。最后，公司的一切决策都由董事长确认，一切费用都经董事长签字，管理费用少。

二、第二阶段：直线职能型（2004~2006 年）

随着市场竞争的日益激烈，2004~2006 年，公司面临着新挑战。外部，同类的企业越来越多，各公司发起了价格战，竞争激烈且利润低。同时，随着产品的成熟，客户对产品的品质要求和交货期有了更为严格的要求。内部，公司为了应对外部环境的变化，寻求新的突破，公司决定拓展新业务，引进了两条贴合生产线，开始开发及生产附加值高、物理性能要求高的贴合产品。

在内外环境发生变化的情况下，以往直线型组织结构的弊端日益暴露出来。

（1）所有的管理职能集中在三位高层领导身上，新的业务拓展后，管理者出现力不能支的情况，企业面临领导危机。

（2）随着公司营业额的增大，需要新的会计程序进行财务控制，人员数量增加带来沟通和激励问题，业务品种增加，需要更多的职能部门和相关人才，而此时公司的结构过于简单，缺乏必要的职能分工，缺乏技术与人才支撑，导致信息沟通不及时，工作脱节，工作效率低下。

针对以上存在的问题，组织结构的重新设立是根本的解决方法，同时，制度流程进一步规范才能保证决策的科学和执行的高效。因此，公司于 2004 年底召开全体大会，由林生雄提出变革，部署了三项工作：①重新设计组织架构，增加职能部门，进行工作分工。②增加气密、气模产品业务，引进贴合生产线，刘俊负责组建业务团队，进行市场调研及开发，黄万能副总组建工务团建，负责设备的引进、安装、调试及生产。③重新制定规章制度，梳理各职能部门的工作职责及新增岗位的工作分工。公司将组织结构形式调整成为直线职能型组织结构。

直线职能型组织结构，仍保持着董事长直线统一指挥的原则，使各职能部门发展成为董事长的助手，员工以不同的部门并在部门主管的带领下

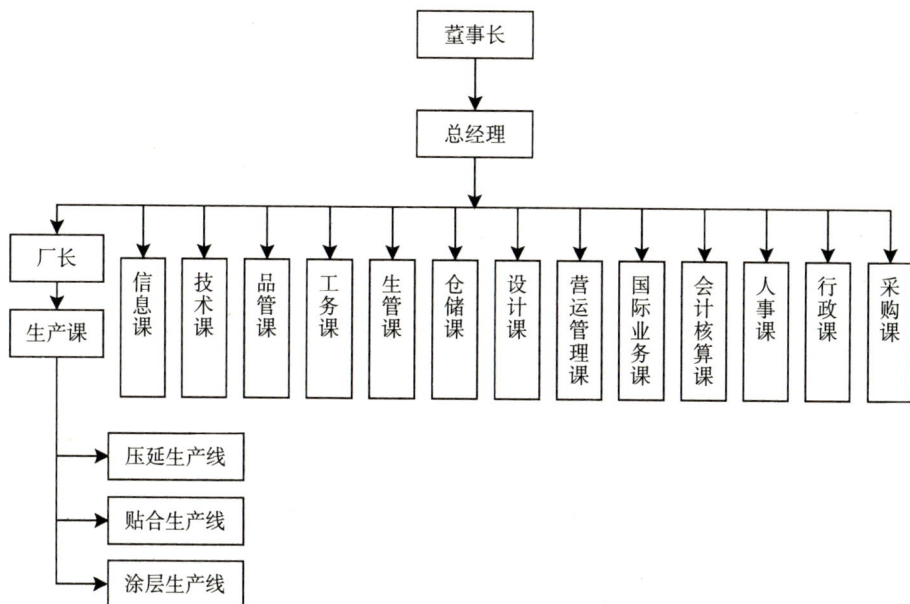

图 16-1　直线职能组织结构

完成各自职能部门的工作目标。这一阶段，公司生产规模扩大，产品品种增加，人员人数增加，管理复杂化，及时调整组织结构有利于公司的进一步扩大发展。

三、第三阶段：事业部制（2006~2010 年）

2006~2010 年，随着市场需求的快速增长，思嘉产品以优异的质量及服务占领了较大的市场份额，以"思嘉+SIJIA"为 Logo 的思嘉材料在业界享有非常高的知名度和美誉度。福建思嘉已有的生产规模不能满足市场的需求，因此，思嘉再次引进新的生产线，增加产品品种，包括红泥沼气池材料、运动地板材料、运动雪靴材料等，且在全国主要城市部署十几个销售办事处，扩大销售网络，组建了外贸团队，加强国际市场的开发。同时，为了探索行业发展趋势，引领行业发展，公司成立了厦门浩源工贸有限公司，利用福建思嘉生产的材料设计加工大型充气玩具、充气艇、涉水防护服等终端充气及防水产品。此时，思嘉已经形成一个集研发、生产、销售为一体，从上游材料生产延伸到终端充气及防水产品的综合性集团企业。

随着公司规模的扩大，思嘉出现了如下问题：组织关系混乱，新成立

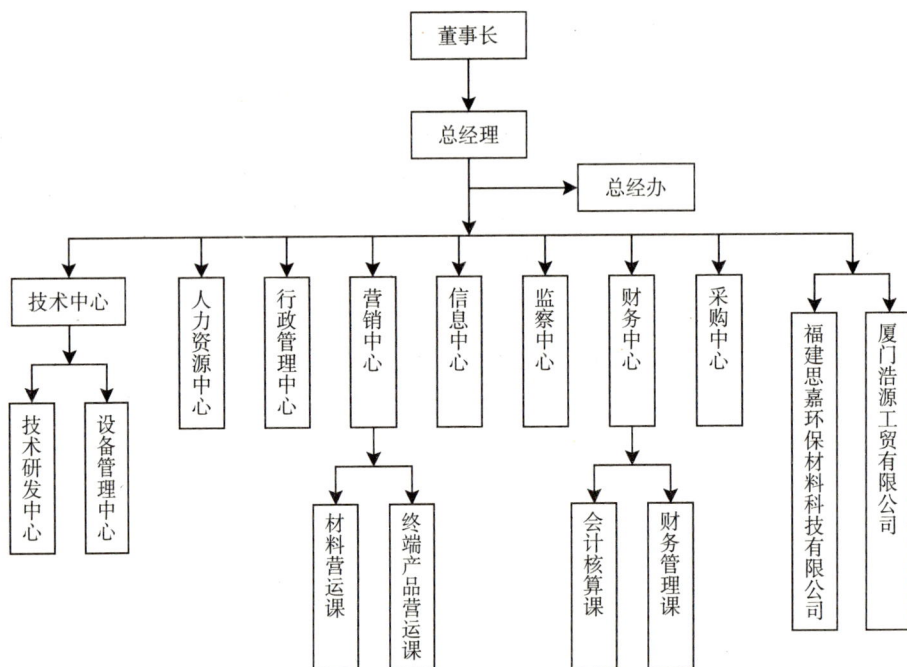

图 16-2　事业部制组织结构

的浩源公司与福建思嘉多位领导重叠，因现有领导班组不了解终端业务及技术，导致决策过程冗长，甚至判断失误；新增业务由各部门资深人员兼职运作，职责不明确，进度缓慢；管控制度缺失，存在较多"灰色地带"无人过问；思嘉同浩源沟通不顺畅，资源未及时共享；部门发展不平衡，部门的成长同部门主管息息相关，主管尽责且强势，则部门有活力及积极性；反之，部门人员萎靡，积极性低，抱怨增多等。因此，为了适应企业扩大规模战略的调整，公司重新调整了组织结构，并随着公司的发展不断调整及扩展。

此次组织结构的调整，使组织结构的形式从直线职能型转变为事业部制的组织结构，在管理体制上，建立了统一决策、分级管理、分工合作、独立核算、奖惩分明的集团管理体制。设立了集团总部及相应的职能部门，包括决策中心、财务中心、行政人事管理中心、技术中心等。对整个集团实行集权管理。福建思嘉和厦门浩源两个子公司为半自主的利益中心，下设相应的职能部门来协调、管理本公司的生产经营活动。集团总部各职能部门同子公司的权责关系比较明确，整体呈现分权化、扁平化的组织结构特征，适应了本阶段规模化和多元化组织结构要求，能够很好地调动公司上下管理人员、生产人员与销售人员的积极性。

四、第四阶段：集团管控型（2010~2014 年）

2010 年 4 月 29 日，思嘉集团在香港主板成功上市，进一步扩大生产规模，2010 年，成立了思嘉环保材料科技（上海）有限公司、湖北思嘉环保材料科技有限公司及福建浩思进出口公司；2011 年，成立了湖北思嘉户外用品有限公司；2013 年，成立上海港际化工贸易有限公司、厦门浩源电子商务有限公司，产业以新材料及户外产品为主，并涉及出口贸易、电子商务。跟随集团战略变化，集团的组织架构及管理体制也发生了相应变化。

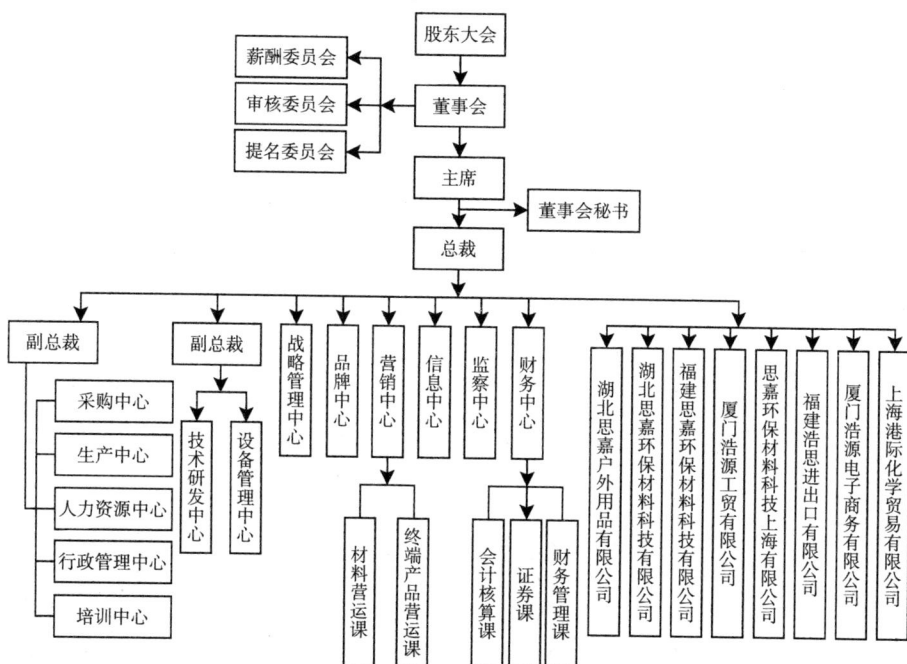

图 16-3　集团管控型组织结构

为了适应上市要求及集团多元化经营的要求，在组织结构上形成了母子公司制的集团控股型组织结构。集团总部设股东大会、董事会、主席、总裁、提名委员会、薪酬委员会、审核委员会、董事会秘书、战略管理中心、财务中心、技术中心、监察中心、人事行政中心、信息中心、营销中心等职能部门，主要是行使集团战略决策、产权管理、资本运作、文化建设、信息建设等功能，在具体运行中，主要通过人事，财务、计划管理、内部审计及信息化建设等方式进行管控。集团下属的子公司是整个集团发展战略的实施单位，是集团的实体和利润中心，需要按照集团的战略决策，在其专业领域内，从事具体的生产、贸易经营，提升核心竞争力，提高经济效益。子公司是独立企业法人，可以自主生产、自主经营、直接进入市场运作。

思嘉集团母子公司制集团管控组织架构，使得战略管控更为完善，职能定位更加清晰，母公司与子公司之间，子公司与子公司之间的经营活动，要在集团的整体战略部署下，统一协调，充分发挥集团的整理优势，也坚持了平等、竞争、效率的原则。这种管控模式，经过实践证明，是符合思嘉集团事业发展的实际，使集团更为稳定、快速地发展。

第二节　流程制度变革

为了更好地适应扩张战略及集团行政结构变革，思嘉发起了"流程制度变革"，以实现制度创新、管理创新。流程制度变革，旨在对核心流程，特别是供应链系统的流程进行再设计及完善，通过简化明确流程实现供应链系统流程快速、顺畅运行，降低流程成本，完善内控管理、提高工作绩效。一系列富有创新的管理变革，使得集团的组织运行更加流畅高效，管理掌控更加科学合理。

一、流程制度变革开展

思嘉集团尤其重视管理创新，"流程制度变革"由思嘉主席林生雄提出来，他说，公司所处的环境是生产规模日益扩大，市场竞争愈演愈烈，生产、人力成本逐渐提高，内控管理风险大等，必须推行的"变制变"动作，只要这样，才能达到管理思想与执行一致、部门内部协同合作、缩短供货周期和成本，企业才能应对外部环境的挑战。思嘉的流程制度变革历时340天，分四个阶段：围绕组织机构调整及岗位优化、制度修正及流程简化、建立高效的信息管理系统、生产专项改善。

（1）组织结构调整及岗位优化。思嘉在副总裁的带领下，组织相关部门检讨，修正了各部门的岗位职责，并根据集团运营的实际需要，提出了增设监察中心这个部门，负责集团总部及各子公司财务的内部审计、流程制度变革稽查、专项基金的运作等事项。同时，组织修订了各部门的工作职责及岗位说明书，重新部署各部门人员的工作分工，使工作衔接更顺畅，部门人员工作分工明确更有积极性。而且进一步完善了岗位职级系统，将所有的岗位进行分类，设定职等、职级、薪等，丰富了员工职业发展的通道。

（2）制度创新。思嘉现行的制度，有部分是早在几年前制定的，不适应目前集团上市且迅速扩张后的管控环境，如财务管理制度，上市前会计核算课只要负责对福建思嘉及材料办事处的收支进行核算及监督，现在就需要增加关于其他子公司费用核算、资金管理等财务管控的内容。在流程变革推进的过程中，各部门将存在缺失、不适合目前发展的规章制度进行修订。同时，检讨增加了风险管控、内部审计、预算管理等管控制度。制度的优化，强化了集团内部控制管理，为集团进一步发展创造了更优的环境。

（3）流程创新。由于集团管理流程以往是单向单渠道的，现在为了适应发展必须改成交互式多项渠道的。为了详尽了解所有流程及流程执行过程中存在的问题，变革期间，由监察中心牵头，组织进行各部门流程互查，暴露目前各部门存在的工作问题，作为流程制度变革所要检讨的问题，再组织各子公司及各部门定期检讨。其间，修订了各子公司同集团，各部门之间及各个部门内部的工作流程，对缺失的流程检讨拟定，复杂的流程进行简化，重复的流程进行删减，并重新讨论确认了流程审核、审批对象及时间，提高工作效率。如客诉审批流程，经过讨论重新确认了审批流程、审核人及审核时限，将原来五级审核改成三级审核，每级审核的时间控制在两个工作日内。

（4）建立高效的信息管理系统。为了让整个集团的信息资源共享，沟通更为顺畅，集团发起"信息化管理变革"。首先，原有的 ERP 系统进行升级，并完善了生产计划及成本管理模块。其次，为了减少人工书写标签字迹不清晰，失误率高等问题，信息中心开发了标签系统管理软件，所有的标签通过电脑自动打印，减轻了工人的工作量，减少了标签书写的失误率。最后，开发了人力资源管理系统，涵盖组织架构管理、档案管理、考勤管理、薪资管理、培训管理、报表管理六大模块，大大地提高了人事人员的工作效率，并整合了集团人力资源信息，为集团的决策提供信息支持。同时，信息中心还开始着手开发集团管控功能的供应链系统软件，计划通过供应链系统软件，完善集团对各子公司财务、信息等方面管控。

（5）生产专项改善。思嘉倡导持续创新及和谐的员工关系，从建厂以来，始终将改善工人的劳动强度及工作环境作为企业发展的一项核心工作。流程制度变革期间推进了 100 多项生产专项改善工作，例如，安装了静电除尘装置及排风系统，车间粉尘大量较少；为高温操作岗位安装了冷冻机，让员工夏日也可以轻松工作；原来收卷、包装的 4 个员工每天要抬 20~30 吨材料（75 千克/根），自从安装了自动包装系统，只需一个人看住机台，且无须再抬。专项改善工作赢得了一线员工的高度肯定，这项工作列入公司的基础管理，并作为专项工作一直持续推行。

二、经验与启示

思嘉推动的"流程制度变革"能够取得较好的成绩与林生雄主席始终坚持的经营理念息息相关，"变革是为了更好的发展"，倡导思嘉员工无论在什么环境下，面临多大的困难，都要有变革的勇气，创新的精神，坚持的毅力，积极的态度沉着应对。这次流程制度变革也给了我们如下的经验总结。

（一）敢于正视问题，才能更好地解决问题

任何公司及个人只有不断发现、研究并解决存在的问题，才能始终处于进步的状态。思嘉流程制度变革是从林生雄主席检讨自己过失，向全体员工道歉开始的，他将公司存在的问题一一罗列并向员工披露出来，组织各部门进行流程互查，暴露所有存在问题。如此的动员会，不仅让忐忑不安的员工感受到公司变革的坚定决心，也让员工积极地参与到变革当中，积极地反馈存在问题，并主动参与，为解决问题出谋划策。

（二）信息及时共享，有效沟通

思嘉流程制度变革推动的第一季度，除了核心推动及参与人员较为深刻地理解变革的重要性外，还有很多人员对变革抱着观望或抵触的状态。为此，公司每月定期组织了流程制度变革报告会，将推动的进度及改善反

馈给大家，并让有感员工上台分享。另外，为了让基层员工感受到公司对变革的重视及对他们工作的关心，每周组织一次工作问题交流会，分别同各部门/班组的人员沟通工作中存在的问题，记录下来，并将问题解决的方案及进度在下周内反馈给大家。针对重点突破的问题，作为每周主管例会必须持续检讨及跟踪事项，如此经常、及时地对这些问题进行重申和阐述，让所有主管积极思考，寻求解决方案。及时、持续而有效的沟通及反馈让越来越多的部门及员工加入到变革队伍中，同时也营造了良好的变革氛围及和谐员工关系。

（三）做好准备迎接意外状况

没有一个变革项目是完完全全按照计划，一丝不苟地成功实施的。思嘉流程制度变革刚开始也制订好了一系列的计划，但是，原以为顺利推进的部分却遇到意想不到的阻力，且随着外部环境的变化，高层多次调整变革的计划，因此，导致很多员工表示不解及抱怨。还好，公司及时地进行协调及沟通，使调整后的计划按进度顺利地进行。因此，任何变革，管理者需要对变革的后果、企业的态度和适应力不断地重新评估，随时对实施进行调整，保证变革的动力和效果。

（四）文化引领持续发展

对于思嘉流程制度变革的成功，集团林生雄主席将其归结为企业文化的成功，在他看来，精神的力量起到了至关重要的作用。思嘉集团高度重视文化建设，并在集团上下大力推行和丰富实践嘉文化。思嘉嘉文化的核心是发展，发展企业规模、企业实力、技术创新、市场占有率、人员素质等，它是思嘉发展的重要动力。在经过 10 多年的管理实践，已经梳理形成相对完善，具有先进性及思嘉特色的文化体系。

嘉文化倡导"真诚相待、共同发展"，愿全体员工像家人一样团结、奋进，向着目标工作、带着思考与公司一同成长，以"务实、创新、优质、高效"的工作准则为自己搭建发展平台，为公司打造思嘉舞台。正是这种从公司员工与企业共同发展的角度出发，使得集团得以持续、健康、快速的发展。

第三节　党、工、团建设

推进民营企业党工团建设，充分发挥工会的组织协调作用、党员先锋模范作用和青年团员生力军作用，对企业在思想政治教育、文化建设、人才积聚、协调关系，优化环境等方面工作的开展发挥了积极的作用。思嘉集团高度重视党工团建设，深入挖掘和有效利用党工团组织资源，在实际工作中与时俱进，开拓创新，为企业更有序、更健康、更稳定地发展做出了重要的贡献。

一、党建促进思嘉创先争优

思嘉党支部成立于 2010 年 2 月 4 日，现有正式党员和预备党员 45 名，积极分子 28 名，2010 年 10 月被授予晋安区党员先锋岗，2011 年 7 月被评为"晋安区先进基层党组织"；2014 年 5 月被评为"晋安区先进基层团组织"；2014 年 6 月被评为"晋安区先进基层党组织"。

随着思嘉集团的发展，特别是集团上市后，公司开始加大生产规模的扩大、海内外市场的开拓，并投入了较大的精力、人力及物力在业务流程优化以及设备技术改造的内控完善上。为此，党支部深刻地结合了这一公司发展实际，统一部署，始终坚持以科学发展观为指导，以促进"完善公司内控管理"为中心，将党务工作与公司各项管理工作相结合，切实加强了基层党组织建设，深入开展了以科学发展观为主题的"创先争优"活动，努力完善"优秀党支部"创建工作，充分发挥党支部战斗堡垒作用和党员先锋模范作用，为全面完成公司下达的各项工作目标任务而努力奋斗。

（一）建立参与企业决策的工作机制

思嘉党组织队伍，是思嘉集团最优秀人才的集中营，书记是集团副总裁兼总工程师黄万能，副书记是集团副总裁兼生产总监赖德荣，皆为本科以上人员，且是各个部门的资深干部。党建工作要有效用，必须为企业发展服务，思嘉党支部深刻认识到这一点。因此，党组织的书记、副书记都由集团副总裁兼任。同时，建立多渠道的间接参与机制。推荐优秀党员担任企业骨干，提高党员在企业决策层和管理层的比重，间接参与企业决策。另外，建立和谐的企业党政沟通机制。定期向企业行政通报党建动态和员工思想状况并及时反馈。

专栏 16-1　思嘉党支部开展专题组织生活会

福建思嘉环保材料科技有限公司根据中央教育实践活动领导小组《关于在第二批党的群众路线教育实践活动中基层党组织召开专题组织生活会并开展民主评议工作的通知》和中央、省、市委教育实践办关于做好党的群众路线教育实践活动查摆问题、开展批评环节工作的有关文件精神，为落实省委教育实践办关于选择部分非公企业基层党组织先行先试召开专题组织生活会和省委常委、市委书记杨岳同志的重要批示精神，结合公司发展及日常实际工作，于 2014 年 8 月 22 日 15：30 专题组织生活会。

为了开好专题组织生活会，思嘉党支部积极做好了会前学习、征求意见建议、开展谈心活动、严格审核把关对照检查和自我剖析材料等准备工作，切实抓好党员之间的谈心和党员彼此之间的谈心，真正把问题谈开、把思想谈通、把相互批评意见谈好，制定落实工作方案、工作流程、工作进度、工作标准，为开好组织生活会奠定了基础。

晋安区宦溪镇党委领导对思嘉党支部试点开好专题组织生活会和开展民主评议党员工作高度重视，镇党委组织干事侯华林等领导专程莅临会议指导。会议的议程有四项：一是由思嘉党支部成员徐聪阳代表支部班子进行对照检查；二是支部班子成员个人对照检查；三是支部班子成员开展批评和自我批评；四是请宦溪镇党委组织干事侯华林同志点评。

资料来源：摘编自第 74 期《思嘉慧报》第二版。

（二）在服务生产经营中参与企业管理

（1）开展"建言献策"活动，积极参与企业流程制度变革。党支部利用每月工作交流会，检讨党员工作、生活存在问题，并将改善建议传递给监察中心，不仅可以帮忙党员解决问题，同时，对公司推进变革也具有重要的作用。

（2）发挥党员模范带头作用。通过开展"抓示范，带党建"的活动，要求党员要在工作上、生活上以身作则，起先锋模范作用。例如，公司组织各部门流程制度互查，党员郑丽娟、苏凤兰自荐对信息中心、仓储课进行稽查；公司推行"7S"活动，由党员徐聪阳、傅智梅等同事自动自发，利用下班时间进行检查并指导大家改善。

（3）合理协调各部门间、雇主间的矛盾。党支部要求所有党员积极收集本部门及基层员工提出的问题，通过推进谈心谈话活动，持续与员工进行沟通及情绪疏导，帮助员工疏通心理问题和解决实际的困难。

二、营造健康向上，友好协助的企业文化

党组织提倡将思想建设放在首位，深化创先争优，提高党员队伍的思想先进性与思嘉企业文化倡导务实、创新、优质、高效的工作准则和廉洁自律的工作作风不谋而合。首先，党支部定期组织党员开展先进性教育，近期强调要认真学习中共中央政治局常委、中央书记处书记、国家副主席习近平同志有关机关党的建设和创先争优活动重要讲话精神。其次，加强党的作风建设，坚持从严治党，在实际工作中，凡要求员工做到的事情，党员干部自己率先垂范，凡要求员工不能做的事情，党员干部自己绝不违反。充分发挥党密切联系群众的工作作风，定期看望困难员工，接受群众的有力监督。同时，加强党员的廉政建设，并在集团内部进行推广。

思嘉党支部立足于企业发展，对内，是企业党政思想的引导者和稳定和谐氛围的维系者；对外，帮助企业协调与外部各方的关系，为企业健康发展创造良好的条件。同时，党支部也是员工沟通交流的平台，调动党员的积极性和创造性，充分发挥党的先锋模范作用，凝聚全体员工的力量，为企业发展增添活力，共同构建和谐、可持续发展的企业。

三、团建带动思嘉活力奋进

青年团员是企业的生力军，是企业党组织的助手和后备军。他们善于接受新鲜事物，思维敏捷，思路开阔，是一个活跃的群体，他们的聪明才智在企业的工作中具有不可估量的作用。企业团组织，是企业党政领导的参谋助手，是企业与青年之间的桥梁和纽带，是企业与青年人之间缓冲的组织，肩负着协助企业党政领导对青年团员的领导和培养工作。

思嘉非常重视团建工作，是"晋安区五四红旗团支部"。思嘉员工平均年龄在30岁左右，以"80后"、"90后"居多，因此调动他们的积极性

和创造性,对企业的发展具有至关重要的作用。团支部作为青年的一个大家庭,围绕着"让员工与企业快乐成长"的理念,组织了系列活动。

(一)尊重青年选择、给足青年空间、引导青年发展

(1)团支部组织在青年团员中开展职业生涯规划导航活动,让青年团员深刻理解职业生涯规划理念,帮助青年认清自我,挖掘潜能,为青年指明最佳职业路径及晋升通道。引导青年团员将自身的成长进步与企业的健康发展有机融合起来,将个人的理想抱负与实现企业的目标有机融合起来,在实践中实现自己的人生价值。

(2)引导青年树立创新意识。广泛开展技术竞赛,提高生产操作水平;引导青年团员从岗位实际工作出发,围绕企业中心任务,在生产、管理上进一步深化"五小"(小发明、小革新、小改造、小设计、小建议)创新活动;鼓励青年员工提合理化建议,解决生产中技术难题等,使青年在日常工作中加大树立创新意识的力度。

(3)加强安全生产意识培养。在思嘉开展的安全月活动中,团支部认真贯彻"安全第一、预防为主"的方针,全面开展安全教育培训及安全排查活动,引导青年员工立足本职做好安全生产工作。同时,在青年团体中倡导进行"安全管理献计献策活动",由青年团员针对企业安全管理提出意见和建议,为企业的安全生产和管理奉献一分力量。

(4)引导青年发挥"模范"作用。进行"标杆管理",在团员青年中树立典型,进行"比、学、赶、超"。

(5)加强青年爱岗敬业、主动进取、关注细节、培养耐心等方面的教育,要求青年主动参与公司推动的49种品格训练活动,提升自身的综合素质。

(6)加大力度做好"推优"入党工作。团组织会为表现优异的青年团年写推荐信,让其提前入党。团是党的助手和后备军,团组织要为党组织源源不断地输送新鲜血液。

(7)为青年团员搭建展现自我的舞台。成立业余特长人才储备库。挖掘企业员工队伍中的有业余特长的人才,让"能人"充分发挥自己的才能。教育上引导青年员工在工作中勇于表现,同时,培养自己的业务爱好,在公司及党团组织的系列活动中,优先推荐青年团员参与。例如,团组织在主办各种体育竞技活动时,直接推荐优秀的青年团员进行承办,给

予锻炼的机会和平台。

(二) 组织丰富多彩的活动，快乐工作、快乐生活

团组织倡导"快乐工作、快乐生活、快乐成长"，组织开展了各种各样的主题活动，在活动的开展中，培养和引导参与者进一步提升学习力及执行力。

（1）组织体育竞赛活动，增强青年员工的身体素质。例如，2012年8月，组织了主题为"思嘉人秀精彩"的思嘉杯台球赛；2013年3月，组织了"乒乒乓乓赛事响，开开心心员工乐"的乒乓球比赛。通过这些体育活动，展现青年员工风采，充分发挥公司与青年员工的纽带作用，凝聚青年力量，培育积极向上的文化。

（2）组织公益活动，引导青年团员关心弱势群体，培养感恩之心。如2010年5月，组织开展了三天以"关爱多一点，快乐多一点"为主题的关爱孤残儿童的公益活动。2013年3月，组织青年团员同福建省教育厅关工委一起，分别向宦溪初级中、小学进行"捐书助学献爱心"活动。

四、工会推动思嘉民主和谐

创建民主和谐的员工关系是思嘉成立工会最主要的目的。工会工作直接涉及广大员工的切身利益，对提高企业凝聚力和向心力具有重大的作用，关系到企业是否能稳定发展。因此，思嘉高度重视工会工作。

(一) 建设员工嘉园，营造温馨的"嘉"环境

为了让员工有更好的生活环境，思嘉集团于2010年投资建设了新生活区及生态农场。生活区内，全新的宿舍楼每间都配备独立卫生间、热水器、冷暖空调等设施，并为夫妻工提供了夫妻房，让他们能够更为安心地在思嘉上班；设有超市、KTV、球类娱乐场所，丰富员工的业余文化生活；食堂菜色丰富，同其他企业相比，思嘉有一大特色——绝大部分青菜、肉类全部由自己经营的生态农场提供，这些蔬菜瓜果都是有机的，皆由思嘉员工精心种植，同时，还建设了鱼池，圈养了猪、鸡、鸭。新鲜健康的绿色蔬果及肉制品，不仅丰富了员工们的业余生活，又为公司关怀员工提供了实际的、有效的新方式。同时，定期组织"双爱双评"建家创建工作。

（二）完善民主制度，强化员工民主权利

（1）不断丰富和充实职代会的内容，组织完善与员工利益息息相关的制度，例如，完善了员工代会监督干部评议、员工培训计划、劳动安全卫生和劳动保护措施等重规章制度。保证包括员工代表大会、员工座谈会，工作意见箱等反映员工意见和建议的渠道畅通，建立完善的管理制度并严格执行。

（2）加强督促检查工作。通过开展厂务公开，实施领导民主测评，员工提合理化建议，员工代表听取公司生产经营和廉政建设等工作报告，员工代表巡视检查等民主监督等互动，营造民主团结、健康向上、融洽和谐的发展环境。厂务公开的渠道有 OA 办公平台、RTX 通信工具、企业内部邮箱、宣传栏、LED 等。让广大员工参与企业日常事务的管理，确保员工有知情权、参与权、决策权、民主管理权和监督权的实现。

（三）开展系列文娱活动，增强企业的凝聚力和向心力

思嘉工会定期举办的活动有：①员工每月生日宴会；②中秋团圆晚宴；③季度体育竞技活；④每年的公费旅游；⑤年终文艺晚会。同时，还根据公司发展及项目推进需要，定期组织满意度调查、安全生产竞答、工作问题收集等活动。

开展了健康向上的文体活动，不仅可以满足员工的精神文化需求，提升员工综合素养，更能增强团队精神，提高员工积极参与和合作的意识，增强企业凝聚力和向心力。

（四）情系基层，为困难员工及其家属送温暖

做好困难员工的帮扶工作，是思嘉工会的一项基本职责，思嘉工会将帮扶困难员工的工作列入日常工作。首先，工会对困难员工进行了摸底排查，建立了困难员工档案，制定了帮扶措施，对其实施动态管理，并在节日期间，慰问困难员工。其次，工会利用各种资源帮助员工解决住房困难、员工家属就业、员工子女就读问题，让员工安心在思嘉工作，无后顾之忧。再次，工会设有专项基金，定期对困难员工送温暖，建立和完善困难员工子女就学资助和困难员工重特大疾病救助制度。最后，思嘉工会倾力做好社会性募捐慈善工作，尽力为员工解决最关心、最现实和最急迫的问题。

（五）完善分配制度，建立和谐的雇用关系

（1）工会成员通过每周与员工面对面的沟通交流，定期通过满意度调查了解员工最关心的问题及工作生活中存在的困难，再同有关部门主管进行协调处理。

（2）建立员工经济效益保障机制。员工积极参与薪酬管理、福利管理及绩效管理制度的制定、制度更新的讨论，每年通过调查，将薪资水平及调整方案汇报给总经理，结合企业实际，站在员工的立场上，积极地为员工争取薪资调整及福利，使得员工利益稳步提高，促进企业和谐。例如，2012 年，工会争取通过基本工资的调整，让每位员工工资上调 400~500 元。2013 年，工会推动绩效考核变革，让每位员工的绩效奖金上调 300~400 元。

（3）健全平等协商机制，化解雇主矛盾。通过建立健全利益协调、诉求表达、矛盾协调、利益保障等机制，推行工资集体协商。平时定期组织进行劳动合同法知识的普及，通过宣传教育进一步引导员工的行为，做好员工的思想政治教育工作，积极地保障员工合法权益。

思嘉充分发挥党工团组织的作用，建立了和谐的员工关系。党工团组织以优异管理业绩，于 2011 年 9 月，被福州市委、福州市政府授予首批"福州市和谐企业"荣誉称号；2012 年 6 月，被福州市总工会评为"福州市先进职工之家"；2012 年 12 月，被福建省总工会评为"福建省模范职工之家"。

第四节　廉政建设[①]

每年年假前，集团都会举行一次"高管团队廉政自律宣言宣誓大会"。高管们针对各行各业暴露出的问题，警觉到公司最大的风险起源于内部，要想发展，必须保证管理团队的廉政自律性。因此，管理层在会议上讨论并通过了高管团队的自律宣言，要求在思嘉以后的发展中，高管团队必须

---

① 本节内容改编自 2012 年思嘉高管团队廉政自律宣言宣誓大会的相关资料。

严格自律、以身作则，接受全体思嘉人的监督，带领思嘉走向更为健康、长久的未来。

一、高管团队宣言

作为思嘉人，为了思嘉在竞争中有序、正常、长久的发展，我们郑重承诺：

在任职岗位上，坚决执行公司的决定，遵守公司的纪律，贯彻公司的各项规章制度，带头廉洁自律，反对任何人以权谋私，行不正之风。

我们坚决正确行使权力，自觉接受公司和全体员工监督，忠实履行职责，用心做事，加强自我约束与自律性，不泄露公司机密，以诚心的态度，团结全体思嘉人，共同发展。

二、集团董事会主席

思嘉走过第一个十年，我们高层团队背负巨大压力，十年来几乎没有休息天，勤奋努力、不畏艰难，历尽千辛万苦，把人生最灿烂的青春年华奉献给公司，才成就思嘉压延、涂层、贴合、浸轧工艺技术、生产工艺与技术不断成熟，市场规模扩大并成功实现上市的现状。

为了思嘉在今后能保持健康持续增长，我们还要加倍努力拼搏，坚定信念，不断创造新思嘉。在此，我郑重承诺：

（1）一定继续努力，在第二个十年及以后，仍全力以赴，带领团队把公司推向更为健康的轨道。

（2）视公司前景重于自己的生命，将全部精力投聚在工作上，持续工作热情与奋斗精神。

（3）纠正过去十年里，因经验不足、管理欠缺所造成的各类损失。

（4）时刻监督自己，清廉作风，不会在采购设备、原辅材料、销售产品、建设工厂基建中以权谋私、获取利益。

（5）坚决杜绝公司出现各类贪污腐败行为。

（6）坚决杜绝各类工伤事故、设备事故的发生，并将时刻提醒各位主管，做好各类安全培训、安全检查、监察工作，至少每周一次，杜绝事故的发生。

（7）坚定信心，推进节能作业，节约成本、创造利润、杜绝浪费。

（8）创建好职工嘉园。

（9）争取每年提高全体员工的薪资，使其收入的增长在两位数以上。

（10）提升个人素质修养，鼓励主管积极进步。

在此郑重承诺自律，请全体思嘉人监督！

三、集团总裁办

思嘉一路走来，经历了各种风雨与困难，才成就今天的风采。而其中，我们所有人员的无私奉献，正是所有成绩的基础所在。思嘉才经历第一个十年，后面还有无数的美好时光与发展契机，同时一路上也将有更多的危机和诱惑突袭。身为公司总裁办成员，我们深刻体会到身上责任的重大。

我们郑重承诺：在人事与财务运营上排除私人利益与动机，不贪腐，不利用销售进行各种不利于公司的交易，经济、财务、人事上廉洁自律，任何时候都忠诚于思嘉公司这份事业，并时刻接受全体思嘉人的监督。

四、集团财务中心高管

作为公司的财务管理干部，我们在行使公司赋予的很多职权，在此，我们郑重承诺：

（1）严格遵守财经纪律及公司制定的各项财务规章制度。带头遵纪守法，绝不越权，更不滥用权力，自觉接受全体思嘉人的监督。

（2）严格遵守《预算法》，做到编制预算公开透明，不随意调节挪用审批预算资金。

（3）严格按照国家有关法律法规的规定，公开、公正筹集、使用资金。

（4）坚持做到经济、财务廉洁自律，不任人唯亲、拉帮结派、营私舞弊。

（5）坚决拒收现金、有价证券、贵重物品、支付凭证和收受干股。

（6）严格执行重大事项报告、个人收入报告等制度。

（7）本人及本人团队不参加消费性娱乐活动，不参加任何形式的赌博活动。

五、集团技术和设备中心高管

思嘉是生产制造型企业，技术中心与设备中心的发展影响着公司的发展，我们作为这两个部门的高管，一言一行都要对公司的发展负责。在公司给予的岗位上，我们坚决带领好技术与设备团队、教育好团队成员，坚持原则、自律自强。在此，我们郑重承诺：

（1）认同并坚持思嘉理念，忠诚于思嘉，自觉维护思嘉利益。

（2）材料、设备、配方一律严格按照国家有关法律、法规和公司有关规定进行，并严格遵守思嘉技术及设备信息，不对外泄露。

（3）产品设计变更、质量检测、计量支付等必须按程序办理，任何人不得随意表态，禁止任何人超越职权范围擅自做主、以权谋私。

六、集团生产中心高管

权利与职责是公司对我们的信任，更是考验，我们将坚持一贯原则，合法、合理、公正地使用我们的权利与职责，不以权谋私、不拉帮结派，严于律己、以身作则，正确引领生产团队的团结与发展。在此，我们郑重承诺：

（1）不收受礼金、有价证券等形式的贪污，绝不干扰采购、销售、技术等正常决策。

（2）不参与赌博活动，并不允许团队成员在职期间参与赌博活动。

（3）不参加在营业性场所用公款支付的娱乐活动。

（4）不接受他人提供的非正常的办公用品、贵重物品及占用他人的车辆。

（5）不利用职务便利，为亲友、他人谋取利益；不准配偶、子女、亲属收受他人的非正常礼金、有价证券；不准配偶、子女利用职权和影响推销产品和违规经商办企业。

七、集团采购中心高管

采购中心每年的采购额数量大，而采购业务是滋生腐败与关联交易的高发区，在这个岗位上，我会正确行使思嘉赋予我的职权，严格自律、无私心，不以任何方式谋取私利，严格遵循思嘉决策，增加采购透明度，绝不让采购团队存在任何腐败空间。

在此，我宣誓：

（1）采购团队在采购工作中严格按照公司采购中心相关制度及流程进行采购。

（2）不向供应商和相关单位索要或变相索要回扣，不接受供应商的回扣、礼金、贵重物品和好处费、感谢费等，不要求、暗示或接受供应商为个人提供方便。

（3）不对外泄露供应商信息及公司机密。

（4）不参加有可能影响到公司正常采购工作的宴请及娱乐等活动，如有必要，须事先征得部门负责人的同意，并做好部门备案。

（5）不向供应商和相关单位介绍配偶、子女、亲属，或为了他们而参与同采购工作相关的活动。

八、集团销售中心高管

我们将带领销售团队，遵守并实践公司廉政自律宣言，并在此郑重承诺：

（1）遵守公司制度，切实维护思嘉利益和消费者利益，坚决抵制纵容和故意隐瞒客户的严重违法、违约经营行为。

（2）光明磊落做人，不接受与工作相关联的当事人或相关人员的宴请和娱乐性消费，不收受礼品、礼金，不与客户有经营、经济上的勾结行为。

（3）实践保密原则，不将工作关系所掌握了解的信息透露给当事人或相关人员。

（4）以身作则、政治无私，不以权谋私，不拉帮结派。

九、集团行政、人事、监察中心高管

自思嘉创建起，公司就希望思嘉能成为全体思嘉人共同成长、发展的大平台。但是，随着公司的发展壮大，在全体人员中，终究会有各种利益的冲突和诱惑的产生，我们感到了公司发展与自己承担责任的紧迫性和责任的沉重。如何在所有困难前坚持自己的立场，如何能稳定地拟定并监督全体思嘉人沿着正常轨道前进，如何去抵制各种诱惑与干扰，这需要我们高管与所有人员抛弃一切不利于公司发展的私念与杂想，公平、公正地带好每一个团队，坚持各种原则，承担起每个人的责任。

因此，我们在此郑重宣誓：

绝不贪腐、绝不因为个人利益事思嘉名誉、利益受损，绝不在公司重大决策中掺杂私欲动机，在人事行政监察作业中排除私人利益与动机。

第五节　商业秘密保护

思嘉集团是"国家级火炬计划"重点高新技术企业，技术含量高，信息含量大。特别是公司市场策略、工艺技术配方等核心商业秘密是企业战胜竞争对手，走在行业前沿，并持续稳定发展的核心动力。随着公司的发展，公司对商业秘密的保护逐渐重视，并采取了一系列的措施，提前建立预警机制，避免因商业秘密泄密而给公司带来巨大损失。

一、设立保密委员会，完善保密制度

（1）成立专门保护商业秘密的机构——保密委员会。保密委员会于2008年起设立，负责内部商业秘密管理的总体协调及全局性管理工作，直接对林董事长负责。保密委员会由技术中心技术总工蒋石生担任委员会主任，委员会成员包括营销中心总监刘俊、信息课课长陈林锴、监察中心课长陈新遵、人事课课长苏凤兰，并从技术课及营运管理课调出两位人员专职负责商业秘密的日常管理。技术委员会不仅承担着商业秘密的保护工作，同时承担着保密宣传、防范措施落实及泄密危机事件处理等职责。

（2）完善保密管理系列制度文件。在设立保密委员会的同时，思嘉请专业律师指导，完善了《保密管理制度》、《员工保密行为准则》、《保密协议》。保密制度中明确了：①商业秘密的范围、分类并划分等级；②商业秘密保护的防范措施；③规范了员工保密行为；④限制商业秘密的知悉范围；⑤奖励与处罚。保密管理系列文件制定好后，召开全体员工大会，并邀请律师上台给大家讲解，让大家深刻了解到保密是员工的义务，有哪些信息需进行保密，还需防范离职人员泄密或间谍进厂偷窃商业秘密等，并让员工明白若是泄密，将会被追究相应的法律责任。同时，系列文件发布通过公司 OA 平台、RTX、企业邮箱、宣传栏等多渠道长期对员工公示。

二、加强员工保密工作管理

（1）员工一经录用，签订劳动合同的同时，必须立刻签订《保密协议》，并由人事人员当面告知保密属于员工须尽的义务，若是泄密应负相应的法律责任，使每一个职员都应意识到商业秘密对企业的重要性，承担商业秘密保护的重要性。同时，对于公司核心管理、技术、营销、生产等高层签订《竞业限制协议》。

（2）每月定期通过 OA 平台、RTX、企业邮箱、宣传栏及培训等多渠道进行保密宣传教育，使广大员工增强道德观念和法制观念，树立保护商业秘密人人有责的思想，普遍提高保护商业秘密的自觉性。与此同时，将商业秘密的管理纳入企业基础管理体系，编入员工手册下发给员工传阅并签字，并把保密管理定为涉密人员绩效考核的重要考核项目。

（3）对于提出辞职的员工或有离职倾向的员工，提前从涉密岗位上调离，并及时设置相关秘密资料查阅的权限。员工离职时，需要列出详细的工作及资料移交清单，相关工作交接人逐项确认并签字，保证工作交接无遗漏，且工作清单上的内容也是证明离职者在任期间从事或接触企业特定商业秘密的主要证据，一旦发生争议或纠纷，是起诉的重要证据。同时，公司重视离职员工电子邮件的移交和备份，避免员工通过网络将商业秘密传递出去。

（4）对于离职并到竞争对手公司任职的涉密员工，公司会主动采取预防措施，书面通知对方企业，明确告知员工在本单位的工作性质和业务范围，不得利用思嘉公司的商业秘密。这样，一旦如果竞争对手坚持侵权，己方亦保有事先警告的证据，在法律上处于很有利的地位。

（5）明确员工保密行为准则，坚持"五个必须与五个不准"。

"五个必须"：①保管好所有的涉密、文件、工作记录的原本及复印本，纸质资料归档并上锁，电子资料必须设置密码。②对外合作，含原料采购、客户订单、技术项目合作等，涉及商业秘密的必须约定承担保密义务，同时，涉密的项目必须使用代码。③通过电子邮件或其他网络通信工具发出商业秘密信息时必须设置密码，传递涉密纸质资料必须密封，并专人传送，确认本人签收。④对于弃用的涉密文件，必须使用碎纸机处置。⑤所有客户、供应商、朋友、亲人来访，需在指定会议室进行洽谈，未经审批严禁进入厂区，且必须具有保密意识，谨防随口说出商业秘密。

"五个不准"：①不准将商业秘密文件原本及复印本放在别人可以看到或接触的地方。②不准通过手机、电脑等网络传递"核心商业秘密"。③未经审批，不准把文件中使用的代码换成真实的名称。④不私自复制工作范围之外的秘密文件到 U 盘上。⑤处于预研、立项阶段的项目，未经批准不公开宣传。

三、强化内控，落实各项保密措施加强

（一）完善安保管理系统

（1）外来人员进入厂区，必须持身份证在保安室进行登记，佩戴嘉宾

证，并由接待人员到保安处指引进入办公区指定的接待会议室，不允许来访者任意自由走动，原则上没有预约的外人访客，保安不得放行。

（2）外来人员离开厂区，所有携带的物品都必须经过保安检查确认安全后才能放行，若是有驾车进入厂区者，保安须检查车辆后备厢及车辆携带物品，防止物品及资料外带。

（3）厂区内部设全套监控及门禁系统。厂区办公区域，各个车间都进行了 24 小时电眼监控，并由专人进行监视、调阅，发现不正常的地方或现象及时并直接向总经理汇报。公司所有办公室及重要的车间都设有门禁，门禁系统明确权限，个人只有本部门办公室进出的权限，其他办公室都无权进入。对于公司重要管制区域、重要机房重地、技术研发室等区域，则以指纹识别进入，且限定仅有高层人员或经手人员才有权进入。

（二）信息系统保密设置

（1）2010 年 5 月，通过部署世纪龙脉电子文档安全管理系统加密 Office 文档，保障文档资料的安全传递。有如下功能：加密过后的文件在单位内部可以正常流通使用，但未经授权的文件复制，流通时将无法正常打开使用。因此，未经解密的文件复制到其他公司，打开后是一堆乱码，无法使用。而且，公司只有课长级别以上人员才有解密权限，员工解密文件时需身份验证。同时，文件加密解密过程对用户完全透明，可以查到相关记录。另外，加密文件还有打印控制及防止删除的功能，只有授权的电脑才能打印重要文档，同时，防止离职人员破坏文件，采用了文件防删除技术，禁止未授权用户删除文件。

（2）服务器部署硬件防火墙及三层交换机，能防御 DoS/DDoS 攻击（如 CC、SYN Flood、DNS Query Flood、SYN Flood、UDP Flood 等）、ARP 欺骗攻击、TCP 报文标志位不合法攻击、Large ICMP 报文攻击、地址扫描攻击和端口扫描攻击等多种恶意攻击，同时支持黑名单、MAC 绑定、内容过滤等先进功能，能有效阻止外部的探测及内部的病毒攻击。同时，支持基础、扩展和基于接口的状态检测包过滤技术；支持 H3C 特有 ASPF 应用层报文过滤协议，支持对每一个连接状态信息的维护监测并动态地过滤数据包，支持对应用层协议的状态监控。且有提供各种日志功能、流量统计和分析功能、各种事件监控和统计功能、邮件告警功能，为核心网络构建了"铜墙铁壁"。

（三）采用代号、代码

（1）对于公司的重大研发项目、对外合作项目等不体现具体项目或合作名称，而是采用"城堡项目"、"飞鹰计划"等代号，避免间谍或其他员工轻易获取项目信息。

（2）对于公司的客户、供应商等往来客户，全部采用代码，且主要原材料、特殊设备零配件的供应商，来货上也要求供应商隐藏公司名称，避免主要原材料供应在运输环节及生产环节轻易被竞争对手获知。

（3）对于公司所有的技术配方、物料，全部采用代码，每个物料有唯一的代码，只有技术课主管及经办人员才有权限进行增加、修改，不仅加强了技术信息保密，同时也提高了物料管理的效率。

四、聘请专业律师指导，规避风险并及时解决商业秘密泄露危机

公司从 2008 年起，与福建亚太天正律师事务所合作，并由该单位的陈俊、陈明律师担任公司的常年法律顾问，承办法律事务。

（1）加强了合作方的管理，合同上规避风险。思嘉的对外合同是由律师亲自参与讨论拟定的，在合同条款上约定了有利于思嘉的法律条款。同时，约定了合作中涉及的具体商业秘密的范围，约定对方对其在签订、合作过程中知悉的企业商业秘密负有的具体保密义务、保密期限以及违反保密义务的确切违约责任。这样既有助于确定保密范围，也有助于在违约情形下的追索。

（2）定期培训《合同法》、《劳动合同法》，普及法律知识。两位律师分工，每个季度都会给思嘉相关部门的员工进行法律知识的培训，普及最新出台的法律政策及应对，并把我们历年来发生的合同纠纷、劳资纠纷作为案例详细讲解，教导规避方法及处理措施。

（3）承办法律事务，采取措施防止商业秘密因诉讼再度泄露。公司涉及的经济、技术、劳资纠纷而提起的诉讼，由于大部分案件是要求公开审理，诉讼过程很有可能造成二次泄密或扩大泄密。律师遇到这类案件，一开始就会要求法院依据《民事诉讼法》第 120 条的规定进行不公开审理。在具体庭审过程中，法院要求披露的信息涉及企业核心机密，律师会以涉及商业秘密为由，请求法院不向对方出示。同时，请求法院要求案件的当

事人、代理人、证人，及其他诉讼参与人签署保密承诺书，无条件地承担保密义务。在诉讼上，律师也会采取一些技巧，将公司的商业秘密分割成数个子秘密，或对其进行虚化，例如，确定的数值 5N，表述成区间 3N~8N，这样，既能保证胜诉，也能保护核心秘密不会外泄。

除了以上措施，公司也加强知识产权建设，如商业标志申请商标、技术改进、新品研发、设备改进申请国家发明或实用新型专利、原料的供应申请原产地保护、图纸设计申请著作等。在信息传输无限制、市场竞争日益激烈的环境下，思嘉对商业秘密保护如此重视，将助力企业更为稳定、安全、持续地发展。

专栏 16-2　思嘉公司员工保密行为准则

第一条　总则

1. 自觉遵守公司的各项保密管理规定。
2. 不打听与本员工工作无关的公司信息。
3. 不向与保密项目无关的人提及保密信息。
4. 主动向公司申报职务发明。
5. 不从事第二职业或利用公司商业秘密为个人牟利。

第二条　文件印制

1. 保密文件由秘书、机要打字员或本人打印，不得交一般打字员打印。
2. 打印文件时废弃的文件要及时处理，不得留在打印机上。
3. 文件复印时废弃的文件要及时处理，不得留在复印机上。
4. 文件复印完毕，要将原件收回。
5. 保密文件的复印要提出书面申请，经相应级别的领导批准。申请单要保存。
6. 不私自复制工作范围之外的秘密文件到 U 盘上。

第三条　文件发放

1. 保密文件要专人传送，由收件人签收。
2. 传递保密文件要密封，或送到收件人本人。
3. 保密文件尽量不要传真。特别需要时，要在保密文件传真前，电话通知接受人在传真机旁等候，传真完毕，要电话确认。
4. 文件上网前，要进行密级审查。
5. "核心商密"文件不能上网；"普通商密"文件上网要设置权限口令。

6. 不在网上传送"核心商密"文件；尽量不在网上传送"普通商密"文件。

7. 在互联网上发送与公司相关的技术文件或商务文件须经过审查。

第四条　文件传阅

1. 文件要确定传阅范围。保密文件要在限定的范围内传阅。

2. 含有商业秘密的文件，不要张贴在对外公开的公告栏上。

3. 保密文件的查阅和复印要经相应级别的领导审批，并予以登记。

第五条　文件保存

1. 保密文件要与其他文件分开放置。

2. 保密文件要密存在保密文件柜中，保密文件柜上锁或设置有效密码，并定期更换密码。

3. 个人未处理完的保密文件要密存。

4. 非必要时，尽量不要将保密文件或 U 盘拿出公司。

5. 保密文件或 U 盘带出公司要经相关权限的领导审批，并配合安全管理人员检查。

6. 出差时，保密文件随身携带，不放酒店、不作为行李托运。

7. 归还公用便携机之前要认真清理机内存放的保密文件。

8. 重要的文件要有备份，备份 U 盘要保存在保密文件柜中。

9. 存储在网上的资料要设密码。

第六条　文件销毁

1. 打印、复印保密文件形成的废纸要及时用碎纸机销毁。

2. 保密文件作废后，及时用碎纸机销毁。

3. 不重复使用写有重要内容的纸张。

第七条　计算机与网络

1. 个人计算机要设置开机密码和屏幕保护密码。必要时，要定期更换密码。

2. 计算机文件共享时，必须设置有效口令，口令应设为无规律的字符串。

3. 共享文件传送完毕后，应及时取消共享。

4. 保存好自己的文件，不和他人共用邮箱。

5. U 盘专用。非保密文件和保密文件不在同一 U 盘上备份。

6. 不通过 E-mail 发送涉及保密的内容；不发与本员工工作无关的内容。

7. 解密系统要设权限审核解密文件。

第八条　工作场所

1. 下班前要清理桌面上的文件，有保密内容的要密存。

2. 保密文件不能随便摆放或丢弃。

3. 有权制止未佩戴工卡的人员进入办公室。

4. 进入办公区域要将工卡佩戴在胸前。

5. 部门主管和秘书有责任监督、督促本部门人员遵守保密规定。

第九条　接听电话

1. 公司内部电话，如涉及保密内容，要问清对方的姓名、职务，并确认后再做决定。

2. 遇有不明身份的人来电话询问涉及公司秘密时，要根据当时的具体情况，婉言谢绝。

3. 问清对方住址、姓名、电话，做记录后，再回拨电话答复。

第十条　举行会议

1. 保密的会议通知和含有保密内容的各种通知，不要发在公告牌上，而要发给本人或发至其邮箱中。

2. 在外举行会议，会前或会议期间，不向无关人员透露会议举行的时间、地点、会议内容。

3. 妥善保管发放的保密会议资料，不得随便放置、复印、转交他人。

4. 会后要清理会场。会议资料无论有无保留价值，都不可随地丢弃。

第十一条　对外交往

1. 对陌生人的问询要提高警惕。明确什么该说，什么不该说。

2. 客户询问涉及公司商业秘密时，要礼貌谢绝。

3. 发现有泄密情况，要立即制止，及时汇报。

第十二条　对外宣传

1. 对外宣传（技术、商务）口径要与公司保持一致。宣传以公司公开的资料为主。

2. 宣传时，不要透露公司商业秘密。

3. 处于预研、立项阶段的项目，未经批准不公开宣传。

4. 在国内外刊物上发表文章，事先要经过审查。

第十三条　合作交流

1. 与合作商、供应商接触时，若涉及商业秘密，应事先与之签订保密协议。

2. 合作商、供应商接待应在专门的接待室进行。在公司内活动时，要安排专人陪同。接待完毕要及时填写接待记录。

3. 向客户发放涉及公司商业秘密的文件或资料前，应向客户明确保密义务。

4. 对合作单位人员进行培训时，培训教材的内容应严格把关。

5. 只提供与合作有关的必要资料，提供秘密资料时需要经过审批。

6. 与合作方接触的人员和文档限定在一定的范围之内。

7. 合作方派人在公司工作时，还需与其个人签订保密协议。只向其提供与工作有关的资料，接触秘密资料时要求登记。

第十四条　客人接待

1. 引导客户参观，要按照公司规定的路线。

2. 客人在公司期间，要安排人员始终陪同。未经许可，不要将客人带进办公室或实验室。

3. 未经许可，不要求技术人员向客户讲解有关技术问题。

4. 客人在办公区域拍照、摄像，须经接待部门的一级部门以上领导批准。

5. 应聘人员进入办公区内应有人陪同。

第十五条　使用软件

1. 非正版软件不得在公司内部使用。

2. 因工作需要使用新软件时，要进行统一的申购，并由信息中心统一审批。

3. 由个人购买的自己使用的软件，不得存放在公司内部。

资料来源：思嘉集团保密委员会。

结束语：思嘉的未来

随着经济的发展，消费者消费能力的提高，及国家"十二五规划"鼓励战略性新兴产业发展的政策，为强化材料及下游系列终端产品的需求增长塑造了有利的经济背景，预期新材料市场需求在未来的二十年内会有大幅的增长。与此同时，新材料行业因高利润率也吸引了更多的投资者、企业介入，国际国内市场竞争将日益激烈。进入 21 世纪后，第三次工业革命崭露头角，新材料是其中的核心内容。国际金融危机后，美国先后制定《重振美国制造业框架》、《先进制造伙伴计划》，2012 年 2 月又出台《先进制造业国家战略计划》，德国则提出"工业 4.0"，日本也出台了振兴制造业的相应计划和政策，这些给我国制造业敲响了警钟。而我国经济经过 30 多年高速发展，转入中高速增长新常态。面对机遇与挑战并存的当下，思嘉集团在《中国制造 2025》和《互联网＋行动计划》等国家战略的指引下，提出"立足新材料，布局全球化"的远大战略和打造世界知名品牌的发展愿景，致力于"十三五"期间在国内新材料领域成为生产能力、开发能力最强，品牌知名度、美誉度最高的企业，打造成中国最有竞争力的新材料上市集团。然后全面推进国际化经营战略，布局全球市场，塑造国际知名品牌，2028 年前后跻身最有竞争力、影响力的世界新材料制造商行列。

为了进一步提高企业的核心竞争力，思嘉集团已经先后在福州、厦门、上海、湖北等地建立了自己的生产基地，扩大集团的生产规模，并投入巨资进行新工业园的规划和建设，引进国际一流的设备，生产附加值更高的新产品；在整个生产、物流过程施行微机全自控，提高机械自动化程度，减少人力操作，计划用三年的时间建成国内最大的智能化新材料生产基地。同时，思嘉同福州大学深化产学研合作，在福州国家大学科技园区建设新材料研发大厦，充分利用协会、高校的人才及组织资源，通过"走出去、引进来"将产品销售至欧美发达国家，引进欧洲高级技术人才加盟集团技术团队，为思嘉持续创新提供了强有力的支持。这些实践，为思嘉巩固国内领先地位奠定了坚实的基础。

今天的思嘉集团，面对日益激烈的竞争，提出了"立足新材料，延伸产业链，业务多元化，布局全球化"的战略，推行"变革、卓越、共赢"的嘉文化，以不断创新，践行健康、生态、环保的生活方式，实现股东、经营团队、客户、员工等相关利益者多赢的"思嘉梦"。

一、科技创新推动主业稳健发展

（1）更新生产设备自动化及智能化程度，提高生产效率、产品质量、产品能效。

（2）持续技术密集型企业升级进度，升级渠道库存和物流成本，实现管理前端供应链管理、生产计划无人化管理，实现后端物流智能化管控。

（3）以市场需求为导向，增强国外市场开发力度，开发引领国内外潮流且质量优异的新产品投放市场。

（4）推行节能环保的生活方式，向欧洲输送高端新材料产品，替代进口产品。

（5）加强与国内外科研院校进行产学研合作及技术研讨交流，收集行业前沿市场信息及先进技术工艺，为新产品的开发提供信息及技术支持。

（6）推进人才工程，培育研发队伍，有计划地对研发人员进行培训及深造，提高技术水平和创新能力。

（7）牵头推进新材料系列产品行业标准的制定，参与国际标准的研讨，进一步促进新材料行业的有序及规范发展。

（8）承接国家、省、市级的各项研发、技改项目，促进内部产品不断更新换代，工业技术不断升级。

（9）完善激励机制，充分激发和调动科研人员的创新热情。

二、精细化管理，强化集团管控

（1）继续推行"制度流程变革"，严格按照上市集团内审要求进一步规范规章制度、流程等管理文件，加强集团对各子公司的管控。

（2）建立高效的信息管理系统并运行。思嘉集团将组建团队开发 ERP 软件，完善人事管理软件、标签系统软件、通过信息化建设，完善集团对各子公司、办事处的财务及信息管控，也实现了集团信息资源共享，为各项战略提供信息支持。

（3）不断提升服务的标准化，将信息化系统导入客户管理，调配专业的营销服务人才组成客服团队，重视客户资源的维护、积累、开发和利用，提升客服在公司的定位，实现生产、售前、售中监控，售后定期维护的全过程服务，随时解答客户提出的疑问，使客户服务成为公司强有力的竞争王牌，并通过客户口碑的良性循环，培养一批忠诚度较高的客户群体。

（4）构建学习型组织，建立有效的学习制度和动力机制，加快内部团队的培养，以满足集团快速发展的人力资源需求。

三、布局全球市场，推行品牌战略

全球化竞争的首要前提是参与全球化的资源配置。思嘉集团除了依托香港思嘉进行海外市场拓展外，还将在主要欧美国家建立运营仓储中心，组建外贸团队，扩大外贸团队实力，积极参与国际市场的竞争，加快国际市场开发的进度。此外，还与德国、俄罗斯、美国、埃及等主要经销商建立了战略合作关系，采取让利给经销商的方式，抢占国际市场份额。

在实施品牌战略上，首先，充分发挥思嘉已有的通过技术创新、品质稳定、服务周到建立起来的"软材料，硬品质"行业知名度和卓越的信誉，在品牌策略上利用品牌延伸，从软体新材料为主，延伸到思嘉材料造的终端产品。其次，集团采用统一的品牌策略，倡导健康、生态的生活方式，提升集团的企业形象，并依托政府、协会、客户、供应商等进行推广，扩大行业知名度。再次，进行品牌差异化管理，加大力度培育主、副品牌。而且，在实施不同战略阶段，将优选出与企业现状匹配且高效的品牌模式，进一步提升品牌效应。最后，利用集团在中国香港、美国、英国、法国、德国及新加坡等地注册的商标，进行海外品牌推广。

四、积极投入公益事业，强化社会责任

思嘉集团在履行社会责任方面已经做了较多的实践，并逐步形成较为系统的体系。当下思嘉实施的"立足新材料，延伸产业链，业务多元化，布局全球化"战略，将在社会责任履行方面有新的实践。

（1）新战略将带动集团股票的新一轮涨幅，思嘉集团在保障股东权益方面，一要进行不间断的分红派息；二要为投资者提供专业化的服务，完善投资者关系，及时、充分地信息披露，保持对所有投资者在财务、管理和政策等方面的公开透明。

（2）为集团员工提供更大的发展空间及更高的收入水平。各生产基地施行"承包制"，最大限度激发员工的积极性；对骨干干部在买房、购车方面提供资金支持；建立清晰的纵向晋升及横向轮岗的晋升机制，为员工提供更多的发展机会；推进设备技改及环境改善，减轻员工的工作强度，创造良好的工作和生活环境等措施，让员工同集团共成长。同时，建立"以人为本"的员工关怀原则，建立企业员工与管理层的沟通渠道，尊重员工的话语权，加强同员工进行心灵沟通，关注精神层面的困难，及时引导。

（3）始终践行"共赢"的经营理念，明确客户、消费者是永远的合作伙伴，建立完善的客户服务系统，保障客户的权益。同时，积极推动及牵头各项行业标准及国家/际标准的制定，通过引导行业的不断规范和有序竞争，为上下游供应链企业提供良好的发展环境。

（4）以专业的力量积极投身社会公益，充分利用企业的产品优势，第一时间为发生的各类灾难传递关怀。关注弱势群体，加大力度投身边远山区等困难区域的教育、就业等事业。

（5）倡导健康生态环保的生活方式，以实际行动为环境保护和可持续发展做贡献。一方面，不断地进行技术改造，节能降耗，减少浪费；另一方面，积极发展清洁能源沼气池项目，推动沼气成为农村主要能源，为新农村建设奉献自己的一分力量。

思嘉是创业至今仅有 13 岁的软体强化新材料领域年轻企业，虽然规模并不算大、实力还不够强，但是在具有坚定产业信仰的领导人和团结进取的领导班子带领下，经过锐意进步的全体思嘉人的艰苦努力和不懈奋斗，在相关领域和市场上已经创造出令世人瞩目的辉煌业绩。人们有理由相信，从不满足于现状的思嘉人会牢牢把握住自己的命运，审时度势、励精图治、专注务实、勇于创新，继续乘市场经济大势在上述几个方面进行艰巨的事业探索和运营实践，进而实现自己为祖国塑造产业、为人类创造财富的宏伟目标。毋庸置疑，在中国乃至全球新材料企业发展史上，思嘉一定会树立起经典而不朽的标杆。

附录1 创造神奇
——思嘉集团主题歌

你是那旷野中奔腾的骏马　风雪不怕
你像那蓝天里展翅的雄鹰　威勇前行
你是那大海上冲浪的巨轮　稳健自在
你像那黑夜里不熄的火把　温暖心窗

把真爱洒满人间　把微笑永驻心田
告诉世界　我想撑起这一片蓝天
把真爱洒满人间　把微笑永驻心田
告诉你我　风雨面对也一样坚强

在思嘉人的心里　铭刻卓越的印记
在思嘉人的梦里　看到创新的魅力
在思嘉人的心里　跳动多彩的风景
在思嘉人的梦里　看到创造神奇的美好心情

我是那春天里播下的种子　生根发芽
我像那夏日里娇艳的花朵　散发芬芳
我是那秋季里收获的果实　结满汗水
我会在那冬日里大声呼喊　青春无悔

把真爱洒满人间　把微笑永驻心田
告诉世界　我想撑起这一片蓝天
把真爱洒满人间　把微笑永驻心田
告诉你我　风雨面对也一样坚强

附录2 思嘉集团获得荣誉、奖励一览

(2006~2015 年上半年)

2006 年 9 月，被评为高新技术企业，编号：0435001B0582。

2006 年 11 月 24 日，被福建省对外贸易经济合作厅确认为"先进技术企业"，编号：闽外经贸证技字 2006009 号。

2007 年 4 月，被福建省工商行政管理局授予"2005~2006 年福建省守合同重信用企业"。

2007 年 6 月，"高强工业聚酯纤维复合材料"项目，获 6·18 海峡两岸职工创新成果展览会金奖。

2007 年 7 月，TPU 涂层夹网产品的开发与应用获"福州市晋安区 2002~2006 年科学进步三等奖"。

2007 年 7 月，成为福建省高科技产业发展促进会会员单位。

2007 年 7 月，被福州市晋安区委、区政府授予 2002~2006 年福州市晋安区"先进科技示范企业"。

2007 年 10 月 24 日，获中国制造网认证供应商。

2008 年 1 月，成为中国国际贸易促进委员会纺织行业分会会员及中国国际商会纺织行业商会会员。

2008 年 3 月 6 日，荣获美国国际商会企业会员资格证书。

2008 年 3 月，成为福建省质量协会团体会员。

2008 年 8 月，被福建省企业评价中心、福建省企业评价协会评为"福建工业主要行业前十强"。

2008 年 9 月 16 日，思嘉"高强工业聚酯纤维复合材料"获福州市 2008 年科学技术进步二等奖。

2008 年 11 月 25 日，再次被评为高新技术企业，证书编号为：GR200 835000045。

2008 年 12 月"思嘉 SIJIA 牌高强工业聚酯夹网布"被评为"福建省名牌产品"。

2008 年 12 月，被福建省工商行政管理局授予"2007~2008 年福建省守合同重信用企业"。

2008 年，荣获中国产业用纺织品行业协会 2008 年会员单位。

2009 年 4 月 28 日，获"福建省红十字人道荣誉奖"。

2009 年 6 月 8 日，思嘉"新型高强工业聚酯纤维充气艇材料"被评为"福建省自主创新产品"。

2009 年 10 月 25 日，思嘉"新型高强工业聚酯纤维充气艇材料"项目被评为"2009 年福州市科技进步二等奖"。

2009 年 12 月，"思嘉 SIJIA"被福建省工商行政管理局评为"福建省著名商标"。

2009 年 12 月，被评为福州市市级技术企业中心。

2009 年 12 月，被评为福州市知识产权示范企业。

2009 年 12 月，思嘉"艇用高性能纤维复合材料"被福州市经济委员会评为"2009 年福州市优秀新产品二等奖"、"福建省优秀新产品二等奖"。

2010 年 3 月 19 日，被中国沼气学会吸纳为团体会员。

2010 年 4 月 2 日，"新型高强工业聚酯纤维充气艇材料产业化项目"被评为"福建省 6·18 示范项目"。

2010 年 5 月，"房屋抗菌高强聚酯纤维复合材料产业化"被纳入"国家火炬计划项目"。

2010 年 6 月 29 日，"新型高强工业聚酯纤维充气艇材"被鉴定为"国内领先水平"。

2010 年 7 月，被中国农村能源行业协会吸纳为团体会员。

2010 年 7 月，被福建省区域和企业评价中心评为"2009 年度福建省经济社会突出贡献企业"。

2010 年 8 月，被福建省品牌发展研究院评为"福建省著名品牌"。

2010 年 9 月，被中国人力资源和社会保障中心评为"国家级高校毕业生就业见习示范基地"。

2010 年 12 月，被中国塑料加工工业协会评为"中国改性塑料行业十佳企业"。

2011 年 1 月，黄万能副总经理被评为"高级工程师"。

2011 年 2 月，"新型高强工业聚酯纤维充气艇材料"被评为"2010 年福建省科技进步三等奖"。

2011 年 3 月，被福建省工商行政管理局授予"2009~2010 年福建省守合同重信用企业"。

2011 年 4 月，被福建省质量协会评为"福建省用户满意企业"，高强工业聚酯纤维复合材料被评为"福建省用户满意产品"。

2011 年 5 月，发明专利"网格布"被评为"福建省专利奖二等奖"。

2011 年 5 月，被评为"福建省知识产权试点企业"。

2011 年 6 月，"高强工业聚酯纤维充气艇材料""清洁能源沼气池复合卷材"被评为福建省 618 优秀创新产品。

2011 年 7 月，"沼气工程用红泥复合材料"被中国轻工业联合会鉴定为国际先进水平。

2011 年 8 月，被评为"福建省创新性试点企业"。

2011 年 9 月，被评为"福建省知识产权优势企业"。

2011 年 10 月，顺利通过福建省科技厅、福建省国税局、地税局"福建省高新技术企业复审"，证书号：GF201135000092。

2011 年 11 月，"透湿透气涉水防护服材料"被评为海峡两岸职工创新成果银奖。

2011 年 12 月，被评为"福建省形象佳企业"。

2011 年 12 月，发明专利"针织迷彩防水布料"被评为"福州市专利奖优秀奖"。

2011 年 12 月，产品"清洁能源沼气工程用红泥复合材料"被福建省经贸委鉴定为"国际先进水平"。

2012 年 1 月，发明专利"沼气工程用红泥复合卷材及其制备方法"被福建省人民政府评为"福建省专利奖一等奖"。

2012 年 2 月，名牌产品"高强工业聚酯夹网布"通过福建省质量管理监督局新一届福建省名牌产品复评。

2012 年 4 月，被福州市国家税务局评为"纳税三十强"。

2012 年 4 月，被福州市委、福州市人民政府评为"福州市和谐企业"。

2012 年 5 月，张宏旺总裁被福州市总工会评为"福州市十佳发明人"。

2012 年 5 月，工务管理团队被福州市总工会评为"福州市工人先锋号"。

2012 年 6 月，"新型高强工业聚酯纤维充气艇材料产业化"被福建省发改委评为"福建省6·18优秀项目"。

2012年6月，被福州市总工会评为"福州市先进职工之家"。

2012年7月，被福州市人民政府授予"福州市专家工作站"。

2012年9月，"高韧性多功能膜结构材料"被国家科技部纳为"国家火炬计划项目"。

2012年10月，被国家科技部"火炬中心"认定为"国家火炬计划重点高新技术企业"。

2012年12月，"清洁能源沼气工程用红泥复合材料"被福州市人民政府评为2012年"福州市科技进步奖一等奖"。

2012年12月，企业技术中心被福建省经贸委等四部门联合认定为"福建省省级企业技术中心"。

2012年12月，被福建省经济贸易委员会认定为"福建省战略性新兴产业重点骨干企业"。

2012年12月，福建省著名商标"思嘉SIJIA"成功通过省工商行政管理局新一届的延续认定。

2012年12月，被福建省经济贸易委员就评为"福建省质量信誉承诺企业"。

2012年12月，被福建省总工会评为"福建省模范职工之家"。

2012年12月，品质管理课和仓储管理课被福州市总工会评为"福州市工人先锋号"。

2012年12月，"清洁能源沼气工程用红泥复合材料"被福州市人民政府评为2012年"福州市优秀新产品奖特等奖"。

2013年1月，产品被福州市人民政府授予 "2012年福州市产品质量奖"。

2013年1月，公司产品被福建省人民政府授予"2012年福建省科技进步三等奖"。

2013年3月，公司产品被福建省人民政府授予2012年"福建省优秀新产品一等奖"。

2013年5月，总工程师黄万能被福州市人民政府授予"福州市劳动模范"。

2013年5月，总工程师黄万能被福州市总工会授予"福州市十佳发明人"荣誉称号。

2013年5月，被国家工商行政管理局认定为"国家级守合同重信用企业"。

2013年9月，被福建省经贸委、福建省国资委等四部门联合评定为

"福建省创新型企业"，并被授予"福建省优秀创新型企业"称号。

2014 年 1 月，公司"思嘉 SIJIA"被评为"中国驰名商标"。

2014 年 2 月 23 日，思嘉承担的福建省技术创新 6·18 对接专项"高韧性多功能膜结构材料"（闽经贸计财〔2011〕703 号）项目顺利通过验收。

2014 年 2 月 23 日，思嘉"高韧性多功能聚酯纤维/PVC 复合膜结构材料"被认定达到国际先进水平。

2014 年 3 月，新获一项国家发明专利，专利名称"一种 PVC 涂层织物糊剂及其制备方法"（专利号：201210492581.6）。

2014 年 4 月，蒋石生获评福州市十佳职工发明人。

2014 年 5 月，新获一项国家发明专利：一种环保 TPU 薄膜及其制备方法，专利号：201210509126.2；团支部获"晋安区先进基层团组织"荣誉称号。

2014 年 6 月，党支部获"先进基层党组织"荣誉称号。

2014 年 7 月，获评"2012~2013 年福建省守合同重信用企业"。

2014 年 9 月，厦门分公司仓储物流班组被授予"工人先锋号"荣誉称号。

2014 年 10 月，上海思嘉通过上海市高新技术企业认定，编号：GR20 1431000521。

2014 年 11 月，福建思嘉通过福建省高新技术企业认定，编号：GR20 1435000299。

2014 年 12 月，"思嘉 SIJIA"入选 2014~2016 年"福建省重点培育和发展的国际知名品牌"名单；"高韧性多功能聚酯纤维/PVC 复合膜结构材料"项目荣获 2014 年福州市科学技术奖一等奖。

2015 年 1 月，"高韧性多功能聚酯纤维/PVC 复合膜结构材料"项目获得福建省科技奖三等奖。

2015 年 2 月，"思嘉+sijia+图形高强工业聚酯夹网布"产品被评为 2014 年福建名牌产品；新获一发明专利"一种薄膜表面处理剂及其制备方法"（专利号：201210500065.3）。

2015 年 4 月 23 日，技术工程师邓中文被评为福州市第三十四届劳动模范。

附录 3 恩嘉集团已授权专利一览

序号	专利种类	当前状态	专利号	专利名称	申请日期	授权日期
				发明专利		
1	发明	授权	ZL 2008 1 0070556.2	网格布	2008 年 1 月 29 日	2010 年 1 月 20 日
2	发明	授权	ZL 2008 1 0070554.3	针织迷彩防水布料	2008 年 1 月 29 日	2010 年 7 月 21 日
3	发明	授权	ZL 2008 1 0070552.4	TPU 夹网	2008 年 1 月 29 日	2010 年 7 月 21 日
4	发明	授权	ZL 2008 1 0070555.8	充气布	2008 年 1 月 29 日	2010 年 7 月 21 日
5	发明	授权	ZL 2008 1 0072504.9	PVC 水上隔离层材料制备工艺	2008 年 12 月 30 日	2010 年 12 月 22 日
6	发明	授权	ZL 2008 1 0072506.8	门帘材料生产工艺	2008 年 12 月 30 日	2011 年 1 月 26 日
7	发明	授权	ZL 2008 1 0072507.2	高强聚酯纤维层压膜结构材料生产工艺	2008 年 12 月 30 日	2011 年 3 月 16 日
8	发明	授权	ZL 2009 1 0111483.1	沼气工程用红泥基复合卷材及其制备方法	2009 年 4 月 16 日	2011 年 5 月 18 日
9	发明	授权	ZL 2008 1 0072505.3	高可视警示服基底材料生产工艺	2008 年 12 月 30 日	2011 年 5 月 18 日
10	发明	授权	ZL 2008 1 0070551.X	EVA 夹网布	2008 年 1 月 29 日	2011 年 6 月 15 日
11	发明	授权	ZL 2008 1 0070553.9	涤纶迷彩防水布料	2008 年 1 月 29 日	2011 年 7 月 20 日
12	发明	授权	ZL 2009 1 0111538.9	高弹耐磨运动地板面材及其制备方法	2009 年 4 月 23 日	2011 年 8 月 24 日

续表

序号	专利种类	当前状态	专利号	专利名称	申请日期	授权日期
				发明专利		
13	发明	授权	ZL 2008 1 0072512.3	泳池复合材料生产工艺	2008年12月30日	2011年8月24日
14	发明	授权	ZL 2008 1 0072510.4	水上休闲娱乐器材复合材料生产工艺	2008年12月30日	2011年9月25日
15	发明	授权	ZL 2008 1 0072509.1	涤层网布生产工艺	2008年12月30日	2011年12月14日
16	发明	授权	ZL 2008 1 0072508.7	跑步机用输送带生产工艺	2008年12月30日	2012年1月11日
17	发明	授权	ZL 2008 1 0072511.9	一种夹网布贴合及表面处理工艺	2008年12月30日	2012年1月25日
18	发明	授权	ZL 2011 1 0094984.0	一种使用寿命长的防水卷材的制备工艺	2011年4月14日	2012年4月5日
19	发明	授权	ZL 2010 1 0561680.6	沼气池用红泥塑料膜与泥浆复合卷材的焊接方法	2010年11月26日	2013年10月23日
20	发明	授权	ZL 2011 1 0454144.0	一种纳米高气密性抗压膜及其制备方法	2011年12月30日	2014年1月20日
21	发明	授权	ZL 2011 1 0454152.5	一种纳米双层膜沼气池材料及其制备方法	2011年12月30日	2014年1月20日
22	发明	授权	ZL 2012 1 0492581.6	一种PVC涂层织物糊剂及其制备方法	2012年12月28日	2014年2月1日
23	发明	授权	ZL 2012 1 0509126.2	一种环保TPU薄膜及其制备方法	2012年12月4日	2014年5月14日
				实用新型专利		
1	实用新型	授权	ZL 2004 2 0150766.X	塑料布	2004年11月15日	2006年2月15日
2	实用新型	授权	ZL 2007 2 0009003.7	充气玩具	2007年12月7日	2008年9月24日
3	实用新型	授权	ZL 2008 2 0102331.6	充气玩具竞技台	2008年5月19日	2009年3月18日
4	实用新型	授权	ZL 2008 2 0102323.1	充气玩具蹦床	2008年5月19日	2009年3月18日
5	实用新型	授权	ZL 2008 2 0102329.9	正多边形组合式游泳池	2008年5月19日	2009年3月18日

续表

序号	专利种类	当前状态	专利号	专利名称	申请日期	授权日期
				实用新型专利		
6	实用新型	授权	ZL 2008 2 0102328.4	充气式帐篷	2008 年 5 月 19 日	2009 年 3 月 18 日
7	实用新型	授权	ZL 2008 2 0102326.5	充气水池	2008 年 5 月 19 日	2009 年 3 月 18 日
8	实用新型	授权	ZL 2008 2 0102325.0	充气攀岩健身器具	2008 年 5 月 19 日	2009 年 3 月 18 日
9	实用新型	授权	ZL 2008 2 0102324.6	充气床	2008 年 5 月 19 日	2009 年 3 月 18 日
10	实用新型	授权	ZL 2008 2 0102332.0	旋转滑梯充气玩具	2008 年 5 月 19 日	2009 年 3 月 18 日
11	实用新型	授权	ZL 2008 2 0102330.1	双跑道充气玩具	2008 年 5 月 19 日	2009 年 3 月 18 日
12	实用新型	授权	ZL 2008 2 0102327.X	充气玩具火车	2008 年 5 月 19 日	2009 年 3 月 18 日
13	实用新型	授权	ZL 2008 2 0102982.5	大型充气玩具台	2008 年 7 月 11 日	2009 年 4 月 22 日
14	实用新型	授权	ZL 2008 2 0102975.5	双梯式充气滑梯玩具	2008 年 7 月 11 日	2009 年 4 月 22 日
15	实用新型	授权	ZL 2008 2 0102991.4	动物状充气滑梯	2008 年 7 月 11 日	2009 年 4 月 22 日
16	实用新型	授权	ZL 2008 2 0102990.X	充气玩具台	2008 年 7 月 11 日	2009 年 4 月 22 日
17	实用新型	授权	ZL 2008 2 0102989.7	充气滑梯玩具	2008 年 7 月 11 日	2009 年 4 月 22 日
18	实用新型	授权	ZL 2008 2 0102988.2	充气投球玩具	2008 年 7 月 11 日	2009 年 4 月 22 日
19	实用新型	授权	ZL 2008 2 0102986.3	充气垫	2008 年 7 月 11 日	2009 年 4 月 22 日
20	实用新型	授权	ZL 2008 2 0102985.9	娱乐充气滑梯	2008 年 7 月 11 日	2009 年 4 月 22 日
21	实用新型	授权	ZL 2008 2 0102987.8	家用游泳池装置	2008 年 7 月 11 日	2009 年 5 月 13 日
22	实用新型	授权	ZL 2008 2 0102981.0	对称式充气滑梯玩具	2008 年 7 月 11 日	2009 年 6 月 17 日
23	实用新型	授权	ZL 2008 2 0103192.9	压延生产线成套装置	2008 年 7 月 29 日	2009 年 7 月 22 日
24	实用新型	授权	ZL 2008 2 0103233.4	充气综合娱乐球场	2008 年 8 月 1 日	2009 年 5 月 13 日
25	实用新型	授权	ZL 2008 2 0103300.2	布料涂层生产设备	2008 年 8 月 7 日	2009 年 6 月 3 日
26	实用新型	授权	ZL 2008 2 0103364.2	趣味充气滑梯	2008 年 8 月 12 日	2009 年 6 月 3 日
27	实用新型	授权	ZL 2008 2 0103396.2	贴合机生产设备	2008 年 8 月 15 日	2009 年 10 月 7 日

序号	专利种类	当前状态	专利号	专利名称	申请日期	授权日期
				实用新型专利		
28	实用新型	授权	ZL 2008 2 0145325.9	新型充气滑梯	2008年8月26日	2009年6月17日
29	实用新型	授权	ZL 2009 2 0137662.8	沼气工程用红泥复合卷材	2009年4月16日	2010年1月27日
30	实用新型	授权	ZL 2009 2 0137780.9	高弹耐磨运动地板面材	2009年4月23日	2010年3月17日
31	实用新型	授权	ZL 2010 2 0511449.1	PVC膜及夹网布焊接机	2010年8月31日	2011年3月16日
32	实用新型	授权	ZL 2010 2 0504251.0	水上娱乐器具	2010年8月25日	2011年5月18日
33	实用新型	授权	ZL 2010 2 0628976.0	可移动聚酯纤维压花装置	2010年11月26日	2011年6月1日
34	实用新型	授权	ZL 2010 2 0629693.8	聚酯纤维上胶装置和装箱之间的张力支撑架	2010年11月26日	2011年6月15日
35	实用新型	授权	ZL 2010 2 0628882.3	可移动聚酯纤维贴合膜的安装架	2010年11月26日	2011年6月15日
36	实用新型	授权	ZL 2010 2 0628888.0	聚酯纤维生产线上的接布装置	2010年11月26日	2011年6月22日
37	实用新型	授权	ZL 2010 2 0629677.9	聚酯纤维布上的上胶刮膜结构	2010年11月26日	2011年6月22日
38	实用新型	授权	ZL 2011 2 0110414.1	一种高强度防污自洁膜结构材料	2011年4月14日	2011年11月4日
39	实用新型	授权	ZL 2011 2 0110269.7	一种高强度防污自洁防水卷材	2011年4月14日	2012年1月11日
				外观专利		
1	外观专利	授权	ZL 2007 3 0141416.6	高强工业聚酯夹网布（4）	2007年12月7日	2008年12月24日
2	外观专利	授权	ZL 2007 3 0141408.1	高强工业聚酯夹网布（2）	2007年12月7日	2009年1月14日
3	外观专利	授权	ZL 2007 3 0141417.0	高强工业聚酯夹网布（3）	2007年12月7日	2008年12月3日
4	外观专利	授权	ZL 2007 3 0141415.1	工业聚酯网格布（高强1）	2007年12月7日	2009年1月14日
5	外观专利	授权	ZL 2007 3 0141421.7	网格布（高强工业聚酯4）	2007年12月7日	2009年1月14日
6	外观专利	授权	ZL 2007 3 0141411.3	夹网布（大理石纹聚酯2）	2007年12月7日	2009年1月14日
7	外观专利	授权	ZL 2007 3 0141418.5	热可塑弹性体夹网布（3）	2007年12月7日	2009年1月14日
8	外观专利	授权	ZL 2007 3 0141412.8	聚酯夹网布（大理石纹1）	2007年12月7日	2009年1月21日

续表

序号	专利种类	当前状态	专利号	专利名称	申请日期	授权日期
				外观专利		
9	外观专利	授权	ZL 2007 3 0141413.2	高强工业聚酯网格布 (3)	2007 年 12 月 7 日	2009 年 3 月 11 日
10	外观专利	授权	ZL 2007 3 0141420.2	夹网布 (热可塑弹性体 1)	2007 年 12 月 7 日	2009 年 3 月 11 日
11	外观专利	授权	ZL 2007 3 0141410.9	聚酯网布 (军用迷彩)	2007 年 12 月 7 日	2009 年 3 月 11 日
12	外观专利	授权	ZL 2007 3 0141409.6	高强工业聚酯夹网布 (1)	2007 年 12 月 7 日	2009 年 3 月 18 日
13	外观专利	授权	ZL 2007 3 0141414.7	工业聚酯网格布 (2)	2007 年 12 月 7 日	2009 年 3 月 18 日
14	外观专利	授权	ZL 2007 3 0141419.X	热可塑弹性体夹网布 (2)	2007 年 12 月 7 日	2009 年 3 月 18 日
15	外观专利	授权	ZL 2008 3 0157819.4	充气玩具 ("迷宫")	2008 年 11 月 13 日	2009 年 11 月 11 日
16	外观专利	授权	ZL 2008 3 0157821.1	充气玩具 ("老虎滑梯")	2008 年 11 月 13 日	2009 年 11 月 11 日
17	外观专利	授权	ZL 2008 3 0157822.6	充气玩具 ("鲨鱼滑梯")	2008 年 11 月 13 日	2009 年 11 月 11 日
18	外观专利	授权	ZL 2008 3 0157820.7	充气玩具 ("泰坦尼克号")	2008 年 11 月 13 日	2010 年 1 月 6 日

附录4 思嘉集团已注册商标一览

序号	国别	注册商标名称	注册号	类别	有效期限	备注
1		思嘉 SIJIA	4343586	25	2008 年 8 月 21 日~2018 年 8 月 20 日	主营业务需要
2	中国	思嘉 SIJIA	4343587	17	2007 年 12 月 28 日~2017 年 12 月 27 日	主营业务需要
3		思嘉 SIJIA	7723734	9	2011 年 3 月 14 日~2021 年 3 月 13 日	主营业务需要
4	中国	龙仕腾	6771062	17	2010 年 4 月 7 日~2020 年 4 月 6 日	主营业务需要
5	中国	思嘉 SIJIA	6771330	20	2010 年 4 月 7 日~2020 年 4 月 6 日	主营业务需要
6	中国	乐乐泉	6771362	17	2010 年 4 月 7 日~2020 年 4 月 6 日	主营业务需要
7	中国	乐乐泉	6796296	17	2010 年 6 月 28 日~2020 年 6 月 27 日	主营业务需要
8		旋转方框	6771363	18	2010 年 8 月 21 日~2020 年 8 月 20 日	主营业务需要
9	中国	旋转方框	6771364	22	2010 年 8 月 21 日~2020 年 8 月 20 日	主营业务需要
10		旋转方框	6771367	28	2010 年 8 月 21 日~2020 年 8 月 20 日	主营业务需要
11	中国	中间一点 s	6771673	18	2010 年 8 月 21 日~2020 年 8 月 20 日	主营业务需要
12		中间一点 s	6771674	22	2010 年 8 月 21 日~2020 年 8 月 20 日	主营业务需要
13	中国	龙仕腾	6771063	18	2010 年 8 月 7 日~2020 年 8 月 6 日	主营业务需要
14		龙仕腾	6771064	22	2010 年 8 月 7 日~2020 年 8 月 6 日	主营业务需要
15		龙仕腾	6771066	24	2010 年 8 月 7 日~2020 年 8 月 6 日	主营业务需要
16		龙仕腾	6771065	28	2010 年 8 月 7 日~2020 年 8 月 6 日	主营业务需要
17		龙仕腾	7726889	9	2011 年 3 月 21 日~2021 年 3 月 20 日	主营业务需要
18	中国	思嘉 SIJIA	6771328	18	2010 年 8 月 7 日~2020 年 8 月 6 日	主营业务需要
19		思嘉 SIJIA	6771329	28	2010 年 8 月 7 日~2020 年 8 月 6 日	主营业务需要
20		Long Standing	6771337	18	2010 年 8 月 7 日~2020 年 8 月 6 日	主营业务需要
21	中国	Long Standing	6771338	22	2010 年 8 月 7 日~2020 年 8 月 6 日	主营业务需要
22		Long Standing	6771339	24	2010 年 8 月 7 日~2020 年 8 月 6 日	主营业务需要
23		Long Standing	6771340	25	2010 年 8 月 7 日~2020 年 8 月 6 日	主营业务需要

续表

序号	国别	注册商标名称	注册号	类别	有效期限	备注
24	中国	Long Standing	6771341	28	2010 年 8 月 7 日~2020 年 8 月 6 日	主营业务需要
25		乐乐泉	6796295	18	2010 年 8 月 14 日~2020 年 8 月 13 日	主营业务需要
26	中国	乐乐泉	6796294	22	2010 年 8 月 14 日~2020 年 8 月 13 日	主营业务需要
27		乐乐泉	6796293	24	2010 年 8 月 14 日~2020 年 8 月 13 日	主营业务需要
28		乐乐泉	6796292	28	2010 年 8 月 14 日~2020 年 8 月 13 日	主营业务需要
29		乐乐泉图	6796301	18	2010 年 8 月 14 日~2020 年 8 月 13 日	主营业务需要
30		乐乐泉+图	6796300	22	2010 年 8 月 14 日~2020 年 8 月 13 日	主营业务需要
31	中国	乐乐泉+图	6796299	24	2010 年 8 月 14 日~2020 年 8 月 13 日	主营业务需要
32		乐乐泉+图	6796298	25	2010 年 8 月 14 日~2020 年 8 月 13 日	主营业务需要
33		乐乐泉+图	6796297	28	2010 年 8 月 14 日~2020 年 8 月 13 日	主营业务需要
34		Source of joy	6796310	18	2010 年 8 月 14 日~2020 年 8 月 13 日	主营业务需要
35		Source of joy	6796309	22	2010 年 8 月 14 日~2020 年 8 月 13 日	主营业务需要
36	中国	Source of joy	6796308	24	2010 年 8 月 14 日~2020 年 8 月 13 日	主营业务需要
37		Source of joy	6796307	25	2010 年 8 月 14 日~2020 年 8 月 13 日	主营业务需要
38		Source of joy	6796306	28	2010 年 8 月 14 日~2020 年 8 月 13 日	主营业务需要
39	中国	S 思嘉科技 英文	6915014	17	2010 年 7 月 7 日~2020 年 7 月 6 日	主营业务需要
40	中国	乐乐泉+图	6796302	17	2010 年 10 月 27 日~2020 年 10 月 27 日	主营业务需要
41	中国	龙仕腾	6770711	25	2010 年 9 月 14 日~2020 年 9 月 13 日	主营业务需要
42	中国	S 思嘉科技 英文	6915011	24	2010 年 11 月 14 日~2010 年 11 月 13 日	主营业务需要
43	中国	S 思嘉科技 英文	6915010	25	2010 年 10 月 21 日~2020 年 10 月 20 日	主营业务需要
44	中国	S 思嘉科技 英文	6915008	41	2010 年 10 月 7 日~2020 年 10 月 6 日	主营业务需要
45	中国	思嘉 SIJIA	6771331	41	2010 年 9 月 7 日~2020 年 9 月 6 日	主营业务需要
46	中国	旋转方框	6771366	25	2010 年 9 月 28 日~2020 年 9 月 27 日	主营业务需要
47	中国	S 思嘉科技 英文	6915013	18	2010 年 9 月 7 日~2020 年 9 月 6 日	主营业务需要
48	中国	S 思嘉科技 英文	6915009	28	2010 年 9 月 5 日~2020 年 9 月 6 日	主营业务需要

续表

序号	国别	注册商标名称	注册号	类别	有效期限	备注
49	中国	S 思嘉科技 英文	6915012	22	2010 年 11 月 14 日~2020 年 11 月 13 日	主营业务需要
50	中国	思嘉 SIJIA	6771327	24	2010 年 9 月 28 日~2020 年 9 月 27 日	主营业务需要
51	中国	旋转方框	6771365	24	2010 年 9 月 7 日~2020 年 9 月 6 日	主营业务需要
52	中国	中间一点 s	6771672	17	2010 年 9 月 7 日~2020 年 9 月 6 日	主营业务需要
53	中国	Source of joy	6796311	17	2010 年 9 月 7 日~2020 年 9 月 6 日	主营业务需要
54	中国	乐乐泉	6796041	41	2010 年 9 月 7 日~2020 年 6 月 22 日	主营业务需要
55	中国	思嘉 SIJIA	7723707	28 补	2010 年 12 月 7 日~2020 年 12 月 6 日	主营业务需要
56	中国	致富郎图+字	7748406	25	2010 年 12 月 7 日~2020 年 12 月 6 日	主营业务需要
57	中国	致富郎图+字	7748360	9	2011 年 3 月 21 日~2021 年 3 月 20 日	主营业务需要
58	中国	姜太公+图	7748287	9	2011 年 3 月 21 日~2021 年 3 月 20 日	主营业务需要
59	中国	姜太公+图	7748381	25	2010 年 12 月 7 日~2020 年 12 月 6 日	主营业务需要
60	中国	龙仕腾+图	7726933	28	2010 年 12 月 28 日~2020 年 12 月 27 日	主营业务需要
61			7726952	9	2011 年 3 月 21 日~2021 年 3 月 20 日	主营业务需要
62	中国	Longst 大型	7726905	28	2010 年 12 月 28 日~2010 年 12 月 27 日	主营业务需要
63	中国	水传说	7748394	25	2011 年 1 月 14 日~2021 年 1 月 13 日	主营业务需要
64	中国	水传说	7748333	9	2011 年 3 月 21 日~2021 年 3 月 20 日	主营业务需要
65	中国	Logo 思嘉红囊	8543014	1	2011 年 8 月 14 日~2021 年 8 月 13 日	主营业务需要
66	中国	Logo 思嘉红囊	8543031	7	2011 年 8 月 14 日~2021 年 8 月 13 日	主营业务需要
67	中国	Logo 思嘉红囊	8543049	11	2011 年 8 月 14 日~2021 年 8 月 13 日	主营业务需要
68	中国	Logo 思嘉红囊	8543059	17	2011 年 10 月 21 日~2021 年 10 月 20 日	主营业务需要
69	中国	Logo 思嘉红囊	8543080	19	2011 年 10 月 21 日~2021 年 10 月 20 日	主营业务需要
70	中国	Logo 思嘉红囊	8543091	20	2011 年 8 月 14 日~2021 年 8 月 13 日	主营业务需要
71	中国	姜太公椭圆形	8595062	9	2011 年 8 月 28 日~2012 年 8 月 27 日	主营业务需要
72	中国	姜太公椭圆形	8595022	25	2011 年 8 月 28 日~2012 年 8 月 27 日	主营业务需要
73	中国	Logo 思嘉红囊	8962307	17	2012 年 02 月 21 日~2022 年 02 月 20 日	主营业务需要

参考文献

［1］Piper Jaffray. 思嘉集团有限公司全球发售招股说明书。

［2］林生雄. 股东大会报告（2011 年、2012 年、2013 年）。

［3］思嘉集团编写组. 思嘉员工培训教材（第一、第二、第三册）。

［4］思嘉慧报（2009 年 1 月~2014 年 12 月）。

［5］睿伯企业咨询公司. 思嘉品牌战略策划书。

［6］思嘉集团编写组. 十年思嘉感恩同行（企业十周年系列刊物）。

［7］思嘉集团编写组. 我们的 2002~2012 年（企业十周年系列刊物）。

［8］思嘉集团编写组. 思嘉集团员工手册。

［9］思嘉集团编写组. 员工日常工作行为准则。

［10］思嘉集团编写组. 思我所求嘉我所有（林生雄成长纪念册）。

［11］思嘉集团网站。

后　记

　　本书是中国社会科学院国情调研课题"思嘉集团考察"的最终成果，该项目是中国社会科学院国情调研课题"中国企业调研"的一个子项目。"中国企业调研"项目是中国社会科学院经济学部组织的重大国情调研项目之一，项目的总负责人是陈佳贵研究员和黄群慧研究员。

　　作为微观经济细胞、市场经济主体，企业是时代的产物，企业群体的成长过程总是强烈地凸显着时代跳动的脉搏，企业个体的成长事迹无不深深地铭刻着时代的痕迹。借助中国社会科学院国情调研企业项目的机会，得以细致地梳理、记录思嘉集团从创业走来的十三年成长历程，系统地总结思嘉集团在经营实践中积累下来的管理经验，深入地揭示一家强化软体新材料企业的运营细节，是一件具有重要现实意义的事。从中国实行改革开放后喷薄而出、犹如汪洋大海般的民营企业来看，思嘉集团不过是沧海一粟，其短暂的十三年生命历程在民营企业这一群体中看似平凡得不能再平凡、普通得不能再普通。然而，这并不妨碍人们管中窥豹，从中感受市场经济大潮中涌现的、鲜活的人与组织成长经历。通过这部仍显单薄、粗陋的书稿，希望读者在随同作者对思嘉集团展开的系统考察中，能够从这些看似日复一日的单调运营劳作和细碎烦琐、平淡无奇的实践中，感受产业劳动者的坚韧、自信和伟大，能够从这些执着专注的经历和点滴积累的经验中，体察、触摸中国民营企业家和职业经理人锐意进取的创新精神和产业抱负，能够从一个充满活力、不断追求向上攀升的小企业身上，洞察一个新兴产业所蕴育着的强大生命力。

　　抽象地说，企业是一个具有共同利益目标的人的组织集合体，企业中人的状态映照着这个集合体的状态。考察过程中，接触了为数众多的"思嘉人"，既有一直伴随企业成长劳苦功高的创业元老，又有刚进入研发岗位跃跃欲试的应届大学毕业生，既有不辞劳苦奔走在国内外市场上的业务人员，又有兢兢业业扎根于生产一线的机台操作人员。让人深受感动的是，他们身上无不反映出"嘉文化"的熏染，无不显示出对思嘉事业的热爱，无不透露着作为"思嘉人"的自豪感。从中不断深化着对中国民营制造企业的认识和理解。毫无疑问，"思嘉人"一直在执着地、坚韧地致力于"创造神奇"，思嘉集团已经拥有成长为一个卓越企业的基因和气质。

相当数量的"思嘉人"对本书的写作提供了无保留的支持，给予了无私的奉献。他们有的提供回忆线索，有的接受访谈访问，有的现场讲述攻关故事，有的贡献相关材料，有的参与撰写初稿，还有若干次令人难忘的情况交流会和组稿讨论会。没有这些，这本记录性的小书绝不可能问世。因此，必须在这里向他们表达崇高的敬意。虽然难以做到将他们的名字一一列示，但仍需着重致谢的有，思嘉集团总裁张宏旺、集团副总裁兼总工程师黄万能、集团副总裁兼生产总监赖德荣、董事局独立董事蔡维灿；技术中心工程师蒋石生、滕碧龙、孙萬、邓中文、吴星星；生产中心廖八生厂长、陈宸主管、吴孙旺课长；设备中心工程师林新明、朱超扬；业务部门刘俊营销总监、黄道火营销副总监、黄丽青营运管理课副课长；信息中心陈林锴主管；财务中心伍永贵财务副总监；采购部门郑丽娟课长、谢小梅副课长；仓储部门范炜副课长；人事部门苏凤兰课长。尤其要感谢的是董雨虹女士。她全力以赴参与撰写初稿，整理、校阅了几乎全部稿件，由她负责编辑的《思嘉慧报》则提供了丰富的、生动的素材。她的智慧、敬业、耐心和细致，是本书得以顺利出版不可或缺的要素。当然，书中的一切疏漏、错误和不足概由笔者负责。

感谢中国社会科学院国情调研企业项目将思嘉集团考察纳入视野，中国社会科学院工业经济研究所专家对写作的指导和对书稿的评审。最后，不容遗忘的致谢，经济管理出版社为本书的编辑出版给予了专业支持和悉心服务，陈力先生为本书倾注了他的智慧与心血。

罗仲伟、林生雄